教师教学知识的
统整研究

杨　鸿　周永平◎著

重庆大学出版社

图书在版编目(CIP)数据

教师教学知识的统整研究 / 杨鸿,周永平著. --重庆:重庆大学出版社,2020.11

ISBN 978-7-5624-9798-1

Ⅰ.①教… Ⅱ.①杨… ②周… Ⅲ.①教师教育—研究 Ⅳ.①G65

中国版本图书馆 CIP 数据核字(2017)第 101716 号

教师教学知识的统整研究

杨 鸿 周永平 著

策划编辑:陈一柳

责任编辑:李定群　　版式设计:陈一柳

责任校对:贾 梅　　责任印制:张 策

*

重庆大学出版社出版发行

出版人:饶帮华

社址:重庆市沙坪坝区大学城西路 21 号

邮编:401331

电话:(023) 88617190　88617185(中小学)

传真:(023) 88617186　88617166

网址:http://www.cqup.com.cn

邮箱:fxk@ cqup.com.cn(营销中心)

全国新华书店经销

POD:重庆新生代彩印技术有限公司

*

开本:890mm×1240mm　1/32　印张:15　字数:447 千

2020 年 11 月第 1 版　2020 年 11 月第 1 次印刷

ISBN 978-7-5624-9798-1　定价:49.00 元

摘　要

教师教学知识是作为特定主体的教师所拥有的关于教学活动的知识。教师的教学知识是教师开展教学活动的直接支撑,教师教学知识整合对核心能力有显著的直接正相关。其知识整合程度的高低是教师教学能力高低的核心和关键。教师具有统整的教学知识和优良的知识结构有助于教师教学能力的提升。基于此,本书关注教师教学知识的统整问题,具体围绕 4 个问题展开:为什么要探讨教师教学知识的统整问题?教师教学知识的统整到底应统整哪些知识?教师教学知识应如何统整?教师教学知识统整得怎么样?其中,第一个问题是前提性问题,第二个问题是本体性问题,第三个问题是策略性问题,第四个问题是验证性问题。为了回答这些问题,本书借助文献分析、调查研究和实验研究等方法开展了以下研究:

1.教师教学知识的分离及本质探讨

通过对重庆市城市、县城、农村 3 类地区 7 所学校 315 位教师开展问卷调查,本书认为教师教学知识存在着"分离"问题,分离表现在:在创生主体上的"研-教"式分离,在价值追求上的"真-善"式分离,在存在形态上的"显-隐"式分离,在表现形式上的"公-个"式分离。这种分离并非是知识本源性的分离,实质是教学知识在生成与发展过程中的一种表象性分离。本书揭示出表象性分离的问题本质:"研-教"式分离的人为性、"真-善"式分离的遮蔽性、"显-隐"式分离的机械性和"公-个"式分离的虚假性。同时,指出了:教师教学知识的发展应该摒弃分割、零碎的知识堆砌,避免与教师经验、教师思维相距甚远的固定、单一的静态发展,应该走向"强调教育经验的连结,包括知识间的统整,经验的统整,强调知识中相关因素的联结"的统整发展。

2.教师教学知识的本体论探析

教学知识是指"关于教学活动的知识",并以教学活动的空间要素为分类维度,将教师教学知识分为 5 个方面:为什么教学——意义性知识;教学什么——本体性知识;谁教学谁——主体性知识;怎样教学——策略性知识;教学得怎么样——评价性知识。在教学知识系统里,这 5 类教学知识是一个不可分割的整体,各种知识成分不是简单的累积与叠加,而是以实践为载体互为影响、互为基础,融合在一起而形成一体化的知识、信念、技能与策略等的总和,是多元性与整合性的统一。同时,各类教学知识均以不同的形态存在,理论形态与实践形态并存,公共形态与个体形态兼有,外显形态和内隐形态同在。

3.教师教学知识的统整模型建构

教师教学知识的统整是指将分离、断裂的不同类别和不同形态的教学知识依据某种原则加以组织、转换与整合,使教师教学知识结构化和整体化。其精髓在于教学知识在形式与实质上的"统整",教学知识在内容和结构上的"统整",通过形式上的"统"达成实质上的"整",通过内容上的"统"达成结构上的"整",使之形成一个前后衔接、相互转化、自成一体的知识系统,发挥教学知识系统的整体效能和实现价值的最大化。因此,本书基于意义性知识、本体性知识、主体性知识、策略性知识和评价性知识5类教学知识的内在逻辑,又考虑各类教学知识不同的存在形态,理论形态和实践形态、公共形态和个体知识、外显形态和内隐形态的相互关联,建构了"5-2"转化式统整模型。此模型明确地呈现出教师教学知识生成、发展、统整的可能任务,展现了5类教学知识在2类形态中不断进行转化,从而最终达成统整目的的过程。

4.教师教学知识的统整机制探析

本书以知识结构中最小的独立单元——知识元作为知识输入的基本内容,将按一定的关系排列组合在一起的知识元所形成的知识簇作为知识组织的对象,以在知识元与知识元之间、知识簇与知识簇之间、知识元与知识簇之间的流转变化所形成的知识流作为知识输出的对象,依据各类教学知识不同的属性,构建形成了"元-簇-流"三态统整机制。意义性知识强调:知识元输入体现领悟化,知识簇组织体现整合化,知识流输出体现渗透性;本体性知识强调:知识元输入体现联结化,知识簇组织体现网络化,知识流输出体现转化性;主体性知识强调:知识元输入体现反身化,知识簇组织体现反思化,知识流输出体现差异性;策略性知识强调:知识元输入体现切身化,知识簇组织体现结构化,知识流输出体现情境性;评价性知识强调:知识元输入体现体悟化,知识簇组织体现动态化,知识流输出体现多元性。

5.教师教学知识的统整路径构建

对于教学知识的生成来说,"任教后从理论性书籍或者报刊中""对课程标准、教学参考用书以及教材的解读""对同事课堂的观察与思考""与同事之间的日常交流""在教研组或教师共同体中的研讨""日常教学后的自我总结和自我反思"和"对名师课堂的观察与模仿"等是最重要的路径;"学生时代对教师的观察与思考""学生时代从书本上所学的理论"和"从学生那里"是最不重要的路径。基于此,便演绎出教师教学知识的"五化五径"统整路径:在联结化学习中领悟式统整,在切身化解读中脉络式统整,在互动化交流中转化式统整,在反思化组织中网络式统整,在实践化输出中体悟式统整。

6.教师教学知识的统整策略开发

依据研究所建构的统整模型、统整机制等,在具象化教师教学知识统整路径的基础上,开发了两个层面的统整策略:一个层面着力于从教师教育课程的统整设计入手;另一个层面着力于从教师教学知识统整的精加工策略。两个层面、一个整体、一个局部共同发力于教师教学知识的统整,即"双层共力"式统整策略。

7.教师教学知识统整的实践论证

通过为期一学年的教师教学知识统整实验研究,得到以下结论:

①教师教学知识统整实验研究能促进教师对理论性教学知识与实践性教学知识、公共性教学知识与个体性教学知识、外显性教学知识与内隐性教学知识之间的关系的正确认知,能促进教师对意义性知识、本体性知识、主体性知识、策略性知识和评价性知识各类教学知识之间的关系的正确认知。

②教师教学知识统整实验研究能帮助教师养成乐于对理论性教学知识与实践性教学知识、公共性教学知识与个体性教学知识、外显性教学知识与内隐性教学知识之间进行统整的意识与习惯;能帮助教师养成乐于对意义性知识、本体性知识、主体性知识、策略性知识和评价性知识等各类教学知识之间进行统整的意识与习惯。

③教师教学知识统整实验研究能帮助教师习得对理论性教学知识与实践性教学知识、公共性教学知识与个体性教学知识、外显性教学知识与内隐性教学知识之间进行统整的方法,并能促进不同水平的教师对各种形态的知识进行不同程度的统整,能帮助教师习得对意义性知识、本体性知识、主体性知识、策略性知识和评价性知识等各类教学知识之间进行统整的方法,并能促进不同水平的教师对各种形态的知识进行不同程度的统整。

总之,本书基于多种研究方法,提出并验证教学知识的"五分法"

分类形态,建构了教师教学知识"5-2"转化式统整模型和"元-簇-流"三态统整机制,开发了教师教学知识"双层共力"式统整策略,开拓了教师教学知识发展研究的新视角。这些理论与观点为帮助教师发展教学知识、提高教学能力提供了思路,指出了教师教学知识发展的路径,为我国教师教学知识的理论研究提供一个新的视角,也对教师教学知识进行了系统化研究,对指导和改善实践中教师教学知识的发展和教学能力的提升具有一定的借鉴意义。

目　录

导　论

问题与设计

除了知识和学问之外，世上没有任何力量能在人的精神和心灵中，在人的思想、想象、见解和信仰中建立起统治和权威。

——培根

一、问题提出

(一)顺应时代发展之必然趋势

自 20 世纪 60 年代以来，有关教师需要懂得什么样的知识，这些知识又是怎样影响教师的教学，以及怎样帮助教师发展这些知识等问题，一直为教师专业发展的促进者、理论研究者以及政策制订者所关注。但直到 1982 年，史密斯(A. Smith)在 AACTE (American Association of College for Teacher Education)

年会上首次提出教师的核心知识基础(Essential Knowledge Base)的概念,教师专业知识领域才真正引起人们的关注。从 20 世纪 80 年代开始,有一种观念开始扎入教育者(既包括理论研究者,也包括实践操作者,尤以理论研究者为甚)的神经底部:让教师这种职业成为一种专业,让从事教师这一职业的人成为专业人士。"一个专业既是一种高度复杂和熟练的工作,又是一种根植于知识的专业行为。而这些知识是在学院、大学、实验室和图书馆里产生、测试、丰富、被否定、转化并重建起来的。把某些事情称为专业即表示这些事情有一个在学府里被广泛运用的知识基础。"①教学若被视为一种专业,则首先需要教师具有专门的知识与能力:教师要"学习应该教的知识和如何教授这些知识"。② 亚里士多德曾说,唯有知者才能教,才能胜任某学科的教学。因此,在风靡全球的"教师专业化运动"中,人们对教师专业发展之核心的教学知识给予前所未有的关注,教学知识成为促进教师专业发展的关键问题。

教育领域外对知识的极度渴求与高度重视也推动了关注和研究教学知识的热潮。1996 年,经济合作与发展组织(OECD)发表《知识经济》宣告了以知识为基础的发展时代的来临,随后在世界范围内的知识经济热浪掀开了以知识为基础的发展序幕。1998 年,世界银行发表题为《知识促进发展》的年度报告,标志着以知识为基础的发展战略的全面形成。拉里•普鲁萨克(L. Prusak)在《为什么是知识?为什么是现在? (Why knowledge? Why now?)》一文中强调了知识在现代经济中的重要作用,它们包括专门知识的价值被认识,这些知识已被融入组织程序和日常工作中;知识作为独特生产要素被认识,其作用使具有工作知识的书籍增加了市场份额;用于加速知识复制与转移的计算机网络化。③ 这些都表明在知识经济时代,知识依然成为最具竞争力的资源。作为传播知识与创生知识的教育领域更是如此。基于社会、经济发展和教育教学发展的需求,关注教师教学知识

2

---

① 舒尔曼.理论、实践与教育的专业化[J].王幼真,刘捷,译.比较教育研究,1999(3):36-40.
② 联合国教科文组织.教育——财富蕴藏其中[M].北京:教育科学出版社,1996:142.
③ 达尔•尼夫.知识经济[M].樊春良,冷民,等,译.珠海:珠海出版社,1998:52.

问题已成为教育研究者尤其是教学研究者在当下必须着力研究的课题。

1.专家型教师与非专家型教师在知识上的显著差异

"教师的身份、知识和能力是起决定作用的教学因素。"[①]这已被研究者所证实:瑞福肯(Rikrni)等的研究显示,教师对学生成绩的影响比能够观察到的其他一些变量的影响要大许多倍。桑德斯(Sanders)等的研究也表明,原来成绩对等的两个班的二年级学生,到五年级时差距达到了 50 个百分点,唯一不同的变量是他们是由不同水准的教师进行教学的。[②] 优秀的教师需要具有专门的知识:教师要"学习应该教的知识和如何教授这些知识"。教学若被视为一门专业,就需要教师具有专门的知识,即如何教授应该教的知识。汤普森(Thomposn)也指出:随着对教师关于数学和数学教学的认识有更多的了解,开始变得最重要的是理解这些认识是怎样形成和修正的。只有如此所得的发现才会对从事教师专业培训的人员有用,从而促进数学课堂教学质量的提高。[③] 由此,研究者们已经意识到:学生有效的学习需要良好的教学,良好的教学需要优秀的教师。这其中最重要的支撑是专家型教师与非专家型教师在知识上呈现出的显著差异,见表 0-1。

表 0-1　专家型教师与非专家型教师的知识比较[④]

教师类型	知识获取方式	知识类型及结构	知识特点
新手型教师	主要通过读、听的方式	以学科知识和教育学、心理学知识为主	对知识的把握是表面的、抽象的,缺乏具体事例的支撑,难以迁移

① 罗莎·玛丽亚·托里斯.没有师范教育的改革,就没有教育改革[J].教育展望,1997(3):13.
② 教育部师范教育司.教师专业化的理论与实践[M].北京:人民教育出版社,2003:357.
③ Thompson A G. The relationship of Teachers' conceptions of mathematics and mathematics teaching to instructional practices[J]. Educational Studies in Mathematics,1954(2):105-127.
④ 本表是研究者根据相关研究成果整理而成。

续表

教师类型	知识获取方式	知识类型及结构	知识特点
合格型教师	主要通过做、看的方式	学科知识比较丰富,对教材、课程标准的把握较熟练正确,缺乏教育性知识、学生知识和情境性知识	已掌握基本的教学知识和技能,并能熟练地在熟悉的教学环境中运用,但零散、片面
骨干型教师	主要通过做、悟的方式	学科知识和一般性教育知识比较丰富,积累了一定量的学生知识和情境知识	经验性知识比较丰富,但大量隐性的实践性知识没有被激活到意识层次,个体特殊的教学经验没有上升为一般的理性认识,停留于经验层面
专家型教师	主要通过读、做、悟、思的方式	具有精深的学科知识、丰富的教学法知识和大量的背景性知识,具有良好的策略性知识	有丰富而高度组织化的教学知识并能有效运用,提取迅速,组织高效

4

　　由表 0-1 可知,专家型教师和非专家型教师在知识获取方式、知识类型及结构以及知识特点等方面都呈现出显著差异。其差别不仅表现在量上,更多地表现在知识结构和组织上。

　　新手型教师主要是指从教时间在 5 年以内的大部分教师。他们的知识获取方式主要通过读、听等接受性学习的方式,他们的知识来源主要是职前教育期间所获得的学科性知识和教育学、心理学知识,由于他们没有实践经验,缺乏实践性知识,他们对这类知识的把握更多是一种理论状态下的应该怎么样,是一种表面、抽象、缺乏具体经验和案例支撑的知识,难以迁移。由于其特有的知识类型与知识特点,他们在课堂教学中关注的重点往往是将哪些教学内容传递学生,而不犯知识性错误,至于如何采用更有效的策略开展教学还不是他们的关注重心,对教学知识的发展也多是从书本上学习和模仿优秀教师的做法。

　　合格型教师主要是指从教时间在 5~10 年的大部分教师。他们主要通过做、看等方式来获取知识，这时的教师已经积累了一些教学实践经验。其知识结构中已经具有丰富的学科性知识，他们对课程标准和教学内容非常熟悉且能准确把握，也掌握了一些教学策略和教学技能，能熟练地运用到教学环境中，但这种熟练运用是长期练习的结果，含有较大的条件反射的成分。合格型教师主要缺乏的是策略性知识、学生知识和情境性知识，他们一般是根据经验来开展教学，如何根据不同的教学目标、教学内容，不同的学生群体、不同的教学情境中来设计更加有效的教学策略，还显得灵活性和创造性不够。

　　骨干型教师主要是指从教时间在 10~20 年的一部分教师。这部分教师已经具有了一套适合于自身特征的教学方式，经过长期的教学实践他们已经积累了丰富的教学经验，对教材的处理和再现有独到的见解，能关注到学生的个别差异，建立较强的教学效能感。但同时也会伴随出现教师专业成长过程中的"高原期"。在其知识结构中，经验性知识比较丰富，但潜存在个体内的大量隐性知识没有被激活到意识层次，个体独有的教学经验还没有上升为一般的理性认识，即是说，实践性知识还未能转化为理论性知识，或者称为个体性知识没有转化为公共性知识。

　　专家型教师主要是指从教时间在 20 年以上的极少部分教师。这部分教师具有教育理论、学科专长、相关学科、职业技能等复合型的知识结构。他们理解并掌握现代教育学、心理学理论，教学法理论，具有精深的学科专业知识，了解本学科的发展历史和趋势；了解与本专业相关的自然科学和社会科学的新知识、新成果及现代化教学手段和操作技能，能以宽厚的教育理论、丰富的知识内容、最新的学科信息、现代教学手段来实施教育教学。同时，还具有广博的人文科学知识及跨学科知识。专家型教师不仅善于用辩证的观点思考和总结教学，引导学生去探求现象的本质及其知识间的相互联系，还善于从学科交叉、学科对比与学科渗透等方面对学生进行教育。与其他教师相比，专家型教师的知识组织更完整、更系统、更严密，所以解决问题时他们比非专家型教师能更及时地提取出来相关知识，从而

5

有效地解决问题。基于此,着眼于培养大量的专家型教师,有效提升教师专业水平和优化教师知识结构,关注教师教学知识的课题由此而提出。

2.知识整合对核心能力有显著的直接正相关

随着知识管理研究的逐步深入,知识整合[①]在知识管理中的作用逐渐受到人们的重视。知识整合则是在知识存量增长有限的条件下通过知识结构的改善来提升知识的价值,并借以提升组织的核心能力。[②] 陈力、鲁若愚认为知识,特别是核心知识对企业的竞争优势起着决定性的作用,竞争优势的真正来源是企业对知识的整合能力。[③] 任何一个组织在发展核心能力时,不但要获取知识,而且还要重视企业知识的结构性问题,通过对组织既有的知识结构和过程进行系统的组合或重构来提高知识效能,最大化地实现知识中所蕴涵的价值,提升企业的核心能力。在一项关于企业知识整合与核心能力的关系研究中,研究者选取我国华南地区的样本企业作为实证研究对象,通过发放调查问卷就“知识整合对核心能力是否有显著的正面影响”做了调查,调查结果表明,知识整合对核心能力有显著的正面影响($\beta_{11} = 0.95, p = 0.022$)。[④] 这个结果促使思考:知识整合对企业的核心能力非常重要,对教师个体是否同样重要呢? 教育领域常常有这样一种说法:“茶壶煮饺子——有货倒不出”,这表明很多教师并不是没有知识或者知识量少,而是知识的结构或组织上出现问题导致其无法综合、有效地运用,也就是知识整合出现了问题。

基于专家型教师与非专家型教师的比较研究和知识整合与组织核心能力的关系研究,可以发现,任何组织或个人的发展必须建立在

① 已有研究的知识整合与本书所研究的知识统整的实质是一致的。

② 高巍,倪文斌.学习型组织知识整合研究[J].哈尔滨工业大学学报:社会科学版,2005 (3):86-91.

③ 陈力,鲁若愚.企业知识整合研究[J].科研管理,2003(3):32-38.

④ 谢洪明,吴隆增,王成.组织学习、知识整合与核心能力的关系研究[J].科学学研究, 2007(4):312-318.

知识基础上,而且知识数量丰富、结构优化、组织有序。因此,教师专业发展首先必须解决知识的发展问题,尤其是教学知识的统整问题。

(二)推动理论发展之主要需求

教师的教学需要哪些知识?西方的研究要早于我国。在国内,教师知识的问题近几年引起了学者们的广泛关注。但是由于起步较晚,与国外的相关研究相比,国内的研究略显笼统,缺乏具体可操作性,且理论的探讨不够深入,因而缺乏较有影响的理论。国内学者有关教育知识、专业知识、教师知识和教学知识的研究主要集中在对基本问题、知识结构、知识发展和知识管理的研究,这些研究为后续研究打下了良好的理论基础有重要的参考价值。但现有研究也存在一些不容忽视的问题和局限,如注重理论研究,轻实践研究;注重宏观研究,轻微观研究;注重理论思辨,轻实证研究和案例研究;重静态分析,轻动态发展;重一般知识,轻教学知识。因此,关于教师教学知识的研究是当前及今后必须大力关注的问题,也是推动我国相关理论向纵深发展的必须之举。

(三)解决现行问题之应然选择

在教师教育领域一直存在一种断裂现象,即理论知识和实践行为之间的断裂,教师所学的理论知识并不能很好地转化为具体的实践行为,从而造成学习或培训的低效,甚至无效。教学行为也没有因此而得到改进,教师教育并没有很好地促进教师专业发展,改进教学实践,提高教学效果,教师教育缺乏有效性,理论知识和实践行为之间的断裂是造成这种局面的主要原因之一。可见,断裂现象的存在严重影响了教师培训的效果。是知识本身无用吗?如何解释断裂现象?如何搭建连接断裂的桥梁?成为我们不能回避的问题。此外,在教学领域还存在一种分离现象,即公共知识与个人知识之间的分离现象。对于个人知识而言,个人知识深隐于个体的大脑中,如果个人知识不能有效地转变为公共知识,则会随着个人的离职或退休而消逝。为了促进教育教学的发展,必须使个人知识公共化,并在公共知识个人化的过程中促进知识的增生与创新。基于对这两个现实问题的思考,拟从统整的视角来探讨教师的教学知识。它将是一种新的分析框架和研究视角,通过知识的输入和输出的连续性关系来重新审视理论和实践、知识和技能之间的关系实质,把两者纳入教学知识这个连续统一体中进行分析,从而实现对断裂现象和分离现象的重新认识和重新定位,并试图搭建沟通理论和实践、知识和技能的桥梁,实现对断裂层面的超越,对令人困惑的断裂问题进行回应。

(四) 延续前期研究之实然方向

笔者一直关注教师专业发展问题,立足于构建坚实、有力的教师专业发展外部支撑环境,构建了专家引领型的校本培训模式和体系。在持续的学习与研讨过程中,在长期与一线教师深入接触与交流中,发现对于教师专业发展而言,更为关键的问题是教师个体和内部环境。兹南尼基(Znaniecki)曾精辟地指出:"每个人无论承担何种社会角色都必须具备正常担任该角色必不可少的知识。"[①]教学知识(Pedagogical Knowledge)是表征从事教师专业的人所必不可少的知识的专门术语。我国最早的教育专著《学记》中就明确记载:"君子既知教之所由兴,又知教之所由废,然后可以为师也。"这里的"教之所由兴"与"教之所由废"指向的正是教学知识。因此,其研究逐渐聚焦到"教师教学知识"上,最后确定为"教师教学知识的统整"。希望能从教学论的视角对教师专业发展作更深入、微观的研究,解决教师发展中的理论和实践、知识和技能的断裂问题,力图建构教师教学知识的统整模型,以发挥教学知识系统的整体效能和实现价值的最大化。

---

① Znaniedki F. The Social Role of the Man of Knowledge[M]. New York: Octagon Books, Inc 1965:24.

二、研究述评

(一) 国外研究概述与评析

　　教师开展教学活动需要哪些知识？一直是教育研究者关注的内容，只是早期并没有明确地提出这个问题。在 6—18 世纪，只是要求教师拥有学科专业知识，到了 19 世纪，才在强调学科专业知识的基础上，强调还需要一定的教学技巧知识。但在 20 世纪 70 年代早期，人们对教师知识进行了一定的研究，但是没有人涉足教师教育或教师如何获得教学知识这些方面。对这一问题较为系统的研究是 20 世纪 80 年代以后的事情。在美国，由于《国家处于危机中：教育改革势在必行》(*National Commission on Excellence in Education*，全国优质教育委员会) 这一报告的推动，又一次掀起了教育改革的高潮，从而也掀起了人们高度关注教师知识的序幕。例如，霍姆斯小组的三部曲就强调了教师的知识对于学生学习的重要性。1985 年，舒尔曼 (L. S. Shulman) 在美国教育研究协会的年会的主席致辞中提出了具有广泛意义的问题：教师知识的来源是什么？……他或她是何时开始知道这些的？新知识是如何获得的？旧知识是如何提取的？这两者又是如何共同作用从而形成新的知识基础的？这个问题的提出，使得对教师知识的研究在此后的二十几年中成为热点，并且在相当程度上表明了这是教师研究应该坚持的一个重要方向。综而观之，国外学者对教师知识研究的关注点是不一样的。

1.早期关注：教师应该具有哪些知识

　　国外学者对教师知识的研究首先探讨了教师应该具有哪些知识，最早对教师知识进行系统探讨的是艾尔伯兹。艾尔伯兹 (F.Elbaz) 提出教师需要拥有广博的知识，主要包括 5 类：学科知识、课程知识、教学知识、教学环境知识及自身知识①。最有影响的是舒尔曼在 1987 提出的教师应该具有 7 类教学知识。舒尔曼认为,教师应该具有的知识包括:学科知识,包括学科具体的概念、规则和原理及其相互之间联系的知识;一般教学法知识,是超越具体学科的课堂管理和组织策略及一般原理的;课程知识,是指那些构成教师行业工具的材料和课程资料;学科教学法知识,教师职业特有的内容和教育学的特殊结合,是教师理解自己专业的特殊形式;学习者及学习特征的知识;教育背景知识,从小组或课堂的工作,学区的管理和财政到社区和文化的特点;教育目标、目的和价值观及其哲学和历史背景的知识。② 后续研究很多都是在这一框架的基础上进行修改和完善,但大多都没有超越这一框架。

例如,格罗斯曼(P. L. Grossman)认为,教师应该具有的知识包括内容知识、一般教学法知识、课程知识、教育环境知识、自我的知识③;伯利纳(D. C. Berliner)认为,教师应该具有的知识包括学科专长、课堂管理专长、教学专长、诊断专长等④;普特南和博克(Putnam & Borker)认为,教师应该具有:一般教学法知识、学科知识、学科教学法知识⑤。

全美数学教师协会(NCTM)的《数学教学职业标准》(1991)对教师进行高质量教学所必须具备的知识进行了阐述,主要包括 5 个部分:关于包括技术在内的教学材料与资源的知识;关于表达数学概念和过程的方式的知识;关于教学策略及课堂组织模式的知识;关于促进课堂交流和培养数学集体意识的途径的知识;关于评定学生数学理解的方法知识。

从以上 3 种对教师知识的理解来看,后两种分类更明确而让人

① Elbaz F. Teacher Thinking: A Study of Practical Knowledge[M]. London: Croom Helm, 1983:216.
② Shulman L S. Assessing for teaching: An initiative for the profession[J]. Phi Delta Kappan, 1987,69(1): 38-44.
③ Grossman P L. Teachers' knowledge[M]. New York: pergamon,1994:6117-6122.
④ Berliner D C. Teacher Expertise. In Anderson ,L. W. International Encyclopedia of Teaching and Teacher Education (2nd ed.)[M].Cambridge: Cambridge University Press, 1995:46-51.
⑤ Bokor H, Putnam R T. Learning to teach[M]. New York: Macmillan,1996:673-709.

易于理解。我们的看法是：它们符合于一种教学流程的模式，体现出教师在教学过程各环节所必需的知识。相对来说，虽然 NCTM 是从数学教师方面对教师知识作出阐述，但容易看出，这种阐述对于从事其他科目教学的教师来说也是很适合的。

2.近期关注：教师如何发展他们的知识

教师知识的发展途径是多元的。早在 1983 年，美国教育家、哲学家舍恩（D. A. Schon）在《反思性实践者》一书中就指出，专业人士的知识中存在着一种源于行动的"缄默知识"的观点。他认为，"在现实世界中，实践者常常发现自己身处极为复杂的环境，其中充满着不确定性、不稳定性、独特性和价值冲突"。这些复杂问题很难运用已有的理论或技能来解决，而是通过实践者的"体验、试误、直觉，经历多次失败才能够成功"①。这一解决问题的行动过程也就是"识知"的过程，尽管行动中的识知是直觉的和自动的，但是存在着两种反思方式：行动中反思和行动后反思。不过舍恩更强调行动中反思，认为它能让教师意识到自己教学中运用的"缄默性知识"，并对其进行评价、验证和发展，成为教师的实践性知识。他认为，教师就是通过如此反思而在行动中获得"正式且严谨的专业知识"，而且这种知识是直觉、缄默的，是"行动中的知识"。如此看来，教师并不是简单地将理论知识"运用"到自己的教育教学实践中，而是在学习理论和亲身实践中逐步形成自己的"使用"理论。教师的"知"是"行动中的知"，是动态发展、不断创生的。

相对来说，国外研究者开始系统关注教师如何发展知识问题的时间较晚。对于教师知识发展的研究，一般认为有两种途径：一是职前发展，包括中小学学习经验、职前的师范教育；二是在职发展，包括职后的学历提高教育和在职短期培训。有组织的教研活动和非组织性的专业活动，包括教学反思、与同事的日常交流、通过各种方式的自学、有丰富教学经验教师的指导等。洛德认为，教师中小学时的经

11

---

① Schon D A. The Reflective Practitioner[M].New York：Basic Books，1983：42.

验对他们的教学有重要的影响,因为学生时代在学校生活中有13 000 h能近距离观察他们教师的教学,这使学生形成比较牢固的教学观念,并且后来的教育培训并没有从根本上改变他们的观念,即使是工作经验也很难改变。① 而美国芝加哥大学范良火博士,他阐述了数学教师的教学知识的来源中当学生时的经验并不重要。②

琼斯(M. G. Jones)和维斯林德(Vesilind)在比较 23 名师范生在大学四年级期间教学知识的变化后,得出结论,"学生知识结构的变化主要归因于他们的教学实习经验,指出大学课程及实习学校的指导教师的影响比不上实习学校学生及师生间互动的影响,指出教学实习'是一个实践原有的有关理论和方法的知识、在其中体验异常以及(可能也是最重要的)重新建构原有知识以及解释经验并为自己建立起更为和谐的教学观念的过程',肯定了教育实习对教学知识发展的重要性"③。而另外学者在类似的研究中得到的结论是相反的,认为大学课程对未来教师发展的贡献较大,而对教学实习作用则相对有限。

琼斯(M. G. Jones)比较了 69 名西印度群岛巴巴多斯受过教学专业训练和未受过训练的英语和科学教学教师,在巴巴多斯,没有职前教师培训阶段,正规的培训只为那些具有两年或两年以上教学经验的教师提供。研究结果显示,是否经过培训对教师的教学没有影响,因为"这项培训计划教给教师的是进行成功教学的最为基本的一些技能,所以那些未受过培训的教师也能在教学的第一或第二年中很快地掌握它们"④。

美国芝加哥大学博士生范良火的毕业论文《教师教学知识发展

① Lortie D C.School teacher:A Sociological Study[M]. Chicago:University of Chicago Press,1975.转引自:范良火.教师教学知识发展研究[M].上海:华东师范大学出版社,2003:26.
② 范良火.教师教学知识发展研究[M].上海:华东师范大学出版社,2003:211.
③ Jones M G,Vesilind E M. Putting practice in theory:Changes in the organization of preservice teacher's pedagogical knowledge[J]. American Educational Research Journal,33(1):91-117.转引自:范良火.教师教学知识发展研究[M].上海:华东师范大学出版社,2003:29.
④ Jones M. Trained and untrained secondary school teachers in Barbados:is there a difference in classroom performance[J]. Education Research,1997,39(2):175-181.转引自:范良火.教师教学知识发展研究[M].上海:华东师范大学出版社,2003:31.

研究》也是一个相对比较规范且有一定创新的研究,他在美国芝加哥
地区 25 所中学随机抽样了 3 所中学中的 77 名数学教师。在他的研
究中,他确定了 7 个来源,分别是作为学生时的经验、职前培训、在职
培训、在组织的专业活动、和同事的日常交流、阅读专业书刊、自身的
教学经验和反思等。

有的研究者研究了某一个阶段对教师知识发展的影响,格罗斯
曼运用个案研究的方法,考察了教师教育的学科教学专业课程对英
语教师的教学的内容知识发展的影响。与教师需要什么样的知识多
采用定性和教师具有什么样的知识多采用定量进行研究相比,对教
师怎样发展他们的知识,研究者们多采用定性和定量相结合的方法,
特别值得注意的是个案研究逐渐增多。

通过以上分析可以发现,研究者提出了教师知识发展的不同途
径,如中小学学习经验、职前专业课程的学习、教育实习、在职培训和
教学经验等。也得出了不太一致的结论,有些方面甚至完全相反。
这可能是由于不同的研究者对教师知识的看法不同,因此他们采用
了不同的研究方法或取向来进行相关研究,再加上不同研究者所选
取的研究对象样本不一样,一些研究者的研究对象是小样本,其研究
结论会由于特定的研究对象而不太具有普适性。

(二) 国内研究概述与评析

在西方,研究者对"教学知识"进行独立研究的并不多见,相关研
究融入"教师知识"的研究之中。而"教师知识"的研究又与教师"专
业知识"和"教育知识"密切相关,甚至某些时候是相互交叉、渗为一
体的。因此,在做关于教学知识的文献分析时,有必要同时对教师知
识、专业知识和教育知识作系统梳理,这里将主要对教育知识、专业
知识、教师知识、教学知识作文献分析。

文献分析主要采用文献计量法和内容分析法。一方面借助文献
的各种特征数量,采用定量的方法来描述、评价和预测相关研究的现
状与发展趋势;另一方面采用内容分析法对文献内容作客观、系统分

13

析,以整体地把握相关研究的基本态势和发展趋势。为了全面地把握相关研究的整体概况,我们从超星图书馆的读秀学术搜索、中国图书全文数据库、中国重要报纸全文数据库、中国博士学位论文全文数据库、中国学术期刊网络出版总库、中国优秀硕士学位论文全文数据库、中国重要会议论文全文数据库中,对 1979 年 1 月 1 日至 2009 年 12 月 31 日的所有文献进行精确检索,对所检出的文献进行筛选、归类与分析,最后对收集到的重要文献进行归纳和整理,得出表 0-2 的结果。

表 0-2　1979—2009 年教育领域内有关知识研究文献的文献计量表

研究范畴 / 文献类型		教学知识	教师知识	教育知识	专业知识	合　计	比例/%
期　刊		97	426	315	551	1 389	90.78
硕博论文	硕士	17	42	11	15	85	5.56
	博士	2	8	5	1	16	1.05
专　著		3①	5②	3③	1④	12	0.78
会议论文		1	1	3	2	7	0.41
报刊全文		0	1	4	16	21	1.37
合　计		120	483	341	586	1 530	
比例/%		7.84	31.57	22.29	38.3		100

① 此类文献有:范良火.教师教学知识发展研究[M].上海:华东师范大学出版社,2003;朱晓民.于漪语文教学知识发展研究[M].太原:山西教育出版社,2006;朱晓燕.中国年轻中学英语教师学科教学知识的发展[M].南京:南京师范大学出版社,2004.

② 此类文献有:吴宗杰.教师知识与课程话语[M].北京:外语教学与研究出版社,2005;刘清华.教师知识的模型建构研究[M].北京:中国社会科学出版社,2004;顾兴义,陈运森.教师的知识结构[M].广州:广东教育出版社,1993;李佐锋,周淑芬.小学数学教师知识扩展[M].长春:东北师范大学出版社,2001.

③ 此类文献有:沃尔夫冈·布列钦卡(Wolfgang Brezinka).教育知识的哲学[M].杨明全,宋时春,译.上海:华东师范大学出版社,2006;陈建华.教育知识价值取向研究[M].哈尔滨:黑龙江人民出版社,2001;吴刚.知识演化与社会控制——中国教育知识史的比较社会学分析[M].北京:教育科学出版社,2002.

④ 此类文献有:艾弗·F.古德森.专业知识与教师职业生涯[M].刘丽丽,译.北京:北京师范大学出版社,2007.

从表 0-2 可以看到,目前关于知识的研究已成为教育研究者们关注的重点,而且也有较多的研究成果,但大多数成果是以论文的形式呈现,其中在非核心期刊上刊登的论文远高于核心期刊。专著和学位论文较能体现一个问题研究的深度和广度,对教育中的知识问题进行较系统研究的硕博论文和专著各占 5.56% 和 0.78%,加在一起只有整个研究的 1/20,这表明对教育或教师知识问题进行集中系统研究的较少,多为分散式研究,整个研究层次有待加强。为全面、具体地了解这些研究成绩与不足,将从 4 个维度来对国内的相关研究进行文献梳理与分析。

1.有关教育知识的研究

1)研究概况

教育是一种人类自我建构的实践活动,这一特性决定了教育知识的实践性质,因此,教育知识是关于教育实践的知识,不仅仅关注逻辑思辨和理论,而且更多关注实践的智慧。教育和教学活动是教育过程中最关键和最具体的实践活动,也是教育知识产生和积累的最主要因素。教师是教学活动的主导,不同教师所具备的不同教学理念以及所采用的不同的教学策略和方法将对学生的学习产生不同的结果。这里分析的教育知识最主要是教师所拥有的教育知识。限于各种原因这里仅对关于教师教育知识的学位论文作梳理,以大致了解教师教育知识的研究概况。通过搜索发现,明确以"教育知识"为问题的学位论文共有 16 篇,见表 0-3。

表 0-3　1979—2009 年关于教育知识的学位论文的文献计量表

研究问题　　年份	2009	2008	2007	2006	2005	2004	2003	小计
教育知识管理	0	2	2	0	0	0	0	4
教育知识生成或建构	0	0	0	1	1	0	1	3
其 他	3	2	1	2	0	0	1	9
小 计	3	4	3	3	1	0	2	16

根据与相关问题的密切程度,筛选出紧密相关的 6 篇学位论文,它们主要探讨"教师教育知识的生成(或构建)"和"教师教育知识的管理"这两个问题。

(1)教师教育知识生成(或建构)的研究

华东师范大学陈振华的博士学位论文《论教师成为教育知识的建构者》,基于古今中外教育思想发展过程和当今教育教学的需要,提出教师要成为教育知识的建构者,探讨了教师成为教育知识建构者的主、客观条件,教师建构教育知识的情感、认知和行为过程,以及教师建构教育知识的重要途径。山东师范大学的顾勇革和武磊分别探讨了新手教师和骨干教师教育知识的生成问题,他们分析了这两类特殊群体教师的显著特征与成长过程,探讨了两类教师教育知识的生成过程,并提出了相应的生成策略。

(2)教师教育知识管理的研究

知识管理是一种引导个体或组织如何更好地获取并利用知识的理论和实践。对教师的知识管理不仅能促进教师对知识的更有效利用,大大提高整个教育组织和成员个体的知识学习能力,促进组织内部的知识流通,提高教育者和学生获取知识的能力和效率,从而增强组织整体知识的存量与价值,实现教育知识的创新发展。因此,21世纪以来研究者比较关注教育知识的管理研究,如山东师范大学郭娟的《教育知识管理研究》和华中师范大学鲍平平的《教育知识管理的应用模式研究》,以及东北师范大学韦燕的《Blog 在学校教育知识管理中的应用研究》。但综合来看,目前对教师教育知识管理的研究多停留在教师所具有的客观性知识以及新技术对教育知识管理的促进作用上,较少考虑教师自身所处的具体知识背景来对其进行管理和引导,或者深入具体的教学情境中来探讨教师如何进行知识管理。

2)相关研究评析

可以看到,既有研究中关于教师教育知识的问题,已经非常明确地提出了教师应该而且必须成为教育知识的建构者,研究已经开始分类探讨各特定群体教师如何成为教育知识的建构者,这将有助于教师真正成为教育知识的建构者。但要将理念转为为行为,研究还需要更加深入,增强其针对性和现实指向性,渗透到各种具体情境中去。研究的视角需要更加多样化,而不仅是在一般意义上探讨教育知识的建构。研究的方法需要综合化,既有研究多是运用理论思辨来归纳、演绎,从而构建一定的理论框架。但教育知识的建构或管理更是一个实践问题,需要对其开展实证研究和应用研究。

2.有关专业知识的研究

1)研究概况

对教师专业知识的研究最有影响的是舍恩,而舍恩对教师专业知识的理解在很大程度上又受到波兰尼的影响。在《反思性实践者》(*The Reflective Practitioner*,1983)一书中,舍恩对那些从技术理性模式(Technical Rationality Model)角度来阐释专业知识进行了猛烈地抨击。在那些研究中,专业知识具有 4 个基本属性,即专门化、界限严格、科学化和标准化[①],因此,如医学和法律等职业被认为是"主要"的职业,因为它们植根于系统的、严密的科学知识或以科学为基础的技术知识。像社会工作、图书管理、教育等职业被认为是"次要"的职业,因为它们缺乏知识基础。同时,专业知识的组成部分也被分成 3 个层次:最高一层是内在的原理或基础科学知识,紧接着是应用科学知识,从中可以推究出诊断程序和解决问题的方法,最下面一层是技能,这是内在的原理和应用科学在实际行为中的应用。因此,知识越基础,越广泛,具有这种知识的人就处于越高的知识层次。基于这种认识,国内在近 10 年来加强了对教师专业知识的研究。其主要研究成果见表 0-4 和表 0-5。

---

① Schon D A. The Reflective Practitioner[M].New York:Basic Books,1983:23.

表 0-4　1979—2009 年关于专业知识的期刊论文的文献计量表

年份 研究问题	2009	2008	2007	2005	2002	1999	1996	小计
专业知识特征、类型、标准、影响	0	1	0	2	0	0	1	4
专业知识发展	1	2	3	1	0	0	0	7
专业知识结构	0	3	3	0	1	1	0	8
专业知识管理	1	1	0	0	1	0	0	3
小　计	2	7	6	3	2	1	1	22

表 0-5　1979—2009 年关于专业知识的学位论文的文献计量表

年份 研究问题	2009	2008	2007	2006	2005	2004	2003	小计
专业知识发展	2	2	3 (1 篇博士论文)	2	0	0	1	10
专业知识结构	0	1	1	2	0	0	0	4
专业知识管理	0	0	1	1	0	0	0	2
小　计	2	3	5	5	0	0	1	16

（1）专业知识基本问题和专业知识发展的研究

基于专业知识对教师发展的重要性，学者们非常关注教师专业知识的研究。例如，对专业知识的特征、专业知识的作用、美国地理教师专业标准和对教师专业知识困境的思考都作了研究。基于对专业知识基本问题的认识，便提出了专业知识发展的问题。研究者采用多样化的视角、方法来探讨教师专业知识发展的问题。例如，深入教师生活和工作场域来探讨教师个人实践知识，从图式观与组织文化条件的角度切入来谈教师专业知识及其发展，基于个人知识观下的教师专业知识发展，立足新课程理念来谈数学教师专业知识的自主发展和中学数学教师专业知识的发展,对我国某些区域的学科教师开展现状调查与对策研究,对初中优秀与普通数学教师专业知识的比较研究以及某些学科教师专业知识发展研究的元研究。

(2)专业知识结构的研究

专业知识结构一直是研究的热点,近几年来研究者们逐渐深入各学科中,研究更加具体和微观。例如,对中小学教师专业知识结构及养成的研究,对中学数学教师专业知识结构的研究,对高中数学教师专业知识结构的研究,对语文教师专业知识结构的研究,对中学音乐教师的专业知识结构的研究,对中学体育教师专业知识结构的研究,对中学物理教师专业知识结构的研究,对高职院校教师的专业知识体系的研究,对高校教师教学专业知识构成的研究,以及对 TPCK 专业知识构成的研究。

(3)专业知识管理的研究

在专业知识管理上,研究视角比较多样化,有探讨隐性知识与显性知识的转化问题,有探讨专业知识共享问题,还有从技术层面来探讨知识管理的工具与实现。例如,基于 Web 信息抽取的专业知识获取方法研究,主题地图及其在软件工程专业知识管理中的应用研究,高等院校学科专业知识资源库的构建及应用。

2)相关研究评析

从专业知识的既有研究来看,把"专业知识"视为教师专业发展的核心已为研究者和实践者所认同,并且有一大批研究者正积极地展开理论探讨与实践探索。这些探讨与探索的视角、维度、方法是多元化的,涉及的范围是多学科、跨地区、多类型的。但是,既有研究也存在一些需要重视的问题。

(1)重要素分解,轻结构统整

既有研究多采用要素分析的方法来分解教师专业知识的结构,而缺少从统整的视角来探讨教师专业知识结构的整合,以促成专业知识作为一个整体而发挥其作用。综观专业知识的既有研究,其基本思路是:先明确一个优秀教师的专业知识的结构与标准是什么,接着对这些结构与标准进行分解建立一个框架体系,再将教师实然态的专业知识现状与应然态的专业知识结构与标准进行比较,从而得出教师在某些知识上的不足或匮乏,再设置相应的课程或采取一定的策略来进行弥补或强化,从而达到提高教师专业知识水平的目的。从思维上来看,这是受实体思维影响形成的研究路线。然而,教师在教学中并不是单纯地用某一种知识,通常是多种知识的融合,这就导致教师所学的与所需的脱节,即"学无以致用"。

(2)思辨性研究较多,实证性研究偏少

现有研究多是采用归纳或演绎的方法来分析教师专业知识的内涵、特征、结构及发展等问题,大多是从应然角度来探讨教师的专业知识应该怎么样,而缺少从实然角度来研究应如何发展教师的专业知识。即使有少量的实然态的调查研究,其研究思路一般是对教师的专业知识现状作出描述,在描述的基础上提出一些发展策略,如改革教师教育制度或课程设置,制订相关政策,以及健全教师资格认证制度等,应该说这些策略也是需要的,但非研究者或教师能直接促成,或者在短时间内很难改变。可以看出,这些策略很少直接面对教师专业知识的发展,既不能有助于教师发展自己的专业知识,也无助于教师教育者明确应如何帮助教师发展其专业知识。这导致学者们提出的关于教师专业知识的结构与发展是一个期望的目标,而非通过努力能达成的实然状态。

3.有关教师知识的研究

1)研究概况

教师知识研究是教育家们课堂实践观念之革命的一部分。传统上,人们认为教师的个性特征(如温和、严厉、准时)和教学方法与过程(如讲解、实验、课堂练习、操练)是对学生学习有重要意义的主要教学领域。与对教师个性和教学方法的关注不同,教师知识研究则着重于教师知道什么和他们如何在教学中表达其所知。根据这一假设,教师的知识和认知(Knowing)影响教学活动的每一方面。它影响教师与学生的关系;教师对课程的理解以及此理解对学生生活的重要性;教师是把观念看作教科书给定的,还是以探讨与反思为基础的;教师的课程计划和对学生进步的评价,等等。简言之,只是到最近人们才普遍相信,教师知道什么以及他们怎样表达他们的知识对学生的学习是至关重要的。"教师知识"一词是最近 20 年间出现的一个新名词,学者们对它的性质和发展的认识才刚刚开始。通过搜索发现,明确以"教师知识"为问题的学位论文共有 50 篇,其研究的主题主要分布在教师知识基本问题、教师知识结构、教师知识管理等 3 个方面,见表 0-6。

表 0-6　1979—2009 年关于教师知识的学位论文的文献计量表

研究问题＼年份	2009	2008	2007	2006	2005	2004	2001	小计
教师知识基本问题	2	2	4	1	1	0	1	10
教师知识管理	1	7	4	4	2	1	0	19
教师知识结构	2	4	5	4	4	2	0	21
小　计	5	13	12	9	7	3	1	50

（1）教师知识基本问题的研究

教师知识基本问题（如内涵、特征、类型、作用等）的研究是其他研究的基础。中外学者对教师知识的内涵作了很多界定,对教师知识的类型也作了很多探讨。例如,舒尔曼（Shumlna）、艾尔伯兹（Elbaz）、吉尔伯特（Gilbert）、格罗斯曼（Grossmna）、莱因哈特（Leihnardr）和史密斯（Smhti）等学者对教师知识进行了不同的分类。我国学者衷克定、申继亮、辛涛、傅道春也对其进行了研究。还有探讨教师知识对教学的影响,以分类学的视角来对不同类型教师的知识基础的研究。

（2）教师知识结构的研究

教师的教学需要哪些知识？在西方,从 16—18 世纪,一切就是要求教师拥有学科知识,在 19 世纪,转而强调必要的教学知识和技巧知识。早期的教师知识研究,尤其是 20 世纪六七十年代的研究,多是在"过程—结果"研究范式下展开的,这类研究只注重寻求与学生成绩或成绩提高之间有统计意义相关的教师知识,而不关心教师知识的结构或维度。美国全国教育研究会的年鉴和它们声称的目的表明,通过研究改进教育的主要途径之一就是研究教师知识的结构和表达。

所谓教师知识结构,是指教师为了胜任教育教学工作,所具备的知识类型、成分及其比例关系。教师的专业知识是教师研究中开始较早的一个研究领域,但迄今为止,专业教师的知识结构究竟应该包含哪些方面的专业知识还没有一致的认识。这也反映出教师知识结构这一问题本身的复杂性。国外关于教师知识结构的研究,主要观点见表0-7。

表0-7　中外学者关于教师知识结构的代表性观点

研究者	教师知识结构
Shulman①	①教材内容知识;②学科教学法知识;③课程知识;④一般教学法知识;⑤有关学习者的知识;⑥有关情境知识;⑦其他课程知识
Berliner②	①学科内容知识;②学科教学法知识;③一般教学法知识
Grossman③	①学科内容知识;②学习者和学习的知识;③一般教学法知识;④课程知识;⑤情境知识;⑥自我的知识
Elbaz④	①学科知识;②课程知识;③教学知识;④教学环境的知识;⑤自身的知识
Gilbert, Hirst, Clary⑤	①关于学校的知识;②关于学生的知识;③教学知识;④实际应用的知识

① Shulman L S. Knowledge and teaching: Foundations of the new reform. Harvard educational review, vol1,1987,57(1):1-22.

② Berliner D C. Expert knowledge in the pedagogical domain. Paper presented at the meeting of the American educational Psychological association, New Orleans, LA, August 12,1989.

③ Grossman p L. Teachers' knowledge[M]. New York: pergamon,1994:6117-6122.

④ Elbaz F. Teacher Thinking: A Study of Practical Knowledge[M]. New York: Nichols Publishing Company, 1983:216.

⑤ Gilbert W, Hirst L, Clary E. The NCA Workshops taxonomy of professional knowledge. In: Jones D W ed. Professional Knowledge Base: NCATE Approval. Fortieth Annual Report of the North Central Association Teacher Education Workshop. Flagstaff, AZ: University of North Arizona,1987:38-57.

续表

研究者	教师知识结构
H.Bokor① R.T.Putnam	①一般教学法知识;②教材内容知识;③学科教学法知识
J.Calderhead②	①学科知识;②机智性知识;③个人实践知识;④个案知识;⑤理论性知识;⑥隐喻和映像
D.Stenberge③	①内容知识;②教学法知识(具体的、非具体的);③实践的知识(外显的、缄默的)
Tamir④	①一般的博雅知识;②个人表现的知识;③学科内容知识;④一般性教学法知识;⑤学科教学知识;⑥教学的专业基础
单文经⑤	①一般的教育专业知识;②与教材有关的专业知识
简红珠⑥	①一般教学法知识;②学科知识;③学科教学知识;④情境知识;⑤课程知识
谢维和	①关于学生的知识;②关于课程的知识;③关于教学实践的知识和技术
林崇德、申继亮⑦	①本体性知识;②条件性知识;③实践性知识;④文化性知识
叶澜⑧	①专业理念;②知识结构;③能力结构

23

① Bokor H, Putnam R T. Learning to teach[M]. New York: Macmillan,1996:673-709.
② Calderhead J. Teachers: belief and knowledge[M]. New York, Macmillan,1996:709-725.
③ 教育部师范教育司.教师专业化的理论与实践[M].北京:人民教育出版社,2003:56.
④ 孙耀永.教师知识之概念辨析[J].教师之友,2001,39(4):25.
⑤ 单文经.教学专业知能的性质初探[C]//"中华民国"师范教育学会.师范教育政策与问题.台北:师大书苑,1990:21-26.
⑥ 简红珠.教师知识的不同阐释与研究方法[J].课程与教学季刊,2002(3):36.
⑦ 林崇德,申继亮.从教师的知识结构看师范教育的改革[J].高等师范教育研究,1996(6):12-17.
⑧ 叶澜.新世纪教师专业素养初探[J].教育研究与实验,1998(1):41-46.

可以发现,自舒尔曼提出关于教师知识的结构框架后,中外学者开始关注这个问题。而舒尔曼所构建的教师知识结构框架对后来的研究产生了深远的影响,后继的研究者很多都是以这一框架为基础,对其进行修改和完善,但最终都没有脱离这一框架。

基于教师知识结构的研究对于教师知识研究的重要性,从收集的文献显现出近年来研究者异常关注教师知识结构这个问题,仅硕士、博士学位论文就多达21篇,且主要集中在2004—2009年。通过梳理发现,研究者在对教师知识结构进行理论性、宏观性、一般性研究的同时,更加强了实践性、微观性、具体性研究。深入具体学科来探讨学科教师的知识结构,如对数学教师知识结构的研究,对美术教师知识结构的研究(魏志英,2005),对化学双语教师知识结构的研究,对历史教师知识结构的研究,对地理教师知识结构的研究,对对外汉语教师的知识结构的研究,对普通高中通用技术教师知识结构的研究。分别对小学、中学、高中、大学教师的知识结构进行研究。对具有某些特质教师知识结构的研究,对不同地区教师知识结构的研究,对某些学科中特定知识的研究。

(3)教师知识管理的研究

知识管理一词最早是在1986年卡尔·维格在联合国国际劳工组织提出的,但是知识管理作为一个活动早已存在,最早的知识管理活动出现在企业活动中,美国的管理大师彼得·F.德鲁克(Peter F. Drucker)是最早用"知识管理"一词来形容企业活动的人。近年来,知识管理已成为理论研究的热点,来自社会学、经济学、管理学等学科的研究者从不同的角度进行了探索。目前,国内外对知识管理的研究已形成了较为成熟的理论体系。知识管理并不只是发生在企业中,所有组织都有知识管理的问题,特别是知识密集型的组织,在教育领域更需要。教师知识管理对于学校教育具有极为重要的意义。因此,近年来教育领域内逐渐关注教师知识管理问题的研究。这里仅对硕士、博士学位论文进行文献分析以"以管窥豹"。

从时间上看,研究者对教师知识管理系统探讨始于2004年,在2004—2009年的6年时间内有19篇学位论文,这说明从理论和实践层面都需要对教师知识管理问题作深入、系统的研究。基于对"知识具有价值、知识能够创造价值"的认识,知识管理目的是通过知识的更有效利用来提高教师个人或组织创造价值的能力。知识的基础管理是知识管理的前提,可划分为紧密联系的 9 项活动①,即知识的获取、整理、保存、更新、应用、测评、传递、分享、创新,各部分相互承接与联系,共同构成了知识的基础管理体系,形成知识螺旋上升式的有机闭合环路,如同一条"知识链"。因此,需要从技术学、管理学、教育学等多种视角来研究教师知识管理。从所收集的文献来看,有从教育技术角度来为教师知识管理提供平台支撑;有从管理学角度来为教师知识管理提供理论支撑;有从教育学角度来探讨教师知识管理的应用实践。

2)相关研究评析

在国内,教师知识的问题近几年引起了学者们的广泛关注。但是由于起步较晚,与国外的相关研究相比,国内的研究略显笼统,缺乏具体可操作性,且理论的探讨不够深入,因而缺乏较有影响的理论。综观既有研究,可以发现关于教师知识问题的研究表现出以下 3 个特点:注重理论研究,轻实践研究;注重宏观研究,轻微观研究;注重理论思辨,轻实证研究和案例研究。例如,关于教师知识管理问题的研究,现有研究的思路一般是从企业界中借鉴知识管理的相关理论及技术,将其运用于教育领域,而缺乏立足于学校、立足于教师本身、立足于教育学,构建属于教育领域的教师知识管理的理论,寻求切实可行的教师知识管理策略。因此,教师知识研究的本体化、微观化、实践化是需要深入研究的方向。

4.有关教学知识的研究

1)研究概况

通过对相关文献进行分析,可以发现关于教学知识问题的研究主要集中在"教学知识发展""教学知识管理""学科教学知识"这 3 个方面。其研究成果的文献数量见表 0-8 和表 0-9。

25

---

① 王广宇.知识管理——冲击与改进战略研究[M].北京:清华大学出版社,2004:17.

教师教学知识的统整研究

表 0-8　1979—2009 年关于教学知识的期刊论文的文献计量表

研究问题　　　　年份	2009	2008	2007	2006	2005	2004	2003	2002	2001	2000	小计
教学知识发展	7	6	2	3	4	2	2	1	0	0	27
教学知识管理	5	4	0	5	3	4	1	0	1	0	23
学科教学知识(PCK)	5	7	4	8	5	2	1	0	0	1	33
小　计	17	16	6	17	12	8	4	1	1	1	83

表 0-9　1979—2009 年关于教学知识的学位论文的文献计量表

研究问题　　　　年份	2009	2008	2007	2006	2005	小计
教学知识发展	4	2	3	3	2	14
教学知识管理	1	0	1	0	0	2
学科教学知识(PCK)	1	1	1	0	0	3
小　计	6	3	5	3	2	19

(1)教学知识发展的研究

在国内,把"教学知识"视为一个学术概念而提及的是范良火,他的专著《教师教学知识发展研究》成为"教师教学知识"概念化的起点。自此,国内掀起了教师教学知识研究的热潮,且多数研究的思路与模式均参照范良火的研究,在国内进行了各学段、各学科、各地区的验证性研究,相关研究的比较分析见表 0-10。

表 0-10　教师教学知识发展的相关研究的比较分析

研究者	研究方式	研究对象(样本)	研究内容及结果								
			教学的课程知识			教学的内容知识			教学的方法知识		
			最重要来源	第二重要来源	最不重要来源	最重要来源	第二重要来源	最不重要来源	最重要来源	第二重要来源	最不重要来源
范良火①	问卷调查、课堂听课、教师面谈	美国芝加哥25所中学,3所高中学校的77名教师	GE	CD	ABF	GE	ADCFH	B	GEC	D	ABF
董涛②	课堂听课、教师面谈	我国山东省淄博市博山区城区3所国办初中学校的5名数学教师	GD	EAF	BC	G	ADCFH	B	G	CDEFH	AB
卢信瑜③	问卷调查、课堂听课、教师面谈	广东省佛山市南海区桂城街道48名小学英语教师和佛山禅城区54名小学英语教师	DE	CFG	AB	G	CDEF	AB	G	CDF	ABF

27

---

① 范良火.教师教学知识发展研究[M].上海:华东师范大学出版社,2003.

② 董涛.教师教学知识发展实证研究[D].曲阜:曲阜师范大学,2005.

③ 卢信瑜.我国小学教师教学知识发展调查与研究[D].福州:福建师范大学,2005.

续表

研究者	研究方式	研究对象(样本)	研究内容及结果								
			教学的课程知识			教学的内容知识			教学的方法知识		
			最重要来源	第二重要来源	最不重要来源	最重要来源	第二重要来源	最不重要来源	最重要来源	第二重要来源	最不重要来源
苏建烨①	问卷调查、课堂听课、教师面谈	广西玉林市中学30所学校中随机抽取22所学校里的46名数学教师	GE	CDF	AB	GE	F	ABCD	GE	FC	DAB

注:A.作为学生时的经验;B.职前培训;C.在职培训;D.有组织的专业活动;E.和同事的日常交流;F.阅读专业书刊;G.自身的教学经验和反思;H.教科书。

在研究对象上,董涛以初中数学教师为研究对象,苏建烨以中学数学教师为研究对象,田宏根、杨军以高中数学教师为研究对象;卢信瑜以小学英语教师为研究对象;吴卫东、彭文波、郑丹丹、陈近以浙江省小学教师为研究对象,张秋明、徐平国以浙江省舟山市定海区的中小学教师为研究对象;李万领以中学化学教师为研究对象;袁广峰以中学体育教师为研究对象,李革以广西中学体育教师为研究对象;李素芳以我国山东省曲阜市的111位农村教师为研究对象探讨了农村教师教学知识的发展问题。

在研究方法上,有的采用问卷调查、课堂观察和访谈相结合的方式,有的采用个案研究,有的将问卷调查与个案研究相结合。统观此类研究,虽然研究对象不同和研究方法不同,但研究结果却比较相近。例如,研究者们都认为"自身的教学经验和反思"是教师教学知

① 苏建烨.中学数学教师教学知识发展研究[D].北京:首都师范大学,2006.

识的最重要来源,而"作为学生时的经验"和"职前培训"则是教师教学知识最不重要的来源。这说明在教师教学知识发展途径或来源上,教师任教的学科、学段、地域不是主要的影响因子,国内教师教学知识的发展途径具有一定的共通性。相比较之下,国家可能是一个重要的影响因子。例如,"和同事的日常交流"和"在职培训"对于美国教师来说是最重要或其次重要的来源,而对于国内教师来说,"和同事的日常交流"和"在职培训"的重要性程度不如国外。

此外,还有研究者对大学教师教学知识的形成作了研究。例如,张阳春对大学教师教学知识的本质、特点、类型、内容以及影响大学教师教学知识形成的因素、大学教师教学知识形成的过程、形成的标准及形成的策略等一系列相关问题进行了研究。

(2)学科教学知识的研究

国内较早探讨"学科教学知识(PCK)"的是白益民,他探讨了学科教学知识已有的几种认识,分析了学科教学知识对教学过程和成效的影响,并提出要正确认识学科教学知识的概念和作用。学科教学知识作为教学知识系统中非常重要的要素,研究者们对其作了比较深入的研究。有研究者探讨了学科教学知识的基本问题,如对来源和本质、特征与结构的研究;有研究者从教师专业发展的视角来探讨学科教学知识,有从教师教育的角度来探讨学科教学知识;有研究者探讨了学科教学知识的发展途径,如教师专业发展学校和教研组;有研究者对学科教学知识的研究进行了综述,如对学科教学知识(PCK)近20年的文献分析和对西方学科教学知识研究路径的分析;有研究者对各学科、各学段的教师进行了探讨,如对外语语言教师的研究,对数学教师的研究,对高师生的研究;有研究者从学科知识和学科教学知识在课堂教学中的融合作了探讨;还有研究者探讨了我国高校英语教师的学科教学知识发展问题。

(3)教学知识管理的研究

国内关于知识管理在教育领域的研究,目前还处于理论探讨的初步发展阶段,实际的应用还比较少,对教学知识管理的研究更是较少。就所查阅的文献来看,仅有几篇文献探讨"教学知识管理"问题。

有从技术角度来探讨教学知识管理系统的构建,有探讨高校教学知识管理问题的,有探讨各类教学的知识管理问题。综观教学知识管理的研究,可以将教学知识管理的研究分为两个方向:一是偏技术角度,从人工智能、专家系统这个角度研究知识管理;二是偏内容角度,更多是从组织行为学的角度、管理思想的角度、知识资源的角度来进行研究。既有研究显现出技术性较重,内容性或者专业性不足,没能紧密地结合教学或教师的具体情境作出更深入、微观的研究。但随着知识管理在各个领域中的应用越来越深入,理论和实践的丰富,在教学领域的应用也会蓬勃发展起来。

2)相关研究评析

整体来看,对于教师教学知识发展这个问题的研究,突显出以下特点:其一,研究思路单一化和定势化。目前,国内研究者多沿用范良火的研究设计和思路。虽然研究者们根据不同的研究对象作了一定的改进开展本土化研究,涉及多个学科,如数学、化学、英语、体育;涉及不同教师群体,如农村教师和城市教师、东部教师和西部教师;采用多种研究方法,有定量研究也有定性研究,也得出了一些符合我国实际的研究结论。但已有研究表现出思路单一化和定势化的特点,研究者囿于已有研究而无法开展多角度、更深入的研究。其二,模仿性过余而创新性不足。已有研究大多是借鉴范良火的研究,从研究问题、研究设计、研究内容、研究方法、研究思路,甚至到研究成果框架,都带有明显的模仿性,虽然从某种程度上说,这是本土化研究的需要,但若较多研究都采用这样的模式是不利于研究与实践的开展。其三,现状调查较多而实践建构较少。已有研究大多集中于对教师教学知识的发展途径或发展现状作调查研究,而对如何发展教师教学知识这类实践性、建构性问题的研究不够,即使有少量的研究也多是宏观、笼统的研究,缺少具体、微观、深入的研究。其四,静态性研究较多,动态性研究较少。当前的研究更多地关注教师教学知识的现状发展,缺乏以一种过程、动态的方式去探究教师教学知识的发展过程,尤其是教师到底应该如何输入、如何优化和统整、如何输出教学知识缺乏系统性、针对性的研究。如果只注重去分析、研究教师现在的发展水平而忽略了其发展过程,忽略了应该有意识、有目的地去促进教师教学知识的发展。那么,就无法真正促进教师教学知识的发展,只能形成肤浅的认识,导致教师教育、教师研究的理论成果在实践中不能发挥其应有的价值。

统观学科教学知识的已有研究,国内对学科教学知识的认识也源于国外研究者们的理解,如舒尔曼(Shumlna)、艾尔伯兹(Elbaz)、吉尔伯特(Gilbert)、格罗斯曼(Grossmna)、莱因哈特(Leihnardr)和史密斯(Smith),目前对学科知识的认识、特征、结构等基本理论问题探讨得比较多。但对我国教师在具体的教学情境下如何发展学科教学知识的研究较少。已有的少数几例关于教师学科教学知识的研究,一般忽略了教师在具体的情境和过程中如何发展他们的学科教学知识,研究方式主要采取的是自上而下、以统计学为基础的定量研究,而缺乏比较具体的课例研究、个案研究、实证研究,虽然最近这几年有少数研究者采用了叙事研究、田野研究来对教师知识开展了不同角度的探究,但总体来说,数量还是比较少,且研究的深度也需要进一步拓展。

(三)国内外相关研究整体评析

通过文献梳理发现,国内外对教师教学知识的研究是与教师专业知识、教师知识和教师教育知识研究相互交杂在一起的,甚至还散见于教师角色、教师素质、教师教学观念、教师教学行为、教师教学风格、教师教学艺术、教师评价和教师培训的研究中,呈现出角度不一、内容不同、时有重叠的特点。学者们对于教育知识、专业知识、教师知识和教学知识的研究主要集中在对基本问题、知识结构、知识发展和知识管理的研究,这些研究为后续研究打下了良好的理论基础,有重要的参考价值。也应当看到,现有研究也存在一些不容忽视的问题和局限,尤其对知识结构和发展问题的研究,主要有以下不足:

1.重要素分解,轻结构统整

既有研究多采用要素分析的方法来分解各类知识的结构,而缺少从统整的视角来探讨知识结构的整合,以促成知识作为一个整体而发挥其作用。综观知识的既有研究,其基本思路是:先明确一个优秀教师的知识结构与标准是什么,接着对这些结构与标准进行分解建立一个框架体系,再将教师实然态的知识现状与应然态的知识结构与标准进行比较,从而得出教师在某些知识上的不足或匮乏,再设置相应的课程或采取一定的策略来进行弥补或强化,从而达到提高教师知识水平的目的。从思维上来看,这是受实体思维影响形成的研究路线。然而,教师在教学中并不是单纯地用某一种知识,通常是多种知识的融合,这就导致教师所学的与所需的脱节,即"学无以致用"。

2.重思论思辨,轻实践探索

现有研究多是采用归纳或演绎的方法来分析教师知识的内涵、特征、结构及发展等问题,大多是从应然角度来探讨教师的知识应该怎么样,而缺少从实然角度来研究应如何发展教师的专业知识。即使有少量的实然态的调查研究,其研究思路一般是对教师的专业知识现状作出描述,在描述的基础上提出一些发展策略,如改革教师教育制度或课程设置、制订相关政策、健全教师资格认证制度等,应该说这些策略也是需要的,但非研究者或教师能直接促成,或者在短时间内很难改变。可以看出,这些策略很少直接面对教师知识的发展,即不能有助于教师发展自己的专业知识,也无助于教师教育者明确应如何帮助教师发展其专业知识。这导致学者们提出的关于教师专业知识的结构与发展是一个期望的目标,而非通过努力能达成的实然状态。

3.重静态分析,轻动态发展

当前的研究更多地关注教师知识的现状发展,缺乏以一种过程、动态的方式去探究教师知识的发展过程,尤其是教师到底应该如何输入、如何优化和统整、如何输出,缺乏系统性、针对性的研究。如果只注重去分析、研究教师现在的发展水平而忽略了其发展过程,忽略了应该有意识、有目的地去促进教师知识的发展。那么,就无法真正促进教师知识的发展,只能形成肤浅的认识,导致教师教育、教师研究的理论成果在实践中不能发挥其应有的价值。

4.重一般知识,轻教学知识

通过文献梳理得出的数据如图 0-1 所示。可知,关于专业知识和教师知识的研究分别占了 39.43% 和 31.27%,只有 6.59% 的文献是关于教学知识的研究。

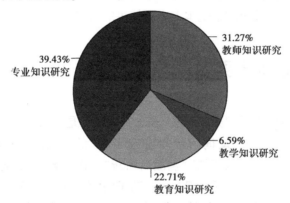

图 0-1　教育领域内关于知识研究的统计分析图

这表明,研究者在关注知识问题时,较多是从教师这个专业的角度来探讨,而从教学的视角来探讨教师知识问题还不是很多。这与教师发展立足与落脚于教学是极不吻合的。不论研究者是否意识到,教师教学知识是客观存在的,且教学知识是教师最核心的知识,它是一种区别于其他知识而独具特性的知识。如果没有系统、深入的研究,这是极不利于教师教学的开展;如果缺乏有意识、主动地去促成教师教学知识的建构、统整,将不利于教师教学知识的发展;如果缺乏从知识的输入到输出整个过程的研究,也不利于对教师教学知识发展过程中的整体把握与有意控制;如果缺乏对教学中所涉及

33

的各类知识的统整,如理论性教学知识与经验性教学知识、公共性教学知识与个体性教学知识、显性教学知识与隐性教学知识,则不利于教学知识作为一个整体在教学中发挥其最大功效;如果缺乏在实践中去建构、优化、统整教师教学知识,则教学知识的研究将无法真正立足于教师、立足于实践、立足于教学、立足于学生。基于此,教师教学知识统整的研究得以提出,本书力图将上述假设落实为行为,克服已有研究的理论研究与实践研究的二元论割裂状态,真正为教师教学知识的形成与发展提供有效的指导。本书将着力探讨教师需要哪些教学知识? 教师拥有的各类教学知识的存在形态是怎样的? 是分离的还是整合的? 如果是分离的应该如何统整? 统整的基础与视野是什么? 统整的模型、机制、路径分别是怎样的? 统整的实践应用与效果如何? 这几个问题是本书力图解决的问题。

三、核心概念界定

从词源学上看,"知识"这个概念在汉语中是由"知"和"识"构成的复合词。知,作为动词,有"知道""了解"的意思,如《论语》里的"知之为知之,不知为不知""温故而知新"。作为名词,常被用于"知识""见识""常识"等词语组合中。荀子的"草木有生无知,禽兽有知无义""所以知之在人者,谓之知,知有所合谓之智",则是既把知作为动词,也作为名词,强调人具有感知能力,在与外界接触的过程中获得知识。[①] 在英语中,"知识"一词通常用 knowledge 来表示。在希腊语中,常用 episteme 一词来表示,但 episteme 除有"知识"的意思外,还有"认识""科学""真理"之意。在德语中,常用 wissenschaft 一词表示,但 wissenschaft 除有"知识"的意思外,还有"学问""知识体系"等意义。总体来说,在日常意义上,知识常被用于指代"所知道的东西",有时与认识、经验、信息、科学、真理等概念交互使用。但是,

① 张伟平.基于 Agent 的高校教学知识管理系统[D].上海:华东师范大学,2007:12.

如果从学术层面上认识"知识",则会更加严谨。

在学术研究中,知识是一个内涵非常丰富、观点不太统一的概念,不同学术领域的研究者从不同的研究视角、用不同的研究方法得出了不同的认识。由于其他研究对这个概念有较深入的研究,因此,这里阐述哲学领域学者们对知识的理解。

(一) 知识

在哲学领域,不同的认识论决定了人们对"知识"概念理解的不同,不同的认识论也表达了对"什么是知识"问题的不同回答,真可谓:"横看成岭侧成峰,远近高低各不同。"但总的看来,具有代表性的观点大致有以下4类:

1.理性主义知识观

理论主义知识观认为知识是理性天赋的,不是外来的。强调知识构成中的逻辑成分及知识形成中的理性作用,认为普遍必然性的知识只能依靠理性知识来把握,并只能来自理性本身。它以柏拉图、笛卡尔、斯宾诺莎、莱布尼茨、康德等人为代表,如柏拉图(Plato)在《泰阿泰德篇》中,把知识界定为一种确证了的、真实的信念。从这个定义来看,知识是由信念、真与确证3个要素组成的,而且还可以得出:知识与信念是紧密相连的;对知识的探寻过程就是对人们信念进行确证的过程;知识与真理是同一层次的问题。柏拉图认为"知识"是人类理性认识的结果,是人们对于事物本质的反应和表述。他还认为知识是固定的和肯定的,不可能有错误的知识,显然,柏拉图对于知识的定义是与感性认识相对的,是人们对于事物本质的理性认识的一种反映,这样的知识属于超感觉的永恒世界。

同样的,笛卡尔也否认感觉认识的可靠性,认为感性认识无法对事物本质作出正确认识,人类要获得确实可靠的知识,就只能通过理性本身,依靠理性直观和演绎来获得。他提出"我思故我在"的论断,认为整个世界唯一不能怀疑的东西是"我"作为一个思想者的存在,

这是一切知识的前提,也是一切知识最牢固的基础。在笛卡尔看来,只有通过理性思考才能获得可靠的知识。事物被认识,"并非由于它被看见被摸到了,而是由于被思想所理解了"。①

理性主义知识观在人类历史上延续数千年,在此知识观下,知识被认为是"绝对的""科学的"。"绝对的"就是人类通过严格的理性思维获得的知识,它具有绝对的、永恒的和普遍的价值特性,是不容怀疑的;"科学的"即知识自成严密的学科和逻辑体系,但知识说仅限于间接经验和书本知识。

2.经验主义知识观

经验主义知识观是与理性主义知识观相对应的一种观点,它认为人类所有的知识都来源于感觉经验,都是对外部世界各种联系的反映,人类认识是从个别现象的感知通过归纳获得对一般原理的认识。它以培根、洛克、贝克莱、休谟等为代表。培根对知识的定义是:知识是对外界事物的忠实反映,观察和实验是获得这些知识的最可靠途径。② 有学者说:"与其说在培根心目中'知识就是力量',不如说在他看来'经验就是力量',因为在培根看来,'一切自然的知识都应求之于感官。'"③而洛克也认为人的心灵如同白纸,没有任何先验的观念。所有的观念都是通过感觉而得来的,感觉是人们获得知识的唯一通道,"我们的全部知识是建立在经验上面的;知识归根到底都是源于经验的。"④

尽管经验主义和理性主义对知识的理解的出发点不一样,但其对知识的理解有几点是相同的:第一,知识具有普遍必然性,只有普遍必然的知识才是真的知识,普遍必然性的知识是绝对精确、绝无矛盾的,在任何时间和地点都是有效的知识;第二,知识是恒定不变的,不因时间、地点的不同而不同,不因人、因事的变化而有所不同;第

---

① 北京大学哲学系.十六—十八世纪西欧各国哲学[M].北京:商务印书馆,1962:132.
② 培根.新工具[M].北京:商务印书馆,1935:53.
③ 培根.新工具[M].北京:商务印书馆,1935:22.
④ 洛克.人类理智论[M].北京:商务印书馆,1959:366.

三,知识本身就是目的,为了知识而学习知识、研究知识,抽象度越高、形式化越强、离现实生活越远的知识,才是真正的知识,而那些抽象度不高、形式化程度不高、贴近社会的生活,就被看作不纯粹的知识。① 也就是说,这两种知识观具有明显的知识绝对化、非人化和非社会化倾向,严重脱离社会生产和生活的实际。

3.实用主义知识观

实用主义知识观没有将知识与主体的理性联系在一起(如理性主义),也没有将知识与客体的属性联系在一起(如经验主义),而是将知识看成一种行动的"工具"。在实用主义者看来,知识不是绝对和神圣的,它只是一种解决问题的工具。因此,实用主义知识观也被称为工具主义知识观。这一流派主要以詹姆斯、杜威等为代表。詹姆斯认为:"知识是有机体在生活中与环境相互作用的结果,是产生满意行为的行动工具。"②杜威认为:"知识是有机体和环境之间相互作用的中介,是有机体为了适应环境刺激而作出探究的结果。一种知识是有效的或真正的知识,那么它一定能够提高有机体探究和适应环境的能力,否则就是无效的、错误的知识。"①

实用主义知识观认为知识本身不是目的而是手段,更确切地说,知识是人类在适应环境时使用的有效工具。知识对人来讲只有工具价值、功利价值,人获得知识的唯一目的就是解决困难、改造环境。实用主义者认为,"知识不是无用的奢侈品,知识的价值就在于它的实用性。一方面,知识在应用时要受到实践的检验。当某种知识能够帮助我们主动地改造一定的环境,排除某种特殊困难和苦恼时,它就被证明是可靠的、有效的、好的、真的。相反,那些不能帮助我们改造环境、消除困难和苦恼的知识则是无效的、虚假的。因此,效用是检验知识的唯一标准,也是衡量真理的尺度。另一方面,知识不是永远固定不变的,而是暂时性的,需要在实践中不断发展和完善。"③可

---

① 张伟平.基于 Agent 的高校教学知识管理系统[D].上海:华东师范大学,2007:13.

② 向冬梅.教师专业发展的知识基础研究[D].武汉:华中师范大学,2007:8.

③ 季诚钧.从知识观的演变看高等学校教学过程[J].中国大学教学,2002(3):26-28.

见,这种知识观带有明显的"实践性"和"能动性"特征。然而,它们只是看到了知识的外在、工具性的价值,而忽视了知识的内在、意义性的价值。

4.后现代主义知识观

后现代主义知识观从强烈反对、批判现代知识的客观性、普遍性、中立性、确定性、一致性的基础上,提出知识的文化性、情境性、价值性、不确定性、多样性。这种知识观主要以利奥塔、福柯、德里达等为代表。

与现代性知识的客观性相对,后现代知识表现出特有的文化性。后现代主义认为,任何知识都是特定文化背景的产物,都会带有特定文化传统和地域文化特质的烙印,几乎没有脱离文化的纯粹的知识。因为知识是认识的结果,而认识过程是一个受价值色彩、意识形态、先在的思维传统和倾向影响的过程。

与现代性知识的普遍性相对,后现代知识表现出情境性。后现代主义认为,没有一种普遍的真理性的知识,任何知识都是特定背景观照下的产物,都是暂时、可错、有待证伪和证实的。那种一劳永逸、放之四海而皆准的所谓真理是不存在的,是知识的神话。任何一种知识都有存在的理由,用一种境域下的知识去统治或指导其他的境域下的知识,是典型的"知识霸权",应该强调知识的多元共存,对异质和边缘的知识应宽容和理解,这对于根深蒂固的以追求普遍性知识为终极目的的知识观而言,无疑是一个有力的批判。

与现代性知识的中立性相对,后现代知识表现出价值性。现代性知识强调知识是经验和理智的产物,它只与认识对象的客观属性和认识主体的认识能力有关,而与认识主体的性别、种族以及所持意识形态等无关。后现代知识论者认为,所有的知识生产都是受着社会价值需要的牵引。价值的要求已经代替求知的渴望,成为后现代知识生产的原动力。不仅所有的知识都要受到价值的影响,而且所有知识本身也体现着一定价值要求,所有的知识都是在特定价值观影响下而生成的。尤其是在社会和人文知识领域中,并不存在完全纯粹的事实,这些事实都是由一定价值主导下建构的事实;也根本就

不存在价值中立的陈述语言,有的只是在一定历史文化中形成的独特的概念和范畴。因此,社会知识和人文知识总是包含着一定的价值要求。后现代知识的价值性还特别体现在,所有的知识在传播过程中都是受着权力因素的制约的,都是社会总体权力实践的一部分。社会的权力实践不仅仅体现为"肉体的控制",而且还体现为"知识的控制",尤其是在知识标准上的控制。这就间接地控制了异质性知识的生产和传播,从而使异质行为或反抗行为的可能性降到最低程度。[①]

与现代性知识的确定性相对,后现代知识表现出不确定性。在后现代主义者看来,知识是每个主体对事实进行阐释和界定的结果,并非是"绝对客观"的,所以可能会出现对同一事实得出不同的结论;对同一知识作出不同的解释。每一个人都作为主体根据自己的认识系统去建构知识,知识的获得来自主体对其意义的建构。因此,知识不是对现实的纯粹客观的反映,而是人们对客观世界的一种解释或假设,对事实的理解是多元的而非一元的,知识是不确定的。

与现代性知识的一致性相对,后现代知识表现出多样性。后现代知识观不仅重视社会性的知识,也重视个人性的知识,不仅重视显性的可用语言表达出来的知识,也关注无法用语言表达出来的隐性知识。知识的类型是多样的,每一种类型的知识都是人们在同自然、社会、自我斗争中,从不同角度或方法出发,对各种事物和现象形成不同的看法和见解。知识是每个个体对事实进行阐释和界定的结果,它并非是"绝对客观"的,因此就有可能会出现对同一事实得出不同的结论,对相同的事实也可能出现不同的理解。

从上述分析可以看出,不同时代的知识并没有一个固定不变,达成一致的定义,其内涵不同,外延也有很大不同。每一种关于知识的定义其实均内涵了自身所认可的知识论立场。从构成来讲,知识指影响一个人观念和行为的系统的认知和体验。认知属于显性层,由概念、命题、原理构成,它是知识最基本的表征。行为属于准显性层,

39

①　石中英.知识转型与教育改革[M].北京:教育科学出版社,2001:5.

由思维方式、方法、过程构成,它隐藏在知识表征背后,可以通过分析、判断、推理而展示出来。体验属于隐性层,由态度、情感、价值观构成,它扎根于知识体系和结构的内部,是人们在探索知识的过程中所积淀起来的各种情感和价值体验的浓缩结构和隐蔽形式。

但从知识的发展过程来看,"知识"的范围有所扩大,不再仅仅局限于客观、确定、可言传的知识,不再仅仅只是真理、科学的代言人;知识的产生和存在的方式具有文化性、情境性,存在形态是复杂的,既包括书面、可以言传的,也包括只能意会、说不出来的知识,知识的形成受个体主观经验的影响,是不确定的。本书所关注的是与教学领域中的知识,更多认同这样一种观点。

(二)知识元、知识簇、知识流

认知心理学认为,学习的直接性心理机制是学习者的知识结构。学习者如果拥有合理的知识结构,那么就可以不受知识表面形似性的制约,就能从结构特性着眼提高学习的效率与质量,发展自己的学习能力。由此可见,在各类教学知识的发展过程中,让教师构建合理的知识结构是一项重要的任务。知识的组织是教师认知结构形成中的重要影响因素,如何使知识的组织趋于合理化,首先要了解知识组织的操作单元和基本模型,从而明确知识组织机制,可以清晰地分析知识的流向、途径、转化与转移过程等。

在知识的组织过程中,知识既是静态的,也是动态的。为形象地展示知识的状态,静态的知识用知识元(Knowledge Element)、知识簇来表征;而动态的知识用知识流来表示。

知识元是知识结构中最小的独立单元,它可以是概念、方法、规则、公理等数据或事实以及实例化的知识。在教学系统中,一个独立的知识元可能还不能成为学习的内容,只有当这些知识元以一定的关系排列组合在一起形成相对丰富、完整的意义时,它才可能成为学习的内容。这里将以一定的关系排列组合在一起的知识元称为知识簇。教学知识一般是由若干相对独立的知识簇通过一定方式组合形成知识树,这些知识树就是本研究提到的各类教学知识(如策略性知识、评价性知识等),而知识簇又是由若干知识元通过一定的方式组合形成的。特别重要的是,一个知识元可能会在多个不同的知识簇中出现,因此,本书将知识簇作为知识组织的对象。

"知识簇"的概念是受到计算机操作系统中所使用的一个逻辑概念——"簇"的启示而生成的。在计算机中,扇区是磁盘最小的物理存储单元,但由于操作系统无法对数目众多的扇区进行寻址,因此操作系统就将相邻的扇区组合在一起,形成一个簇,然后再对簇进行管理。每个簇可以包括 2,4,8,16,32 或 64 个扇区。那么,知识系统中的"知识元"就相当于计算机系统中的"扇区"。相应的,知识系统中的"知识簇"就相当于计算机系统中的"簇"。如同计算机系统提出"簇"便于寻址一样,我们提出"知识簇"概念的目的是便于对知识系统进行组织。在本书中,知识簇便成为教师知识发展的单元,教师各类教学知识发展的进度、效度基本都以知识簇为衡量单位。在各类教学知识中,无数个知识簇按照一定的规则组织在一起即便构成知识树。其层次关系如图 0-2 所示。

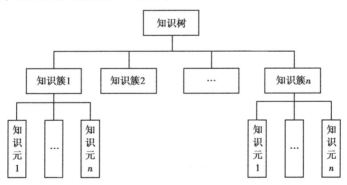

图 0-2　层次关系图

在如图 0-2 所示的层次关系图中,知识既有静态的,又有动态的。知识元、知识簇就是处于静态的知识,而知识元与知识元之间、知识簇与知识簇之间、知识元与知识簇之间的流转变化就是动态的。这里将这种知识在不同层级、不同属性之间所进行的流转变化称为

41

知识流。知识流的类型是分层面的:一种是教师个体层面的知识流;另一种是教师个体之间的知识流。这里着重探讨教师个体层面的知识流。

在教师个体的知识组织过程中,各层或者同层学习单元、知识之间不是独立存在的,而是与其他的知识发生关系,存在着一些相互制约的关系。知识之间的关系主要包括继承、前驱、后继、平行、关联等关系。

继承关系:两个知识 A,B,若 B ⊂ A,则称 B 继承了 A。继承关系体现了知识的细分。例如:知识簇 A 里包括了知识元 B,则知识元 B 继承了 A。

前驱和后继关系:两个知识元 A,B,若 A→B,而没有 B→A,则称 A 是 B 的前驱,B 是 A 的后继。前驱和后继体现的知识学习的序列性。

平行关系:两个知识元 A,B,若有 A→B 和 B→A,则称 A 和 B 是平行的。平行体现了两个知识学习不具有序列性,掌握不分先后。

关联关系:3 个知识元 A,B,C,若 A∩B=C,则称 A 和 B 是有关联的,B 关联 A。关联体现了知识间的联系。一个知识簇可以有几个关联。

在教师个体的知识组织过程中,还包括外显性教学知识与内隐性教学知识、公共性教学知识与个体性教学知识、理论性教学知识与实践性教学知识之间的流转变化,也就是还包括各种不同属性之间的知识流。

(三) 教学知识

"教学知识"作为一个词语的出现早于作为一个学术研究概念的出现。在国内教育研究文献中,作为一个词语的"教学知识"最早出现于《教师为丰富自己的教学知识所做的工作》(1955)一文。但此文中所谓的"教学知识",指的是作为教学活动之内容的"学科知识"。国外教育研究文献中,有 3 个词语均与教学知识有关,即 " Pedagogical Knowledge " " Teachers' Pedagogical Knowledge " ("Teachers' Knowledge of Pedagogy")与"Pedagogical Content Knowl-

edge"。艾尔伯兹(Elbaz)在论述教师知识结构时使用了"教学知识
(Pedagogical Knowledge)",并将其作为教师知识的一个子类,本书采
纳这一用法。把"教学知识"作为一个学术概念而直接将其作为研究
对象并进行研究的是范良火,他的专著《教师教学知识发展研究》成
为"教学知识"概念化的起点。值得注意的是,把"教学知识"概念化
只表明人们对教学知识价值与意义的认识从自发状态上升到自觉状
态,并不是说在此之前就没有对教学知识的关注。我国最早的教育
专著《学记》中就明确记载:"君子既知教之所由兴,又知教之所由
废,然后可以为师也。"这里的"教之所由兴"与"教之所由废"指向的
正是教学知识。

那么,概念化视域中的教学知识是什么呢?"教学知识"这一术
语可用来考虑包括与教学活动有关的知识,而不需限定针对谁的问
题。① 在"教学知识"中,认知者是未知的,可以是教师、教师教育(培
训)者、研究者,甚至也可以是外行,而被知体则相对清楚,即有关教
学的事情。② 由此,把教学知识定义为"关于教学活动的知识"。教学
活动的基本知识必然涉及五大核心知识:为什么教学?(即意义性知
识)教学什么?(即本体性知识)谁教学谁?(即主体性知识)怎样教
学?(即策略性知识)教学结果好不好?(即反思性知识)。

43

(四)教师教学知识

教师教学知识是作为特定主体的教师所拥有的关于教学活动的
知识。在"教师教学知识"中,认知者是教师,被知体是教师自身作为
教师所知道的与教学活动有关的知识。认知者与被知体之间是一种
交互作用的过程,是一个教师不断接受、学习、建构、生成有关教学知
识的过程。这里要特别指明的是,因为教师所拥有的教学知识不同
于其他群体(如一般大众、教师教育者或者教育研究者等其他教育工

---

① Buchmann M. Teaching knowledge:the lights that teachers live by[J]. Oxford Review of Ed-
ucation,1987(13).
② 范良火.教师教学知识发展研究[M].上海:华东师范大学出版社, 2003:40.

作者),本书只对教师作为认知者所拥有的教学知识开展研究,而且只局限于其作为"教师"这一特定角色,不涉及扮演其他角色应该具备的知识。

从构成来讲,教师教学知识包括影响教师观念和行为的系统的认知和体验。认知属于显性层,由概念、命题、原理构成,它是知识最基本的表征。认知层面的知识既包括教师对公共性教学知识的认知和了解,也包括在理解、加工、反省公共性教学知识的基础上形成的自己的观点与看法,即个体性教学知识。它是教师教学知识最表层、最基本的表征,通常处于显性层面。行为属于准显性层,由思维方式、方法、过程构成,它隐藏在知识表征背后,可以通过分析、判断、推理而展示出来。教师的教学行为是教师在教学实践中对习得的教学知识进行内化的基础上,所形成的一套自己符合自己特点的处理教学问题的方法、策略、技巧和思维方式等,其实质上属于一种策略性知识中的技能与技巧成分。它隐藏在教学知识表征的背后,但又可以经过分析、判断、推理而展现出来,因此属于教师教学知识的准显性层。体验则属于最内在的隐性层,一般由情感、态度、价值观构成,它扎根于知识体系和结构的内部,是教师在发展知识的过程中所积淀起来的各种情感和价值体验的浓缩结构和隐蔽形式。很显然,教师对教学的体验是教师在对教学知识进行深刻内化,在长期的教学实践中所积淀起来的对于教学的态度、情感、价值观,是教师教学行为中或明确或隐含的"教学哲学"。它属于教师教学知识的隐性层面,深深地潜藏在教师教学知识体系的底部。从以上 3 个层面的论述来看,教师教学知识实际上不仅包括教师所知道、所表现的,还包括教师所体验到的,可以是显性的,也可以是隐性的,可以是认知的,也可以是体验的。

(五) 教师教学知识统整

统整,这一术语在《现代汉语词典》中没有解释词条,这说明该术语是在外文翻译中创造出来的,其英语形式为"integrate",基本含义是"使……整体化"。国内教育界主要在课程领域使用这一术语,不过译法有分歧,通常将"integrate"译为整合、综合化与统整,研究者也基本上按自己的理解选择其中一种用法,从而形成了综合课程、整合课程与统整课程等专门术语。我们认为,在汉语中综合具有"把不同种类、不同性质的事物组合在一起"的含义,而这种组合的形态既可能表现为机械的,也可能表现为有机的,这就不能充分地表达"使……整体化"的本意。整合虽有"使……整体化"的意义,但是在国内课程领域多在策略层面使用这一术语,意在强调两门课程或多门课程由分离状态走向整体一体化。本书在教师教学知识领域使用"统整"一词来表达两层含义:一是在与"分离"相对应的层面上使"教师教学知识"整体化;二是在"转换"的层面上使"教师教学知识"由一种整体化向另一种整体化的转向。前者是建立在当前教师教学知识研究的多维性所带来的教师教学知识的分离现实所决定的;后者是建立在传统教师教学知识整体化的基点错位,从而使得教师教学知识的价值实现受损,不能为教师专业化发展提供坚实基础这一困境之上的。因此,本书中,教师教学知识统整意指把随着教师教学知识研究的兴起而形成的各种新的教师教学知识类型、教师教学知识层次从传统教师教学知识统一基点中转换出来,在新的基点上按其自身的内在逻辑和实践功能导向下形成符合时代发展需求的完整的知识,既包括不同形态教学知识之间的整合,如理论性教学知识与实践性教学知识、外显性教学知识与内隐性教学知识、公共性教学知识与个体性教学知识之间的整合,也包括不同类别教学知识之间的整合,如意义性知识、本体性知识、主体性教学知识、策略性教学知识与评价性教学知识之间的整合,使之形成一个前后衔接、相互转化、自成一体的知识系统,发挥教学知识系统的整体效能和实现价值的最大化。

45

四、方法论阐释

方法论是科学研究领域最核心的问题之一。关于方法论在科学研究中的作用,英国哲学家弗朗西斯·培根(F. Bacon,1561—1626)曾将其喻为:"跛足而不迷路的人能够赶过虽健步如飞却误入歧途的人。"①同样地,方法论在教学研究中也起着举足轻重的作用。它是贯穿教学研究过程的主线,决定着教学研究的科学性和有效性。

方法论对教学研究的影响无处不在,从宏观设计到微观操作,无时无刻不受着研究者所使用的方法论的影响。"研究者必须经过方法论的科学的训练,具有科学研究的方法论的理论素养与具体研究方法、技术的基本知识,否则研究者对自己的研究问题的提出、研究的设计、研究方法的选择、自身在研究过程中的位置(研究者自身以及研究者与研究对象的关系的反思)等的科学性就会受到质疑。"②同时,方法论的影响又是切切实实的,并最终体现在具体的研究过程中。从研究问题的确定、研究对象的选择,研究设计的确定、研究方法的选择,到研究成果的提炼和推广,研究者均需要以正确、适切的方法论来引领教学研究的开展,确保研究过程的科学性与规范性,因而我们将探讨本书所涉及的一些方法论原则。

(一)价值诉求:求真与求善的同一

教师的教学知识是影响课堂教学质量高低的关键因素,研究教师的教学知识是否有效,应该如何着手?以什么为尺度呢?本书的研究遵循"求真与求善的同一"这个方法论原则。

所谓求真即合规律性,就是在研究中对理论的尊重,对教学规律的尊重,以发现教师教学知识的要素模型及结构、教学知识的生成机制和规律为基本旨趣,探求"在理论上应该是"的问题。所谓求善即合目的性,就是在研究中关注教学实践,关心教师需要,以开发教师教学知识的策略系统,帮助教师有效地发展教学知识为终极目的,解

---

① 北京大学哲学系外国哲学史教研室.十六—十八世纪西欧各国哲学[M].北京:商务印书馆,1978:22.
② 皮埃尔·布迪厄,华康德.实践与反思——反思社会学导引[M].李猛,李康,译.北京:中央编译出版社,1998:98.

决"在实践中应该怎么办"的问题。

本书关注教师教学知识的分离问题,发现教师教学知识的生成机制并不是最终目的。总体来看,人类对知识的价值性评价活动,是以对知识的真理性、客观性认识为基础,也就是说,知识的价值恰恰在于它应该是客观真理,能够揭示客观事物的本质和规律,帮助人们用其指导实践便能够实现既定的目的。因此,本书所研究的主要价值不仅在于要发现教师教学知识的某一规律,而在于追求教学实践合理性,通过研究以满足教师在认知、实践活动中的某些需要,这即是"求真与求善的同一"。

(二) 路径追求:继承与创新的统一

任何创新都是在继承传统的基础上产生的。美国著名科学哲学家托马斯·库恩(T. S. Kuhn),通过对科学史的深入考察,"主张在以认同、继承传统为特征的'收敛式思维'与以批判、超越传统为特征的'发散式思维'之间建立'必要的张力'"[①]它告诉我们,在任何活动中必须保持好继承与创新之间的"生态平衡","如果只讲创新,不讲继承,其结果只能导致文化激进主义或文化虚无主义的蔓延"[②]。如果只讲继承,不讲创新,其结果必然陷入文化保守主义的困境。教学研究同样如此,"教学研究的基础在于继承,教学研究的生命在于创新"。本书着重体现"在继承中创新,在创新中发展"的原则,这种原则在以下 3 个方面得到体现:

1.在研究问题上的继承与创新

国内外已有一些研究者曾经对教师教学知识展开了研究,应该说这个研究问题并不是一个新的问题,但本书着力于探讨教师教学

47

---

① 转引自:俞吾金.对"创造教育"的前提性反思[J].探索与争鸣,2001(11):30-32∥托马斯·S.库恩.必要的张力——科学的传统和变革论文选[M].纪树立,范岱年,罗慧生,等,译.福州:福建人民出版社,1981:222.

② 俞吾金.对"创造教育"的前提性反思[J].探索与争鸣,2001(11):30-32.

知识的分离问题与统整问题,不同于既有多数研究探讨教师教学知识的来源与发展问题,这体现了本书在研究问题上的"在继承中创新"。

2.在研究方法上的继承与创新

既有对教师教学知识的研究多是采用归纳或演绎的方法来分析教师知识的内涵、特征、结构及发展等问题,大多是从应然角度来探讨教师的知识应该怎么样,而缺少从实然角度来研究应如何发展教师的专业知识,有少量的研究是从调查的角度来探讨教师教学知识的来源与发展途径,但其研究路线显得太过同一,基本上都是沿用范良火的研究路线。因此,本书力图在研究路线及研究方法上突破范良火的模式,采用"调查探源+理论构建+实践检验"的方法。首先,通过调查发现教师教学知识发展中存在的问题,了解专家和教师所认同的教学知识构成要素和属性组合,调查探寻教师发展教学知识的主要路径和有效方式;其次,通过理论思辨的方法分析教师教学知识分离的表征及症结,构建教师教学知识的要素模型和属性架构,探析教师教学知识各种要素的生长条件,开发教师教学知识的发展策略;最后,通过准实验来检验教师教学知识的策略系统的可行性与有效性。

3.在研究结果上的继承与创新

本书在借鉴已有研究对教师教学知识的要素分解的基础上,提出了基于教学活动过程的"五要素"说;在借鉴已有研究提出的教师教学知识的结构理论基础上,构建了教师教学知识的结构与统整模型;在借鉴已有研究所得出的教师教学知识发展路径的基础上,重新设计了新的发展路径框架并进行广泛调查,得出教师教学知识发展的主要路径和有效方式,综合探讨了教师教学知识的生长条件,开发了基于教师教学知识生长机制的策略系统。

(三)思维旨向:分析与综合的辩证

恩格斯说:"思维把相互联系的要素联合为一个统一体,同样也把意识的对象分解为它们的要素。没有分析就没有综合。"①分析是把整体分解为各个部分、方面、因素来认识,并从中揭示事物的本质和事物的内部联系。综合则是把分析中所得到的各部分联成一个整体,揭示事物发展过程中的矛盾在总体上、在其相互联结上的特殊性。在认识的全过程中,分析和综合各自只能完成一个阶段的任务,把其中任何一个绝对化而否定另一个,认识的全过程就无法完成。如果思维只限于综合不进行分析,那么就只可能有关于事物的表面的笼统的印象认识只停留在感性的具体上,不能认识其本质。同样,如果思维只限于分析,那么就只能获得枝节之见及抽象的本质,不能解释现象和本质之间的联系,不可能在思维中再现具体的整体。对此,黑格尔曾深刻地指出,如果不进行综合,分析就会像剥葱一样,一层一层地剥下去最后葱就不存在了。

本书对教师教学知识的关注重心是统整,但统整的前提是要进行分析,因此,在对教师教学知识的基本要素、本质特征、存在形态、属性组合进行分析后,探讨了教师教学知识的系统结构与形态结构,在此基础上从而构建了统整的模型;接着,又分别探析了每类教学知识的生成条件,并根据教学知识整体的生成机制和每类教学知识独特的生成条件,开发了教师教学知识发展的教育课程统整设计策略和知识精加工策略,这其中就体现了分析与综合的辩证思想,既从整体上把握教学知识的本质,又从不同角度把握不同教学知识的属性;既从整体上构建促进教学知识统整的教师教育课程统整设计策略,又构建适合每类教学知识发展的知识精加工策略。

(四)方法探求:定量与定性的结合

瑞典教育学家胡森(T. Husen)早在 20 世纪初就提出了教育研究中存在两种主要的研究方法:"一是模仿自然科学,强调适合于用数学工具来分析的经验的、可定量化的研究,研究的目的在于确定因果关系,并作出解释。二是从人文科学推演而来的,所注重的是整体

49

① 中共中央马克思恩格斯列宁斯大林著作编译局.反杜林论[M].北京:人民出版社,1970:39.

和定性的信息,通讯说明的方法。"①这两种方法就是定性研究方法与定量研究方法。

定量研究是建立在实证主义基础上的一种教学研究方法。定量研究不考虑研究者对研究对象的影响,研究者要保持绝对的价值中立;强调进行严密观察、严格控制、精确测量、采用数量化的方法来实现因果关系的推理;研究常采用自然科学的研究方法,如实验法、准实验法、调查法等,研究思路遵循演绎法,大多是从一般的情境中推广到特殊的情境中;强调研究结论的可重复性、概括性与普适性。定性研究是奠基于现象主义、解释主义、人本主义、建构主义、自然主义等理论基础上的一种研究方法。定性研究强调研究者要深入现场,通过与研究对象的互动与理解来进行;定性研究强调事实与价值的不可分;研究结果强调对研究对象作整体化、情境化、动态化的"深描",注重对原始材料进行"原汁原味"的呈现,使读者产生身临其境的感觉,注重生动性、具体性、特殊性。

从教师教学知识这个研究问题的属性来看,它既涉及事实的、现实的教学活动,又涉及意义的、价值的教学观念等,具有主观与客观、价值与事实的双重性。因为教学活动作为一种极其复杂的社象,不同于一般的社会实践(像物质生产实践),更不同于自然现象,但它具备社会实践的一般特征——主客观的二重性。正如有学者所言,"'教育世界'具有两面性,既是'事实世界',又是'价值世界'"②。研究问题的双重性决定了无论是主张客观、价值中立的定量研究,还是主张价值体验、意义阐释的定性研究都无法独自完成研究的重任。因此,本书采用了定量研究与定性研究相结合的方法,以达成对教师教学知识作理性层面的探求和价值、意义层面的追求。

本书在方法论上力求既体现在研究思维上的"分析与综合的辩证"和研究路径上的"继承与创新的统一",又强调在研究方法上的"定量与定性的结合",实现在价值追求上的"求真与求善的同一"。

50

---

① 瞿葆奎.教育学文集·教育学方法[M].北京:人民教育出版社,1988:179.
② 杜时忠.科学教育与人文教育[M].武汉:华中师范大学出版社,1998:243.

五、研究设计

(一)研究问题

本书认为,教师教学知识发展存在的最大问题是教师教学知识的分离[①]与断裂[②],基于此,提出了教师教学知识的统整问题。如果这个问题得到解决,那么,教师教学知识也才能得到发展。因此,本书所要探讨的问题就得以逐渐显影。

1.为什么要探讨教师教学知识的统整问题

本问题涉及"与教师教学知识统整相对应的问题是什么?其具体表征是什么?问题的本质是什么?"等子问题。其研究意图在于:通过对教师教学知识统整情况的研究,审视与反思教师教学知识的统整现状,明晰与教师教学知识统整问题相对应的问题所在,了解这个问题的具体表征与问题本质,为后面的统整研究作好方向引领和准确定位。拟采用的方法是:本问题的解决拟采用问卷调查和理论演绎相结合的方式,通过抽样性调查来明确与教师教学知识统整相对应的问题——分离,并从多个维度了解教师教学知识的分离状况,在对调查结果进行综合分析的基础上,借助理论演绎对分离样态及分离本质进行抽象与提炼,从而为后续的统整研究奠定坚实的基础。

51

2.教师教学知识的统整到底应统整哪些知识

本问题涉及"教师的教学知识的内涵是什么,包括哪些知识,有

---

① 后面的研究将会专门探讨教师教学知识的分离问题。
② 问题提出部分已对断裂问题有探讨。

什么特点和属性？即教学知识的内涵和外延"等子问题。其研究意图在于：教学知识的内涵和外延是整个论文研究需要解决的本体性问题。教学知识的内涵和外延对本书探讨教学知识统整问题显得尤为重要，也可以说是研究的逻辑生长点。因此，有必要对教学知识的基本内涵、构成要素、本质特征、存在形态、属性组合和结构等问题进行探讨，为本书的后续研究奠定基础。研究以文献研究为基础，通过面向专家和教师的问卷调查来对教学知识的构成要素和属性组合进行构思验证，探析教学知识的内涵和外延，构建结构模型。拟采用的方法是：本问题的解决采用文献分析、理论演绎和调查研究相结合的方式。通过文献分析和理论演绎的方式对教学知识的基本内涵、构成要素、本质特征、存在形态和结构等问题进行研究，同时也结合面向一线教师和相关专家的问卷调查对所推导出的构成要素进行实践验证，采用面向课程与教学论领域专家的问卷调查对教学知识的属性组合进行研究，从而明确每类教学知识的独特属性，为后续统整机制、统整策略等研究提供依据。

3.教师教学知识应如何实现统整

52

本问题涉及"教师教学知识统整依据什么模型来进行？教学知识如何输入、组织与输出，其统整机制是怎样的？教学知识的生成路径是否同一，其统整路径又从何而来？应该采用什么样的统整策略来实现对模型、机制、路径的具象化和操作化？"等子问题。其研究意图在于：教师教学知识的统整并非"空中楼阁"，仅仅明确教师教学知识的内涵和外延还不够，我们需要通过对教学知识结构的研究而建构统整模型，需要通过对教学知识的形成机理的探讨而明确统整机制，需要通过教学知识生成路径的探究而廓清统整路径，需要通过对教学知识统整模型、机制、路径的整合研究而开发统整策略。只有这样，才能真正探明"如何统整"的问题，既为通过对教学知识的统整促进教师教学能力的提升奠定基础，也能为在实践层面中探索教师教学知识的统整提供操作框架。拟采用的方法是：此问题的解决将采用理论演绎和调查研究相结合的方式。通过文献分析和理论演绎，建构教师教学知识的统整模型和统整方式，并分别探讨每类教学知识的形成机理和统整机制；通过大样本的问卷调查对教师教学知识生成路径进行分析，借助 t 检验和单因素方差分析来明确各类教学知识最重要和最不重要的生成路径，分析各种路径对于不同群体教师教学知识的生成是否有显著性差异，最终在综合各类教学知识所独有的生成路径的基础上，提炼得到教师教学知识的统整路径；通过文献分析和理论演绎，建构着眼教学知识统整的教师教育课程统整设计策略和基于每类教学知识的统整精加工策略。

4.教师教学知识的统整效果如何

本问题涉及"教师教学知识统整的问题在实践中是否能得到解决？本书所建构的统整理论构想在实践应用中是否具有操作性和可行性？"等子问题。其研究意图在于：在前文研究基础上，将所建构的统整理论构想应用到实践中进行验证，一方面旨在探究是否能真正帮助教师实现教学知识的统整，是否能有效提升教师的教学实践能力，进而实现有效教学；另一方面旨在为进一步修正和改进教师教学知识统整理论提供现实依据。拟采用的方法是：此问题的解决将采用实验法来进行，将以研究者所在的某市 B 区 N 个名师工作室的 40 名中青年教师为被试者，开展为期一年的准实验。通过将所建构的统整理论构想应用到实践中，来检验统整是否可行，统整理论是否有效，最后通过对教师在认知、情感意志和行为等维度上，综合教师自陈量表、专家现场或录像评估、学生问题与访谈的形式来判别其可行性与有效性。

（二）研究假设

1.前提假设

教师的教学知识是教师开展教学活动的直接支撑，其数量的多少与结构的优良与否是教师教学能力高低的核心和关键,教师具有渊博的教学知识和优良的知识结构有助于教师教学能力的提升。

2.目标假设

基于前面的前提假设,提出以下目标假设:

①教师教学知识的统整有助于教师教学知识量的增加和结构的优化。

②教师教学知识的统整有助于教师教学能力的提升。

3.理论假设

要使得目标假设成立,就要设定以下理论假设:

①教师教学知识的统整基点是对教师教学知识的本体性解读。

②教师教学知识的统整机理在于教师教学知识的主体性建构。

③教师教学知识的统整效度表现为教师教学知识的客体性转化。

(三)研究内容

论文以解决"教师教学知识应如何统整"为核心主旨,根据前面所提出的研究问题和研究假设,依据研究设计所提供的问题解决方案,便可得到以下具体的研究内容:

①教师教学知识的分离问题研究。

②教师教学知识的本体构造问题研究,包括教学知识的基本内涵、构成要素、存在形态、属性组合、本质特征、内在结构等。

③教师教学知识的统整模型研究。

④教师教学知识的统整机制研究。

⑤教师教学知识的统整路径研究。

⑥教师教学知识的统整策略研究。

⑦教师教学知识的统整实践研究。

（四）研究思路

1.宏观研究思路

遵循"文献分析研究—实践调查研究—理论构建研究—实践验证研究"的基本思路,形成大致的研究思路,如图0-3所示。

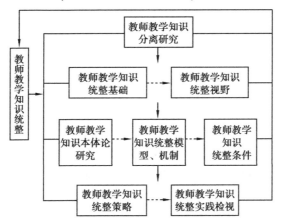

图0-3 "教师教学知识统整"研究思路

①对国内外有关教学知识的既有研究进行全面、系统的梳理,明确已经取得的成绩,找出有待解决的问题,确立后续研究的起点与方向,确定主要研究问题、研究目标、研究内容与基本假设。

②深入实践开展调查研究,了解教师教学知识的统整状况及分离现状,抽象教师教学知识分离的样态,并解析出教师教学知识分离的本质。

③在理论上确定统整教师教学知识的视野,厘清教师教学知识的统整基础和本体性理论,构建教师教学知识的统整模型与统整机制,探索教师教学知识的统整路径,并在综合统整模型、统整机制、统整路径的基础上,开发有利于促进教学知识统整的策略。

④将教师教学知识统整的理论构想(统整模型、机制、路径、策略等)具体运用于实践中,对理论的可行性、实用性、有效性、可信性等

进行实证研究,在实验检验的基础上进一步修订、完善与丰富统整模型的基本结构、实证策略及运行条件等。

2.微观研究逻辑

基于对教师教学知识统整的逻辑分析,形成如图 0-4 所示的统整逻辑。

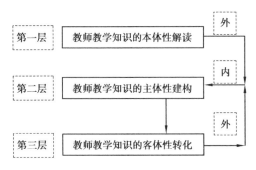

图 0-4　教师教学知识统整的逻辑

首先,是对教师教学知识进行本体性解读,此层为统整的生长点;其次,教师进行教学知识的主体性建构,此层强调教师对教学知识的内隐性建构;再次,教师进行教学知识的客体性转化,此层更强调教学知识的行为外显化。其后,教师处于持续的主体性建构与客体性转化中,从而真正实现教学知识的统整。

(五)研究方法

前面在研究调查中已经对每个问题的解决方法作了初步说明,但那里还仅仅是一种描述性的说明,为了能更清楚、具体地说明对研究方法的选择和设计,这里有必要再次系统地对各种研究方法作具体说明。研究方法的选择,其依据并不是看研究者擅长什么方法,而是看研究需要采用何种方法。根据研究思路、研究问题及研究内容,在遵循理论与实践相结合、质性研究与量化研究相统一的方法论原则的前提下,主要采用的研究方法有文献分析法、调查研究法、实验研究法等。研究阶段与研究方法对应图如图 0-5 所示。

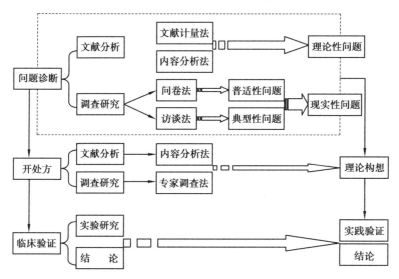

图 0-5　研究阶段与研究方法对应图

1.文献研究法

文献研究法是本书所采用的基础性方法,它为研究提供了强大的文献基础和理论支撑。它主要解决以下 4 个问题:

①通过文献研究的文献计量法和内容分析法来整理国内外相关研究的研究重心、研究现状,在通过文献计量对文献进行全景性把握的基础上对相关研究进行文献述评,找出我国教师教学知识在发展中有待解决的问题,确立研究的起点与方向,确定研究思路与研究框架。

②通过文献研究来建构统整的理论基础,确立合适的统整视角,提供理论基石和研究视角。

③通过文献研究来探讨教学知识的本体性理论,梳理教学知识的历史发展脉络,建构教学知识的基本内涵、构成要素、存在形态和结构模型,为后续的统整研究提供必要的支撑。

④通过文献研究和理论演绎来建构教师教学知识的统整模型,探明教师教学知识的统整机制,以及开发教师教学知识的统整策略等。

2.调查研究法

调查研究法是本书所采用的主要研究方法,它为研究提供了坚实的实证支撑和现实依据。它主要解决以下 3 个问题:

①通过问卷调查了解教师教学知识的统整情况,通过调查来了解教师教学知识发展过程中的普适性问题和典型性问题,了解教学知识的分离现状及分离样态,为后续的统整研究提供现实依据。

②通过问卷调查分别了解专家和教师对研究提出的教学知识构成要素的认可度,从实践层面验证研究所提出的观点。同时,通过问卷调查了解专家对每类教学知识的属性组合的看法,为后续统整机制和统整策略研究提供支撑。

③通过问卷调查每类教学知识的生成路径,探明每类教学知识最重要的生成路径和最不重要的生成路径,检验不同群体教师教学知识的生成路径是否存在显著性差异,从而为抽象演绎得到教师教学知识的统整路径提供实证依据。

3.实验研究法

实验研究法是本书所采用的重要研究方法,它为研究提供了一个实践验证的机会和可能。实验研究法旨在检验教师教学知识统整的理论构想的可行性、可靠性、有效性和实用性。通过实验,揭示教师教学知识统整的理论构想对教师教学知识系统在数量上的增加与结构上的优化效果,同时也从实证的角度来论证教师教学知识统整的合理性。

(六) 研究框架

本书围绕四大核心问题,"为什么统整"的问题,"统整什么"的问题,"如何统整"的问题,"统整得怎样"的问题,借助文献分析、调查研究和实验研究等方法来尝试解决 4 个核心问题。其具体的研究框架如图 0-6 所示,本书的各章安排如下:

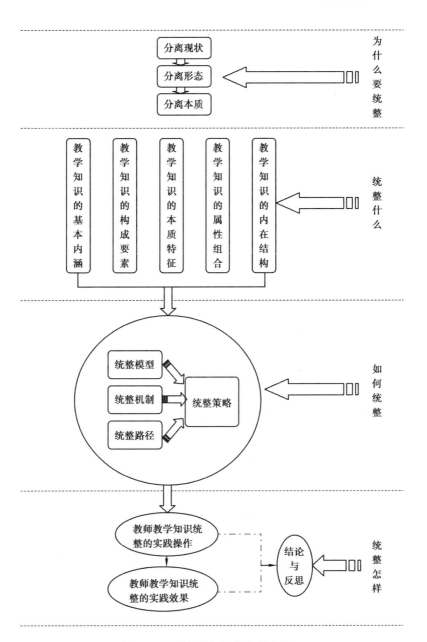

图 0-6　教师教学知识统整研究框架

绪论：主要阐明研究的基本问题是什么？为什么要对这些问题展开研究？对这些问题将如何展开研究？研究中将遵循什么样的研究思路、采用哪些研究方法？本书的价值与创新点是什么？同时，对国内外教学知识的相关研究进行文献分析，明确既有研究取得的成果与存在的不足，为研究的展开寻找方向。

第一章：主要对教师教学知识统整现状进行审视与反思，通过调查问卷发现教师教学知识的分离现状，通过文献分析和理论演绎抽象教学知识的分离形态和分离本质。

第二章：主要探讨教师教学知识的统整基础，通过文献研究确立了有机哲学、复杂性科学和建构主义等理论作为研究的理论支撑，为研究提供哲学支撑、思维方式的支撑和心理学支撑。

第三章：主要探讨教师教学知识的统整视野，通过文献研究和现实考察确立了教师教学知识的统整视角——实践取向，立足于实践层面着眼于教师"会做"的目标来探讨教师教学知识的统整，为研究提供明确的研究视角。

第四章：主要探讨教学知识的本体性理论，通过文献研究和调查研究阐明了教学知识的历史演变过程，教学知识的基本内涵、构成要素、本质特征、存在形态、属性组合和内在结构，为后续研究奠定基础并提供研究的逻辑生长点。

第五章：主要探讨教师教学知识的统整模型，通过对教学知识内涵与外延的解析，建构了教师教学知识的统整模型，并进一步清晰地阐明了教师教学知识统整的思想，阐明了教师教学知识的 3 种统整方式。

第六章：主要探讨教师教学知识的统整机制，通过对教学知识属性的分析和对每类教学知识生成机理的分析，分别从输入、组织和输出的角度建构了各类教学知识独有的统整机制，为后续研究提供了机理上的支撑。

第七章：主要探寻了教师教学知识的统整路径，通过对教师教学知识生成路径的调查，在对各类教学知识生成的最重要路径和最不重要路径的调查基础上，对不同群体教师的生成路径作差异显著性检验,从而获得了实践层面中教师教学知识的统整路径。

第八章:主要建构了教师教学知识的统整策略,通过对教师教学知识统整模型、统整机制和统整路径的综合分析,建构了着眼教学知识统整的教师教育课程统整设计策略,建构了基于每类教学知识的统整精加工策略,从而使得研究所构建的理论构想更具操作性,为后面的实证研究提供了操作框架。

第九章:主要阐述了教师教学知识统整的实证研究,通过为期一年的准实验研究,使得教师教学知识统整的理论构想成为可能与现实,从而真正在实践层面中探究研究是否能真正帮助教师实现教学知识的统整,是否能有效提升教师的教学实践能力,进而实现有效教学。

第十章:主要探讨教师教学知识统整研究的结论,进一步提出深化研究的方向和教学知识的发展走向——走向统整的教学知识发展观。

(七)研究价值

1.理论价值

由于教学知识对于教师发展的重要性,关于教学知识的研究是一个经久不衰的课题,而本书抓住教师教学知识发展中的关键问题——分离与断裂,立足于统整的视角探讨教师教学知识的发展,为我国教师教学知识的理论研究提供一个新的视角,对教师教学知识进行了较为完善的系统化研究。具体来说,研究的理论价值主要体现在:

①以教学活动的空间要素为分类维度,对教学知识的概念内涵作了新的界定,提出了"五分法"教学知识分类形态。此界定贴近教师真实的教学实践,因而可能对教师教学知识的发展起到更大的作用,由于研究视角不同,概念有了新的界定,这有助于推动教学知识理论的进一步发展和创新。

②以调查实证所获得的数据为依据,以定量化的研究方法对教学知识的构成属性作了研究,对各类教学知识的属性排名作了清晰的分解,这不仅为研究的统整提供了内在机理性的依据,也是此类研究中是从研究方法和研究内容上的一次尝试性探索,这无疑进一步拓展了教学知识的研究范畴和研究方法上的启示。

③建构了体现统整精髓的教师教学知识"5-2"转化式统整模型、"元-簇-流"三态统整机制、"五化五径"式统整路径和"双层共力"式统整策略,使教学知识的统整的理想图景——"在内容上的'统'和结构上的'整',在形式上的'统'和实质上的'整'"成为可能的现实,这不仅在一定程度上丰富了教学知识研究的理论体系,也提供了使教师教学知识统整在实践层面的操作框架。

④通过大样本的调查掌握了大量的反映教师现实的"关于教师教学知识生成路径"的数据,明晰了各类教学知识最重要、最不重要的生成路径,获得了哪些路径对于不同群体教师来说更重要,掌握了哪些路径对于不同群体教师来说有显著性差异。这就为其他关于教师教学知识的发展提供了最直接的现实依据,使得相关研究更有方向性和针对性。

⑤在深入分析和全面把握的基础了,提出了教师教学知识发展的方向——走向统整的教学知识发展观,这为相关研究提供了后续研究的生长点,指明了教学知识发展的方向和趋势,也进一步推动了教学知识的理论研究前进的步伐。

2.实践价值

研究者和教师教育者们已经意识到:学生有效的学习需要良好的教学,良好的教学需要优秀的教师。但良好的教学需要哪些教学知识?目前教师所具有的教学知识能否为教学的开展提供支撑?什么样的教师教育才能有效地促进教师教学知识的发展?什么样的知识状态才能支撑良好教学?什么样的教师教育才能培养优秀的教师?这些都是研究者和教师教育者一直困惑的问题。本书采用调查研究和实验研究的方法,以某市 B 区 N 个名师工作室的教师为准实验的被试者,这就决定了本书对教学知识的研究具有鲜明的实践特征。可以说,本书的研究秉承着"从实践中来,到实践中去""一切来源于实践,一切又回归实践"的原则,意图为指导和改善实践中教师教学知识的发展和教学能力的提升提供借鉴。因此,研究的实践价值主要在于:

①研究的理论成果可为教师教育提供一个促进教师教学知识发展的理论指导,可将本书的实验研究作为一个研究案例和发展样本。对教师教学知识的分离作了调查研究,并有针对性地提出了促进教师教学知识统整的具有可操作性的解决策略。研究成果既可以应用于教师自己的调节,有助于及时发现和解决许多曾经长期忽视的问题;还可以用于教师教育中为教师教育改革提供一定参考,有助于解决教师教育者一直为教师教学知识发展而困惑的问题。

②研究的理论成果可直接用于教师教育实践中,将统整的理论构想用于教师教育的课程开发、课程实施、课程评价上,以帮助教师达到"知识内容上的'统'和知识结构上的'整',在知识形态上的'统'和发展实质上的'整'"。具体来说,一是可以帮助教师建构完整知识体系,使教师获得有系统的完整知识;二是可以增强各种知识之间的联系度与融合度,联结同一类教学知识或不同类教学知识相互依存的知识,提高教学的有效性;三是协助教师内化知识,注重与已有经验的连接,且能加以应用,达成学习效果。

(八) 研究创新

1.在研究视角上的创新

研究的创新点之一在于突破以往教学知识研究单纯从发展的视角来探讨发展的思维桎梏,突破单一的教学知识发展的研究范式,而是从统整的视角来检视教师教学知识发展中存在的分离与断裂问题,为我国教学知识研究提供了一种新的研究思维和研究视角。基于实践视野和统整视角对教学知识所涉及的横向要素及纵向发展进

63

行全面的"统"与"整",促成教师教学知识从无序的"分离"态发展为有序的"整合"态。

2.在研究方法上的创新

在研究方法上,一直坚持定量研究与定性研究、逻辑演绎法与实验法相结合,对某些问题的探讨既采用理论演绎进行逻辑推导,又采用问卷调查进行实践验证。在研究教师教学知识基本内涵和构成要素中,合理利用两种方法的独特优势,通过相互取长补短使研究更有理有据,进一步增强了所构建理论的合理性和有效性。在调查教师教学知识的生成路径时,为增强调查研究的信度和效度,设计了两个调查以相互印证,其调查结果也是在综合两个调查结果的基础上得到的。

3.在研究结果上的创新

①以教学活动的空间要素为分类维度,对教学知识的概念内涵作了新的界定。以教学活动的空间要素为分类维度,提出教师教学知识新的分类形态——"五分法"教学知识分类形态。此界定更贴近教师真实的教学实践,因而对教师教学知识的发展可能会起到更大的作用。

②以调查实证所获得的数据为依据,以定量化的研究方法对教学知识的构成属性作了研究,对各类教学知识的属性排名作了清晰的定位,这不仅为研究的统整提供了内在机理性的依据,也是此类研究中是从研究方法和研究内容上的一次尝试性探索。

③采用理论演绎和调查研究相结合的方法,建构了体现统整精髓的教师教学知识统整模型——"5-2"转化式统整模型,统整机制——"元-簇-流"三态统整机制,统整路径——"五化五径"式统整路径,统整策略——"双层共力"式统整策略,使教学知识的统整的理想图景——"在内容上的'统'和结构上的'整',在形式上的'统'和实质上的'整'"成为可能的现实,这不仅在一定程度上丰富了教学知识研究的理论体系,也提供了使教师教学知识统整在实践层面的

操作框架。

④通过大样本的调查掌握了大量的反映教师现实的"关于教师教学知识生成路径"的数据,获得了各类教学知识最重要、最不重要的生成路径,哪些路径对于不同群体教师来说更重要,掌握了哪些路径对于不同群体教师来说有显著性差异。这就为其他关于教师教学知识的发展提供了最直接的现实依据,使得相关研究更有方向性和针对性,同时也是研究的一个创新。

⑤提出了教师教学知识发展的方向——走向统整的教学知识发展观,这为相关研究提供了后续研究的生长点,指明了教学知识发展的方向和趋势,这为教学知识的发展探索出了一条路径。

(九)核心观点

①教学是一种特殊的实践活动,它具有较强的实践性和情境性,要根据教学活动的需要来研究与发展教学知识。

②教学知识是"关于教学活动的知识",教师教学知识是作为特定主体的教师所拥有的关于教学活动的知识。

③以教学活动的空间要素为分类维度,建构了"五分法"教学知识分类形态。教学知识包括意义性知识、本体性知识、主体性知识、策略性知识及评价性知识。

意义性知识是教学活动开展的动因和起点,它解决了教师教学和学生学习的目的和价值问题;本体性知识是教学活动开展的载体与材料,它解决了教师教学和学生学习的内容问题;主体性知识是教学活动开展的主体,它解决了"教"和"学"的对象问题;策略性知识是教学活动开展的手段,它解决了教师教学和学生学习的方案问题;评价性知识是教学活动开展效果的检测和反馈,对教学活动起着促进、激励、导向等作用,它解决了检测教师教学和学生学习是否达到目的这个终极问题。在教学知识系统里,五类教学知识是一个不可分割的整体,各种知识成分不是简单的累积与叠加,而是以实践为载体互为影响、互为基础,融合在一起而形成一体化的知识、信念、技能

65

与策略等的总和,是多元性与整合性的统一。

④教师教学知识的统整是指将分离的、断裂的不同类别和不同形态的教学知识,依据某种原则加以组织、转换与整合,使教师教学知识结构化和整体化。其精髓在于教学知识在形式与实质上的"统整",教学知识在内容和结构上的"统整",通过形式上的"统"达成实质上的"整",通过内容上的"统"达成结构上的"整",使之形成一个前后衔接、相互转化、自成一体的知识系统,发挥教学知识系统的整体效能和实现价值的最大化。

⑤教师的教学知识是教师开展教学活动的直接支撑,教师教学知识整合对核心能力有显著的直接正相关。其知识整合程度的高低是教师教学能力高低的核心和关键,教师具有统整的教学知识和优良的知识结构有助于教师教学能力的提升。

⑥统整不仅是教师教学知识发展的一种基本方式和基本手段,也是教师教学知识发展的一种思维和视角,更是教师教学知识发展的一个方向和路径。

第 一 章

审视与反思：
教师教学知识的分离现状及本质分析

　　教师经常忽视本身的专业知识，造成教师无法
应用与分享这些知识；同样的，教师也往往不清楚自
己所缺乏的知识，很难找出需要创造的新知识。教
师的专业知识是一种复杂的系统，没有任何一个教
师能够知道所有教师所蕴藏的整体专业知识。

——哈格里夫斯（D. H. Hargreaves）

　　科学研究始于问题。找到真正的问题，明确问
题的本质是本书研究的首要任务。因此，本章将着
重探讨"为什么要探讨教师教学知识的统整问题"，
与教师教学知识统整相对应的问题是什么？其具体
表征是什么？问题的本质是什么？绪论中问题提出
部分已初步论及教师教学知识的"分离"和"断裂"
是两大基本问题，这里将对"分离"问题进行研究。
对教师教学知识分离现状的审视与反思，必须建立在

一定的文献分析和现实调查基础上,以客观、真实地反映教师教学知识的分离情况。这里首先采用调查法来了解教师教学知识的分离情况。

一、教师教学知识分离的调查分析

(一)调查拟解决的问题

调查一①的主要目的在于了解教师教学知识的统整情况,了解教学知识的分离现状及分离样态。

(二)调查设计及实施

1.调查工具

根据研究的目的,自编了教师教学知识现状调查问卷(见附录一)。调查主要从知识产生主体、理论与实践、知识与经验、言说知识与意会知识4个维度来进行,每个维度又分别从认知、意识、行为3个层面来了解教师的知、意、行。

具体来说,问卷的1—4题是从知识产生主体的角度来设计的,意在了解教师对知识产生主体的认知和意识,在行为层面是否作为知识产生的主体存在;问卷的5—8题是从理论应用到实践的角度来调查理论性教学知识与实践性教学知识之间的关系而设计的,意在了解教师对理论与实践关系的认知,在意识层面和行为层面是否有效地将理论应用到实践中,从而侧面反映理论性教学知识与实践性

① 由于本书所研究涉及多项调查,每个调查的目的与意图均不一样,故将教师教学知识的分离现状调查称为调查一。

教学知识的关系；问卷的 9—12 题是从知识与经验的角度来调查公共性教学知识与个体性教学知识之间的关系而设计的，意在了解教师对知识与经验是否能转化的认知，在意识和行为层面是否能有效地进行经验与知识之间的转化，从而侧面反映公共性教学知识与个体性教学知识的关系；问卷的 13—16 题是从言说知识与意会知识的角度来调查外显性教学知识与内隐性教学知识之间的关系而设计的，意在了解教师对言说知识与意会知识是否能转化的认知，在意识和行为层面是否能有效地进行言说知识与意会知识之间的转化，从而侧面反映外显性教学知识与内隐性教学知识的关系。

2.调查方法及样本选择

为便于研究的进行，调查一主要采用分层抽样和随机抽样相结合的方法。

1）地区的选择

研究的调查主要局限于重庆市，一方面重庆是笔者生活、学习、工作的城市，对重庆的情况比较了解，调查更易深入，且比较节约经费；另一方面，重庆市是我国四大直辖市之一，在西部各省市中属经济发展较好的区域，在全国范围处于中等发展水平。因此，选择重庆地区作为样本有一定的普遍意义，也能对其他城市这方面的研究起到参考借鉴的作用。

2）学校的选择

本部分调查主要采用分层抽样的方法。首先，在重庆市的城市中小学、县城中小学、农村中小学各抽取了一所学校，但考虑农村小学的老师数量较少，故实际上抽取了两所农村小学，也就是一共抽取了 7 所学校；其次，在所抽取的 7 所学校中又随机抽取一定数量（设计每所学校抽取 45 名教师，但实际抽样中由于少部分教师未提交问卷，故而每所学校的数量不完全相同）的教师进行调查。这样可使样本的选择更具有代表性，以便使数据能够体现差异性。被试样本分布情况见表 1-1。

表 1-1　被试样本分布情况

维　度	地理位置			学校层次			学　科		性　别	
	城区	县城	农村	市重点	区重点	普通学校	语文	数学	男	女
人数/人	94	98	97	94	98	97	153	136	167	122
百分比/%	32.53	33.91	33.56	32.53	33.91	33.56	52.94	47.06	57.79	42.21
总数/人	289			289			289		289	

3.调查实施

本部分调查共发出问卷 315 份,回收问卷 302 份,问卷的回收率为 95.87%。对所回收的问卷作了有效性检查,剔除了一些无效问卷,最后统计得到有效问卷 289 份。在对问卷进行了必要的检查后,所有从问卷调查中得来的数据资料都被储存、处理和分析。对研究所收集到的数据应用 SPSS 15.0 统计软件进行处理。

(三) 问卷的质量分析

70

1.问卷的项目分析

为了提高问卷的信度和效度,在形成正式问卷前,对问卷的每个项目作了鉴别力分析。项目的鉴别力又称区分度分析,是指项目对不同水平的被试反应的区分程度和鉴别能力。若项目的区分度高,则水平高的被试者在该项目上的表现就较好;反之,区分度就不高。区分度分析主要在于求出每个项目的"临界比率"(Critical Ratio,简称 CR 值),由此判断项目的区分指数。其具体操作是将所有被试者在问卷各项目上的得分按高低排序,得分前 27% 的被试者为高分组,得分后 27% 的被试者为低分组,并求出高低两组被试者在每个项目得分上平均数差异的显著性检验。通过分析,发现问卷测试中有 4 个项目的 CR 值高于 0.05,因此剔除这 4 个项目,其他 16 个项目均能

区分不同被试者的反应程度。通过项目分析共删除非正式问卷的 7,
9,13,17 的项目,得到了由 16 个项目构成的教师教学知识发展现状
问卷。

2.问卷的信度与效度检验

1)信度检验

经过对问卷的信度分析,问卷的内部一致性信度 Alpha 系数为
0.894 3,分半信度为 0.833 7,各个子量表的内部一致性信度 Alpha 分
别为 0.836 5,0.876 9,0.783 2 和 0.775 3,分半信度分别为 0.763 4,
0.824 5,0.753 6,0.792 6(见表 1-2),表明问卷在总体上具有良好的
稳定性和内部一致性。

表 1-2　教师教学知识现状调查问卷的信度

信度类型	知识产生主体	理论与实践关系	知识与经验关系	言说知识与意会知识关系	总问卷
α 系数	0.836 5	0.876 9	0.783 2	0.775 3	0.894 3
分半信度	0.763 4	0.824 5	0.753 6	0.792 6	0.833 7

2)结构效度检验

心理测量学家 Tuker 建议,为给测验提供满意的信度和效度,项
目的组间相关应为 0.10~0.60,项目与测验的相关应为 0.30~0.80。[①]
此外,各子量表与总问卷的相关应高于相互之间的相关,以保证各个
子量表既有不同但测的又是同一特征。经对问卷结构效度检验,问
卷总分与 4 个子量表之间的相关系数为 0.479~0.90,p 值均小于
0.01,各子量表之间的相关系数除了知识产生主体与其他维度没有
达到显著相关,其他均为 0.244~0.626,但是知识产生主体与总分的
相关系数达到 0.679,p 值小于 0.01,是显著相关。"理论与实践的关
系"和"知识与经验的关系"之间相关系数为 0.626 稍高于 0.60,但是
它们与总分的相关系数分别为 0.824 和 0.838,远高于 0.611。当然,

---

① 戴忠恒.心理教育与测量[M].上海:华东师范大学出版社,1987:262.

由于在作一个尝试性的研究,可供参考的资料相对较少,因此,某些因素的把握还不够准确,还存在不太显著的情况。但总的来说,各子量表之间的相关系数都低于各子量表与总量表之间的相关系数,问卷还是具有相对较好的结构效度。

3)内容效度

本问卷的题项来源于文献综述、半开半闭问卷调查、对个别中学教师的访谈以及相关问卷中的一些题项,在第一次预试的时候请专家、教育学专业的研究生以及一线的中小学教师对最初拟订的 20 个项目进行了测试。问卷形成后,请专家对问卷进行评估和修改,并根据测试的结果对问卷进行再次调整和修改并形成正式问卷,从而保证了问卷的内容效度。这些措施均在一定程度上保证了问卷具有较好的内容效度。

(四)调查结果及讨论

为整体地了解教师教学知识的分离情况,首先以频数分布表的形式来全面展现教师在各个项目的选择情况,见表1-3;其次以均值分布表的形式来具体展现各维度各项目的均值,以反映教师教学知识分离现状的集中趋势。各维度的均值如图1-1—图1-4所示。

表 1-3　教师教学知识分离现状调查频数分布表

调查维度 / 频数分布		完全符合		比较符合		一般		比较不符合		完全不符合	
		频数	比例/%	频数	比例/%	频数	比例/%	频数	比例/%	频数	比例/%
知识产生主体	认知Ⅰ	83	28.72	98	33.91	37	12.8	42	14.53	29	10.03
	认知Ⅱ	94	32.53	99	34.26	33	11.42	35	12.11	28	9.69
	意识	52	17.99	78	26.99	21	7.27	73	25.26	65	22.49
	行为	26	8.997	37	12.8	67	23.18	84	29.07	75	25.95

续表

频数分布\调查维度		完全符合		比较符合		一般		比较不符合		完全不符合	
		频数	比例/%	频数	比例/%	频数	比例/%	频数	比例/%	频数	比例/%
理论与实践	认知Ⅰ	112	38.75	89	30.8	34	11.76	32	11.07	22	7.61
	认知Ⅱ	92	31.83	76	26.3	69	23.88	23	7.958	29	10.03
	意识	67	23.18	85	29.41	42	14.53	56	19.38	39	13.49
	行为	31	10.73	37	12.8	70	24.22	82	28.37	65	23.88
知识与经验	认知Ⅰ	65	22.49	83	28.72	55	19.03	51	17.65	35	12.11
	认知Ⅱ	62	21.45	95	32.87	51	17.65	43	14.88	38	13.15
	意识	82	28.37	78	26.99	56	19.38	35	12.11	38	13.15
	行为	37	12.8	46	15.92	48	16.61	94	32.53	64	22.15
言说知识与意会知识	认知Ⅰ	32	11.07	42	14.53	71	24.57	85	29.41	59	20.42
	认知Ⅱ	65	22.49	54	18.69	75	25.95	42	14.53	53	18.34
	意识	48	16.61	57	19.72	35	12.11	74	25.61	75	25.95
	行为	38	13.15	42	14.53	57	19.72	83	28.72	69	23.88

1.关于知识产生主体的调查

从对知识产生主体的调查情况来看,在认知层面,62.63%的教师认为"受到各方面因素的制约,教师缺乏创造知识的能力和方法",66.79%的教师认为"在教学中经常使用的知识是由理论研究者创造的,而不可能是一线教师",这说明近2/3的教师都认为教学知识的创造者是理论研究者,作为教学实践的主体——教师自己缺乏创造知识的能力和方法;在意识层面,44.98%的教师"常常有意识地将自己的教学经验与做法记录下来,并通过'写'或'说'的方式与他人共同分享",这说明有将近1/2的样本教师有将自己的经验与做法与他人分享的意识,这是知识产生的前提条件;在行为层面,仅有21.8%能将自己的教学经验与做法通过一定的方式转化为可供他人分享的知识,这也说明虽然教师有与他人分享自有经验的意识,但能真正这样做或有能力这样做的却只有少部分教师。

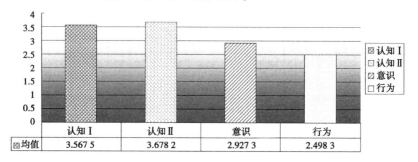

	认知 I	认知 II	意识	行为
均值	3.567 5	3.678 2	2.927 3	2.498 3

图1-1 知识产生主体的均值分布图

从如图1-1所示的均值分布来看,对"教师缺乏创造知识的能力和方法"的认同均值为3.567 5,对"知识是由理论研究者创造的,而不可能是一线教师"的认同均值达3.678 2,这说明教师们普遍对"知识是由理论研究者创造的,而不可能是一线教师"和"教师缺乏创造知识的能力和方法"的认同度比较高;而有意识"将自己的经验与他人分享"的均值为2.927 3,且"能将自有的经验与他人分享"的均值仅为2.498 3,这说明由于教师认为知识的产生主体是理论研究者,导致只有部分教师能与他人分享自己的经验,并有意识地产生创造知识的想法。

从频数分布表和均值分布图来看,多数教师在认知层面认为"教师缺乏创造知识的能力和方法,知识是由理论研究者创造的而不可能是一线教师",但也有部分教师"有意识地将自己的经验与他人分享",有1/5左右的教师能具体地表现在行为上。但总体来说,教师们普遍认同教学知识主要是由理论研究者创造的,而不是他们自己,因而在意识和行为层面也表现出一致的情况。

2.关于理论与实践关系的调查

在理论与实践的关系上,从频数分布表1-3来看,在认知层面,69.55%的教师认为"真正的实践和理论上说的实践是不一样的,那些听起来很好的理论,在实际教学中却很难操作",58.13%的教师认为"真正在教学中用得最多、效果最好的知识往往是那些教师自己都无法言说的知识，而不是那些听起来很好的理论"，这说明部分教师并不认为理论知识在实践教学中能发挥出很大的作用，并且认同在教学中用得最多、效果最好的不是理论性知识，而是实践性知识；在意识层面，52.59%的教师"常常有意识地将学到的理论应用到教学实践中"，这说明教师也在尝试着将所学的理论应用到实践中；但在行为层面，仅23.53%的教师能将所学的理论很好地应用到课堂教学中，52.25%的教师表示不能将所学的理论很好地应用到课堂教学中。

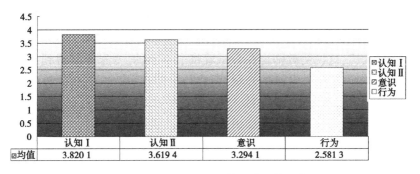

图1-2　"理论"与"实践"关系的均值分布图

从如图1-2所示的均值分布来看，教师对"理论很难在实践中实现操作"的认同均值达3.820 1，对"实践中用得多、效果好的不是理论知识，而是实践知识"的认同均值在3.619 4，这在一定程度上说明了教师对于理论知识在实践中所发挥的作用认同度不高；教师"有意识将理论应用到实践中"的均值在3.294 1，而"能将理论很好地应用到课堂教学中"的均值仅为2.581 3，这说明虽然教师对理论在实践中的作用认同度不是很高，但也并没有因此而不定理论，一部分教师仍然在尝试着将理论应用到实践中，但这种应用效果却不怎么好，教师们普遍觉得很难将理论有效地应用到实践中。

因此，从频数分布表和均值分布图来看，虽然超过50%的教师都在有意识地将理论应用到实践中，但教师们普遍认为理论在实践中难以得到有效应用，在实践中用得最多、效果最好的并不是理论知识，而是个体的实践知识，能将理论很好地应用到教学中充分发挥理论作用的仅有少部分教师。

3.关于知识与经验关系的调查

在知识与经验的关系上,从频数分布表来看(见表1-3),在认知层面,51.21%的教师认为"那些在教学中产生的个体经验可以通过一定的方式转化为被大家所认可并共享的知识",54.32%的教师认为"教师在教学实践中可以不断地感受、体验公共知识,实现公共知识、理论知识向具体的行为和个体的观念转化",这说明大多数教师认为知识与经验是可以进行相互转化的;在意识层面,55.36%的教师"常常有意识地将书本上的、专家的等得到人们公认的知识转化为自己的知识",这说明教师也在尝试着将书本上的、专家的等得到人们公认的知识转化为自己的知识,但在行为层面,仅28.72%的教师能将书本上的、专家的等得到人们公认的知识转化为自己的经验,54.68%的教师表示不能将知识转化为自己的经验。

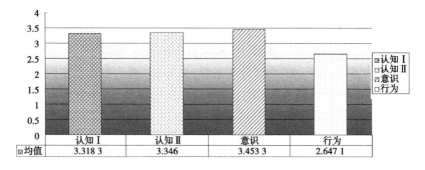

	认知Ⅰ	认知Ⅱ	意识	行为
均值	3.318 3	3.346	3.453 3	2.647 1

图1-3 关于知识与经验的关系的均值分布图

从如图1-3所示的均值分布来看,教师对"个体经验可以转化为知识"的认同均值为3.318 3,对"知识可以转化为经验"的认同均值在3.346,这说明教师对经验与知识的相互转化有较高的认同度;而且"有意识将书本上的、专家的等得到人们公认的知识转化为自己的知识"的值在3.453 3,但同时数据也显示"能将书本上的、专家的等得到人们公认的知识转化为自己的经验"的均值仅为2.647 1。

从频数分布表和均值分布图来看,虽然超过50%的教师都在有意识地将书本上的、专家的等得到人们公认的知识转化为自己的知识，大多数教师都认为"个体经验可以转化为公共知识"和"公共知识可以转化为个体知识"，但仅有少部分教师能将书本上的、专家的等得到人们公认的知识转化为自己的经验。

4.关于言说知识与意会知识关系的调查

在言说知识与意会知识的关系上，从频数分布表来看（见表1-3），在认知层面，25.6%的教师认为"教学知识一定是能言说、能表述的"，49.83%的教师不认同"教学知识一定是能言说、能表述的"，这说明大多数教师认为教学中存在着一些不能言说、不能表述的知识，并且41.19%的教师比较认同"教学实践中存在着的'只可意会，不能言传'的知识是可以转化为'可意会、可言传'的知识"；在意识层面，36.32%的教师"会有意识地将'只可意会，不能言说的'知识通过写或说的方式转化为'可言说、可表述'的知识"，这说明部分教师也在尝试着将"只可意会，不能言说的"知识通过写或说的方式转化为"可言说、可表述"的知识，但在行为层面，仅27.63%的教师能将自己的一些关于教学的"只可意会，不能言说的"知识转化为"可言传"的知识，52.62%的教师表示不能将自己的一些关于教学的"只可意会，不能言说的"知识转化为"可言传"的知识。

从如图1-4所示的均值分布来看，教师对"教学知识一定是能言说、能表述的"的认同均值为2.664 4，由于此项目是反向题，均值分数较低是正常的，说明大多数教师并不认同"教学知识一定是能言说、能表述的"；对"'只可意会，不能言传'的知识是可以转化为'可意会、可言传'的知识"的认同均值为3.124 6，有意识地将"只可意会，不能言说的"知识通过写或说的方式转化为"可言说、可表述"的知识的均值为2.754 3，而能将自己的一些关于教学的"只可意会，不能言说的"知识转化为"可言传"的知识的均值仅为2.643 6。

总的来说，从频数分布表和均值分布图来看，多数教师在认知层面能正确认识言说知识与意会知识及其关系，并且有意识地将"只可

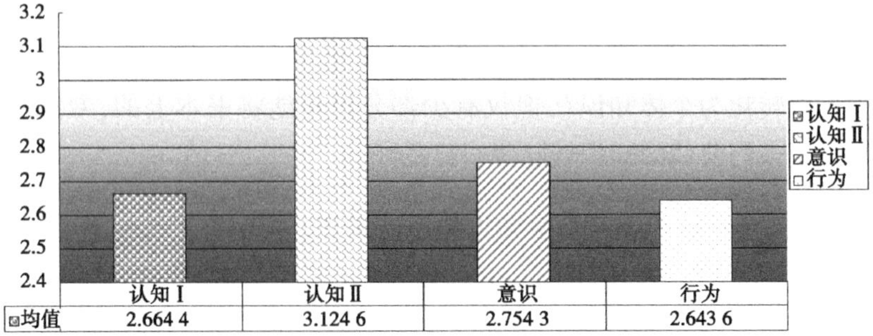

	认知 I	认知 II	意识	行为
均值	2.664 4	3.124 6	2.754 3	2.643 6

图例：认知 I、认知 II、意识、行为

图1-4 关于言说知识与意会知识关系均值分布图

意会,不能言说的"知识通过写或说的方式转化为"可言说、可表述"的知识,但在行为上能将自己的一些关于教学的"只可意会,不能言说的"知识转化为"可言传"的知识的教师并不多。

二、教师教学知识的分离形态与本质

(一)教学知识的分离形态

基于上述关于教学知识分离情况的调查,分别从知识产生主体、理论与实践、知识与经验、言说知识与意会知识等维度对教学知识分离情况的讨论,这里作进一步深层次的分析。实质上,这些分离可以归结为理论性教学知识与实践性教学知识的分离,这两者的分离主要表现在创生主体(知识产生主体)、价值追求(理论与实践,从价值追求上来看,也就是"求真"与"求善")、存在形态(知识与经验)、表现形式(言说知识与意会知识)等方面。更抽象地说,理论性教学知识与实践性教学知识的分离表现为:在创生主体上的"研-教"式分离,在价值追求上的"真-善"式分离,在存在形态上的"显-隐"式分离,在表现形式上的"公-个"式分离。

1."研-教"式分离

把理论性教学知识与实践性教学知识分裂、对立起来的表现之一：把理论性教学知识的知识主体定位于理论研究者，把实践性教学知识的知识主体定位于实践中的教师，将教学知识的这种分裂称为"研-教"式分离。理论性教学知识主要是研究者运用理性思维，经过思辨、逻辑推理、验证而获得的一系列命题，也就是说，理论型教学知识的生产者主要是理论研究者，他们通过归纳、演绎、推理、比较、概念化等方式使教学因果关系和客观规律外显出来，并以命题系统的形式呈现出有关教学的理性认识成果。这类知识的理性程度较高，有严谨的逻辑结构并能相互推演，易于言述或表征，是体系化了的教学知识。而实践性教学知识则主要是一线教师在自己的教育教学活动中建构、反思与生成的。实践性教学知识"不是通过训练可以获得的，是'不可学也不可教'的，它是从生活经验中产生并被认为是那种可以健全理智的东西，它无法通过规则、书籍或所谓理论的东西获得，而只能通过经验来得到"[1]。如林崇德等人认为，教师实践性知识来自教师教学实践的积累。当然，他们也指出，教师实践性知识受个人经历的影响，这些经历包括个人的打算与目的，以及人生经验的累积效应。[2] 陈向明认为，教师实践性知识既来自个人经验的积累、领悟，同行之间的交流、合作，也来自对理论性知识的理解、运用和扩展。[3] 郑彩国认为，教师实践性知识来自理论知识的转化、教育教学实践的积累和教师培训。[4] 陈大伟认为，教师实践性知识的来源包括情境认知来源、实践活动来源和反思对话来源。[5] 李德华运用叙事研究方法阐释了教师实践性知识来源与生成的多渠道，即个

79

---

① 曹正善.论教师的实践知识[J].江西教育科研,2004(9):3-6.

② 林崇德,申继亮,辛涛.教师素质的构成及其培养途径[J].中国教育学刊,1996(4):10-14.

③ 陈向明.实践性知识:教师专业发展的知识基础[J].北京大学教育评论,2003(1):104-112.

④ 郑彩国.教师的实践性知识及其培训策略[J].中小学教师培训,2005(6):24-26.

⑤ 陈大伟.教师的专业生活与教师的实践性知识——兼谈教师教育课程改革[J].成都教育学院学报,2005(5):43-46.

人生活史、经验的积累和反思、观摩学习、理论转化。①

2."真-善"式分离

把理论性教学知识与实践性教学知识分裂、对立起来的表现之二：把理论性教学知识的终极价值追求定位于"求真"，实践性教学知识的终极价值追求定位于"求善"，将教学知识的这种分裂称为"真-善"式分离。"理论知识是脱离具体经验，揭示事物永恒不变性质的知识，它以追求真理为目的；而实践知识则是从自身出发为一切建立在科学基础上的能力指示其位置的知识，它以善为目的。"②理论性教学知识的求真性，要求理论性教学知识具有客观性、普适性、准确性与永恒性，也就是说，理论性教学知识应该表现出超越时空性，甚至可以与认识主体相分离而独立存在，它要求摆脱知识生产者个体的主观因素。实践性教学知识的求善性表现在其模糊性、反思性、道德性、生成性与总体性等方面，它为使教师正确使用其教育理论知识和教育经验知识，使教师通晓所有知识的正确用途，"我们的现实世界显然是由这样一个材料与目的构成的完整的塔形结构，所以人们就会生产一种关于最高的技术知识及实践知识的想法，它能知晓实际知识的正确用途"③。

3."显-隐"式分离

把理论性教学知识与实践性教学知识分裂、对立起来的表现之三：把理论性教学知识归属于显性知识（Explicit Knowledge），把实践性教学知识归属于隐性知识（Tacit Knowledge），我们把教学知识的这种分裂称为"显-隐"式分离。作为显性知识的理论性教学知识一般可通过阅读和倾听来获得，包括学科内容、学科教学法、课程、教育学、心理学及一般文化等原理类知识。这类知识通常停留在教师的

---

① 李德华.新手教师实践性知识的建构——从教师生活中分析[J].当代教育科学,2005(12):26-31.
② 曹正善.论教师的实践知识[J].江西教育科研,2004(9):3-6.
③ 张能为.理解的实践[M].北京:人民出版社,2002:206.

头脑里和口头上,是教师根据某些外在标准认为"应该如此的理论"。理论性知识通常呈外显状态,可为教师和专业理论工作者所共享,是教师知识冰山露出水面的部分。它因其外显性、系统性、可表述性,比较容易被把握,已经得到了比较成熟的研究。① 实践性教学知识的潜隐性(或缄默性)具体表现如下:

①不能通过语言、文字或符号进行逻辑地说明,只能在行动中展现、被觉察、被意会——我们所认识的多于我们所能告诉的。

②不能以正规的形式加以传递,只能通过学徒制传递。

③不易大规模积累、储藏和传播,因此很难获得社会公共机构及公共权力的重视和支持。

④不能加以批判性反思,实践性教学知识是通过身体感官或理性直觉获得的,不像理论性教学知识那样通过明确的推理而获得,因此,不能通过理性加以批判反思。

4."公-个"式分离

把理论性教学知识与实践性教学知识分裂、对立起来的表现之四:把理论性教学知识归属于公共知识,把实践性教学知识归属于个体知识,将教学知识的这种分裂称为"公-个"式分离。加拿大学者柯兰迪宁(Clandinin, D. J)和康内利(Connelly, F. M)认为,教师的知识"是出自个人经验的,就是说,那种知识不是某种外在的和独立于教师之外而被习得或传递的东西,而是教师经验的全部"②。实践性教学知识侧重于强调知识的主观性、个人性、私人性,尤其是知识的单一主体性及其理解向度。这里的理解向度,主要是指知识的个体建构性,旨在从心理、精神、意义、价值的层面上来阐发知识的不确定性、相对性、特殊性和差异性。而理论性教学知识则侧重于强调知识的客观性、社会性、开放性,尤其是知识的复合主体性及其认识向度。

81

---

① 陈向明.实践性知识:教师专业发展的知识基础[J].北京大学教育评论,2003(1):104-112.

② F.迈克尔·康内利,D.琼·柯兰迪宁.专业知识场景中的教师个人实践知识[J].何俊芳,译.华东师范大学学报:教育科学版,1996(2):5-16.

这里的认识向度,主要是指知识的社会交往性,旨在从本质、科学、规律、真理的层面上来阐发知识的确定性、绝对性、普遍性和统一性。简而言之,实践性教学知识的本质特征就是其单一主体性和理解向度,它从生活认识论的视角出发,强调认知主体的主动性、创造性,注重直接经验在个人知识形成过程中的建构性作用。而理论性教学知识的本质特征就是其复合主体性和认识向度,它从科学认识论的视角出发,强调认知主体的社会性、交往性,注重间接经验在人类知识传播过程中的社会发展作用。

(二)教学知识的分离本质

透视理论性教学知识与实践性教学知识分离的本质特征,可以发现其所表征出来的 4 种分离形态并非实然存在,而存在着一定的假象性。

1.“研-教”式分离的人为性

在教学知识领域,把理论性教学知识的创生者定位为理论家、研究者、伟大人物等,把实践性教学知识的创生者认定为一线教师,这种“研-教”式分离表现出对知识创造与生产的理解的人为性。这种人为性表现在两个方面:一是剥离了教学知识生产与创造的连续统一性;二是人为地制造了教学知识主体的等级性。德国哲学家康德(Kant, I.)曾指出,“人类的一切知识皆始于直观,其次是概念,最后发展为理念”,换言之,任何知识(包括教学知识)的产生与形成都必须以知识主体在现实实践中的观察、记录、描述、操作为基础,从而获得经验性、直观性、情境性的感性知识,再通过比较、分析、概括、提炼,通过“去伪存真、去粗存精”的思维过程才能达至理性知识的层面。在工具理性统治的世界中,理论性知识被赋予了高于经验性知识的地位,把理论性知识认定为研究者、伟人们的智力结果,而一线教师只能形成以经验性知识为核心的实践性知识,从而人为地形成了教学理论研究者与教学实践者之间的不平等。也就是说,从教学知识的产生主体来看,理论性教学知识固然是由研究者抽象、概括、归纳、提炼而成的,但是这种抽象、概括、归纳与提炼总是建立在实践性教学知识的基础上的,很多研究者本身也是一个实践者,他们自己也创造了一些实践性教学知识,即研究者同时也是实践性教学知识的产生主体;同样,广大一线教师的主要工作是从事教学实践,当他们在教学实践中获得丰富的经验性教学知识与实践性教学知识之后,同样可以将其提炼、升华为理论性教学知识。因此,无论研究者还是一线教师,都可以既是理论性教学知识的创造者也是实践性教学知识的创造者。

2."真-善"式分离的遮蔽性

教学知识研究中的"真-善"式分离根源在于遮蔽了理论性教学知识的终极目的,将非终极目的视为终极目的。具体而言,就是把理论性教学知识的终极目的认定为"求真"。这一观念如果基于工具理性统治下的科学主义知识观中来审视是正确的,而且这也正是西方自古希腊以来的本质取向所一直追求的。可是,自17世纪以来,西方在工具理性的独霸下,把以客观性、确定性、普适性为特征的理论知识推向极致,最终导致"欧洲科学危机了"的哀号,导致了"回归生活世界"的呼吁,其根本原因在于遮蔽了理论知识的终极目的——求善。因此,当我们从工具理性的束缚中跳跃出来,在实践理性的视界中来审视理论知识的终极追求时,就会清晰地认识到,无论是理论性知识还是经验性知识,其终极目的都在于改造世界、改造社会与改造人类自身,从而使自然、社会与人类自身得到不断的发展与完善。因此,在教学知识的终极目的方面,把理论性教学知识的终极目的定位于求真本身就是工具理性对理论性教学知识价值的误解,是不完全的。理论性教学知识的"求真"只是过程性目的而不是终极性目的,理论性教学知识与实践性教学知识一样,其最终的价值追求在于为教育生活的合理化服务,二者的终极价值追求是同一的。

3."显-隐"式分离的机械性

在教学知识研究中把理论性教学知识认定为显性知识,实践性教学知识归属于隐性知识犯了机械性的错误。众所周知,隐性知识与显性知识这一对知识范畴是英国物理化学家、思想家波兰尼(Polanyi, M.)首先提出的。显性知识是指那些可以用概念、命题、公式、图形等加以陈述的知识;隐性知识则指人类知识总体中那些无法言传或不清楚的知识。由此可知,理论性教学知识作为对教学活动基本规律、本质联系的抽象反映物,无论是其意识性还是可表达性的程度都非常高,的确以显性知识的形态而存在。但是,显性知识概念远远大于理论性教学知识概念,比如以显性知识存在的各种技艺性知识同样可以明确而清楚地呈现出来。同时,把实践性教学知识全部认定为无法言传、不清楚、意识不到的隐性知识则失之偏颇。事实上,按实践性教学知识的意识和表达的清晰程度,此类知识可分为:既可意识也可言传的;可意识但无法言传的;无意识的、内隐的。① 第一类大多属于教师对理论性知识的理解和解释,比较容易用概念和语言表达,属于显性知识的范畴。后两类大都来自教师的个人经验,与波兰尼提出的隐性知识非常类似。② 因此,理论性教学知识概念在内涵与外延上不等同于显性(教学)知识,两者相比,理论性教学知识只是显性(教学)知识的一个构成部分,显性(教学)知识中属于技艺知识的部分则是实践性教学知识;同理,实践性教学知识概念在内涵与外延上也不等同于隐性(教学)知识,隐性(教学)知识只是实践性知识的构成要素之一,因为实践性教学知识内含理论性教学知识的成分。

4."公-个"式分离的虚假性

教学知识研究中表现出来的"公-个"式分离是一种虚假的分离形态,这是由于对波兰尼提出的个体知识(Personal Knowledge)概念的理解不充分所造成的。对个体知识概念的理解与把握是很不容易的,其原因有二:一如波兰尼自己所说的那样,对个体知识的理解受

---

① 鞠玉翠.教师教育与教师个人实践理论的更新[R].武汉:第12届中青年教育理论工作者年会论文,2002-10-18,21:3,18-21.
② 波兰尼.个人知识[M].许泽民,译.贵阳:贵州人民出版社,2000:350.

制于 17 世纪以来为人类广泛认同的西方经验主义与理性主义所无限陶醉的客观知识范式的影响，人们已经习惯于将知识理解为普遍的（Universal）、客观的（Objective）、非个人（Impersonal）的理智产品。二是个体知识本身从称谓上说也极容易引起误解，产生歧义。例如，人们乍一看容易将个体知识看作科学知识的对应物，认为个体知识是相对于客观知识（或公共知识）的一种知识类型。[①] 实际上，个体知识并不是一种相对独立的知识形式，而只是对科学知识性质的一种新表述，是波兰尼针对经验主义和理性主义纯粹客观的科学知识理念所提出的新的科学知识理念[②]。如果用一个命题来表达的话，那就是"所有的科学知识都是个体参与的"。这个命题也可以转换成另外一个命题，"所有的科学知识都必然包含着个人系数（the Personal Coefficient）"[③]。由此可见，波兰尼提出个体知识这个概念的根本目的在于突破西方经验主义与理性主义对知识客观性的盲目崇拜，强调科学知识及人类一切知识在其发生、发展与形成过程中的个人参与性。教学知识作为主体对教学活动、教学现象、教学事件、教学故事等的智力探索结果，无论是以理论形式存在的教学知识还是以非理论形式存在的教学知识，都必然地包含着个人参与性。

也就是说，从教学知识的拥有者角度来看，无论是理论性教学知识还是实践性教学知识都可以是个体知识，也可以是公共知识。准确地讲，理论性教学知识因其自身的特性可以全部是公共知识，而实践性教学知识则可一分为二，一部分可为公共知识（即以"理论形态"和"技艺形态"存在的部分），另一部分则不能为公共知识（即以

---

① 余文森在其博士论文《个体知识与公共知识：课程变革的知识基础研究》中，就肯定性地将个体知识与公共知识作为一对"范畴"而展开。

② 波兰尼认为，个体知识并不局限于科学知识领域，它涉及了人类所有知识的性质和结构。

③ 波兰尼在许多地方都明确表述过这种思想。如他在《个体知识》一书的前言中就明确指出，该研究主要目的就是要回答"科学知识的性质及其证实"问题；强调所有认识过程中的"个人参与（the Personal Participation）"。在这以后的所有论述中，他更反复阐明，"这种个人系数构成了我们真正的知识"。见：Michael Polanyi. Personal Knowledge：Toward a Post-critical Philosophy[M]. London and Henley：Routledge & Kegan Paul，c1958：17.

"缄默形态"存在的部分)。这个调查所提供的启示是：虽然教师教学知识从不同的角度来看存在着一定的分离，但从分离本质来看这种分离并非本源意义上的分离，这就为统整研究提供了可能，可以开发一定的机制和策略来实现"研-教"式统整、"真-善"式统整、"显-隐"式统整及"公-个"式统整。

第二章

支撑与承载：
教师教学知识的统整基础

> 君子既知教之所由兴，又知教之所由废，然后可以为师也。
>
> ——《礼记·学记》

前面对教师教学知识分离现状的调查与分析，对教师教学知识的统整提供了统整的方向和路径。要实现真正的统整，还需要一定的理论基础来支撑，这是开展统整研究必要的理论基石。本章着重探讨用于支撑教师教学知识统整的哲学基础、生理学依据，为研究提供理论依据。

一、有机哲学：知识是一个不可分割的有机体

在哲学上，人们通常认为笛卡尔是机械论世界观的创立者，而在科学上实现、完成了这次革命的是

牛顿。这个时代的科学还处于对无机界的简单的研究阶段,机械力学是它的主要科学基础,它所描绘的是一个无机的世界图景。这种世界观具有以下一些典型的特征:

①它在方法上强调分析排斥综合;在观点上是"原子论",而非"整体论"。

②它强调外因论。由于机械论把对象看成一种无组织的现象,因而无法揭示对象的内部联系。事物被还原为诸多无组织、无结构的质点,它们所能揭示的就是这些质点之间的外部的因果联系。把外部原因规定为事物发展变化的根本原因或唯一原因。

③它是还原论的。机械论世界观在思维方式上是一种单纯的因果思维,而因果思维是一种还原思维。当然,我们并不是完全地否定还原思维。但也不把它绝对化,把因果联系看作世界的唯一联系,把因果规律看作唯一的规律形式。机械论就是注重因果联系、因果规律,否定其他联系、其他规律形式的还原论。

④它是一种"运动论""变化论",而非"进化论""发展论"。这是因为,如果现象的一切变化标准皆取自于过去,完全由过去所决定,就会形成一种无超越的循环:在原因中所没有的,在结果中也不会有,因而一切都是过去的变种,天底下没有新东西。机械论把一切联系皆归于因果联系,只能说明无机界的运动、变化,不能说明有机体的进化与发展。

⑤机械论世界观所坚持的是一种严格的因果决定论。客体的运动的每一个环节,都被归结为上一个环节(原因)的输出,并由此引起对下一环节的输出;一切个别对象的变化都被看成完全确定的、必然的,完全否定偶然性的客观实在性。

⑥主客体的二元对立,也是机械论的思维方式的基本特征。机械论世界观中隐藏着一个没有说明的基本原则,即把世界作为一个与主体及其活动无关的纯粹自在的东西进行研究。研究者是站在遥远的高山上俯视着这个远离自己的"自在之物"。主体性与客观性被放在相互分离的两极:要承认主体性,就必须排除客观性;而要承认客观性,就必须排除主体性。

同机械论世界观相比较,有机论世界观具有以下特征：

①有机论的世界观是"整体论"的,而非"原子论"的。

②有机论世界观科学地揭示了有机联系的本质特征。无机的联系是一种无组织、无秩序的联系,有机联系首先是整体的联系。但是,承认了整体联系并不等于承认了有机联系。有机的联系是一种有组织性的联系、有秩序的联系、合目的的联系。

③有机论世界观是进化论、发展论的世界观。从总体上说,近代科学的世界观至多只能是一种"运动论""变化论"的世界观,还没有达到进化论与发展论。

④当代科学突破了机械论的严格决定论的世界观,建立起一个或然决定论的世界观,为科学地理解生命与社会有机体的进化与发展提供了一个科学框架。

⑤科学与价值的统一是当代科学发展的基本特征和趋势。①

有机哲学的思想为研究提供了一个启示：知识是一个不可分割的有机体,不能采用完全机械的方式对其进行割裂式、拼盘式发展。在教师教学知识领域,由机械论世界观所固有的主客二分思维方式带来的痼疾正在于教师教学知识中理论知识与实践知识之间的断裂,这种断裂阻滞了教师专业化发展的和谐路径。以有机哲学思想为指导,实现理论形态的教师教学知识向实践形态的教学知识的回归,实现教学理论与教学实践的和谐统整,突显教师教学知识,理解教育教学生活,并利用教师教学知识来改造教育教学生活的教师教育目的与功能,推动教师专业化的有效发展成为研究的根本追求。显然,有机哲学为教师教学知识统整研究提供了有力的哲学支撑。

89

---

① 这部分的资料主要参考：刘福森.从机械论到有机论：文化观念变革与唯物史观研究中的问题[J].人文杂志,1994(3):1-6.

二、复杂性科学:优化的系统整体大于部分的总和

复杂性科学兴起于 20 世纪 80 年代,但其发生发展却可以追溯到 20 年代。复杂性探索的不同学派、不同学者虽然复杂性的理解有不同的观点和看法,但有一点是相同的,这就是:他们都认为自笛卡尔、牛顿以来形成的科学基本方法——还原论的方法在今天面临着许多问题,当代科学的发展向还原论提出了挑战。复杂性理论认为:那种笃信世界的纷繁复杂下必定潜藏着某种简单的秩序的简单性思维正在瓦解,你所能去的任何地方都存在着复杂性。因此,我们被迫在一切知识联系中运用整体或系统的概念来处理复杂性问题。① 总的来说,复杂性科学的主要的观点如下:

1.非线性(不可叠加性)

复杂性科学认为,传统的基于牛顿力学的理论具有简单化的倾向,简单化就是对实体的分割与封闭,就是把他们压缩成一个简单的部分,就是排除一切非线性的东西。但是,世界从本质上讲是复杂的、非线性的,线性的相互作用和规则简单的秩序乃是一种例外。对于一个复杂的非线性系统,有以下几点需要注意:其一,一个非线性的系统,如果要有比较全面的认识,能了解本质状态,就需要尽量从认识的不同层次、不同角度、不同途径将问题提出来,而不能仅仅停留于一因一果的简单归因和解释。其二,非线性认为,一个系统中最小的不确定性是通过反馈耦合而得以放大,从而在某一分岔点上引起突变,即使一个简单的系统也可能发生极其惊人的复杂性,从而令整个系统的前景变得几乎完全不可预测。因此,在非线性世界中,大多数系统显示的行为既不是完全有序的和可以预测的,也不是完全

① 彭新武.复杂性科学:一场思维方式的变革[J].河北学刊,2003(5):39-43.

随机和绝对不可预测的，经常处于模糊的边界，或介于二者之间。因此，有序态、随机态和混沌态等多样性行为可以共同存在于一个复杂的系统中，它们能够随系统内外不同参数条件的变化而变化，从而显示出多姿多彩的行为模式。其三，系统的整体大于或小于各组成部分之和，即每个组成部分不能代替整体，每个层次的局部不能说明整体，低层次的规律不能说明高层次的规律。各组成部分之间、不同层次的组成部分之间相互联系、相互制约，并有复杂的非线性相互作用。

2.整体性

经典科学的范式是简化和还原，认为从事物的单个因素和方面出发来思考问题，将事物分解为最基本的单元和相互隔离的因果链，然后进行还原、综合，就能把握事物的整体；系统内各要素之间被视为相互独立、互不相干的关系，不存在相互作用，各要素的变化仅取决于这个要素本身；整体是由部分迭加起来的，复合体的整体变化也就是各要素变化的物理总和，通过部分可以把握整体，把握住了整体也就把握住了部分。复杂性理论认为，传统的还原分析思维方式就是把自然现象还原为机械运动，进而分解成为基本的零部件来认识其构成和功能。但还原的每一个操作步骤，实际上都是对整体、对过程、对复杂性的一种抽象和切割，都丧失了原有的部分关系和整体属性。它通过设定基元的孤立或独立不变性而忽略了实在的关系特征和整体性。在贝塔朗菲看来，"系统的性质功能和运动规律只有从整体上方能显示出来。系统的整体呈现了各个组成要素所没有的新特征，复杂现象大于因果链的孤立属性的简单总和。解释这些现象不仅要通过它们的组成部分，而且要估计到它们之间的联系的总和。有联系的事物的总和，可以看成具有特殊的整体水平的功能和属性的系统。"[①]复杂性科学认为，传统的科学认为所有的事物都可以分为不能再分的组成部分，把组分了解清楚了也就认识了整体的思想是片面的和错误的。实际上，系统的"涌现性"无法通过组分来解释，

91

---

① 詹奇.自组织的宇宙观[M].北京：中国社会科学出版社,1992:33.

必须从系统整体加以研究,这就是复杂系统科学的整体论思想。

3.混沌性

复杂性科学揭示,混沌或潜在混沌是非线性系统的本性。所谓混沌(Chaos),是指在复杂系统内部,随着非线性的增强而呈现的一种不规则的有序现象,即无序中的有序,是复杂的秩序化。[①] 由混沌理论可知,在一个发展的复杂系统中,也无法预测任一给定时刻的变化,无法预测这种变化何时发生,只知道它会发生,其模式是随机的。法国哲学家埃德加·莫兰在其著作中也指出,世界既不可能是纯粹有序的也不可能是纯粹无序的,因为在一个只有无序性的世界里,任何事物都将化为乌有而不可能存在,而在一个只有有序性的世界里,万物将一成不变,不会有新东西发生。因此,世界的基本特征是有序性和无序性的交混。1977 年诺贝尔化学奖得主普利高津(Prigogine)指出,复杂系统再构的转化性变化不会发生在系统平衡或接近平衡的状态时,而是发生在系统能量大量耗散的过程中。[②] 现代主义者认为"熵"的发展是不可抵抗的,是单向的,并逐渐变大以至于能量耗尽而最终消亡。但是,在复杂科学视角下的系统具有"逆熵(Negentropy)"而行的自组织性,即系统自身要生存,必须发生大量的耗散。复杂系统在大量耗散能量的同时产生新的能量,以维持系统的存在和平衡。因此,复杂性科学认为,整体是含有冲突的。任何系统都包含着与它永存对抗的力量。而正是这些与之对抗的力量或无序,是系统走向组织和发展的基础和关键。

4.开放性

复杂性理论认为,系统是开放的,是与外部世界相互关联、相互作用的,系统与外部环境是同一的。开放的系统不断地与外界进行物质、能量、信息的交换,没有这种交换,系统的生存和发展是不可能的。任何一种复杂的系统,只有在开放的条件下才能维持和生存。

---

① 张倩,蔡清吉.课堂教学的复杂性思维解读[J].教学研究,2005(3):125-128.
② 普利高津.确定性的终结[M].北京:中央编译出版社,1999:68.

此外，开放的系统还具有自组织的能力，能通过反馈进行自控和自调，以达到适应外界变化的目的。开放系统同样具有等稳定的能力，保证系统结构稳定和功能稳定，从而具有一定的抗干扰能力，在同环境的相互作用中，具有不断的复杂化和完善化的演化能力，以此进行自我系统的成长与更新。

5.自组织性

自组织指的是不需要外部指令，在一定条件下自行产生特定有序结构的过程。并认为，如果一个开放系统，内部各要素之间相互作用、满足非线性关系并远离平衡态，在涨落的诱发下，能够使系统从无序走向有序，从而形成一个具有整体结构与属性的系统。

由于系统所具有的开放性，在物质、能量甚至信息上与外界进行交流，从外界输入负熵以克服系统内的熵增，从而滋养自己并避免自身的解体，因此，系统具有自主性。莫兰揭示出了生命系统所具有的自主性，这种自主性是建立在依赖性基础之上的，它并不排斥依赖性，而是与其紧密关联的。一个自组织、自主的系统具有回归性，正是借助于"组织的回归性"，自我产生和自我组织才得以可能。

实际上，教师教学知识也是一个复杂的系统，其表现出非线性、整体性、混沌性、开放性和自组织性等特性，因此，本书依托复杂性科学的思维引领，充分依托复杂性科学所提供的启示：优化的系统整体大于部分的总和，借助复杂性科学的引领来建构教师教学知识的统整模型和统整路径，以契合教学知识本身的特性。显然，复杂性科学为教师教学知识统整研究提供了思维层面的支撑。

93

三、脑相容学习理论：人类重要的基本能力都是以整体而自然的方式习得的

脑相容（Brain-compatible）最先是由哈特（Leslie A. Hart）提出的。他认为，要根据人脑如何处理讯息的研究结果，以及人类自然学

习行为的观察发现,来设计与人脑动作模式与学习倾向相容的课程与教学。因此,他认为,课程规则应顺应人脑动作的机制及学习倾向而制订,而不应人脑来适应课程。目前,已有多位美国学者提出"脑相容"的教学理论,我国台湾学者也开始关注并研究"脑相容"学习理论,如李珀和陈新转都对脑相容理论给予了关注和研究。

李珀认为脑相容教学的理论根据在于:

①丰富的学习环境及有意义的学习将有助于学习。

②自信且有兴趣之学习动机的情绪反应将有助于学习及记忆。

③人脑以平行且多元的方式处理讯息。

④建立知识与学科之关联性,符合脑神经网络连接机制。

⑤人类重要的基本能力都是以整体而自然的方式习得的。①

陈新转将脑相容学习理论的立论依据总结如下:

①人脑是先天的学习器官,最适合意义丰富且自在的整体性作业系统。

②认知、记忆、情绪三者密不可分,而情绪作用特具意义。

③人类重要的基本能力都是以整体而自然的方式习得的。②

综合学者的观点来看,脑相容学习理论提出,人脑是天生的意义搜寻与创造者,连接、组串是其基本功能,但是人脑无法处理全无关联意义的讯息。学校传统的分科课程将学习与经验分割,只注重学科知识的系统性与逻辑性,这种欠缺整体性、连接性及强调记忆的学习,对于学习者而言是无意义的,对于大脑而言是无法接收的。因此,学习者的学习困难,是由于知识被人为的方法割分成片段,使学习的内容变得零碎且无法与学习者的经验相联结,与人脑的运作系统相违背所造成的。同时,脑相容理论还认为,大脑处理外界讯息时,并非采用直线式或序列方式进入大脑,而是同时且大量地进入,继而人脑以多元的方式同时把大量、形式复杂的讯息分散在各个不同的区域加以处理,因此,线性、序列的学习方式不见得符合人脑的

① 李珀是美国佛州国际大学教育学博士,台北私立复兴国民中小学校长,中原大学副教授。
② 陈新转.课程统整理论与设计解说[M].台北:商鼎文化出版公司,2001:65.

运作机制。①

　　由此可见,脑相容理论主张学习是自然而统整的过程,学习的意义不是在累积知识而是在于获得能力,无疑为教师教学知识的统整提供了最直接的生理支撑。在教师教学知识发展过程中,不能人为将整体的知识割裂,而使学习的内容变得零碎且无法与学习者的经验相联结,与人脑的运作系统相违背。如果学习者在学习知识时,知识本身与已有的旧知脱节与经验无关,那么,所得的知识是无法促进学习迁移的,所得的知识就仅仅停留在表面上和浅层化,学习者无法透过内化而成为人知识体系的一部分。

　　必须依据人脑的特质和运作规律,充分发挥大脑非直线或序列的运作方式,对教师教学知识进行统整性地学习,让大脑以统整组型的形式来创造认知的价值,最大限度地发挥知识的价值。教师教学知识统整研究就是在尊重学习者经验的前提下,关注生命的认知、情感、意志和行为等多维目标。以适应大脑运作特点的方式来设计课程,通过统整来与经验创设联结,促进学习者的关联性学习和有意义学习,使得教师对于教学知识的学习成为一个整体而自然的过程。显然,脑相容学习理论在生理的角度为研究提供了统整的生理基础。

---

① 陈新转.脑相容之社会课程设计理念探究[G]∥台北师范学院社会科教育学系.1999
亚太地区整合型社会科课程国际研究论文集.台北:台北师范学院,2000:403.

第三章

立场与定位：
教师教学知识的统整基点与视野

> 知识是珍宝，但实践是得到它的钥匙。
>
> ——托马斯·富勒

无论是自然科学研究还是人文社会科学研究，任何研究都有一个研究视角的问题，任何研究视角背后都存在着一个"先定假设"。这个"先定假设"或者是人们的某种信念，或者是某一理论学说。对于这一点，如德国哲学家雅斯贝尔斯（Karl Jaspers）曾指出的，"一切存在都是被阐释的存在"。海德格尔（Martin Heidegger）曾指出："把某某东西作为某东西加以阐释，这在本质上是通过先有、先见和先把握来起作用的。阐释从来就不是对某个先行给定的东西所作的无前提的把握。"① 伽达默尔也认为这些"先见"或者"前见"为研究者提供了一个特殊的"视

————

① 伽达默尔.真理与方法——哲学诠释学的基本特征［M］.洪汉鼎，译.上海：上海译文出版社，1999，译者序言：6.

域",它决定了哪些现象会进入研究者的视野,哪些现象会受到研究者的特别关注,并把这些现象从自在的世界中抽离出来,形成特写的问题域,进而在它们之间寻求某种因果性的关联。那么,也就是说在某个研究视角下不可能看到客观现实的全部,基于某一视角的某一种分析框架,也就是基于某一种"先定假设",在"看到"客观现实中的某些现象时,同时也会"忽视"在其他视角下才能"看到"的某些现象。因此,首先要阐明本书所研究的统整视野是什么,是在什么视角下探讨教师教学知识的,为研究结果的合理性提供适当的尺度。

一、教师教学知识的统整基点:实践

知识作为人类自身的创造物及认识世界和改造世界的有力工具,总是以各种形式影响着人类的实践活动。教学知识是人们在教学实践中形成的关于教学实践的并且指向教学实践的认识成果。它以各种形式影响着人们的教学实践活动,教学中任何一个环节的安排,任何一句语言的表达,任何一个动作的发出,都直接受到教学知识的影响。范梅南认为:"教学比舞台表演要求更高,因为教学不只是彩排,而是一个人际间互动的过程。不像舞台演员,教师从来不能确充他们的台词。教学需要现场的技巧,知道瞬间如何理解变化的情境,要及时、瞬间知道孩子的感受,要知道怎么做,如何显现事物,何时停止,如何创建教室中的气氛。不具备这些技巧的教师,往往变成任务的执行者或演说者。"[1]也就是说,教学是一种非常复杂的实践活动,课堂中教师对教学情境的把握是否恰当,对教学对象的认知是否准确,对教学节奏的变换是否及时,以及对教学行为的改变是否有效等都受到教师所具有的教学知识的影响。

追求教育教学活动的高质量性与有效性是教育发展的永恒主题。关注教师知识成为近几十年来教师发展的焦点主题。美国 1986

---

[1] Van Mnane M. Can teacher be taught? or Are Real Teachers Found or Made? Phenmenology+ Pegagogy[J]. University of Alberta, 1991(9): P182-199.

年 6 月 16 日一篇题为"救命！教师不会教（Help！Teacher can't teach!）"的文章引起了公众对教师质量的担忧，①从而在世界范围内拉开了以提高教师素质、促进教师专业发展为核心的教师教育改革的序幕。在我国，教师培养主要以师范院校为基本单位，但其培养模式和课程体系在近 20 年来不断受到人们的质疑，认为师范院校培养的学生脱离学校课堂教学的实际需要，导致所学非所用。目前，我国高等师范院校的课程设置普遍存在的突出矛盾是"专业课程所占比重太大，教育学、心理学、教学法等教育专业课程比重太小"，见表 3-1②。

表 3-1　某师范学院数学专业的教学计划

课　程	普通教育课程		专业教育课程		教育学课程		总　计
	必修课	选修课	必修课	选修课	必修课	选修课	
学时数	671	48	1 336	306	217	153	2 731
学时比例/%	24.6	1.8	48.9	11.2	7.9	5.6	100

由表 3-1 可知，专业教育课程占 60.1%，教育学课程占 13.5%。我国大学专业的主要教学内容是专业知识，教育专业课程的比例很低。心理学、教育学、学科教学法和教育实习等科目，只占教学计划中学时总量的 10%左右。与发达国家相比差距很大，如英国为 35%，德国为 30%③。同时，是以分科课程为主，极易导致科目本位课程，科目间缺乏合作，学时单科独进；加上此类课程以各种概括化的定义、规则、理等为课程的起点，学生无法感知到这些知识的"实用性"，从而导致学习积极性不高。教育实习时间很短，只有 6 周，而且学生一毕业就能上讲台讲课。一般医学院学生的实习期是一年，毕业一年后才能考医师资格证。由此可见，在教师职前教育阶段，虽然学校开设了十几门至二十几门理论课，但有许多科目与本专业或学科的

99

① Help！Teacher can't teach！[N]. Time, June 16, 1980.
② 谭军,陈君瑜.数学教师学科教学知识建构初探[J].宿州学院学报,2006(3):88-90.
③ 叶立军.数学教师专业化与高师本科数学教育专业课程改革[J].数学教育学报,2002(4):68-71.

教学实际联系并不紧密,有的在教学实践中根本用不上,相反实践课程却显得分量不足,这一问题导致了作为"怎样教"的教学知识在大学学习过程中所学甚微。

从国内外的研究趋势来看,近些年来学者们越来越关注教师的"个人知识""策略性知识""技术性知识""现场知识""情境性知识""缄默性知识"等这类在实践中生成且作用于实践的知识。这其实也透视出关于教师知识研究的一种倾向:直接面向实践。因为教师知识本身就来源于教学实践,在实践中发展,只有经过实践的运用与检验,才是真正、有效的知识。因此,这里将以实践为研究的基点来开展关于教师教学知识的研究。

"实践"在希腊文中用"Praxis"来表示,意思是重复进行某种活动,使之变得熟练、有水平,同时它还指人类行为活动的理性思考以及由此制订计划、付诸实施与应用。在德语的权威词典"Duden"中,将希腊文"Praxis"等同于德文"das Tun"(做、作、干等),Handlungs(weise)(行为、行动、动作或及其方式)等。其具体的含义为:思想、观念、理论等在现实中的施用或运用;通过一定的实践活动获得的经验;医生或律师从事其职业所在的空间或领域。此外,还较少地解释为做某种东西的一定方式、方法。比较实践一词在德文和在英文中的用法,德文只有一个"Praxis"译为"实践",而在英文中则有"Practice"(作为动词)和"Praxis"(作为名词)这两个词都可译为"实践"。"Practice"的含义有实践或实行、练习、惯例、开业等,而"Praxis"的含义有(艺术、科学等方面的)实践,运用、惯例等。可以看出,英文中"Practice"(作为动词)和"Praxis"(作为名词)的含义比较确定,似乎都可译为"实践"或"实行""运用"。英文中的"Practice"和"Praxis"这两个词的含义也比人的物质活动要大些、广些。不过英文中的"实践"和德文中的"实践"的含义和使用似乎也有一些差别。由于东西方之间(即使西方国家之间)在文化传统、历史发展的差异,社会现实水平不同,因而在某些概念及其使用上也必

100

然会有些歧义。①对于实践这个的理解,苏格拉底、亚里士多德、康德、黑格尔、马克思等都有各自不同的观点。

在苏格拉底那里,实践是"善"的代名词,是人的道德、伦理活动。这个思想被亚里士多德所继承,成为古代西方实践哲学的基本含义。亚里士多德明确地提出了实践概念,与苏格拉底对于实践的认识还局限于美德伦理学之中不同,亚里士多德从更广泛的领域探讨实践问题,广义的实践是指一切有生命的东西,狭义的实践是指人的实践或行为。亚里士多德将人类活动划分为理论、实践和创制3种基本形式。实践与理论既有相同点也是异同点。首先,二者在对象上是有区别的。理论以"出于必然而无条件存在的东西"即"永恒的东西"为对象,实践以可变事物为对象。其次,二者在目的上有相同性。"实践是一种自身构成目的的活动,而创制的目的则在活动之外。由于理论自身便是理论的目的,因而理论是最高的实践。在此意义上,理论与实践是一类活动。"②

在亚里士多德那里,"实践"是一个价值性概念。亚里士多德认为:"实践涉及人生的意义与价值,生产只关心人的欲望与要求的满足。实践的对象是人事,产生的对象是物体。"③实践专指有关人事的行为方式或活动方式,实践是人在生命活动中"进行选择"的活动,即"有关人生意义和价值"的活动。

总的来说,在古代,实践仅仅被理解为一种纯粹的伦理、道德行为,是一种个人的道德修养或人格教化,或者被当作一种"精神劳作",理性的沉思,即仅仅具有内在价值,内在追求的道德实践。具有外在利益和外在追求的物质活动,生产劳动都被排除在人的实践活动之外。

在康德那里,他把实践看作人类内心的道德修养活动。康德区分了理论理性和实践理性。实践理性高于理论理性。"实践理性的

101

---

① 对于实践词源上的理解,主要参考的资料是:燕宏远.关于实践含义及其拓展之思考[C].中西视野下的实践哲学与文化哲学全国外国哲学学术研讨会交流材料,2004.

② 王南湜.实践、艺术与自由——马克思实践概念的再理解[J].哲学动态,2003(6):4-7.

③ 张汝伦.历史与实践[M].上海:上海人民出版社,1995:33.

唯一对象乃是善和恶的两种对象。"①实践理性不仅为自然立法,也为人的行为立法,是理论和行为的最终依据。自由是实践理性的必然法则,只有道德实践才是自律自由的,生产实践所显示的感性经验,受因果必然性支配和外在客体的制约,不是自由的,因而被排斥在实践之外。这样,康德就把实践局限于伦理领域,人的一切客观行为,特别是道德行为,如善举或行善,都是一种实践。这是一种较广的"实践"概念。在性质上,实践不是人的一般活动,而是人的理性自由活动,自由是实践的本质。

黑格尔是从人的认识方面来阐明实践活动,应用辩证法剖析理念的实践活动,并通过对理念的理论活动和实践活动的比较分析,指出理论活动只有普遍性的规定,而实践活动的观念则不仅有普遍东西的品格,而且具有单纯现实东西的品格。黑格尔在唯心主义基础上,发挥了主体能动性思想,把实践纳入认识论中,把认识论和辩证法紧密结合起来,在哲学认识论史上开辟一个新的阶段,列宁对此给予高度评价,说"马克思把实践的标准引进认识论时,是直接和黑格尔接近的"。②

把实践概念拓展到生产领域,是马克思一直努力的方向。与亚里士多德把实践概念局限于政治、伦理领域相反,马克思重点阐述了生产中的实践含义。马克思将实践作为他的哲学思想的基础与核心。他认为"人应该在实践中证明自己思维的真理性,即自己思维的现实性和力量,自己思维的此岸性。关于思维——离开实践的思维——现实性或非现实性的争论,使一个纯粹经院哲学的问题"③。可见在马克思那里,实践是思维的前提和基础,缺乏实践的材料和验证,思维变得虚幻和不可捉摸,也就失去了意义。同时,实践也提供了理解马克思的"人是社会关系的总和"以及他对生产的特别强调等

① 康德.康德哲学原著选读[M].约翰·华特生,选编.北京:商务印书馆,1963:237.
② 中共中央马克思恩格斯列宁斯大林著作编译局.列宁全集:第38卷[M].北京:人民出版社,1986:237.
③ 中共中央马克思恩格斯列宁斯大林著作编译局.马克思恩格斯选集:第1卷[M].北京:人民出版社,1995:55.

观点的视角,同时也是理解他"革命的实践"(Revolutionary Practice)观点的基础。人的本质是在实践活动中实现和得到确认的,实践是社会存在与发展的基础,是人与自然的内在机制,是认识的源泉与动力,也是人的本身的生命力的体现,实践自然而然地成为人所独有的存在方式。马克思在哲学上实现了哲学观的"实践转向",指出社会生活在本质上是实践的,实践既是造成世界两重化的根源,又是解决这一矛盾的基础,实践观点既超越了抽象的自然观点,又超越了抽象的人本观点。实践是社会历史的实践,实践不是抽象、概念的,而是具体、现实的;这种具体、现实性不只是一种自然性、个体性,更主要是社会性、历史性,正是社会历史赋予实践以客观实在性、革命能动性,正是以一定的社会历史条件为中介,通过实践来改变现实。

实践作为一个当代哲学所探讨的核心概念,它的意义范围被确定在专指人的一种活动类型,即这种活动总是同人作为自然物质的机体运动相联系着,总是同作为这种活动手段和活动对象的物质世界联系着,因此,它是可观察的、实在的。第一次对实践作出全面、科学的考察和规定的是马克思:"人的本质,不是单个人所固有的抽象物,在其现实性上,它是一切社会关系的总和"。"全部社会生活在本质上是实践的。"①近些年,哲学界对实践内涵又作了新的概括:实践活动是人一切客观性、感性、物质性的活动,实践的领域也不仅仅是物质生产活动,而且包含精神生产和人类自身生产(如体育、教育)。

如上所述,不同语境下"实践"概念具有不同的内涵。就实践而言可以有两种理解:其一,可将解决大任务的整个过程称为实践过程。其二,完成一个实践任务,包含着诸多环节,每个环节又包含多个次级认识和实践。解决实践问题的过程正如毛泽东所说的,是一个"认识—实践—再认识—再实践"的过程。在教育语境中,应把实践视为解决问题的整个过程。因为实践中的次级"认识—实践"不是按先后顺序进行,而是交叉、重叠进行,不能割裂划分哪个是认识活动,哪个又是纯粹的"感性"活动。作为教育研究,应当关注以下3

103

① 马克思.关于费尔巴哈的提纲[M]//华东师范大学教育系.马克思恩格斯论教育.北京:人民教育出版社,1986:56.

点：其一，应当关注人，或者说，应当把人的生成、发展和完善作为一切思考的出发点和最高宗旨；其二，应当面向现实生活，以现实生活为基础去思考、解决问题；其三，应该着力于培养人的实践能力，培养个体顺利运用已有知识、技能去解决实际问题所必须具备的那些生理和心理特征。[①]

二、教师教学知识的统整视野：实践取向

立足于教师教学知识统整的"实践"基点，其统整视野也自然得以明晰，即"实践取向"的统整视野，与之相对应的则是"理论取向"。本书所要论证的"理论取向"和"实践取向"，不是意味着教师教学知识的发展应该要有更多的理论知识还是实践知识，而是说整个发展应当以"理论"为主线，还是应当以"实践"为主线。基于前面对"实践"内涵的探讨，"实践取向"实际是指明要关注教师的教学实践，以教学实践为基础去思考、发展教学知识，着力培养教师的教学能力，培养教师顺利运用已有知识、技能去解决实际问题所必须具备的生理和心理特征。

那么，在教学知识统整研究中，"取向"一词有什么含义？换句话说，应该如何来体现取向的含义，到底有哪些取向呢？在英语中，可用"Orientation"一词来表达取向的意思；在汉语中，"取"有选择、确定的意思，"向"就是方向、朝向事物，合起来的意思就是：选择确定事物发展的方向。这里，根据教师教学知识发展的情况，指出两种取向："理论取向"和"实践取向"，这两种取向的差异则至少应当体现在以下5个方面：

①以知识内在的逻辑分类还是以教学活动为划分依据，确定教学知识的分类。

②教学知识发展的起点是理论知识和认识过程，还是实践知识

---

① 主要参考的资料：白榕.论研究生评价的问题及实践取向[J].教育与职业,2008(32)：
  45-47.

和实践过程。

③教学知识发展的内容以理论知识为主体还是以实践知识为主体。

④以认识过程还是实践过程为教师发展教学知识的主要方式。

⑤以认识形式还是实践形式来评价教学知识发展的结果。

"理论取向"的教学知识发展观,在目标上是掌握系统的教学理论知识,发展理解能力和理论思维能力,它的目标是"知"。这一目标决定了:

①以知识本在的逻辑为教学知识分类的主要依据,以便让教师掌握完整的知识体系,而不是实践的需要为中心来发展教学知识。

②以理论知识和认识过程为教学知识发展的起点,在必要时才会在实践过程中来检验所获得的理论知识,或是加深和巩固对理论知识的学习。但是,由于这些理论知识和实践任务之间往往不一定存在一一对应的关系,因而常常使得二者之间的联系过于牵强而使理论知识难以应用到实践中。

③它以理论知识为主体,把大多数时间放在理论知识的学习与获得上,强调教师获得理论知识系统结构的重要性。在这时,教学实践过程多是作为一种过程,用于验证理论,来加深和巩固对理论的理解和记忆。在理论取向中,具体的教学实践过程是附属于理论知识并为理论知识服务的。

④教学知识的发展方式主要是在文字等符号层面上进行的书本知识的学习,或者以听的方式获取的理论知识,相应地辅以一些参观等实践过程。

⑤理论取向的教学知识发展观通常主要以终结形式和书面形态来评价教师的教学知识发展情况。

实践取向的目标则是形成教师开展教学活动所需要的技术实践能力,提高教师教学能力和教学目标,它的目标是"做",这一目标决定了:

①以教学活动的空间要素为知识划分的主要依据,以便让教师在学习过程中同时获得工作结构。

②以教学实践过程和实践知识的获得为教学知识发展的起点，让教师基于实践、在实践中去建构所需的理论知识。

③强调理论知识的学习是教学知识发展的基础，实践知识的学习是教学知识发展的关键，因而多数时间要放在实践知识的学习上。在实践取向中，理论知识是服务于实践过程的，而不是实践过程服务于理论。

④以课堂教学实践为中心，而不是知识本身的逻辑为中心来组织内容，即使是理论知识，也要围绕教学实践过程的需要来选择、组织和学习。

⑤主要通过具体的课堂教学活动来评价教学知识发展的效果。由于实践取向的教学知识目标是"做"，而评价"做"的最为可靠的方法是评价"做"本身，即工作样本，因而这种评价方法是可靠的。

对以上5个问题的不同选择与回答，就形成了"理论取向"和"实践取向"两种完全不同的发展方向和发展模式。本书强调教师教学知识的"实践"取向，并非就要忽视理论知识的学习，实践本身是并不排斥理论，实践的展开需要理论的指导和支撑，对于以理论技术为内容的教学实践来说尤其如此。"实践取向"主张要以"实践"为取向来决定理论知识的内容及组织方式，以"实践"为取向来决定教学知识的获取与发展，教师教学知识发展的终极目的不在于获取多少知识，而是要以足够、有效的知识来支撑教学活动的展开，从而实现有效教学。

第四章

显影与明理：
教师教学知识的本体论证

> 知识的历史犹如一支伟大的复音曲,在这支曲子里依次响起各民族的声音。
>
> ——歌德

兹南尼基(Znaniecki,1965)曾精辟地指出:"每个人无论承担何种社会角色都必须具备正常担任该角色必不可少的知识。"①自从教师职业诞生的那一天起,"教师需要知识"的观念就深深印在专业教育工作者与非专业教育工作者的意识之中。在这一观念影响下,研究者们立足于"主体论"角度,以"教师知识"为主题展开了丰富而深入的讨论,并取得了丰硕的研究成果。但是,教学知识作为表征从事教师专业的人所必不可少的知识的专业术语,虽然在教学实践中为大家所频繁使用,然而,对教学知识是什

---

① Znaniedki F. The Social Role of the Man of Knowledge[M]. New York: Octagon Books, Inc,1965:24.

么,教学知识结构是怎样的,教师教学知识的来源及其内在关系是怎样的,以及教学知识的基本特征等基本问题却缺乏深入考察。这里从"本体论"的角度来解决"教师教学知识的统整到底应统整哪些知识",对"教学知识"(Pedagogical Knowledge)的内涵、结构演变与基本特征进行分析。这是研究的逻辑生长点,只有对教学知识本身的内涵和外延有了深入的研究和明确的界定,后续研究才能得以顺利展开。本章将以文献研究为基础,通过面向专家和教师的问卷调查来对教学知识的构成要素和属性组合进行构思验证,探析教学知识的内涵和外延,构建结构模型。

一、教师教学知识观的演变分析

从教师职业正式诞生开始,人们就没有停止过对教学知识的探究,并形成了观点不一的教学知识观。从本质上来看,教学知识观是指人们对教学知识的来源、内涵、构成及其形成机制等的基本看法。从其演变的特征来看,教学知识观经历了由"单一性"向"多元性"、由"静态"向"动态"的演变过程。

(一)"单一性教学知识观"向"多元性教学知识观"的转变

从认识论的角度来看,"教学知识"与"教学知识观"是两个既相区别又相联系的范畴:"教学知识"是一种客观存在,其核心是"客观性";"教学知识观"是一种主观存在,其重心在于"主观性"。"教学知识观"的存在以"教学知识"的存在为前提,"教学知识"是认识对象,认识主体通过各种手段、方法与方式作用于"教学知识",形成"关于教学知识"的理解与看法而构成"教学知识观"。由于"教学知识"本身随时代的发展而变化,认识主体的认识水平与认识能力也随时代的演变而提升,因此,不同历史时代的认识主体对"教学知识"有不同认识,所形成的"教学知识观"也发生变化。

从教育发展的主流形态来看，从孔子的"杏坛"、柏拉图的"阿卡德米（Academy）"学园开始，人们一直秉持"教学知识即学科知识（Content Knowledge）"的基本观点。如果按本书定义的教学知识来看，这里的"教学知识观"只指向"教学什么"的问题。据门罗（Monroe）在《教育百科全书》中所言，这种观念在实践上一直延续到18世纪。我国教学领域广为人知的"能者为师""要教给学生一碗水，教师要有一桶水""学高为师、德高为范"等说法均是这种教学知识观的生动写照。而且，这种观点普遍地渗透于我国教学现实活动中，如《历史教学知识体系构建初探》①文章中的"教学知识"正是在这个意义上使用的。把"教学知识"等同于"学科知识"情形更是普遍，如在《葡萄糖和蔗糖》的教学设计中，教师也在这个意义上使用"教学知识"这一概念。

【教学知识目标】

①使学生掌握糖类的组成和分类。

②使学生了解葡萄糖的还原性，蔗糖和麦芽糖的水解反应以及葡萄糖、蔗糖、麦芽糖的用途。

③使学生了解糖类在工农业生产、日常生活的广泛用途经及在现代化科学技术上的重要意义。

④常识性的介绍有关食品添加剂的一些知识。

……

从文艺复兴，特别是自捷克著名教育家夸美纽斯（J. A. Comenius）在1632年所著《大教学论》一书开宗明义倡导"它阐明把一切事物教给一切人的全部艺术"的观点起，教育学（Pedagogy）逐渐受到人们的关注。从19世纪早期开始，"人们开始同意这样的一个原则，即（小学）教师应当不仅知道他们所要教授的科目的知识，也要

---

① 徐利文.历史教学知识体系构建初探[J].内蒙古师范大学学报：教育科学版,2006(6)：115-118.

知道他们进行教学的艺术。"①"教学知识即学科知识"的基本观点被
"教学知识是学科知识+教育知识(Pedagogy)"的基本观点所取代。
到此,教学知识观的外延发生了变化,其关注问题由"教学什么"扩大
到"教学什么"与"怎样教学",且"怎样教学"成为研究的中心问题。
教育者与研究者在"科学主义"范式的影响下,醉心于抽象的、一般性
的、普适性的"怎样教学"的"规律"研究。

　　20世纪80年代早期,由于美国大众对教育现状的不满日趋增
强,促使教育研究者进行反思。② 时任美国卡内基促进教学基金会主
席与美国教育研究会主席的斯坦福大学教授舒尔曼,对美国当时教
师资格认证制度的缺失提出批评。他认为,在许多州的教师资格认
证过程中往往仅考虑学科知识与教育知识两部分。所谓的学科知
识,是由纸笔测验的成绩所得的,测出的只是教师对某些事实的记
忆,而教育知识则由准备教案与评价、确认学生的个别差异、教室管
理与教育政策等内容构成,完全看不到"学科"的影子。他认为这是
一种"缺失的范式(Missing Paradigm)"③,并提议在教师资格认证制
度中重新重视④一种知识在教学中的重要性,这种知识被舒尔曼称为
学科教学知识(Pedagogical Content Knowledge,PCK)。⑤ 至此,"教学
知识即学科知识+教育知识+学科教学知识"三分观点取代了"教学

110

① Monroe. A Cyclopedia of Education:Vol.4[M]. New York:Macmillan,1913:622.
② 刘清华.学科教学知识的发展之源[J].天中学刊,2005(1):131-133.
③ 关于"缺失的范式"有两种理解:一是研究范式中对学科知识(主要是学科教学知识)
的缺失;二是美国教师资格认证制度的缺失。这样一来,关于"学科教学知识"概念本
身的提出就有了两种目的:一是在研究(教师教育研究、教师知识研究)中重新重视
"学科教学知识"的重要性;二是在教师资格认证制度中重新重视"学科知识(主要是
学科教学知识)"的重要性。第二种观点主要见杨彩霞《教师学科知识:本质、特征与
结构》(2006)中。第一种观点散见于其他文献中。
④ 此处用"重新重视"一词,是因为美国著名教育家杜威(Dewey,J.,1902)曾经论证过学
科知识与学科教学知识的区别。杜威指出,一个科学家的学科知识不同于教师对同一
学科的理解,教师关注的是"他自己拥有的学科知识如何能帮助理解儿童的需要和行
为,并决定该以哪种媒介给予学生恰当的指导。"
⑤ Shulman L S. Those who understand:Knowledge Growth in Teaching[J]. Educational
Researcher,1986,15(1).

知识即学科知识+教育知识"的二分观点。与此同时,世界范围内的
"教师专业化"运动蓬勃展开,研究者们加入教学知识结构的研究行
列中,形成四分法、五分法、六分法、七分法等教学知识观。

(二)"静态结构教学知识观"向"动态生成教学知识观"的提升

20世纪90年代,伴随着"客观认识论"向"主观建构论"的认识
论革命的发展,科克伦、德鲁透和金(Cochran, DeRtuter & King)从强
调知识发展的动态本质的建构主义观点出发认为,"知识
(Knowledge)"一词是静态的,强调认识的结果,这与建构主义的观点
不一致。他们认为由舒尔曼提出的学科教学知识从本质上属于一种
静态的知识体系。他们根据建构主义的观点分析教与学的过程来修
正舒尔曼所提出的学科教学知识的概念,强调个体在知道的
(Knowing)与了解的过程中扮演主动的角色。在此学习的过程中,个
体同时发展各方面如何教的知识(Knowing How to Teach)。学科教
学知识是教师将自己的学科知识在考虑学生、教学情境和课程后作
重组(Reorganization)而形成,是多种知识所形成的一种特殊的混合
(Special Amalgam)。这种重组已经加入教师本身的价值观和他们对
学科的看法,就像合金的性质实际上已经与原先混合物质的性质不
相同。学科教学知识并非独立的知识体系。因此,他们将"学科教学
知识"改为"学科教学认识"(Pedagogical Content Knowing, PCKg),并
将其定义为:"教师对一般教学法、学科内容、学生特征和学习情境等
知识的综合理解"①,认为"综合与融合是PCKg发展的本质特征",更
为重要的是他们提出了学科教学认识(PCKg)的发展综合模型(见图
4-1)。他们认为,学科教学认识总是处于连续的发展过程中,随着学
科教学认识的发展,教学能够依照他们的理解为学科中特定内容创
造教学策略,帮助学生在既定的情境中构建最有效的理解。"学科教

111

① Cochran K F, James A DeRuiter, Richard A King. Pedagogical Content Knowing: An Integrative Model for Teacher Preparation[J]. Journal of Teacher Education, 1993, 44(4).

学认识"的概念不仅强调了教师的教学法、学科知识,还强调了教师对学生和学习情境的理解的依赖性(即强调教师对学生的了解,一方面涉及了解学生的能力、学生的解题策略、学生的年龄及发展的态度、动机、学科知识的先前概念等;另一方面是老师对社会、政策、文化或外在环境因素的了解)。从建构主义的观点来看,教师对学生和学习情境的理解是教学的基础,因为学习发生在学生而不是教师身上,只有在对学生和学习情境理解的基础上才能为学习创造情境。至此,学科教学知识的内涵与本质不断演化与演变,从静态的描述走向了动态的建构。①

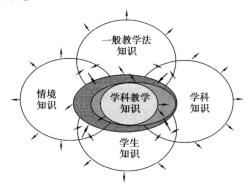

图 4-1 学科教学认识的发展综合模型

(资料来源:Cochran, DeRtuter & King, 1993)

科克伦、德路透与金提出的"学科教学认识的发展综合模型"中,向外不断扩张的 4 个圆圈分别表示教师 4 种知识成分的发展,而圆圈之间交会的地方则代表知识成分间不可分离的部分。图 4-1 中的中心部分及黑色加粗箭号则表示教师 PCKg 的发展,即教师不断整合学科知识、教学知识、学生知识、情境知识 4 种知识而形成学科教学认识的过程。其中心 3 个由小到大的椭圆则表示 PCKg 不断地由小到大地发展与变化的过程。不过,在 PCKg 的获得与发展过程中,它伴随着 4 种知识成分的变化而变化。因此,在教师教育中,应同时

---

① 杨彩霞.教师学科教学知识:本质、特征与结构[J].教育科学,2006(1):60-63.

促进教师 4 种知识的发展以及 PCKg 对 4 种知识的综合。①

综上所述，人们对"教学知识"的认识、理解与研究发生了两次飞跃，这种飞跃在"教学知识结构观"的演变与教学知识研究问题的扩大等方面得到明显的体现。第一次飞跃表现为从"单一教学知识构成"到"多元教学知识构成"的转变，这种飞跃在观念上发端于文艺复兴时期对"教育学"的重视，在实践中则迟至 19 世纪初。第二次飞跃表现为从"静态结构教学知识观"向"动态生成教学知识观"的提升，这种飞跃在观念上起于 20 世纪八九十年代，在实践中运用到现在仍处于探索性尝试阶段。动态生成教学知识观的核心价值在于凸现了 PCK 在教学知识整体中的重要位置，它形象地展现出了教学知识与学科教学知识之间的内在机制与本质联系。

二、教师教学知识的内涵分析

"教学知识"作为一个词语的出现早于作为一个学术研究概念的出现。在国外教育研究文献中，有 3 个词语均与教学知识有关，即"Pedagogical Knowledge""Teachers' Pedagogical Knowledge"（"Teachers' Knowledge of Pedagogy"）与"Pedagogical Content Knowledge"。艾尔伯兹（Elbaz,1981）在论述教师知识结构时使用了"教学知识（Pedagogical Knowledge）"，并将其作为教师知识的一个子类，本书采纳这一用法。把"教学知识"作为一个学术概念而直接将其作为研究对象并进行研究的是范良火，他的专著《教师教学知识发展研究》（2003）成为"教学知识"概念化的起点。要说明的是，把"教学知识"概念化只表明人们对教学知识价值与意义的认识从自发状态上升到自觉状态，并不是说在此之前就没有对教学知识的关注。我国最早的教育专著《学记》中就明确记载："君子既知教之所由兴，又知教之

113

---

① Cochran, K F, James A. DeRuiter, Richard A King. Pedagogical Content Knowing: An Integrative Model for Teacher Preparation[J]. Journal of Teacher Education, 1993, 44(4).

所由废,然后可以为师也。"这里的"教之所由兴"与"教之所由废"指向的正是教学知识。

那么,概念化视域中的教学知识是什么呢?"教学知识"这一术语可用来表示包括与教学活动有关的知识,而不需限定针对谁的问题。① 在"教学知识"中,认知者是未知的,可以是教师、教师教育(培训)者、研究者,甚至也可以是外行,而被知体则相对清楚,即有关教学的事情。②作为复杂教学活动的组织者与管理者的教师,究竟应该具有"什么样的"知识,不同研究者有不同的研究视角或研究方式,因而也就有不同的回答。在作出回答前,拟先对一些已有研究的视角进行分析,以便获得些许启示。

国外对教师知识研究具有代表性的是斯坦福大学的舒尔曼(Lee Shulman),他以教师知识的内容指向为分类依据,把教师知识分为学科内容知识(Subject Matter Knowledge)、学科教学法知识(Pedagogical Content Knowledge)、课程知识(Curriculum Knowledge)、一般教学法知识(General Pedagogical Knowledge)、有关学习者及其特征的知识(Knowledge of Learners and Their Characteristics)、有关教育情境的知识(Knowledge of Educational Context)、教学目的、价值、哲学、历史学基础知识(Knowledge of Educational Aims, Purpose, Values and Their Philosophical and Historical Grounds)。此后,许多研究者都在舒尔曼研究的基础上提出了自己的知识分类观。格罗斯曼(Grossman)也提出了自己的观点,以及埃尔巴兹正(Elbaz)提出的教师知识观点等。他们大都沿用舒尔曼的研究思路,强调学科教学知识、教学法知识、教学内容知识、学生知识以及情境知识。可以说,舒尔曼的教师知识划分不仅成为教师知识研究的一个分析框架,启示不少专家学者据此进一步研究分析教师的知识,甚至开创了教师知识研究的前所未有的热潮。分析舒尔曼等研究可以发现,这种研究试图根据知识的属性、类别进行划分,以更具技术和科学的术语来对

---

① Buchmann M. Teaching knowledge: the lights that teachers live by[J]. Oxford Review of Education,1987(13).
② 范良火.教师教学知识发展研究[M].上海:华东师范大学出版社,2003:40.

教师所拥有的包括实践知识和经验性知识在内的知识进行分类和编码，尤其提出了学科教学法知识的范畴，这是对既有研究的最大突破，也对后来的研究作了很好的导向。但这种划分可能存在一个问题：分类不够严密、周延，即不一定能穷举出教师在实际教学中所需要用到的知识。这也是为什么舒尔曼在 1986 年提出了学科内容知识、学科教学法知识、课程知识这 3 类知识，又在 1987 年和同事一起拓展了教师知识的另外 4 个范畴，随后又有其他研究者在此基础上继续进行拓展的原因。

　　加拿大多伦多大学的克兰丁宁（D. J. Clandinnin）等人对教师知识的分类问题进行了比较系统的研究。他们认为："有关教师知识的分类大致可以分为 4 种类型：其一，教师所知道的理论。这类研究主要探讨教师们所持有的理论知识，如在哲学、社会学、教育学、心理学等方面教师知道的范围、深度等。其二，教师在实践知识方面的拥有情况，这类研究主要探讨教师在课程编制、教学目标、教学策略、教学组织等方面的实际实践知识。其三，教师们所持有知识的类别，像舒尔曼、格罗斯曼的教师知识类别研究就是典型的这类研究。其四，教师们所持有的实践知识有哪些，这类研究从对教师的访谈、观察及其他直接接触中找出教师在实际工作中所发展出来的原则、规则、所形成的教学意向等。"[①]这类研究是从更宏观的角度来分析教师知识的类型，并没有对教师知识作直接划分，而是勾勒划分教师知识的视角，这种研究为教师知识研究在方法论上提供了一个分析框架。

　　在我国，申继亮、辛涛从认知心理学的角度提出"教师的教学活动是一种认知活动"。根据这个主张，他们认为："教师知识作为教师认知活动的一个基础，教师知识可分为 3 个方面，即教师的本体性知识、实践性知识和条件性知识。"[②]接着，他们又在 1999 年的论文《从教师的知识结构看师范教育的改革》中，把教师的知识划分为本体性

① Clandinnin D J. Classroom Practice：Teacher's Images Action［M］. London：Falmer Press. 1986：156.
② 申继亮,辛涛.论教师素质的构成［J］.中小学管理,1996(11)：4-7.

知识、条件性知识、实践性知识和文化知识。① 可以发现,这种教师分类的依据是教师知识的功能。值得注意的是,此研究已经突破了传统意义上把教师知识按学科特征的分类,提出了一种新的成分——实践性知识。但同时也发现,此类划分并不在同一层面,也就是说分类标准不一致,实践性知识是从知识的来源来说的,而本体性知识、条件性知识是就知识的功能而言的,文化性知识是针对知识的属性而言的。

另外,还有其他几种典型的研究。师范司将教师知识分为普通文化知识、所教学科知识、教育学科知识这 3 种。② 这是从知识的类别来划分的。但此类划分显得太过笼统,没有体现出教学实践活动的特性。唐松林将教师知识分为哲学知识、心理学知识、教育学知识、结构性文化基础知识、医学-生物学知识 5 类。③ 很明显,这种类型属于克兰丁宁的分类之一——根据教师所知道的理论来划分的,但这种分类显得太单一,没有涉及实践层面的知识。

由此可以得出,既有关于教师知识分类的研究有的存在标准不一致的问题,有的存在分类不严密的问题,有的存在分类太笼统的问题,有的仅是从理论层面来而缺乏对教学实践的关照。而对于教师来说,教师究竟应该具有"什么样的"要通过教学实践活动来验证,对教师知识的研究一定要紧密围绕教学活动来展开。

本书探讨的教学知识与教师知识略有不同,教师的教学知识更是与教学活动紧密相连。按照知识逻辑研究教师知识,根据知识组织系统性的需要选择教学知识,而不是根据教学活动的需要选择知识,忽视了知识与具体教学活动的联系,这是对传统教师知识研究批判的一个焦点。解决这一问题的思路便是把教学活动分析作为教师教学知识研究的手段,首先分析出具体教学活动需要完成哪些任务,然后以这些任务为基础,分析出要完成这些任务,需要哪些知

116

① 辛涛,申继亮,林崇德.从教师的知识结构看师范教育[J].高等师范教育,1999(6):12-17.
② 教育部师范教育司.教师专业化的理论与实践[M].北京:人民教育出版社,2003:57-58.
③ 唐松林.教师行为研究[M].长沙:湖南师大出版社,2002:7.

识。因而,教学知识是指"关于教学活动的知识",并以教学活动的空间要素为分类维度,将教师教学知识分为 5 个方面：①为什么教学——意义性知识；②教学什么——本体性知识；③谁教学谁——主体性知识；④怎样教学——策略性知识；⑤教学得怎么样——评价性知识。

三、教师教学知识的要素分析

明确了教学知识本身的内涵,还需要明确这个内涵所反映的具有特有属性的那些知识。接下来,将继续探讨教学知识的构成要素。对教师教学知识构成要素的分析,采用理论分析和调查分析两种方式,对教学知识的内在逻辑和基本构成进行逻辑演绎和调查实证,以获得较为科学、合理的研究结果。

(一) 理论分析：教师教学知识要素的逻辑演绎

1.为什么教学——意义性知识

教学是一个有目的的活动,教师不但要有明确的短期教学目标,还要有清晰的长期教育目的。在教学活动中,"为什么教学"对教师的教学起着定向的作用,它直接影响着教师"教什么"和"怎样教"。如果教师拥有关于"为什么教学"的知识——意义性知识与课程标准相匹配,学生会得到课程标准规定的发展；如果教师所拥有的关于"为什么教学"的知识——意义性知识与课程标准有所偏差,学生就不能得到应有的发展。有研究认为,"教学目的与手段的统一是专家教师课堂教学行为特征形成的基本原因和基本动力。"[①]可见,有明确的意义性知识对于教师开展有效教学是多么重要。因此,明确"为

117

---

① 尹筱莉.化学专家——新手教师课堂教学特质比较研究[D].上海:华东师范大学,2007:127.

什么教学"是教师开展教学活动的起点。教师能否准确地把握教学目标,能否全面、准确地掌握开展教学活动的目的、价值、意义等知识是影响教学活动质量高低的一个必要前提。这类知识也引起了其他研究者的注意,并成为教师知识中的一个部分。

　　舒尔曼在其研究中将"教育目标与价值的知识"作为教师知识的一部分构成,并认为这类知识"指的是集合教育哲学、心理学、社会学等形式的知识,此类知识可指导教师进行教学活动"①。德里尔(J. H. Van Driel)提出了"关于目标的知识"。我国台湾学者单文经提出"教育目的的知识",他认为教育目的的知识是"指有关教育目的和目标、理想、价值等知识,以及其哲学与历史的背景"。②刘清华在教师知识结构中提出"教育目的及价值",认为教师需要掌握教育史、哲学及法令的知识,包括教育价值及目的、中外教育史、各种教育法规、教室的法定权利义务、教育行政组织及运作、学校组织及行政运作、学校与社区(家庭)关系、各种教育制度与政策、学校与社会、文化背景及政治环境的关系等。③董涛提出了"教学目的的知识",他认为,"教学目的的知识指在不同年级水平上最有教学价值的知识与信念。它回答了学生为什么要学习这门学科的问题"④。基于此,意义性知识是指教师具有的教育教学目的与价值的认识,对学校教学活动目的、学科教学目的、学科阶段教学目标、课堂教学目标等的认知与信念。教师要知道他所教的学科中对学生的要求和教学目标,教师要知道这门课程纵向的发展即学生在以前学习中要达到什么要求,在以后将要实现什么目标。意义性知识来源既包括国家、地方指定的文件,这些文件为教学活动提供了结构性的框架,还包括从哲学、社会学、心理学等层面对人的发展的理论探讨,这些理论为教学

118

---

① Shulman L S. Knowledge and teaching: Foundations of the new reform [J]. Harvard educational review, 1987, 57(11): 1-22.

② 单文经.教学专业智能的性质初探[C]//"中华民国"师范教育学会.师范教育政策与问题.台北:师大书苑,1990:21-26.

③ 刘清华.教师知识的模型结构研究[D].重庆:西南师范大学,2004:113.

④ 董涛.课堂教学中的 PCK 研究[D].上海:华东师范大学,2008:34.

活动提供了根本性的依据。

2.教学什么——本体性知识

"教学什么"就是本体性知识,它是教学活动开展的关键,也是教学活动本身的意义所在。研究表明:"不同发展阶段的教师对本体性知识的命题表征存在着显著差异,新手型教师的本体性知识只拘泥于教材中对该知识点的内涵论释;适应期教师已经能把教材中的相关知识联系起来;成熟期教师能拓展不同年级教材中本体性知识的相关联系;专家型教师不仅能构建完整的知识网络,同时能清晰地把握核心概念的多元维度,按一定的逻辑顺序阐述相关概念之间的联系,他们对概念之间的逻辑顺序有清晰的把握。"[1]因此,由于本体性知识在教学活动中的重要性,对本体性知识的研究就成为教师知识研究的重点课题。

在我国,本体性知识这个概念最初是由林崇德、申继亮等提出的,并认为"教师的本体性知识(Subject-Involved Knowledge)是指教师所具有的特定的学科知识"[2]。在一些研究中,本体性知识被称为学科知识。例如,1983 年,艾尔伯兹出版了专著《教师思想:实践性知识研究》提出了学科知识,并认为学科知识既包括教师所教的知识,又包括与学习相关的理论。1996 年,考尔德黑德(Calderhead)对教师知识作了分类[3],学科知识就是其中的组成部分之一。国内也有研究者(如简红珠[4])将学科知识作为教师知识的重要组成部分。近年来,研究者们更多地使用定性的方法去分析教师的学科知识及其对课堂教学的影响,并指出教师的学科知识只限于正确的事实、概念、理论和过程这些方面是不够的。此外,教师还需要知道所教学科

119

---

① 吴卫东.教师个人知识研究——以小学数学教师为例[D].上海:华东师范大学,2007: 57,149.
② 林崇德,申继亮.从教师的知识结构看师范教育的改革[J].高等师范教育研究, 1996(6):12-17.
③ Calderhead J. Teachers' beliefs and knowledge. In David C.Berliner & Robert C.Calfee Eds Handbook of educational psychology[M]. New York: Macmillan, 1996:709-725.
④ 简红珠.教师知识的不同诊释与研究方法[J].课程与教学季刊,2002,5(3):36.

的性质、结构和认识论,以及它在文化和社会中的存在意义①。

要注意的是,正如杜威早就指出的那样,科学家的学科知识与教师的学科知识是不一样的。对于教师而言,其所具有的学科知识更多是指向于学科内容知识。学科内容知识(Subject Matter Knowledge)指的是对各学科内容的知识,如学科的认识与理解、教材组织与内容结构、学科的特性等。学科内容知识包括某一学科领域的内容以及学科的实质和文法知识,内容的知识主要是指某一学科领域里的主要事实和概念以及它们彼此之间的关系,它是一门学科的原料。实质知识主要是指一学科内部互相联系的概念的知识,是学科的事实、概念和某一学科程式及其相互联系的知识,它影响着学科内容知识的组织以及引导进一步探究问题的"解释性框架知识"。它们形成概念和论证,引导教师探究。文法知识主要是指在该学科中用于建构知识的方法,是产生和确立命题知识的方式和方法。教师拥有其所在领域的实质和文法知识的程度,会影响着如何把学科展示给学生。②

另外,有研究者没有直接使用学科知识或者学科内容知识的概念,但都使用了相近的概念来指代。例如,舒尔曼(1987)用了"内容知识"的概念,它指所任学科内容的专门知识,主要是指学科知识。单文经用"教材内容的知识"这个概念,教材内容的知识是指教师所要教的教材内容本身,不同的教材领域有不同的知识结构。③

这里,本体性知识是指关于教学内容的知识。这类知识既有学科知识,又有学科内容知识,还有内容组织的知识。学科知识是教师从阅读材料、课堂、老师及其他的经历中获得的有关某一学科的知识,主要是指学科的事实、概念、学科的程式及相互联系、学科中产生和确立命题知识的方式和方法、学科知识的信念,形成学科的知识理念等知识。学科内容的知识主要是指作为教学活动中的学科的主要

---

① 范良火.教师教学知识发展研究[M].上海:华东师范大学出版社,2003:18-21.

② 刘清华.教师知识的模型建构研究[D].重庆:西南师范大学,2004:73.

③ 单文经.教学专业知能的性质初探[C]//"中华民国"师范教育学会.师范教育政策与问题.台北:师大书苑,1990:21-26.

概念、方法与学科性质的知识与信念。内容组织的知识主要指教师
对教材的知识结构、逻辑体系等的横向、纵向的认知与把握。对于学
科内容知识和内容组织知识的关系可用一个不太恰当的例子来形
容。如果教材的学科内容知识是一张蛛网(或者一个谱系)，那么内
容组织的知识就是这个蛛网(谱系)的结构，教师需要利用内容组织
的知识来判断特定的课题在蛛网(谱系)中对应的节点的位置，确认
与这个课题(节点)相连的课题(节点)，找到它们之间的联系。横向
联系主要指该课题与相关学科的联系。

3.谁教学谁——主体性知识

有效教学主要是通过教师的教学行为实现的，教师的教学行为
又通过影响学生的学习行为进而促进学生的进步与发展。教师教学
行为与学生学习行为的有效性直接决定着学生进步与发展的程度的
大小和质量的高低。而教师教学行为与学生学习行为有效性的高低
又受制于教师所拥有的关于自身的知识和关于学生的知识的影响。
因此，教师开展教学活动必须要掌握"教者"(自身)和"学者"(学
生)的知识。综观国内外相关知识，已有众多研究者将关于教师的知
识和关于学生的知识列为教师的专业知识范畴。

舒尔曼(1987)认为教师需要掌握 7 类基础知识，其中就包括"学
习者及其特点的知识"，他认为这类知识"是指学生学习过程中身心
状况的各种知识。教师应具有了解学生兴趣、需求及优缺点的知
识"①。科克伦、德路特和金(Cochran,DeRuiter,King)认为，教师知识
应包括"关于学生的知识"在内的内容。② 格鲁斯曼(Grossman)认为
教师的知识包括"学习者与学习的知识"在内的四种类型，学习者与
学习的知识包含学习理论的知识、学生的身心特征和认知发展、动机

121

---

① Shulman L S. Knowledge and teaching: Foundations of the new reform [J]. Harvard Educational Review, 1987, 57(1): 1-22.
② Cochran K R, Deruiter J A, King R A. Pedagogical content knowledge: an integrative model for teacher preparation[J]. Journal of Teacher Education. 1993. 44(4): 263-272.

理论及运用以及学生的背景(如性别、家庭环境等差异)等。① 德里尔对学生学习与理解的知识。伯利纳(D. C. Beiliner)将诊断专长作为将教师专业知识的一部分,他认为诊断专长需要掌握全部学生和个别学生的知识。② 艾尔贝兹在《教师思想:实践性知识研究》一书中提到了教师自我知识。他指出,教师自我知识是指教师的自我的价值观、个人特质、教学认知以及教学信念等,具体如教师对其自我角色的认识,教师对其权利义务的认识,或是抽象的教学态度、信念、意识、伦理等。教师自我知识极易左右教师的课程思考及教学实践,更能影响教师对教学内容的选择、对学生的想法及教法的使用,而且在评价和反省中发挥重要作用。

　　单文经将学生身心发展的知识作为教师必须要掌握的知识之一,他认为学生身心发展的知识是"指有关学生身心发展特性的了解,特别是学生认知能力的发展,以及如何激励学生学习动机的心理因素等知识"。③景敏将"有关学生的知识"和"有关学生学习的知识"列为教师的学科教学知识之中。其中,关于学生的知识又可分为:对特定学科主题的兴趣;对特定学科主题的动机;学习特定学科主题可能存在的困难、有关特定学科主题的现有知识经验或偏见和误解,以及解决这些问题的策略;关于学生学习的知识主要指有关学生认知的知识。④ 此外,还有诸多研究者将"关于学生的知识"和"关于教师的知识"列为教师的专业知识范畴。虽然研究者对于这两类知识都有不同的内涵指向,但也表明这两类知识是教师开展教学活动所必需的知识。

　　教学活动的有效与否的评判依据是就学生而言的。早在先秦时

① Grossman P L. Teachers ' knowledge. In T. Husen & T. N. Postlethwaite (Eds.), The international encyclopedia of education (2nd ed)[M]. New York:Pergamon, 1994:56.

② Berliner D C. Teacher Expertise. In Anderson, L. W. International Encyclopedia of Teaching and Teacher Education (2nd ed.)[M]. Cambridge University. Cambuidge, 1995: 46-51.

③ 单文经.教学专业知能的性质初探[C]//"中华民国"师范教育学会.师范教育政策与问题.台北:师大书苑,1990:21-26.

④ 景敏.基于学校的数学教师数学教学内容知识发展策略研究[D].上海:华东师范大学,2006:17.

期,许多教育家就提倡并身体力行因材施教。孔子提倡育人要"深其深,浅其浅,益其益,尊其尊",即"因材施教,因人而异"。孔子教授学生因其各自的材质和能力实施不同的教学内容,采取不同的教学方法。《学记》提出,"教人不尽其材,其施之也悖,其求之也拂"。孟子继承孔子因材施教的思想,主张"教亦多术"。他先把教育对象加以分类,然后针对不同类型的学生采取不同教法,"有如时雨化之者,有成德者,有达材者,有答问者,有私淑艾者"。到今天为解决整齐划一的班级授课制教学的不足而提倡的"分层教学"。其实质都是针对学生知识、能力结构和学习需求的不同类型而分群体选择不同的教学目标和内容,实施不同的教学方式,采用不同的考核要求和办法,从而让不同层次的学生都得到充分发展。也就是说,在有效的教学活动中,教师要了解不同班级学生的特点,既要掌握学生阶段性发展的共性特点,又要了解不同学生的个性特点,既要了解学生在不同年龄阶段的生理特点,又要考虑学生的心理特点。因此,在借鉴和总结相关研究成果的基础上,"关于学生的知识"主要是指学生身心发展的特点、全体学生的群体特点和个别学生的个性风格、学生的知识背景和发展需求等方面的知识,也就是说既包括学生特点的知识,也包括学生在学习方面的知识。在学习方面的知识主要是指学生学习具体的概念要具备什么知识,在学习中会在哪些领域出现学习困难。

123

对于教师自身而言,他们往往因各自的教育思想、业务水平、教学经验、生活阅历、文化底蕴及兴趣爱好等不同而形成有个人特色的教学风格。仅从语言表达上来说,不同的教师就有不同的风格特点。例如,有的属严谨逻辑型,深沉稳重逻辑严密;有的属热情奔放型,抑扬顿挫慷慨激昂;有的属风趣幽默型,轻松自由气氛活跃。但相关研究指出,"要在教师不同教学风格的有效性与学生的学习之间建立直接的联系存在困难,这意味着不同的教学风格只具有相对价值,只有那些适合教学情境的风格才更有助于有效教学"①。也就是说,教师

---

① 姚利民.有效教学研究[D].上海:华东师范大学,2004:3.

应根据不同情况,培养和运用不同的教学风格以提高教学的有效性。这就需要教师非常了解自己,掌握关于教师自身的知识。"关于教师的知识"主要是指教师对自己的特点(性格、气质、能力等)和教学风格的认识,对自身知识结构的认知,对自身教学效能的感知,以及对自己认知的认知,并根据认知特点如何调整自己的态度和行为等。

4.怎样教学——策略性知识

在英语中,策略一词常用 Tactic,Ploy,Stratage 等单词来表示。在汉语中,"策略"的基本含义有 4 种:可以实现目标的方案集合;根据形势发展而制订的行动方针和斗争方法;有斗争艺术,能注意方式方法;计谋,谋略。对"策略"的 4 条定义进行抽取和整合,可以得到以下定义:策略就是为了实现某个目标,在事前根据预计的不同形势而制订若干行动的方案,并根据当前形势发展选择某一更适合的方案。依据此定义,可以认为策略并不简单地等同于方法、步骤。策略是指为了实现特定的教学目标,根据特定的内容和特定的学生,在课前或者在课中根据特定的情境制订教学活动的若干方案,并根据当前形势发展选择某一更适合的方案实施。基于此策略概念和教学活动的复杂性,策略性知识不是单一的构成,由以下 3 部分相依构成:

1)关于教学背景或者教学情境的知识

众多研究者将教育环境的知识或者类似的知识列为教师知识的组成之一,如艾尔伯兹(Elbaz)的教学环境的知识,舒尔曼的教育环境的知识,梅纳德·雷诺兹(Maynard Reynolods)的有关教学的社会文化背景知识,科克伦、德路特和金(Cochran,DeRuiter,King)的关于环境背景的知识,格罗斯曼(Grossman)的相关背景知识,简红珠的情境知识,刘清华的教育情境知识。因此,在分析既有研究成果的基础上,教学背景或教学情境的知识是指对教室、学校、家庭、区域、国家等可能影响教学活动成效的知识。这种知识既有国家层面、社会层面的宏观环境的环境,也有教室层面、个体层面的微观环境的知识;

既有物理、化学、生物等与教学活动有关的自然生态环境的知识，又有政治、经济、文化、科技与教学活动有关的社会生态环境的知识，还有精神、心理与教学活动有关的心理环境的知识。

2) 关于教学的一般性、普遍性知识

例如，艾尔伯兹(Elbaz)的教学知识(课堂管理、教学常规、对学生的了解)，舒尔曼(Shulman)的一般性教学知识(课堂管理组织的原理、策略)和一般教学及教学方法知识，吉尔伯特等(Gilbert)的教学知识(含课程发展、教学方法技术、测量、学习风格等)，科克伦①(Cochran)关于教学的知识，塔米里(Tamir)的一般性教学法知识(包含教学与班级管理策略的知识及实际教学活动的知识)②，格鲁斯曼(Grossman)的一般性教学法知识(包含班级组织及管理的知识，以及一般普通的教学方法)，博科和帕特南的一般教学法知识(general pedagogical knowledge)，简红珠的一般教学法知识，申继亮的条件性知识，白益民的一般教学法知识，刘清华的一般教学法知识。基于此，教学的普遍性知识主要是指超越各具体学科而普遍适用于各个学科的一般性教学知识。它包括教学的基本原理和学习的基本原理，涉及如何设计教学、如何实施教学、如何总结教学的知识。

3) 关于教学的具体性、学科性知识

自舒尔曼提出学科教学法知识的范畴后，众多研究者将这类知识作为教师知识中必需的组成部分，甚至是最重要的构成部分。舒尔曼认为，"学科教学法知识指对将所教的学科内容和教育学原理有机融合而成的对具体课题、问题或论点如何组织、表达和调整以适应学习者的不同兴趣和能力以及进行教学的理解"。③ 他强调，成功的教学不仅需要教师掌握学科理论知识，而且需要娴熟、能够根据学生

125

---

① Cochran K R, Deruiter J A, King R A. Pedagogical content knowledge: an integrative model for teacher preparation[J]. Journal of Teacher Education. 1993. 44(4): 263-272.

② 孙耀永.教师知识之概念分析[[J].教师之友,2001.39(4):25.

③ Shulman L S. Knowledge and teaching: Foundations of the new reform[J]. Harvard educational review, 1987(1): 1-22.

需要将学科理论知识加工、转化为学生能够理解的学科教学法知识。① 并认为,"学科教学法知识是特别重要的,因为它确定了教学与其他学科不同的知识群,体现学科内容与教育学科的整合,是最能区分学科专家与教师的不同的一个知识领域"②。伯利纳认为,学科教学知识是学科知识转化为恰当的教学活动所需的知识③。博科和帕特南认为,学科教学法知识包括学科教学目的的知识、有关学生学科学习的知识、课程和课程材料的知识、特定学科知识的呈现和教学策略知识。④ 徐碧美认为学科教学法知识可以从"学习处理"和"课程实施"两个方面加以考虑,教师知识与实践行为之间存在辩证关系。⑤ 此外,其他研究者也对学科教学知识作了研究,如白益民的学科教学法知识⑥,简红珠的学科教学知识⑦,刘清华的学科教学知识,等等。其他还有一些研究者虽然没有明确提出学科教学法知识的概念,但其内涵与学科教学法知识的内涵相似或者属于学科教学法知识的范畴。例如,梅纳德·雷诺兹(Maynard Reynolods)提出的有关学科特有的教学知识,他认为,"教师必须知道学科知识如何以不同的方式来表述,以符合学生既有的认知结构与经验。这方面的知识与特定的学科有关,不是一般性的教学知识,因此称为学科特有的教学知识(Subject-Specific Pedagogy)"⑧。莱因哈特(Leinhardt)的课堂

126

---

① 徐碧美.追求卓越——教师专业发展案例研究[M],陈静,李忠如,译.北京:人民教育出版社,2003:60.

② 刘捷.专业化:挑战21世纪的教师[M].北京:教育科学出版社,2002:225.

③ D C Berliner. Expert knowledge in the pedagogical domain. Paper presented at the meeting of the American educational psychology cal association, New Orleans, LA., August12, 1989.

④ Hilda Borko, Ralph T.Putnam. Learning to teach.InR.Calfee & D. Berliner. Handbook of Education Psychology. NewYork:Ma cmillan Library Reference,1996:673-708.

⑤ 徐碧美.追求卓越——教师专业发展案例研究[M],陈静,李忠如,译.北京:人民教育出版社,2003:58.

⑥ 叶澜,白益民,等.教师角色与教师专业发展新探[M].北京:教育科学出版社,1998:237.

⑦ 简红珠.教师知识的不同诠释与研究方法[J].课程与教学季刊,2002.5(3):36.

⑧ M C Reynolds. Knowledge base for the beginning teacher[M]. NewYork:Pergamon press, 1989.

结构知识,它包括教师合理的教学设计、教师顺利地进行课堂教学、从一个阶段自然地过渡到另一个阶段、清晰地解释教学内容所需的技术。[1] 德里尔的关于教学策略的知识。[2]

在综合、分析既有研究的基础上,特定学科教学的知识主要是指在具体的学科教学中,面对特定的教学环境、特定的学生,教师将所教学科的内容知识和教学法知识相融合而生成的对具体课题、问题等内容如何组织、呈现、表达的知识,如何运用教学策略才会取得更好效果的知识。它是教师教学知识的核心部分,既是教师特有、影响教师教学活动效果的决定性因素,也是学科教师与学科专家、教育专家的不同之处。

5.教学得怎么样——评价性知识

教学活动的效果如何,学生取得了什么样的进步与发展,这是任何一项教学活动都必须考虑的问题。因此,对于教师来说,必须要有评价自己教学效果和学生学习效果的知识,即评价性知识。对于这类知识,国内外研究者也早有关注。

梅纳德·雷诺兹(Maynard Reynolods)的教师知识结构中就包括了有关评价的知识。他认为,在教育教学中教师经常作出许多有关学生未来的决策,这些决策的正确与否,对学生的发展十分重要。评价则是作出正确决策的一个基础。良好的评价可以提供许多有助于学生决策的信息。因此,教师必须知道如何评价,评价什么,如何设定评价标准,以及如何使用现成的测量工具等一些相关评价的知

---

① 范良火.教师教学知识发展研究[M].上海:华东师范大学出版社,2003:17.

② J H Van Driel, O De Jone. Investigating the development of preserves teachers' pedagogical content knowledge [R]. Paper presented at the annual meeting of the National Association for research in science teaching (St. Louis, MO, March 25-28, 2001). ERIC document ED 458-146.

识。① 全美数学教师协会(NCTM)的《数学教学职业标准》(1991)对教师进行高质量教学所必须具备的知识进行了阐述,认为"关于评定学生数学理解的方法的知识"是必备知识之一。具体来说,教师能用多种评估方法确定学生对数学的理解;评估的方法能和学生的发展水平、数学程度和文化背景相匹配;评估方法与教学方法相匹配;从评估中获得的信息出发进行教学。② 塔米里(Tamir)认为"评价的知识"是教师知识的组成部分。我国学者林崇德、申继亮认为,教师知识包括关于学生成绩评价的知识。③ 袁广峰认为体育教师要进行有效的体育教学,至少必须具备包括"有关教学评价的知识"在内的 5 种教学知识。他认为,"体育教学评价知识是依据体育教学目标和体育教学原则,体育教师对体育的'教'与'学'的过程及其结果所进行的价值判断和量评工作的知识。"④董涛认为教师应具有效果反馈的知识。"效果反馈的知识指教师对学生的学习结果进行效果评测及调整学习方式的知识。为了提高教学质量,教师在课堂教学时需要对学生的学习结果进行评价,从而获得学生是如何学习的,已经学会了什么,哪些还不会,需要进一步学习的信息。好的评价不仅显示学生会做什么,而且指出学生的错误,以及这些错误的原因。"⑤基于既有研究,评价性知识主要是指教师所具有的关于教学效果、学生学习结果的肯定与判断的知识,并能根据评价反馈对教学活动作出及时改进与调整的知识。

这 5 种知识的区分主要是以教学实践活动的开展为逻辑的。对

① Maynard C Reynolds. Knowledge Base for the Beginning Teacher[M]. Oxford; New York; Published for the American Association of Colleges for-. teacher Education by Pergamon Press, 1989: 316.
② 张奠宙,唐瑞芬,刘鸿坤.数学教育学[M].南昌:江西教育出版社,1991:68.
③ 林崇德,申继亮,等.从教师的知识结构看师范教育的改革[J].高等师范教育研究,1999(6):39.
④ 袁广峰.中学体育教师教学知识发展研究[D].福州:福建师范大学,2007:44.
⑤ 董涛.课堂教学中的PCK研究[D].上海:华东师范大学,2008:38.

教师教学知识进行分类,是为了能为教学及教师专业发展提供一个突破口,一个可以完善教学、促进教师专业发展的切入点。意义性知识是教学活动开展的动因和起点,它解决了教师教学和学生学习的目的和价值问题;本体性知识是教学活动开展的载体与材料,它解决了教师教学和学生学习的内容问题;主体性知识是教学活动开展的主体,它解决了"教"和"学"的对象问题;策略性知识是教学活动开展的手段,它解决了教师教学和学生学习的方案问题;评价性知识是教学活动开展效果的检测和反馈,对教学活动起着促进、激励、导向等作用,它解决了检测教师教学和学生学习是否达到目的这个终极问题。但是,教学并不同于线性的流水生产线。教学是一种极其复杂的活动,以整体形态存在的教学活动不可能有非常明确的分割,这5类知识不可能截然分开,各种知识成分不是简单的累积与叠加,而是以实践为载体互为影响,互为基础,融合在一起而形成一体化的知识、信念、技能与策略等的总和,是多元性与整合性的统一。因此,热衷于教师知识研究的国内外众多学者都不可能得到完全统一的研究结论,它们都有各自的视角和方法,会得出不同的研究结论,或得到要素不同结构也不同的教师知识系统,或得到要素相同结构不同的教师知识系统。但不论其构成如何,只有在这些知识要素相互融合、统整一体时,其强大的知识效应才能发挥出来,才能达到最佳的教学效果。

(二)调查分析:教师教学知识要素的实证检验

1.调查拟解决的问题

调查二旨在向专家和一线教师调查他们对研究所提出的教学知识的构成要素的认可情况和要素分解的认可情况。

2.调查设计与实施

从理论上分析了教师教学知识的5种构成要素,但这仅是理论层面的论证,它是否与教师开展教学活动所需知识的实际情况相符合,需要经过必要的验证。因此,专门开展了关于教学活动所需知识的调查,教师调查问卷(见附录二)和专家调查问卷(见附录三),其中的第1—4题就是对教师教学知识构成要素认可度的调查,第5—9题是对教师教学知识具体要素分解的调查。对面向专家的调查活动,因诸方面的限制,故研究所抽取的专家样本较少。

专家调查主要是面向课程与教学论领域的专家,调查工具是自行设计的调查表(见附录三),此调查表旨在调查教学知识的构成要素认可情况和要素分解认可情况(项目1—9)。此次调查主要采用了方便抽样方法,选取了课程与教学论领域的30多位专家开展调查。共发出问卷35份,回收问卷33份,问卷的回收率为94.3%。对所回收的问卷作了有效性检查,剔除了一些无效问卷,最后统计得到有效问卷31份。在对问卷进行了必要的检查后,所有从问卷调查中得来的数据资料都被储存、处理和分析。对研究所收集到的数据应用SPSS 15.0统计软件进行处理。

对面向教师的调查活动,研究抽取了各类学校、不同特征的教师样本953人,剔除无效问卷与无效作答,本部分的有效问卷有930份。这部分的调查情况及讨论分析如下:

3.调查结果及分析

1) 对教师教学知识构成要素认可度的频数分布

表4-1是31名调查专家样本对教师教学知识构成要素认可度的频数分布情况。

表 4-1　专家对教师教学知识构成要素认可度的频数分布

特　性	很认可		比较认可		一　般		比较不认可		很不认可	
	频数	比例/%	频数	比例/%	频数	比例/%	频数	比例/%	频数	比例/%
合理性	9	29.03	19	61.29	3	9.68	0	0	0	0
准确性	8	25.81	18	58.06	5	16.13	0	0	0	0
全面性	7	22.58	16	51.61	7	22.58	1	3.23	0	0

表4-2是930名调查教师样本对教师教学知识构成要素认可度的频数分布情况。

表4-2　教师对教学知识构成要素认可度的频数分布

特　性	很认可		比较认可		一　般		比较不认可		很不认可	
	频数	比例/%	频数	比例/%	频数	比例/%	频数	比例/%	频数	比例/%
合理性	239	25.7	430	46.24	140	15.05	82	8.82	39	4.19
准确性	216	23.23	398	42.8	170	18.28	92	9.89	54	5.81
全面性	209	22.47	389	41.83	202	21.72	75	8.06	55	5.91

（1）对教师教学知识构成要素的合理性的评价

合理性调查意在了解对教师教学知识的要素划分角度是否合适，是否可以把教师教学知识划分为5类知识。调查显示，29.03%的专家认为对教学知识的要素分类非常合理，61.29%的专家认为比较合理，没有一个专家对研究的要素划分表示强烈的不认可。整体而言，90.32%的专家认为对教学知识构成要素的划分合理。

同时，25.7%的教师认为对教学知识的要素分类非常合理，46.24%的教师认为比较合理，8.82%的教师认为不是很合理，4.19%的教师认为很不合理。也就是，71.94%的教师认同研究对教学知识构成要素的划分，但仍有13.01%的教师不认同这种划分。

（2）对教师教学知识构成要素的准确性的评价

准确性调查意在了解对教师教学知识的要素划分是否准确，是否反映出教师开展教学活动的实际情况。调查显示，25.81%的专家认为对教学知识的要素划分非常准确，58.06%的专家认为这种划分比较准确，没有一个专家对这种划分表示强烈的不认可。整体而言，83.87%专家认为对教学知识构成要素的划分很准确或者比较准确。

同时，23.23%的教师认为对教学知识的要素划分非常准确，

42.8%的教师认为这种划分比较准确,9.89%的教师认为不是很准确,5.81%的教师认为很不合理。也就是,66.01%的教师认为对教学知识构成要素的划分准确,但仍有 15.69%的教师认为这种划分不准确。

(3)对教师教学知识构成要素的全面性的评价

全面性调查意在了解对教师教学知识的要素划分是否全面,是否能涵盖教师开展教学活动所需的全部知识。调查显示,22.58%的专家认为对教学知识的要素划分非常全面,51.61%的专家认为这种划分比较全面,虽有一个专家对这种划分不太认可,但没有一个专家对这种划分表示强烈的不认可。就是说,74.19%专家认为对教学知识构成要素的划分很全面或者比较全面。

同时,22.47%的教师认为对教学知识的要素划分非常全面,41.83%的教师认为这种划分比较全面,8.06%的教师认为不是很全面,5.91%的教师认为很不全面。也就是,64.3%的教师认为对教学知识构成要素的划分全面,但仍有 13.97%的教师认为这种划分不全面。

2)对教师教学知识构成要素认可度的均值比较

根据专家对各项选择所作评价得分的均值,图 4-2 是专家对教师教学知识构成要素认可度的均值比较。

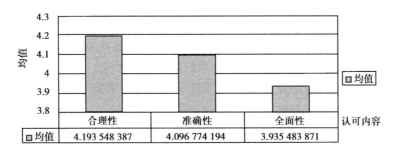

认可内容	合理性	准确性	全面性
均值	4.193 548 387	4.096 774 194	3.935 483 871

图 4-2 专家对教师教学知识构成要素认可度的均值比较

根据如图 4-2 所示的统计结果可知,每种认可内容的均值介于 3.90~4.20,皆大于每个项目赋值的均值 3,这说明专家对教师教学知

显影与明理：教师教学知识的本体论证

识的 5 种划分比较认同。从个别访谈来看,专家对这种划分给予了充分的肯定。

根据教师对各项选择所作评价得分的均值,图 4-3 是教师对教学知识构成要素认可度的均值比较。

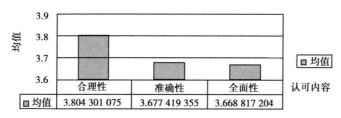

| 均值 | 3.804 301 075 | 3.677 419 355 | 3.668 817 204 |

图 4-3 教师对教学知识构成要素认可度的均值比较

根据如图 4-3 所示的统计结果可知,每种认可内容的均值介于 3.60~3.90,皆大于每个项目赋值的均值 3,这说明教师对教师教学知识的 5 种划分比较认同。从个别访谈来看,教师对这种划分也给予了充分的肯定。

3)对教师教学知识每个要素分解的认可

根据专家对教师教学知识构成要素具体分解的认可调查显示,专家对研究所作的分解基本都比较认同,见表 4-3。

表 4-3 专家对教师教学知识构成要素具体分解认可度的频数分布

类 别	要素分解	频数	百分比/%
意义性知识	有关教育教学的目的和目标的知识	31	100
	有关教育理想和教学价值等知识	27	87.1
	有关教育史、哲学及法令的知识	14	45.16
本体性知识	对学科及学科特性的认识与理解	25	80.65
	关于学科知识体系与学科发展的知识	31	100
	关于教材内容与组织结构的知识	31	100
	与所教学科内容知识相关联的其他学科知识	27	87.1

续表

类　别	要素分解	频数	百分比/%
主体性知识	对教师自己的特点(性格、气质、能力等)和教学风格的认识	31	100
	对教师自身知识结构的认知,对自身教学效能的感知,以及对自己认知的认知,并根据认知特点如何调整自己的态度和行为等的认识	28	90.32
	对教师自我的价值观、教学信念等的认知	27	87.1
	对不同学生身心发展特点、学习风格等的认知	31	100
	对学生群体特点和个性特点的认知	30	96.77
	对学生的知识结构、家庭环境、社区环境等的把握	20	64.52
策略性知识	关于一般性的、普遍性的教学法知识	31	100
	关于具体性的、学科性的教学法知识	31	100
	关于专题性的、个别性的教学法知识	24	77.42
评价性知识	关于教学测量的知识	22	70.97
	关于教学评价的知识	31	100
	关于教学反思的知识	20	64.52
	关于教学反馈的知识	13	41.94

对于意义性知识的分解要素,专家完全认同"有关教育教学的目的和目标的知识",87.1%的专家认同"有关教育理想和教学价值等知识",45.16%的专家认同"有关教育史、哲学及法令的知识",尽管有一部分专家不认同"有关教育史、哲学及法令的知识",但仍然有一部分专家认同,这说明专家基本能认同这种分解。

对于本体性知识的分解要素,专家完全认同"关于学科知识体系与学科发展的知识"和"关于教材内容与组织结构的知识"，专家比较认同"对学科及学科特性的认识与理解"（80.65%）和"与所教学科内容知识相关联的其他学科知识"（87.1%），这说明专家比较认同这种分解。

对于主体性知识的分解要素，专家完全认同"对教师自己的特点（性格、气质、能力等）和教学风格的认识"和"对不同学生身心发展特点、学习风格等的认知"，专家比较认同"对学生群体特点和个性特点的认知"（96.77%）和"对教师自身知识结构的认知，对自身教学效能的感知，以及对自己认知的认知，并根据认知特点如何调整自己的态度和行为等的认识"（90.32%），以及"对教师自我的价值观、教学信念等的认知"（87.1%）和"对学生的知识结构、家庭环境、社区环境等的把握"（64.52%），这说明专家也比较认同这种分解。

对于策略性知识的分解要素，专家完全认同"关于一般性的、普遍性的教学法知识"和"关于具体性的、学科性的教学法知识"，专家对于"关于专题性的、个别性的教学法知识"（77.42%）也比较认同，这说明专家也比较认同这种分解。

对于评价性知识的分解要素，专家完全认同"关于教学评价的知识"，专家对"关于教学测量的知识"（70.97%）和"关于教学反思的知识"（64.52%）比较认同，专家对"关于教学反馈的知识"（41.94%）也基本认同。

调查的结果显示，专家对教师教学知识的要素分解比较认同，虽然对某些要素的认可度不高，但大部分要素的认可度还是比较高。这说明研究对教师教学知识要素的分解既符合理论层面的逻辑演绎，也符合教师教学实践的实际需求，因而能得到专家的认同。

根据教师对教学知识构成要素具体分解的认可调查显示，教师对研究所作的分解基本都比较认同，见表4-4。

表 4-4 教师对教学知识构成要素具体分解认可度的频数分布

类　别	要素分解	频数	百分比/%
意义性知识	有关教育教学的目的和目标的知识	927	99.68
	有关教育理想和教学价值等知识	918	98.71
	有关教育史、哲学及法令的知识	484	52.04
本体性知识	对学科及学科特性的认识与理解	587	63.12
	关于学科知识体系与学科发展的知识	928	99.78
	关于教材内容与组织结构的知识	930	100
	与所教学科内容知识相关联的其他学科知识	482	51.83
主体性知识	对教师自己的特点(性格、气质、能力等)和教学风格的认识	919	98.82
	对教师自身知识结构的认知,对自身教学效能的感知,以及对自己认知的认知,并根据认知特点如何调整自己的态度和行为等的认识	892	95.91
	对教师自我的价值观、教学信念等的认知	760	81.72
	对不同学生身心发展特点、学习风格等的认知	920	98.92
	对学生群体特点和个性特点的认知	916	98.49
	对学生的知识结构、家庭环境、社区环境等的把握	796	85.59
策略性知识	关于一般性的、普遍性的教学法知识	875	94.09
	关于具体性的、学科性的教学法知识	840	90.32
	关于专题性的、个别性的教学法知识	790	84.95
评价性知识	关于教学测量的知识	476	51.18
	关于教学评价的知识	879	94.52
	关于教学反思的知识	685	73.66
	关于教学反馈的知识	379	40.75

对于意义性知识的分解要素,99.68%教师认同"有关教育教学的目的和目标的知识",98.71%的教师认同"有关教育理想和教学价值等知识",52.04%的教师认同"有关教育史、哲学及法令的知识",尽管有一部分教师不认同"有关教育史、哲学及法令的知识",但仍然有过半的教师认同,这说明教师基本能认同这种分解。

对于本体性知识的分解要素,教师完全认同"关于教材内容与组织结构的知识",99.78%的教师认同"关于学科知识体系与学科发展的知识",教师比较认同"对学科及学科特性的认识与理解"(63.12%)和"与所教学科内容知识相关联的其他学科知识"(51.83%),这说明教师也比较认同本体性知识的要素分解。

对于主体性知识的分解要素,大部分教师非常认同"对教师自己的特点(性格、气质、能力等)和教学风格的认识"(98.82%)、"对教师自身知识结构的认知,对自身教学效能的感知,以及对自己认知的认知,并根据认知特点如何调整自己的态度和行为等的认识"(95.91%)、"对不同学生身心发展特点、学习风格等的认知"(98.92%)和"对学生群体特点和个性特点的认知"(98.49%),教师比较认同"对学生的知识结构、家庭环境、社区环境等的把握"(85.59%)和"对教师自我的价值观、教学信念等的认知"(87.1%)和"对学生的知识结构、家庭环境、社区环境等的把握"(81.72%),这说明教师也比较认同研究对主体性知识的要素分解。

对于策略性知识的分解要素,大部分教师非常认同"关于一般性的、普遍性的教学法知识"(94.09%)和"关于具体性的、学科性的教学法知识"(90.32%),教师对于"关于专题性的、个别性的教学法知识"(84.95%)也比较认同,这说明教师也比较认同这种分解。

对于评价性知识的分解要素,大部分教师非常认同"关于教学评价的知识"(94.52%),教师对"关于教学反思的知识"(73.66%)和"关于教学测量的知识"(51.18%)比较认同,专家对"关于教学反馈的知识"(40.75%)也基本认同。

调查的结果显示,教师对教学知识的要素分解比较认同,虽然对某些要素的认可度不高,但大部分要素的认可度还是比较高。这说明对教师教学知识要素的分解既符合理论层面的逻辑演绎,也符合教师教学实践的实际需求,因此能得到教师的认同。

综合前面对教师教学知识构成要素认可度的调查和对教师教学知识要素分解的调查,可以发现专家、教师对教学知识构成要素合理性的认可度比较高,90.32%的专家认为划分合理,专家对合理性认可的均值达到4.194,71.94%的教师认为划分合理,教师对合理性认可的均值也达到3.804;专家、教师对教学知识构成要素准确性的认可度也比较高,83.87%的专家划分准确,专家对准确性认可的均值为4.097,66.01%的教师认为划分准确,教师对准确性认可的均值为3.677;专家、教师对教学知识构成要素全面性的认可度也比较可以,74.19%的专家认为划分全面,专家对全面性认可的均值为3.935,64.3%的教师认为划分全面,教师对全面性认可的均值为3.669。就教师教学知识要素分解的调查而言,虽然有专家对少数要素不是非常认同,但对大多数要素的分解还是比较认同。因此,整体来说,不管是对教师教学知识构成要素合理性、准确性、全面性的调查,还是对教师教学知识具体要素分解的调查,不管是面向教师的调查,还是面向专家的调查,都是比较认同研究的教师教学知识要素分解。也就是说,对教师教学知识的构成要素的理论分解得到了所抽样专家、教师的认同,也说明这种分解是符合教师开展教学活动的实际需求的,这样才能得到大多数专家和教师的认同和支持。

四、教师教学知识的特征分析

特征可以作为事物特点的征象、标志等,是事物基本属性的外显,是事物本质的丰富与充盈。正确认识教学知识的特征,有利于深化、丰富与完善对教学知识的理解与建构。立足于"多元动态生成教学知识观"的视野,教学知识表现出内容的整体性、意义的建构性、生成的转化性与表现形态的实践性等特征。

（一）教学知识内容构成的整体性

立足于对教学知识五大核心知识的界定,结合科克伦、德路透与金提出的"学科教学认识的发展综合模型"可知,教学知识是一个复杂的、有机的层级性整体。也就是说,教学知识的整体性表现为复杂性、有机性与层级性。所谓复杂性,是指教学知识的构成要素是多元的。立足于教学本体而言,为什么教学、教学什么、谁教学谁、怎样教学与教学结果好不好这 5 个基本问题所涉及的知识都属于教学知识的范畴。因此,在认识与实践中必须克服"教学知识即学科知识""教学知识即怎样教学的知识"等非整体观。所谓有机性,是指教学知识的各构成要素之间是紧密联系、相互作用、相互支撑、相互制约的对立统一关系。在把握教学知识时,不仅要看到各构成要素之间的对立性,更要处理好彼此之间的统一性。莱德曼和拉兹（Lederman & Latz）认为,教师只有在不断的教学与持续使用个人的学科专业知识于教学活动中,教学什么的知识和怎样教学的知识才能融合起来形成教学知识①。所谓层级性,是指教学知识整体表现出层次性,这种层级性在科克伦、德路透与金提出的"学科教学认识的发展综合模型"表现得非常清楚。其中,由"学科知识""学生知识""一般教学法知识"与"情境知识"这 4 个部分构成第一个层级,这一层级的教学知识表现出浓厚的理论性、抽象性与规律性,其具有更强的传递性与接受性;由 PCKg 构成教学知识的第二个层级,它表现出更强的实践性、具体性与个别性,其具有更强的生成性与建构性。肯迪（Kennedy）强调学科教学知识的重点在"混合"而非"总合"学科知识与教学法知识②。卡德门茨多特（Gudmundsdottir）强调 PCK 是包含

---

① Lederman N G, Latz, M. Emergence and Interactions of knowledge structures in the preserves teacher[R]. Paper resented at the Annual meeting of the National association for Research in Science Teaching, Atlanta, Georgia,1993.

② Kennedy M M. A survey on recent literature of teachers, subject-matter knowledge[A]. Issue paper 90-93. NCTRE[C]. Michigan State University, East Lansing, Michigan, 1990.

学科和教学两种知识融合的结果,与舒尔曼提出的 PCK 是一种知识的特殊的混合(Special Amalgam)性质不同,正像合金性质已与原先混合之物质的性质不同一样①。学科教学知识的产生,是教师将自己的学科知识以及有关学生、课堂文化和课程知识重组(Reorganization)而形成。在这种重组过程中,已经加入了教师本身的价值观和他们对学科教学的看法。因此,PCK 在本质上并非是独立的知识,而是经由教师自身的价值观作出判断、选择而重组的产物。由此可知,根据卡德门茨多特的观点,PCK 的本质包含了教师个人的价值观或信念。托宾、蒂宾斯和吉拉德(Tobin, Tippins & Gallard)基于建构主义的观点,从微观的角度分析了 PCKg 的建构本质。他们认为学科知识、教学知识与学科教学知识三者是相互交错在一起的,不宜单独分开②。因此,本书所指的五大核心知识是作为一个整体存在的,5 种知识相互交融、相互作用、相互发展,并以整体的效应影响着教学活动。

(二)教学知识意义获得的建构性

"建构"一词是当代建构主义认识论的核心概念,其意在强调认识主体把握客观事物时的主观能动性。教学知识意义的建构性表明教师获得教学知识时具有巨大的能动性与主观性,其具体表现为个体性、生成性与情境性。所谓个体性,是就教师教学知识的发展与其所拥有的主体而言,教师的教学知识具有个体性。在很大程度上,它是教师个人在自己所任学科和所在班级的特定范围内不断将诸方面知识综合、创新的探究过程。具体而言,教师必须通过自身对社会所倡导的学科教学知识这种理论形态的"公共知识(Public

---

① Gudmundsdottir S. Values in pedagogical content knowledge [J]. Journal of Teacher Education, May-June, 1990, 41(3).

② Tobin K Tippins, D J Research on Instructional Strategies for Teaching Science[A]. Gabel, D.(Ed.). Handbook of Research on Science Teaching and Learning [C]. New York: Wacmillan Publishing company, 1994: 45-93.

Knowledge)"的理解、概括与系统化,并通过与教育实践行为之间的不断互动,才能逐步内化为自己所拥有的、真正信奉并在实践中实际应用的知识,即教师的"个体知识(Individual Knowledge)"。①此外,不同个体在重组与优化知识结构时,由于其个体经验与背景不同,自然也会导致教师在学科教学知识上表现出较大的个体差异。所谓生成性,意指教学知识是教师个体在教学实际情境中通过与情境的互动而建构的产物。科克伦、德路特和金提出了动态的学科教学认识(PCKg),以代替静态的 PCK 概念,并将其定义为一种教师整合学科知识、教学知识、有关学生知识、有关情境知识的理解与建构过程②。学科教学知识是教师在具体的教学情境中,将以上各方面的知识经由自身的价值观作出判断、选择、重组而形成的。这种重组已经加入教师本身的价值观和他们对学科的看法,受社会、政策、文化等外在环境因素的影响。这样就可以从教师在学科教学知识形成过程中的主体地位去理解学科教学知识:学科教学知识是教师主动建构而非被动地接受,是主动创造而非被动形成。学科教学知识生成的过程,就是教师创造的过程。在创造学科教学知识的过程中,教师的生命活力得以展现,个性得到张扬。因此,教师在创造了新的学科教学知识的同时,也创造了教师自己。③ 这里突出了教学知识结构中"PCKg"的生成性。实际上,在科克伦等的"学科教学认识的发展综合模型"中的其他构成要素也具有极强的生成性,如教师对"学科知识"的把握,必须经历从"科学知识体系的学科知识"到"一般教学的学科知识"再到"实践中的学科知识"的两次转换,从而生成符合当下学生认识水平与知识结构、教学实践情境的具体学科。所谓情境性,意指教学知识整体结构中的第二个层级(即 PCK)的形成必须置于具体的教学情境中才能完成。教师学科教学知识的核心是向特定

141

① 杨彩霞.教师学科教学知识:本质、特征与结构[J].教育科学,2006(1):60-63.
② Cochran K F, DeRuiter J A, King R A. Pedagogical content knowing: an integrative model for teacher preparation[J]. Journal of Teacher Education, 1993, 44(4).
③ 朱晓民,陶本一.西方学科教学知识研究的两种路径[J].外国中小学教育,2006(3):29-33.

学生有效呈现和阐释特定的学科内容,离不开教师与学生互动的教育教学情境。教师学科教学知识涉及教师"如何教"的知识,而教学是不可能脱离具体的情境而产生的,情境是整个教学与学习中的重要而有意义的组成成分。情境不同,所开展的教学与学习也不同,教学与学习会受到具体的情境特征的影响。教师学科教学知识正是这样一种反映教师所处教学现场的特点、与学科内容紧密相关的"视情形而定"的知识。因此,其具有明显的情境性。也正是由于学科教学知识的情境性以及与内容相关的特点,才显著地不同于适用于任何内容的一般教学法知识,如关于激发学生动机、组织管理课堂的知识。①

　　教师教学知识体系中的五大核心知识,一部分是通过理论性或经验性的学习获得的,是一部分是教师在实践活动中构建的。即使是通过理论性学习获得的理论性教学知识,也并不是通过简单的接受就可以直接获得,新知识是在教师已有知识结构的结构上,在主客体的相互作用中建构而成。对于通过实践活动获得的实践性教学知识,就更要借助于自我建构的方式来积累实践经验,通过反思等发现性的方式,把自己的经验上升为理性认识。因此,无论是理论性教学教学知识,还是实践性教学知识,无论是意义性知识、本体性知识,还是策略性知识、主体性知识、评价性知识,都要通过建构的方式来获得意义。

(三)教学知识生成过程的转化性

　　教学知识体系中五大核心知识的生成是一个相互联系、互促互进的过程。意义性知识影响着本体性知识的组织与选择,本体性知识又影响着主体性知识的建构,意义性知识、本体性知识、主体性知识又影响着策略性知识的生成,前四类知识又决定着评价性知识的选用。也就是说,在一定程度上,教学知识的生成过程是相互转化的

---

① 杨彩霞.教师学科教学知识:本质、特征与结构[J].教育科学,2006(1):60-63.

过程。这个特点在策略性知识中的学科教学知识体现得尤为突出。

学科教学知识是由学科知识与学生知识、教师个体知识、情境知识、一般教学法知识相互作用转化而来的,具有转化性。马克斯(Marks)从实际分析小学数学教师的学科教学知识中发现,PCK 不仅可以通过学科知识转换形成,也可由一般的教学知识迁移到特定主题与内容中的方式衍生出来[①]。事实上,学科教学知识一般可由 3 种方式转化而来:①由学科知识转化而来。PCK 是一种根植于学科知识,通过对学科主题的组织排列和采用有效方式呈现学科概念,教师思考如何将学科知识解释给学习者的一种知识;②由一般教学知识转化而来。例如,教师的发问技巧和把学生的学习过程知识运用于特定的学科情境中,这时,一般教学知识经特殊化过程而形成PCK;③由学科知识与一般教学知识一起转化而来,或从原有的学科教学知识建构而来的。例如,设计教学活动、形成教学策略和了解学生的前概念方面。这种知识是融合学科知识、教学知识和过去学科教学知识建构而成的。[②]考尔德黑德和米勒(Calderhead, J. & Miller)认为,对专业教师来说,至关重要的是那些在教学过程中实际起作用的知识形态。而这种知识的形成需要有一个由一般的学科知识向适宜于教学的学科知识的转化过程,教师会把先前已有的学科知识与现有的课堂现实的知识结合在一起,形成一种"与行动相关的知识"。[③]有研究者通过"典型相关(Canonical Correlation)"的分析方法,对教师的学科知识(包括概念理解、运算、知识组织、数学本质与数学学习 5 个变量)与学科教学知识(包括学生思维、诊断学生错误、突破难点的策略与教学设计思想 4 个变量)之间的关系进行研究后指出:①学科知识的 5 个变量与关于学科教学知识的 4 个变量,主要透过一个潜在

143

① Markw R. Pedagogical content knowledge：From a mathematical case to a modified conception[J]. Journal of teacher Education, 1990, 41(3).

② 袁维新.学科教学知识:一个教师专业发展的新视角[J].外国教育研究,2005(3):10-14.

③ Yinger R, Hendrivks-Lee M. Working knowledge in teaching. In C. Day, J. Calderhead & P. Denicolo (Eds.), Research on teacher thinking: Understanding professional development[M]. London & Washington, D. C. : Falmer press, 1993. 100-123.

的典型变量或因素达到最大的相关,第一个典型相关系数 $\rho = 0.813$($p = 0.05$)。②在多变量的典型相关分析中,典型系数与结构相关系数这两个指标可用以判断每个变量对典型函数的贡献有多大。在学科知识的 5 个变量中,与其典型变量(X)相关最高的变量为知识组织,其结构相关系数为 0.623,其次为数学学习、概念理解、数学知识的本质,结构相关系数最低的变量为分数运算;在学科教学知识各变量中,与其典型变量(η)相关最高的是教师对学生思维的理解,相关最低为诊断学生的错误概念。③学科知识 5 个维度的典型变量(X),可以直接解释学科教学知识的典型变量(η)总变异量的 66%(典型相关系数的平方),而学科教学知识的典型变量(η),又可以解释学科教学知识 4 个变量中总变异的 49.10%;学科知识的各变量透过典型因素(X 与 η),可以解释学科教学知识 4 个变量总变异的 32.43%,即概念理解、分数运算、知识组织、数学知识的本质与"做"数学的态度,经由典型因素(X 与 η)共可解释教师对学生思维的理解、诊断学生的错误概念、突破难点的策略与教学设计思想 4 个变量中总变异量的 32.43%。④由于学科知识与学科教学知识之间的关系是双向的,如上的分析,从典型相关系数可以看出,学科教学知识各变量的典型因素(η)同样可以直接解释学科知识变量的典型因素(X)总变异量的 66%,而学科知识各变量的典型因素(η)又可以解释学科知识 5 个变量的总变异的 55.76%,学科教学知识的各变量经由典型因素(X 与 η)共可以解释学科知识各变量之变异的 36.83%。[①]

(四)教学知识表现形态的实践性

教学本身就是一种以从促进学生身心和谐发展为目的的意识性活动,这种意识性活动决定了教学知识自身的实践性,这种实践性集中体现在策略性知识中的学科教学知识中。学科教学知识是关于如

① 李琼,倪玉菁,萧宁波.小学数学教师的学科教学知识:表现特点及其关系的研究[J].教育学报,2006(4):58-64.

何教的知识,是教师基于课堂实践以及在生活与学习中所获得的经验,并对其进行反思、归纳与总结,经过综合、转化而不断获得与发展的。因此,教师学科教学知识离不开教师在实际的教学实践环境中所获得的经验及其基于经验的有目的、有重点的反思。从心理学的角度来说,教师经验的反思与积累实际上是教师对其已有知识结构的一种重组,是一种成人学习的发生发展过程。而在此过程中,始终离不开教师工作、生活的专业场景。正是在这种由"实践→经验积累→反思→再实践→再经验积累→再反思→……"的不断往复的知识结构重组与学习的过程中,教师获得了成长与发展。因此,教师的学科教学知识具有实践性。教师的学科教学知识是教师真正理解的,是一种能指导教师实践、教学决策、教育行为的知识,是实践形态的知识,具有实践性。教师的学科教学知识既是在实践中建构的(in Practice),又是关于实践的 (on Practice),还是指向实践的 (for Practice)。一般来说,职前教师与新手教师缺少学科教学知识,或者其学科教学知识可能更多的是一种理论形态、社会所倡导的知识;而有经验教师和专家型教师则拥有更丰富、更系统的操作性与实践形态的知识。[①]学科教学知识实际上是一种与教师具体实践密切联系的知识形态,与一般性教育类知识比较而言,它具有形象性、便捷性和直接应用性,它可为教师适应复杂多变的课堂情境创造条件,使得教师从某些具体应急步骤的思考中解脱出来,而把注意更多地集中于教学过程的决策和总体流程上。[②]

五、教师教学知识的形态分析

在对教师教学知识存在形态进行分析时,应首先强调知识的不可分割性。下面范畴的知识都是相互联系且以相融的形态存在的。也就是说,对于理论性教学知识与实践性教学知识,它们既有公共性

145

---

① 杨彩霞.教师学科教学知识:本质、特征与结构[J].教育科学,2006(1):60-63.
② 白益民.学科教学知识初探[J]. 现代教育论丛,2000(4):27-39.

教学知识与个体性教学知识,也有外显性教学知识与内隐性教学知识,只不过是在不同的视角下观察得到的。同样的,对于公共性教学知识与个体性教学知识、外显性教学知识与内隐性教学知识也存在同样的特性。

(一)理论性教学知识与实践性教学知识

理论性教学知识是理论知识这个概念具体化到教学领域而形成的。理论知识是指由抽象概念、抽象命题构成的知识。[①] 理论性教学知识主要是研究者运用理性思维,经过思辨、逻辑推理、验证而获得的一系列命题。也就是说,理论性教学知识的生产者主要是理论研究者,他们通过归纳、演绎、推理、比较、概念化等方式使教学的因果关系和客观规律外显出来,并以命题系统的形式呈现出有关教学的理性认识成果。理论性教学知识又称教学领域的理论知识,通常与经验知识相呼应而存在。所谓经验知识,就是人们对教学领域的事物或现象进行亲身观察,并以直接感知的方式形成然后作出描述(记录)的知识。经验知识只是向人们提供了关于教学活动或教学现象的表面认识,但它还不能使人们认识到教学的本质和规律。"在科学认识过程中,当经验事实不足以揭示对象的整体结构,或某些环节客观上没有实验证实的可能性,从而使经验知识处于杂乱无序状态,或使科学理论存在空白或缺环时,借助于哲学思辨的超越性,便往往可以达到对事物的一定形式的整体认识,到达经验知识尚未达到或不可能达到的地方,以格式塔变换的方式使经验知识系统化,从而建构起完整的科学理论体系。"[②]因此,经验知识必须上升为理论知识。人们通过对经验知识的加工,形成对教学本质、规律的认识,并用一定的符号将其陈述出来,这就构成了理论性教学知识。

以理论性教学知识所解决问题的性质为分类依据,它可分为两个层次:处于低层的理论性教学知识,可称为经验定律或通则性知

① 万文涛.教师实践性知识论纲[J].中小学教师培训,2006(6):7-11.
② 王天思.理性之翼——人类认识的哲学方式[M].北京:人民出版社,2002:222.

识,这类知识解决"是什么"的问题,它使人"知其然";处于高层的理论性教学知识,我们可称为理论原理或原理性知识,这是解决"为什么"问题的知识,它使人"知其所以然"。对此,苏联教育家赞科夫明确指出:"理论知识是指从科学的体系中汲取出来的知识,即不仅是关于现象本身的知识,而且是关于各种现象的本质的相互联系的知识,关于自然界、社会生活、个别人的存在中起统治作用的规律性的知识。"①例如,一个学生可能知道怎样进行几个数的进位加法,即知道怎么做,但是并不知道这种运算的规律——如加法的交换规律和其他几个规律。如果学生掌握了后一类知识,那就是掌握了理论知识。② 可见,赞科夫所说的理论知识其实就是规律性知识如定义、概念、法则、公式等,学生掌握了这些知识,便能举一反三、融会贯通。因此,他明确指出:"理论知识是掌握自觉而牢固的技巧的基地。因此,掌握理论知识不仅不妨碍技巧的形成,而且恰恰相反,乃是形成技巧的重要条件。"③

理论性教学知识旨在不断探求教学的本质,发现教学领域内的普遍关系,因而它非常强调理论表述的客观性——总是能"正确地反映事物的本质属性或事物与事物之间的本质联系"。因此,它应该是可以证实的,不会因时间、地点、人物的变化而变化。这种可证实的特性既可以通过对教学实践指导的有效性获得,也可以在严格控制实验条件,探索自变量和因变量关系的过程中得到验证。这种能够被验证的知识就成了所说的"放之四海皆准"的真理,可以通过一套专用的词汇、表述规则进行系统、规范的表述和传播。由此,又可得到理论性教学知识的另一个特性——普遍性。它应该在某一个领域和范围内是普遍适用的,能指导一些共同的教学实践问题。理论性教学知识的普遍性程度取决于知识本身的抽象程度,知识抽象度越高,对实践指导的普遍性就越大。因为"科学认识是在实践基础上,从感性具体到抽象思维,再从抽象思维到思维具体的发展,体现了知

147

① 赞科夫.教学与发展[M].北京:文化教育出版社,1980:52.
② 赞科夫.和教师的谈话[M].北京:教育科学出版社,1980:199.
③ 赞科夫.和教师的谈话[M].北京:教育科学出版社,1980:200.

性逻辑与理性逻辑的辩证统一,作为科学认识的成果,不同的理论所具有的这种辩证统一的程度是不同的,程度越高,说明理论回到实践的能力越强"①。正是由于理论性教学知识的客观性和普遍性,使其流动表现为一种自上而下的传播体系,理论研究者掌握着知识的产生、宣传、推广、判断的权利,而实践工作者则只能承担着知识的聆听者、接受者和执行者的角色。

　　实践性教学知识即教师实践性知识,是"指教师真正信奉的,并在其教学实践中实际使用和(或)表现出来的对教育教学的认识"②。它不一定是"教师个人的实践理论"或者"教师个人理论",还包括具有一定普适性的理论;它也不一定是以理论的形式存在,也可以情境性、操作性等更复杂多样的形式存在。它是教师特有的知识,是教师的专业中存在的一种有别于一般大众的知识和各领域研究者的知识,与其说是在"理论的实践化"中发挥功能的知识,不如说是在教师的实践情境中支撑具体的选择与判断的知识。③ 它是"为使我们谈论教师时把他们作为博学而博识的人来理解经验这一概念而设计的术语。个人实践知识存在于教师以往的经验中,存在于教师现时的身心中,存在于未来的计划和行动中。个人实践知识贯穿于教师的实践过程,也即,对任何一位教师来说,个人实践知识有助于教师重构过去与未来以至于把握现在"④。简言之,这是一种知道"怎么做"——行为的知识。它在很多时候表现为经验的形式,"经验是认识或活动主体在与客体相互作用过程中,通过感觉器官或内在体验而获得的关于各种事物之间联系的感性认识。它们是未经逻辑整理的原初知识"。"这种作为对事物具体体验结果的经验,包括感觉和非概括的具体表象,甚至思维操作本身的具体经验。"⑤这种没有经

148

① 　金顺明.论教育理论[J].教育理论与实践,2001(3):1-6.
② 　陈向明.实践性知识:教师专业发展的知识基础[J].北京大学教育评论,2003(1):104-112.
③ 　钟启泉.教师研修的模式与体制[J].全球教育展望,2001(7):32-37.
④ 　F.迈克尔·康内利,D.琼·柯兰迪宁.专业知识场景中的教师个人实践知识[J].何俊芳,译.上海:华东师范大学学报:教育科学版,1996(2):5-16.
⑤ 　王天思.理性之翼——人类认识的哲学方式[M].北京:人民出版社 2002:132-133.

过思维整理的知识形式是零散、片面的，有时拥有者甚至都意识不到它们的存在，它们根植于实践者过去的个人经验和教学实践，成为引导教师实践的一种行为惯性。因此，实践性教学知识表现出以下特点①。

①它是依存于有限情境的经验性知识，比起理论知识来说缺乏严密性和普遍性，却是一种鲜活且功能灵活的知识。

②它是作为一种由"3c"的特殊性决定的"案例知识（Case Knowledge）"积累并传承的。这里的"3c"，即教育内容（Content）特殊性、教师认识（Cognition）和教育实践情境（Context）（钟启泉教授译为教育语脉）。

③它是以实践性问题的解决为中心的综合多学科的知识，是不能还原为特定学科的。

④它不仅作为显性知识而存在，而且还作为一种缄默知识发挥作用，多数实践场景中教师作出决策与其说是有意识化思考的结果，不如说是无意识地思考，是隐形的知识信念发挥着作用。

⑤它是一种拥有个性性格的"个体性知识"，知识是信仰、意义和行动，是靠自己收获而不能去借用的。这些知识是通过日常教育实践的创造与反思过程才得以形成的。

149

（二）公共性教学知识与个体性教学知识

自英国思想家迈克尔·波兰尼（Michael Polanyi，1891—1976）于1958年在《Personal Knowledge：Towards a Post-Critical Philosophy》一书中提出"Personal Knowledge"（一般将其译为"个人知识"）以来，人们开始关注公共知识、客观知识之外的个人知识（有的研究者称为个体知识）。在教育领域，余文森按照知识所属主体与认知向度，将知识分为个体知识和公共知识两种类型，明确地将"个体知识"与"公共知识"作为一对相互依存、彼此规约的矛盾范畴来使用。这里借用

---

① 佐藤学.课程与教师[M].钟启泉，译.北京：教育科学出版社，2003：369-370.

这两个概念来探讨教育教学领域中的"公共知识"与"个体知识",即"公共性教学知识"与"个体性教学知识"。

一般来说,公共性教学知识主要是指在教学领域内获得普遍认可的客观知识,通常以百科全书、教科书、专著、指导手册、说明书、论文、图表、语录等书面形式表现出来,它是教师群体共同拥有的教学知识。例如,那些被视为"放之四海而皆准""不以个人的主观意志为转移"的理论知识就是典型的公共性教学知识。这类知识经过长期的实践检验证明是合理的,经得起别人从逻辑、方法等方面的质疑。从产生于2000多年前最早的教育学专著《学记》开始,到今天已经物化到著作、教材、论文等载体形式中的教育教学思想,公共性教学知识是极其丰富的。当然,随着教学实践对其进行不断质疑、不断选择、不断检验,公共性教学知识也处于不断完善、动态发展的过程。

个体性教学知识是个人在其教学实践活动中所获得的独特感受、理解和体验等。从本质上说,个体性教学知识是"教师自我确证的真信念"[1]。个体性教学知识的来源可以是教师通过亲身经历所获得的经验,可以是自己确证了的别人的意见,也可以是个人以语言符号形式表现出来的显性知识,还可以是通过学习为自己所认同的公共性教学知识。换言之,判断个体性教学知识的标准并非是知识的来源决定的,也不是知识是否能够表达所决定的,而是由教师个人是否经过确证、是否相信所决定的。因此,自我确证是个体性教学知识得以确立的手段。正如波兰尼所说:"我们对事实所作的任何断言,本质上不是没有求知感的满足,或说服别人的愿望和个人责任感这样的感情相伴随的。在进行科学验证的过程中,大自然中的事物并没有贴着'证据'的标签,它们之所以成为证据,只不过是为我们的观察者所接受罢了;甚至在最精密的科学里,情况也是这样。"[2]在教学领域中,经过教师自我确证后的知识,"教师自己能够为对个人所具有的信念承担责任,能够对确证中所涉及的各个方面负责;对自己所收集的证据和采用的证明过程、证明方法充满信心和信赖;能够用

---

① 曹正善.论教师个人知识的条件与标准[J].上海教育科研,2005(3):10-12.
② 波兰尼.个人知识[M].许泽民,译.贵阳:贵州人民出版社,2000:41-45.

自己认为是真实的根据,也是在自己看来是充分的证据来证明。这样自我确证也就不局限于用可言说的证据或证明来表现,那些说不明道不白的行动也在确证之列,因为它是产生于教师教育履历中的真实教育行为。对于这种教师个人知识让它重复进行一次也就能够起到确证的作用,这实际上也是'实践是检验真理的准一标准'的合理演绎"①。

　　一般来说,人们会将与个人无关的、客观的、普遍公认的知识才认定为是真正的(公共性)教学知识。其实,任何教学知识最初都只是"个体知识",只有通过传播和扩散之后,它才能被教育群体所共享,并通过人们的教学实践得到检验、丰富和发展。也就是说,个体性教学知识是公共性教学知识的来源,当某个体的教学知识借助特定载体记载下来,在一定范围内流传,为公众认可时它就成了公共性教学知识。而个体通过学习和接受公共性教学知识,使公共性教学知识转化成个体性教学知识。因此,公共性教学知识与个体性教学知识是相辅相成、密切联系的,在一定条件下可以互相转化,这两种知识的转化过程表现为以下两个基本过程:一是个体知识公共化。个体知识的公共化过程是个体知识被社会选择、接受、认可的过程。个体知识一旦通过语言、文字或各种类型的劳动产品公之于众,便转化为具有独立自在性的客观知识。就其使用范围而言,已经不再是单一个人,而是特定的社会群体。毫无疑问,如果个体知识不转化为公共知识,它必然会失去其本身应有的价值,只有在公共化的过程,个体知识才能展现出其对于个体发展与社会进步的价值。二是公共知识个体化。公共知识的个体化是个体对公共知识进行批判、反思和取舍的过程。在这个过程中,个体不断地解读公共知识,逐渐被教师个体自我确证形成个人独特的理解,从而使公共知识转化为具体的行为和观念。从我国最早的教育学专著《学记》开始,到今天已经被教育领域普遍认可的众多公共性教学知识,都经历了同样的"个体知识公共化""公共知识个体化"的过程。个体知识通过公共化过程

151

---

① 　曹正善.论教师个人知识的条件与标准[J].上海教育科研,2005(3):10-12.

就转化为公共知识,公共知识经过个体化过程又转变为个体知识。以此路径不断转化与提升,个体知识借助于公共知识在社会交往实践过程中不断丰富和完善,公共知识则随着个体知识的不断进入、汇聚而得到进一步重组和扩展。两种知识互为动力、互促互进。因此,个体知识是公共知识形成的前提和条件,公共知识是个体知识发展的高级阶段和必然结果。正如列宁所指出的:"当思维从具体的东西上升到抽象的东西时,它不是离开——如果它是正确的真理,而是接近真理。物质的抽象,自然规律的抽象,价值的抽象以及其他等,一句话,那一切科学的(正确的、郑重的、不是荒唐的)抽象,都更深刻、更正确、更完全地反映着自然。"①

(三)外显性教学知识与内隐性教学知识

根据能否清晰地表述和有效地转移,波兰尼认为知识可以划分为两种。那些可以用书面语言、图表或数学公式表达出来的知识,可称其为 Explicit Knowledge 或 Articulate Knowledge,其汉语往往被翻译为"显性知识""外显知识""明确知识""明言知识""言传知识"等;而那些存在于个人头脑中,存在于某个特定环境下,难以正规化,难以沟通,难以言传,难以清晰表达或直接传递,不能被系统地阐述出来的知识,可称其为 Tacit Knowledge 或 Inarticulate Knowledge,其汉语往往被翻译为"隐性知识""内隐知识""缄默知识""默会知识""意会知识"等。依据波兰尼的思想,这两类知识在教学领域就具体地表征为"外显性教学知识"和"内隐性教学知识"。

外显性教学知识是指那些可以用概念、命题、公式、图形等加以陈述的知识,可以通过书籍、报刊、光盘、数据库等载体表达,具有确定的含义和内容,能比较容易地整理、编码,是一种编码型知识(Codified Knowledge)。例如,学科内容、学科教学法、课程、教育学、心理学及一般文化等原理类知识就属于外显性教学知识。这类知识

① 中共中央马克思恩格斯列宁斯大林著作编译局.列宁全集:第 38 卷[M].北京:人民出版社,1986:181.

通常停留在教师的头脑里和口头上，是教师根据某些外在标准认为"应该如此的理论"。它通常存在于教师的显性意识层面，可为教师和专业理论工作者所共享，是教师知识冰山露出水面的部分。它因其外显性、系统性、可表述性，比较容易被把握，已经得到了比较成熟的研究。[①] 当然，这类知识并不等同于理论性教学知识，也不等同于公共性教学知识，它既可以是具有客观性、普遍性的理论性教学知识，可以是能加以陈述的公共性教学知识，也包含教师自己建构并能清晰地表述出来的实践性或者个体性教学知识。

内隐性教学知识是隐含的、难以编码的知识，它往往被偶然发现，并且不能和个人、教学情境轻易地分开。根据其意识程度的高低，内隐性教学知识又可以划分为两类：一是无意识的教学知识，它深深扎根于教师个体的意识底层；二是能够意识但不能通过言语表达的教学知识。教师的内隐性教学知识存在于教师个人的经验、实践活动中，一经形成，便不容易改变，因为它是在长期的耳濡目染、文化浸润与积淀下形成的，并得到了经验的不断强化，已经成为教师个体的构成要素，以至于难以分离。依据波兰尼的解释，与 Explicit Knowledge 相比，Tacit Knowledge 应该具有以下 4 个方面的特性：一是 Explicit Knowledge 是规范的、系统的、公共的。它的内容往往得到了逻辑上的证实或检验，而 Tacit Knowledge 是难以规范的、零散的，而且常常具有浓厚的个人色彩，与个体的个性、经验以及所处的情境交织在一起，其背后的逻辑依据往往不太清楚。二是 Explicit Knowledge 是稳定的、明确的，是能够再现的。其使用者对所使用的知识本身有着明确的认识和判断，而 Tacit Knowledge 是难以捉摸、含糊不清，尚未定型的，其使用者则对所使用的知识本身不甚清晰和自觉。三是相对于 Explicit Knowledge，Tacit Knowledge 具有逻辑上的在先性与根源性。Tacit Knowledge 是自足自恰的，是 Explicit Knowledge 的基础、根源，一切 Explicit Knowledge 都必须依赖于 Tacit Knowledge，才能够被理解和运用。Tacit Knowledge 是冰山隐藏在水

153

---

① 陈向明.实践性知识：教师专业发展的知识基础[J].北京大学教育评论,2003(1):104-112.

下的部分,它是一个人的智力资本,如同给大树提供营养的树根,而
Explicit Knowledge 则如同树上的果实。四是 Explicit Knowledge 通常
已经经过编码或者格式化、结构化,可用公式、定理、规律、原则、制
度、法规、软件程序及说明书等方式来表达。Tacit Knowledge 则内隐
于个体实践活动之中,只能在具体的行动中才能够得以展现,进而被
觉察和意会。它尚未被编码和格式化,更多地需要用诀窍、个人特
技、习惯、信念等形式呈现。因此,Explicit Knowledge 容易被储存、理
解、传递和分享,而 Tacit Knowledge 则不易保存、传递、掌握和分享。①
一般来说,Tacit Knowledge 难以通过正规的教育形式传递,一些"行
家绝技"只能通过"学徒制"来获得,因此不易于大规模积累、储藏和
传播,很多的实践智慧、技能、技巧,往往随着教师个体生命的结束而
失传或自然消亡。

六、教师教学知识的属性分析

教学是以知识为基础的工作,作为教学基础的教学知识是多种
多样的,其中既有意义性知识,又有本体性知识,有主体性知识,有策
略性知识,还有评价性知识。而这些知识又是如何作用于教学活动
的呢? 一般来说,不同类别的知识既以一种整体、综合的状态作用于
教学活动,又以一种具体、独特的状态作用于教学活动。因为不同的
教学状态,不同的教学情境,所需要的知识也不相同。

而对于每一种教学知识而言,其内部的构成属性也不尽相同,有
的知识的理论性更强,有的知识的公共性更强,有的知识的实践性更
强,等等。因此,需要对每种知识的构成属性进行分析,以明确每类
知识不同的属性特点,从而为探讨每种知识的统整机制、统整策略打
下基础。对教师教学知识属性的分析,原始数据资料主要通过调查、
访谈等方式获得。

---

① 余文森.个体知识与公共知识[D].重庆:西南大学,2007:28.

本部分的调查主要是面向课程与教学论领域的专家,调查工具是自行设计的调查表(见附录三),此调查表旨在调查教学知识的属性构成(共10题),由于这部分的调查和前面的专家调查是同一调查,因而这里不再详述具体的调查设计及过程。

对于各类知识的属性调查,我们采用了特尔斐法的思想。第一,对知识每种属性的等级赋予一定权重;排在第一位赋予其权重值6,排在第二位赋予其权重值5,排在第三位赋予其权重值4,排在第四位赋予其权重值3,排在第五位赋予其权重值2,排在第六位赋予其权重值1;第二,求出某一属性的权重值平均数,同时求出每一专家给出的权重值与权重值平均数的偏差;第三,将求出的权重值平均数反馈给各位专家,接着开始第二轮意见征询,以便确定专家们对这个权重值平均数同意和不同意的程度,并给出某些专家不同意这个平均数的理由,让各位专家在得知少数人不同意这个平均数的理由后再一次作出反应;第四,再一次将权重值平均数反馈给各位专家并重复进行上述整理和反馈专家意见的步骤,直至再重复下去观点集中程度或认识统一程度不能增加多少时停止。这样重复几次以后,各位专家对某一知识属性的权重值的看法就会趋向一致,也就可以由此得到比较可靠的属性构成结果。

由于各种因素如时间、经费以及研究者个人的知识、经历和影响,本部分研究存在着一定的不足:专家样本也比较少,所得结果具有一定的局限性。下面将具体探讨各类教学知识的属性调查结果及分析。

155

(一) 意义性知识的属性分析

意义性知识属性的调查结果见表4-5。按照知识属性的排序情况来看,理论性排在第一位,58.06%的专家认为理论性是意义性知识的第一属性;公共性排在第二位,35.48%的专家认为公共性是意义性知识的第二属性;外显性排在第三位,25.81%的专家认为外显性是意义性知识的第三属性;实践性排在第四位,29.03%的专家认为实践性是意义性知识的第四属性;个体性排在第五位,29.03%的专家认为个体性是意义性知识的第五属性;内隐性排在第六位,29.03%的专家认为内隐性是意义性知识的第六属性。这一结果说明,就一般情况而言,意义性知识是由多种属性的知识构成的,但相对而言,理论性所占比例相对更多,而内隐性相对较少。

表4-5　意义性知识属性的排序情况

知识属性	排列第一位		排列第二位		排列第三位		排列第四位		排列第五位		排列第六位	
	人数	百分比/%	人数	百分比/%	人数	百分比/%	人数	百分比/%	人数	百分比/%	人数	百分比/%
理论性	18	58.06	6	19.35	3	9.68	1	3.23	2	6.45	1	3.23
实践性	3	9.68	6	19.35	6	19.35	9	29.03	5	16.13	2	6.45
公共性	6	19.35	11	35.48	6	19.36	2	6.45	1	3.23	5	16.13
个体性	4	12.9	3	9.68	3	9.68	7	22.58	9	29.03	5	16.13
外显性	3	9.68	4	12.9	8	25.81	6	19.36	6	19.36	4	12.9
内隐性	5	16.13	3	9.68	4	12.9	3	9.68	7	22.58	9	29.03

　　调查表明,专家大都认为理论性、公共性是意义性知识相对最突出的两个属性,个体性、内隐性是意义性知识相对不太突出的两个属性。这说明,教学活动的意义性知识主要来源于处于外在形态的理论知识和公共知识,而处于内在形态的个体知识和内隐知识不是意义性知识的主要来源。

(二)本体性知识的属性分析

　　本体性知识属性的调查结果见表4-6。按照知识属性的排序情况来看,公共性排在第一位,35.48%的专家认为公共性是本体性知识的第一属性;外显性排在第二位,29.03%的专家认为外显性是本体性知识的第二属性;理论性排在第三位,32.26%的专家认为理论性是本体性知识的第三属性；个体性排在第四位,35.48%的专家认为个体性是本体性知识的第四属性；实践性排在第五位,29.03%的专家认为实践性是本体性知识的第五属性；内隐性排在第六位,61.29%的专家认为内隐性是本体性知识的第六属性。这一结果说明,就一般情况而言,本体性知识是由多种属性的知识构成的,但相对而言,公共性所占比例相对更多,而内隐性相对较少。

表4-6　本体性知识属性的排序情况

知识属性	排列第一位		排列第二位		排列第三位		排列第四位		排列第五位		排列第六位	
	人数	百分比/%	人数	百分比/%	人数	百分比/%	人数	百分比/%	人数	百分比/%	人数	百分比/%
理论性	5	16.13	3	9.68	10	32.26	8	25.81	2	6.45	3	9.68
实践性	4	12.9	6	19.35	4	12.9	5	16.13	9	29.03	3	9.68
公共性	11	35.48	9	29.03	5	16.13	3	9.68	2	6.45	1	3.23
个体性	1	3.23	3	9.68	1	3.23	11	35.48	8	25.81	1	3.23
外显性	6	19.35	9	29.03	6	19.36	2	6.45	6	19.35	2	6.45
内隐性	1	3.23	1	3.23	2	6.45	2	6.45	6	19.35	19	61.29

　　调查表明,专家大都认为公共性、外显性是本体性知识相对最突出的两个属性,实践性、内隐性是本体性知识相对不太突出的两个属性。这说明,教学活动的本体性知识主要来源于处于外在形态的公共知识和外显知识,而处于内在形态的实践知识和内隐知识不是本体性知识的主要来源。

(三) 主体性知识的属性分析

　　主体性知识属性的调查结果见表4-7。按照知识属性的排序情况来看,个体性排在第一位,48.39%的专家认为个体性是主体性知识的第一属性；实践性排在第二位,38.71%的专家认为实践性是主体性知识的第二属性;外显性排在第三位,32.26%的专家认为外显性是主体性知识的第三属性;理论性排在第四位,32.26%的专家认为理论性是主体性知识的第四属性;公共性排在第五位,35.48%的专家认为公共性是主体性知识的第五属性;内隐性排在第六位,32.26%的专家认为内隐性是主体性知识的第六属性。这一结果说明,就一般情况而言,主体性知识是由多种属性的知识构成的,但相对而言,个体性所占比例相对更多,而内隐性相对较少。

表 4-7 主体性知识属性的排序情况

知识属性	排列第一位		排列第二位		排列第三位		排列第四位		排列第五位		排列第六位	
	人数	百分比/%	人数	百分比/%	人数	百分比/%	人数	百分比/%	人数	百分比/%	人数	百分比/%
理论性	2	6.45	3	9.68	5	16.13	10	32.26	5	16.13	6	19.35
实践性	8	25.81	12	38.71	5	16.13	3	9.68	2	6.45	1	3.23
公共性	1	3.23	1	3.23	4	12.9	9	29.03	11	35.48	5	16.13
个体性	15	48.39	8	25.81	3	9.68	2	6.45	1	3.23	2	6.45
外显性	2	6.45	4	12.9	10	32.26	2	6.45	7	22.58	6	19.35
内隐性	2	6.45	5	16.13	7	22.58	2	6.45	5	16.13	10	32.26

调查表明,专家大都认为个体性、实践性是主体性知识相对最突出的两个属性,理论性、公共性是本体性知识相对不太突出的两个属性。这说明,教学活动的主体性知识主要来源于处于内在形态的个体知识和实践知识,而处于外在形态的理论知识和公共知识不是主体性知识的主要来源。

(四)策略性知识的属性分析

策略性知识属性的调查结果见表 4-8。按照知识属性的排序情况来看,实践性排在第一位,54.84%的专家认为实践性是策略性知识的第一属性；个体性排在第二位,35.48%的专家认为个体性是策略性知识的第二属性；外显性排在第三位,35.48%的专家认为外显性是策略性知识的第三属性；理论性排在第四位,38.71%的专家认为理论性是策略性知识的第四属性；公共性排在第五位,41.94%的专家认为公共性是策略性知识的第五属性；内隐性排在第六位,41.94%的专家认为内隐性是策略性知识的第六属性。这一结果说明,就一般情况而言,策略性知识是由多种属性的知识构成的,但相对而言,实践性知识所占比例相对更多,而内隐性知识相对较少。

表 4-8　策略性知识属性的排序情况

知识属性	排列第一位		排列第二位		排列第三位		排列第四位		排列第五位		排列第六位	
	人数	百分比/%	人数	百分比/%	人数	百分比/%	人数	百分比/%	人数	百分比/%	人数	百分比/%
理论性	2	6.45	2	6.45	4	12.9	12	38.71	7	22.58	4	12.9
实践性	17	54.84	7	22.58	7	22.58	0	0	0	0	0	0
公共性	2	6.45	6	19.35	2	6.45	3	9.68	13	41.94	5	16.13
个体性	8	25.81	11	35.48	6	19.36	4	12.9	2	6.45	0	0
外显性	0	0	2	6.45	11	35.48	8	25.81	7	22.58	3	9.68
内隐性	3	9.68	3	9.68	4	12.9	3	9.68	5	16.13	13	41.94

　　调查表明,专家大都认为实践性、个体性是策略性知识相对最突出的两个属性,理论性、公共性是策略性知识相对不太突出的两个属性。这说明,教学活动的策略性知识主要来源于处于内在形态的实践知识和个体知识,而处于外在形态的理论知识和公共知识不是策略性知识的主要来源。

(五) 评价性知识的属性分析

　　策略性知识属性的调查结果见表 4-9。按照知识属性的排序情况来看,公共性排在第一位,41.94%的专家认为公共性是评价性知识

教师教学知识的统整研究

的第一属性；理论性排在第二位，29.03%的专家认为理论性是评价性知识的第二属性；外显性排在第三位，32.26%的专家认为外显性是评价性知识的第三属性；实践性排在第四位，32.26%的专家认为实践性是评价性知识的第四属性；个体性排在第五位，29.03%的专家认为个体性是评价性知识的第五属性；内隐性排在第六位，54.84%的专家认为内隐性是评价性知识的第六属性。这一结果说明，就一般情况而言，评价性知识是由多种属性的知识构成的，但相对而言，公共性知识所占比例相对更多，而内隐性知识相对较少。

表4-9　评价性知识属性的排序情况

知识属性	排列第一位		排列第二位		排列第三位		排列第四位		排列第五位		排列第六位	
	人数	百分比/%	人数	百分比/%	人数	百分比/%	人数	百分比/%	人数	百分比/%	人数	百分比/%
理论性	4	12.9	9	29.03	5	16.13	6	19.35	3	9.68	4	12.9
实践性	7	22.58	6	19.35	5	16.13	10	32.26	3	9.68	0	0
公共性	13	41.94	5	16.13	5	16.13	2	6.45	4	12.9	2	6.45
个体性	3	9.68	6	19.35	4	12.9	6	19.35	9	29.03	3	9.68
外显性	2	6.45	4	12.9	10	32.26	5	16.13	6	19.35	4	12.9
内隐性	2	6.45	1	3.23	7	22.58	1	3.23	3	9.68	17	54.84

调查表明，专家大都认为公共性、理论性是评价性知识相对最突出的两个属性，个体性、内隐性是评价性知识相对不太突出的两个属性。这说明，教学活动的评价性知识主要来源于处于外在形态的公共知识和理论知识，而处于内在形态的实践知识和个体知识不是评价性知识的主要来源。

以上对各类教学知识的属性调查结果作了简单分析，由此可知，每一种知识所具有的属性既有不同之处，也有共同之处，见表4-10。

表 4-10　教学知识的属性总览

属性排序	意义性知识	本体性知识	主体性知识	策略性知识	评价性知识
第一属性	理论性	公共性	个体性	实践性	公共性
第二属性	公共性	外显性	实践性	个体性	理论性
第三属性	外显性	理论性	外显性	外显性	外显性
第四属性	实践性	个体性	理论性	理论性	实践性
第五属性	个体性	实践性	公共性	公共性	个体性
第六属性	内隐性	内隐性	内隐性	内隐性	内隐性

　　调查显示,除了外显性和内隐性没有被排列为各类知识的第一属性外,其余 4 种属性都分别被排列为不同知识的第一属性;除了内隐性没有被排列为各类知识的第二属性外,其余 5 种属性都分别被排列为不同知识的第二属性,这说明每一种知识拥有不同的属性特点。调查还显示,内隐性被共同地列为每种知识的第六属性,这说明每一种知识也拥有相同的属性特点,但同其他属性相比,内隐性在各类教学知识中显得不太重要。同时,主体性知识和策略性知识具有较多相同的属性,除第一属性和第二属性稍有不同外,其他属性的排序都是一样的。

　　由表 4-10 可知,就理论性这一属性而言,它是意义性知识的第一属性;就公共性这一属性而言,它是本体性知识和评价性知识的第一属性;就外显性这一属性而言,除位列本体性知识的第二属性外,均位列其他教学知识的第三属性;就个体性这一属性而言,它是主体性知识的第一属性;就实践性这一属性而言,它是策略性知识的第一属性;就内隐性这一属性而言,它是各类教学知识知识的第六属性。显然,以上结果为后面在探讨统整机制和统整策略时提供了一定的基础。

七、教师教学知识的结构分析

"结构"一词在拉丁文中用 Structura 表示,是构造、配置、序列的意思。《哲学百科全书》认为:"结构是客体的各种成分及其相互关系与客体的完整性相对稳定的结合;系统的不变方面。"因此,教学知识的结构应是一种由必要成分有序组成,经过合理构造形成的相对完整的稳定统一体。

(一) 教学知识的系统结构

根据教师教学知识的特点和五大核心知识之间的关系,构建如图 4-4 所示的教学知识结构模型。该模型由两个部分构成:一部分是教学知识系统内五大核心知识的关系模型;另一部分是教学知识系统与系统外的变化模型。

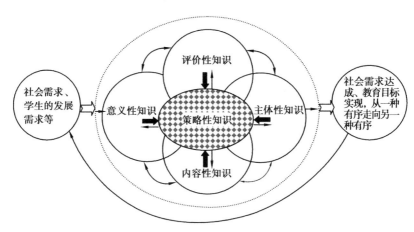

图 4-4 教学知识的系统结构

由图 4-4 可知,教学知识系统是由若干个相互作用、相互依赖的要素联接构成的具有特定功能的有机整体。在这些要素中,意义性知识是教学知识系统的出发点和归宿,是对教学效果和学习效果的预期,是系统自组织发展的方向。有了科学而明确的意义性知识,本体性知识才得以组织和调整,教学活动才得以有序安排和实施。教学的载体是本体性知识,是教学系统自组织有序形成和有效运转必不可少的核心"载体"。教学的媒体是策略性知识,是达成教学目标的"桥梁",也是教学系统自组织的必要手段。教学的主体是人(包括教师和学生),人是教学系统的主体性因素,是系统自组织发展的主导力量,因此,主体性知识是教学知识系统得以有效运行的条件。评价是对教学系统运行状况的检测与判断,是检验教学系统有序化程度和水平的过程,因此,评价性知识是教学系统运行的导航器与反馈仪。

在系统内,5个圆圈分别表示教学知识5种成分,圆圈之间交会的地方表示知识之间是相互交织、相互融合的。其中,意义性知识、本体性知识、主体性知识和评价性知识排列在第一层次,策略性层次构成教学知识系统的第二层次,意在说明策略性知识是在意义性知识、本体性知识、主体性知识和评价性知识基础上生成的,策略性知识伴随着其他4种知识或者其中一种知识的变化而变化,而策略性知识本身又影响着其他4种知识。在第一层次内,4种知识也是相互联系、相互影响的。例如,意义性知识影响着其他3种知识,其他3种知识同时也在一定程度上影响着意义性知识,其他3种知识也有着同样的关联。可以看出,教学系统诸要素之间既存在个体的差异性,又存在整体的同一性,它们相互依赖、相互作用、相辅相成,通过教学活动产生整体效应。

同时,系统不断地吸取来自外部的社会需求、学生的发展需求等信息与能量,通过教学知识系统内五大核心知识的共同作用,使教学活动产生整体发展与演进的整合力,促使教学活动的预定性目标和过程性目标的最终达成。

(二)教学知识的形态结构

对于教学知识而言,可从不同的观察视角,对教学知识的存在形态作出不同的分析。为了更清晰地明确教学知识内部错综复杂的关系,构建了图 4-5 来展现其关系。由于研究的特定旨向,因此,要首先明确作为客观知识形态的教学知识与作为主观知识形态的教学知识的关系,即教学知识与"教师拥有的教学知识"之间的关系。从其内涵来看,教学知识(长方形 ABCD)与"教师拥有的教学知识"(椭圆形 T)是两个不同的范畴。"教师拥有的教学知识"是教学知识的下位概念,前者在内涵与外延上小于后者。其次要明确"教师拥有的教学知识"与教师的实践性教学知识之间的关系。实践性教学知识(椭圆形 Z)是"教师拥有的教学知识"的下位概念,实践性教学知识的内涵与外延也要小于"教师拥有的教学知识"。因为实践性教学知识的实践性特征决定了它必须首先是"教师的个体知识"(如果教师个体没有获得它,就不可能在实践中运用它)。这里要阐明:把实践性教学知识等同于教学知识是不成立的,它混淆了两者的区别。实践性教学知识是理论性知识、情境性知识与操作性知识的有机混合体,在静止状态下它以朦胧浑浊的形式整体地存在,在运动状态中由表现出情境性知识、理论性知识、操作性知识之间的依次连接与循环回路,从而推动教学活动的有效展开。[1] 实践性教学知识概念的价值不在于对教学知识整体进行结构性分析,它是"为使我们谈论教师时把他们作为博学而博识的人来理解经验这一概念而设计的术语"[2]。其价值表现在:要求我们从工具理性的独断中解放出来,走向实践理性的广阔天空,在一个更真实、更自由、更生活化与情境化的视界中重新认识教学知识;它使我们更深层次、准确地把教学知识的存在形态、表现形式、生成主体、运动机制和终极价值;它使教师找回本属于自己的(但是被剥夺的了)[3]知识创造、知识发明的权力,同时也明确要求理论研究者放弃那种高高在上的"教学的旁观者"的优越性,虚

164

---

[1] 万文涛.教师实践性知识论纲[J].中小学教师培训,2006(6):7-11.
[2] F.迈克尔·康内利,D.琼·柯兰迪宁.专业知识场景中的教师个人实践知识[J].何後芳,译.上海:华东师范大学学报:教育科学版,1996(2):5-16.
[3] 有学者认为,教师不是"知识分子",本质上属于工人阶级。教师的工作与其他劳动者一样,都是依据一定的操作程序生产,并不去探究工作的原理。唯一不同的是教师生产的产品是人,在工艺上有所不同,劳动的复杂程度高一些。如:周浩波,迟艳杰.教学哲学[M].沈阳:辽宁教育出版社,1993:175-183.

心地走进教学生活、深入教学场域，成为教学实践活动的真正"在场"者。

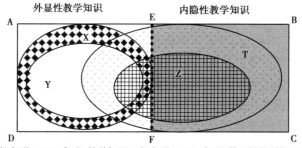

注：长方形 ABCD 表示"教学知识"；长方形 AEFD 表示"外显性教学知识"；
长方形 EBCF 表示"内隐性教学知识"；椭圆形 X 表示"公共性教学知识"；
椭圆形 Y 表示"理论性教学知识"；椭圆形 T 表示"教师拥有的教学知识"；
椭圆形 Z 表示教师个体的"实践性教学知识"

图 4-5　教学知识结构模型

就教学知识整体而言，从不同的观察视角可以窥见不同形态的教学知识，但这些不同形态的教学知识并不是彼此分离的，而是相互交融在一起的。从其层次上看，理论性教学知识（椭圆形 Y）小于公共性教学知识（椭圆形 X），公共性教学知识小于外显性教学知识（长方形 AEFD）。其层次关系显示在如图 4-5 所示的 AEFD 区域。

在教师拥有的教学知识中，既有外显性教学知识（椭圆 T 与长方形 AEFD 的交叉区域），也有内隐性教学知识（椭圆 T 与长方形 EBCF 的交叉区域），对于大多数教师而言，内隐性教学知识多于外显性教学知识。既有公共性教学知识（椭圆 X 与椭圆 T 的交叉区域），也有理论性教学知识（椭圆 Y 与椭圆 T 的交叉区域），而这些公共性教学知识、理论性教学知识一部分又转化为实践性教学知识（椭圆 Z 与椭圆 X，Y 的交叉区域），其余一部分实践性知识则是教师的经验性知识。这里要阐明一个观点，理论性教学知识与实践性教学知识在本质上不是同一逻辑层面的概念，人们以哲学中"理论与实践"这一对范畴的存在而推演出理论性教学知识与实践性教学知识的对立性，犯了简单推理的逻辑错误。从教学知识发生学的角度来看，理论性教学知识的对应概念只能是经验性教学知识，而不是实践性教学知

165

识。而实践性教学知识本质上是一个功能性概念,与实践性教学知识相对应的概念只能是"教师拥有的,但在实际教学活动中没有用上的知识"。

　　基于各种原因,研究也沿用"理论性教学知识"与"实践性教学知识"这样一对概念,但要说明的是,借用这样一对概念,意在突显理论性与实践性。我们认为,理论性与实践性是人们认识、理解与把握教学知识整体的两个向度——本质取向的向度与实践取向的向度。追求教学知识的理论性意在透过现实教学活动中的种种现象、表象而把握教学活动的本质特征与内在联系。关注教学知识的实践性旨在促进教师专业发展的有效展开、促进教学质量与效益的最大化。就终极目的而言,强调教学知识的理论性是为了更好地为教学实践服务,即教学知识领域的"求真"运动本质上是以"求善"为归宿与指向的。

　　以上分别探讨了教师教学知识的系统结构和形态结构,这就启示我们,既考虑系统结构又考虑形态结构,这是统整教师教学知识的主线。

第五章

建模与构型：
教师教学知识的统整模型与思想

> 我们不应该像蚂蚁一样单只收集，也不应该像蜘蛛一样光会在肚里抽丝，而应该像蜜蜂一样采百花酿甜蜜。
>
> ——培根

教学知识是指"关于教学活动的知识"。它包括意义性知识、本体性知识、主体性知识、策略性知识及评价性知识。这些教学知识又分别以理论性知识和实践性知识、公共性知识和个体性知识、外显性知识和内隐性知识形态存在。教师教学知识的统整是指将分离、断裂的不同类别和不同形态的教学知识，依据某种原则加以组织、转换与整合，使教师教学知识结构化和整体化。其精髓在于教学知识在形式与实质上的"统整"，教学知识在内容和结构上的"统整"，通过形式上的"统"达成实质上的"整"，通过内容上的"统"达成结构上的"整",使之形成一个前后衔接、相互转化、自成一体的知识系统,发挥教学知识系统的整体效能并实现价值的最大化。要实现这种内容和结构上的"统整",形式和实质上的"统整",就必须探明"如何统整"的问题,回答"教师教学知识统整依据什么模型来进行",需要通过对教学知识结构的研究而建构统整模型,能为后续探索教师教学知识的统整机制、策略提供指导。

一、统整模型建构

何谓模型(model)？模型源于拉丁文 modulus,一般用此工具表达客观世界的物件、事件、相关的属性,用以勾勒被研究对象某种逻辑上的轮廓。模型有理论模型、逻辑模型、数学模型等。建立模型实际是把研究对象的内部联系用文字、逻辑、数量关系表达出来,以利于人们了解其内部关系和运动过程,并用此抽象化的模型指导具体实践。在认识到模型的含义后,依据前面所构建的教学知识的系统结构(见图 4-4)和教学知识的形态结构(见图 4-5),基于意义性知识、本体性知识、主体性知识、策略性知识及评价性知识 5 类教学知识的内在逻辑,又考虑各类教学知识不同的存在形态,理论形态和实践形态、公共形态和个体知识、外显形态和内隐形态的相互关联,我们构建了如图 5-1 所示的"5-2"转化式统整模型。"5-2"转化式统整模型以 5 类教学知识为 5 个操作要素,以 3 类 6 种知识形态构成两个形态要素,操作要素与形态要素分别交错对应生成不同形态的 30 种知识,此模型明确地呈现出教师教学知识生成、发展、统整的可能任务,展现了 5 类教学知识在两类形态中不断进行转化,从而最终达成统整目的的过程。

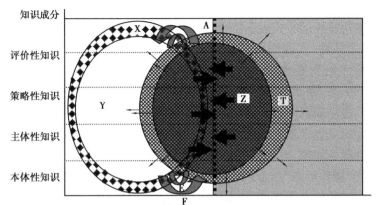

注：长方形 A 表示教学知识；椭圆形 X 表示"公共性教学知识"；

　椭圆形 Y 表示"理论性教学知识"；椭圆形 T 表示"教师拥有的教学知识"；

　椭圆形 Z 表示"教师拥有的实践性教学知识"

图 5-1　教师教学知识"5-2"转化式统整模型

由图 5-1 可知，教师教学知识统整模型的横坐标由教学知识存在形态的 3 种划分构成，这 3 种划分在性质上属于模型结构的构成要素，因此它们共同构成模型的"构成形态"维度；纵向坐标由意义性知识、本体性知识、主体性知识策略性知识与评价性知识这 5 个要素构成，五要素在性质上属于模型结构的操作要素，从而构成模式的"操作形态"维度。这两个维度分别交错对应生成不同形态的 30 种知识，如理论形态的策略性知识、实践形态的策略性知识、公共形态的策略性知识、个体形态的策略性知识、外显形态的策略性知识、内隐形态的策略性知识，其余 4 种知识亦然。可以显见，不同形态的教学知识的生成、运作、发展均是不一样的，这就使得对教师教学知识的生成与发展进行研究得以可能。教师教学知识统整模型在运行上表现出以下特点：

①就"构成形态"维度的 3 种形态来看，其本身内含两种关系，即独立关系与交融关系。所谓独立关系，是指 3 种形态在构成上形成彼此并列、各自独立的关系，在操作中完全可以根据教师专业素质水平的具体情况分别着力于某一要素而进行培训。所谓交融关系，是

指几种形态的分类是相对的,它们本身是交融在一起的,因而在模型图上也用特殊的方式表示:"外显性[公共性(理论性)]教学知识、内隐性[个体性(实践性)]教学知识",意在大致阐明不同形态教学知识的特殊关系,但由于其关系比较复杂,难以用模型来准确地抽象出本有的关系,因而本模型也只是对复杂关系的一个简单抽象。例如,理论性教学知识既是外显性教学知识,也是公共性教学知识;外显性教学知识既包含理论性教学知识,又包含公共性教学知识,既可能是实践性教学知识,也可能是个体性教学知识。

②"操作形态"维度的 5 种成分应该遵循一定的逻辑顺序,以意义性知识的确立为起点,经本体性知识的选择与组织、主体性知识的分析,再通过策略性知识的生成,最后由评价活动来确定其教学目标是否达成。图 5-1 中的横坐标箭头主要标示了这种方向性。但这里的顺序也并非是一成不变的,可以根据教学实践进行调整。

③由两个维度的诸多要素交叉对应的 30 种知识,明确地呈现出了教师教学知识生成、发展、统整的可能任务,这些任务既可以整体形式同时展开,也可根据具体情况单列式进行。

④在教学活动中,任何一种知识成分都是以整体的形态存在的,对其形态作具体拆分,只是为了明确它们之间的复杂关系,更好、更快地促进教师教学知识的发展。分析是综合的基础,综合必先分析,不分析无法综合,因此,我们的分析是在综合的指导下把各部分放在整体中进行分析,是着眼于教师教学知识的整体发展而进行的。

由图 5-1 可知,教学知识发展最理想的情况是,教师拥有足够多的教学知识(即椭圆形 T 足够大,能够无限趋近于 A),教师能生成更多的实践性教学知识(即椭圆形 Z 逐渐增大)。教师所拥有的实践性教学知识不断提升为理论性教学知识(此提升过程用弧形箭头 E 表示),理论性教学知识能不断地转换为教师的实践性教学知识(此转化过程用弧形箭头 E 表示)。显然,在教师所拥有的教学知识中,如在意义性知识中,既有属于理论性教学知识,但更多地属于实践性教学知识,在统整过程中,既要不断增加理论性教学知识的容量,又要促使教师生成更多的实践性教学知识,同时还要促进理论性教学知识与实践性教学之间的转化。同样的,在本体性知识、主体性知识、策略性知识和评价性知识中也一样,既要增加教师所拥有理论性教学知识的容量,促使教师生成更多的实践性教学知识,还要促进实践性教学知识提升为公共知识形态的理论性教学知识,加强理论性教学知识向实践性教学知识的转化。我们所能做的就是,采取有效的方式增加教师拥有的理论性教学知识的容量,培养教师自我摄取、自我学习的能力;帮助教师生成更多的实践性教学知识,培养教师总结反思、生成知识的能力;培养教师将实践性教学知识提升为公共知识形态的理论性教学知识的能力,以及将理论性教学知识转化为实践性教学知识的能力。简言之,培养教师的学习能力、反思能力、生成知识能力、理论提升能力和理论转化能力。

二、统整模型的功能解析

一般理解,功能是事物或方法所发挥的有利的作用。因此,这里实指模型所发挥的有利的作用。整体来看,前面所构建的教师教学知识统整模型的功能,主要是指对教师教学知识的发展功能。其功能主要表现在以下 3 个方面:

(一)使教师教学知识的复杂关系得以明晰

首先,这一模型使得教学知识和"教师拥有的教学知识"这两个概念之间的关系得以显现,本研究中就着力于对后者进行探讨,模型为研究的定位与归属作了明确解析。其次,它使不同形态的教学知识的关系得以显影。由于观察视角的不同,因此,教学知识会表现出不同的形态,呈现"盲人摸象的各执一词、众说纷纭"现象,往往使得研究者和实践者无所适从。模型对不同形态的教学知识之间的关系作了粗略分析,尝试揭开教学知识的关系之谜,虽然该模型还有待进

171

一步修正,但它至少为本书所研究的统整提供了一种思路,使得研究者不至于陷入纷繁复杂的关系中而处于混沌状态。

(二) 使教师教学知识发展的有效性增强

从模型可以看出,教师拥有的教学知识体系是由多种知识成分构成的知识系统,这些知识的性质不同、形态不同,相应地其生成、发展的方式也应该有所不同。这就说明,教师教学知识的发展通过单一的理论灌输、机械的讲授模式是不可行的,这种模式可能对于理论形态的教学知识适用,尤其对于扩充理论知识的容量特别适用,但在其他情况下却并不一定适用。因此,统整模型让我们更加明确地认识教学知识的不同性质、不同形态、不同特点,确立起教师教学知识发展的不同路径,增强知识发展的方向性和有效性。

(三) 使教师教学知识统整的思路更加明确

模型显示,教学知识系统中任何一要素的发展都是以整体的形态存在的,是多种形态的有机统一体。但这并不意味着我们可以忽视这些形态的差异;相反,应该首先分析这些不同形态的教学知识,明确每种形态的教学知识的特点,探究其特有的生长条件。而对于教学知识系统的五大核心知识而言,每种知识也都表现出不同的属性,某些知识理论性更多,某些知识实践性更强,这就要求我们要了解每种知识的形态属性,讨论其特有的生成机制,并根据其生成机制构建相应的统整策略。

三、统整思想与方式

在前面对核心概念的界定中,已对教师教学知识统整的含义作了简单界定,统整有两层意思:一是在与"分离"相对应的层面上使

"教师教学知识"整体化；二是在"转换"的层面上使"教师教学知识"由一种整体化向另一种整体化的转向。统整的核心思想是强调将分离、断裂的知识，依据某种原则加以组织、转换与整合。具体来说，教师教学知识的发展，应该摒弃分割、零碎的知识堆砌，避免与教师经验、教师思维相距甚远的固定、单一的静态发展，应该走向"强调教育经验的联结，包括知识间的统整，经验的统整，强调知识中相关因素的联结"的统整发展。这种统整既包括不同形态教学知识之间的整合，理论性教学知识与实践性教学知识、外显性教学知识与内隐性教学知识、公共性教学知识与个体性教学知识之间的整合，也包括不同类别教学知识之间的整合，意义性教学知识、本体性教学知识、主体性教学知识、策略性教学知识与评价性教学知识之间的整合，使之形成一个前后衔接、相互转化、自成一体的知识系统，发挥教学知识系统的整体效能和实现价值的最大化。

显然，对这些不同类别、不同形态的教学知识进行统整，所采用的统整方式也会有所不同。对于不同类别教学知识的统整，所需要的统整方式主要是联结式统整与网络式统整；对于不同形态教学知识的统整，所需要的统整方式主要有转化式统整。

173

（一）联结式统整

重视各类教学知识之间的相互关联，按照一定的逻辑规则将各类教学知识进行相互联结，称为联结式统整。其基本思想强调在知识的输入、组织过程中，就要将与之相关的意义性知识、本体性知识、主体性知识、策略性知识及评价性知识进行系统学习与统整。例如，一位小学数学教师在学习"小学统计与概率"知识时，就需要把关于"小学统计与概率"主题的意义性知识、本体性知识、主体性知识、策略性知识及评价性知识进行横向联结与纵向统整。

《小学统计与概率》教学知识的联结式统整案例①
《小学统计与概率》第一学段(1—3 年级)

教学目标：本学段中，学生将对数据统计过程有所体验，学习一些简单的收集、整理和描述数据的方法，能根据统计结果回答一些简单的问题，初步感受事件发生的不确定性和可能性。

教学内容：主要包括统计活动初步和不确定现象两部分。

教学主体：教师是学生数学活动的组织者、引导者与合作者，学生是学习的主体；教师要根据(1—3 年级)学生的具体情况，对教材进行再加工，有创造地设计教学过程；要正确认识学生个体差异，因材施教，使每个学生都在原有的基础上得到发展；要让学生获得成功的体验，树立学好数学的自信心。

教学策略：数学教学是数学活动的教学，是师生之间、学生之间交往互动与共同发展的过程。数学教学，要紧密联系学生的生活实际，从学生的生活经验和已有知识出发，创设生动有趣的情境，引导学生开展观察、操作、猜想、推理、交流等活动，使学生通过数学活动，掌握基本的数学知识和技能，初步学会从数学的角度去观察事物、思考问题，激发对数学的兴趣，以及学好数学的愿望。在教学中，应关注儿童在现实生活中的经历，注重借助日常生活中的例子，让学生经历简单的数据统计过程，增强学生在数学活动中的体验，强化将知识运用于现实情境；应注重对不确定性和可能性的直观感受。

教学评价：评价是为了全面了解学生的学习状况，充分激励学生的学习热情，促进学生的全面发展。评价也是教师反思和改进教学的有力手段。对学生学习"统计与概率"的评价，既要关注学生对统计知识与技能的理解和掌握，更要关注他们情感与态度的形成和发展；既要关注学生对"统计与概率"学习的结果，更要关注他们在学习过程中的变化和发展。评价的手段和形式应多样化，应以过程评价为主。对评价结果的描述，应采用鼓励性语言，发挥评价的激励作用。评价要关注学生的个性差异，保护学生的自尊心和自信心。教

---

① 本案例是笔者在参照《义务教育数学课程标准》的基础上修订加工而成。

师要善于利用评价所提供的大量信息,适时调整和改善教学过程。

《小学统计与概率》第二学段(4—6年级)

教学目标:本学段中,学生将进一步经历简单数据统计过程,进一步学习收集、整理和描述数据的方法,并根据数据分析的结果作出简单的判断和预测;将进一步体会事件发生可能性的含义,并能计算一些简单事件发生的可能性。

教学内容:主要包括数据统计过程和可能性两部分。

教学主体:教师是学生数学活动的组织者、引导者与合作者,学生是学习的主体。教师要积极利用各种教学资源,创造性地使用教材,设计适合(4—6年级)学生发展的教学过程。要关注学生的个体差异,使每一个学生都有成功的学习体验,得到相应的发展;要因地制宜、合理有效地使用现代化教学手段,提高教学效益。

教学策略:数学教学是数学活动的教学,是师生之间、学生之间交往互动与共同发展的过程。数学教学,要紧密联系学生的生活环境,从学生的经验和已有知识出发,创设有助于学生自主学习、合作交流的情境,使学生通过观察、操作、归纳、类比、猜测、交流、反思等活动,获得基本的数学知识和技能,进一步发展思维能力,激发学生的学习兴趣,增强学生学好数学的信心。在教学中,应注重所学内容与现实生活的密切联系;应注重有意识地经历简单的数据统计过程,根据数据作出简单的判断与预测,并进行交流;应注重在具体情境中对可能性的体验;通过大量活动来获得对实践可能性的体验,通过游戏活动来引导学生体验事件发生的可能性,通过让学生设计方案去体验事件的可能性,数据处理和呈现要贴近学生的认知水平;应避免单纯的统计量的计算。

教学评价:评价是为了全面了解学生的学习状况,充分激励学生的学习热情,促进学生的全面发展。评价也是教师反思和改进教学的有力手段。对学生学习"统计与概率"的评价,既要关注学生对统计知识与技能的理解和掌握,更要关注他们情感与态度的形成和发展;既要关注学生对"统计与概率"学习的结果,更要关注他们在学习过程中的变化和发展。评价的手段和形式应多样化,应重视过程评价,以定性描述为主,充分关注学生的个性差异,发挥评价的激励作用,保护学生的自尊心和自信心。教师要善于利用评价所提供的大量信息,适时调整和改善教学过程。

在这个案例中,将《小学统计与概率》两个学段的知识点进行联结,并对每一个知识点的各类教学知识进行统整,形成如图 5-2 所示的联结式总线型统整模型。在这个模型中,不管是横向还是纵向都是统整在一起的。对于每类教学知识来说,是统整在一起的,对于整个教学知识来说,也是统整为一体。

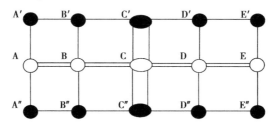

图 5-2　联结式总线型统整模型

在如图 5-2 所示的联结式总线型统整中,不同的知识元通过特定的知识元相互联结形成一条知识簇,而相互联结的知识元之间可能并没有直接的联系,它们都是因为某个特定的知识元而产生了联系,以这样的方式来统整,也可以把一些不太关联的知识进行统整,使教学知识成为一个有着特定关系的知识系统。知识元 A′和知识元 A″按照一定的规则形成知识簇 A,知识元 B′和知识元 B″按照一定的规则形成知识簇 B,知识元 C′和知识元 C″按照一定的规则形成知识簇 C,知识元 D′和知识元 D″按照一定的规则形成知识簇 D,知识元 E′和知识元 E″按照一定的规则形成知识簇 E,而知识簇 A,B,C,D,E 又可通过一定的规则整合成包容量更大的知识簇。

联结式统整除了如图 5-2 所示的横向纵向联结外,还有一种联结,即如图 5-3 所示的联结式树型统整模型。这种模型展现了一个知识点可无限地向上或向下联结其他知识点,一个知识点可能是另一个知识点的父知识点,但同时它也可能是其他知识点的子知识点,一个知识点可能是另一个知识的兄弟知识点,但同时它也可能是其他知识点的父知识点，无数个这样的知识点就组成联结式树型统整模型。例如，知识结点 D 既是知识结点 H，I，J 的父结点，又是知识结点 B 的子结点，同时也是知识结点 E 的兄弟结点。同样的，知识结点 B 既是知识结点 D，E 的父结点，又是知识结点 A 的子结点，还是结识结点 C 的兄弟结点。类似的，其他结点也表现出这样复杂的内在逻辑关系。这样一层层地就表现出树状的知识关系图，如图 5-3 所示。

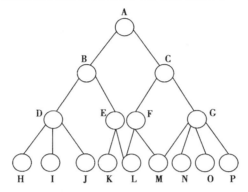

图 5-3　联结式树型统整模型

(二) 网络式统整

教学知识系统不是以简单的直线型的知识链形式存在的，而是以一种拓扑结构形式存在的网络结构。因此，本书根据知识系统的本身属性，提出网络式统整，并建构了网络式统整模型，如图 5-4 所示。在如图 5-4 所示的模型中，由知识元、知识簇作为"节点"，以知识间的关联作为"轴"或"链"，知识在无数个"节点"之间流动形成无数个"轴"，而构成知识网络。那么，这里的统整就是"节点"与"轴"的集合，一个"节点"连接无数个"节点"，在获取一个"节点"的同时，通过无数个"轴"来获取无数个"节点"，最后就可对相对独立的知识网络的系统组织和输出。这样，教师在输入任一类教学知识时，便能通过无数个"轴"来输入其他各类教学知识，从而达成对相对独立的某个教学知识网络作全景式组织，即网络式统整。

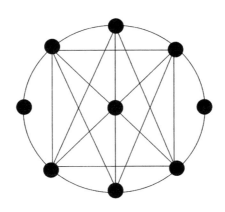

图 5-4　网络式统整模型

(三) 转化式统整

对不同形态教学知识的统整,提出转化式统整。例如,对于理论性教学知识与实践性教学知识的统整而言,由于理论性教学知识强调理论的描述、诠释、规范、唤醒、批判、反思作用,而实践性教学知识关注如何解决实际问题,是"怎么做"的操作性知识。这两者在本质上本来可形成互补,共同发力于教学实践的,然而由于理论性教学知识的话语体系表现出纯粹的客观性、普适性、抽象性、恒定性、公共性,对生动、复杂、动态的实践关注不够,缺少境域性、过程性、体验性、动态性、个体性的知识,以至于当这类知识回归教学实践时,其理论功效无法施展,实践者也不认同这类本源自他们的实践经验的知识。因此,要建立理论性教学知识与实践性教学知识的通约机制,实现教学知识的统整。一方面建立话语体系的共享机制,规范各自的话语体系,以有效地连通两个场域,增强理论性教学知识的境域性和实践性教学知识的普适性,促成普适性与境域性的相互转化。另一方面增强研究者的现实关照感和实践者的理性思维能力。引导研究者加强对实践场域的关注,克服为理论而理论的研究倾向,以实践情怀开展基于实践问题、现实环境的研究。同时,也要提高实践者的理性思维能力,用理性思维澄清实践者所用的概念、术语、命题、隐喻,澄清隐在其中的教育价值观念,使实践者获得自我意识,开展理性自觉关照下的教学实践。更重要的是,要增强理论研究者和实践操作者的转化能力,即理论性教学知识与实践性教学知识之间的相互转化。其转化的统整模型如图 5-5 所示。

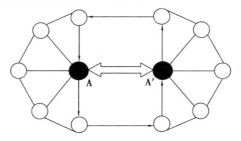

图 5-5　转化式统整模型

图 5-5 只是提供了一个基本模型,某一形态的教学知识可以通过一些中间环节的桥梁作用来渐次转化为另一种形态,在图上表示为由 A 态转化为 A′。例如,隐性教学知识可通过社会化、外化、组合及内化等阶段转化为显性教学知识,实践性教学知识可通过系统化、凝练化、验证化、认同化等阶段转化为理论性教学知识,个体性教学知识可通过外在化、社会化、系统化、验证化等阶段转化为公共性教学知识。不同形态的教学知识在转化时具体的方式和过程并不一样,这里所建构的模型是对不同形态教学知识的转化过程的高度抽象,而没有作更多具体的说明。

179

第六章

探源与析理：
教师教学知识的统整机制

知识,只有当它靠积极的思维得来而不是凭记忆得来的时候,才是真正的知识。

——托尔斯泰

教师教学知识的统整精髓在于教学知识在形式与实质上的"统整",教学知识在内容和结构上的"统整",通过形式上的"统"达成实质上的"整",通过内容上的"统"达成结构上的"整",使之形成一个前后衔接、相互转化、自成一体的知识系统,发挥教学知识系统的整体效能和实现价值的最大化。要实现这种内容和结构上的"统整",形式和实质上的"统整",除了回答"教师教学知识统整依据什么模型来进行",还需要探明教学知识统整的内在机理,弄清教学知识的统整机制,在知识的输入过程中就着手于统整的准备,在知识的组织过程中就着力于统整的操作,在知识的输出过程中就显现出统整的功效。

　　知识的生成是一项极其复杂的活动,受到多种因素的影响。现代认知心理学的研究表明,知识的发生和增长遵循着一定的心理认知模式。例如,皮亚杰认为,儿童是在与周围环境相互作用的过程中建构关于外部世界的知识的,从而使自己的认识得到发展。儿童认识结构(认知图式)发展的内在机制在于:首先,儿童将外部信息纳入已有的认知结构(同化),或重组认知结构以吸收新的信息(顺应),不断地建立认知结构与外部刺激的平衡,使得儿童的认识处于动态发展之中。在皮亚杰看来,儿童关于现实的概念不是"发现"而是"发明",概念、知识既不预在于内,也不预成于外,儿童必须在动作、活动中通过内化与外化的双重建构自己去构造概念与知识。同样的,教师教学知识的发生和增长也遵循一定的心理认知模式,并且还受到认识论的影响。

　　长期以来,有关知识的解释都是以客观主义认识论为基础,认为世界是一个客观的实体,有着客观的结构与规律,知识是对这一客观实体的反映和表征,人的认识即是对这种客观知识的反映。因此,知识的生成或获得是通过外部的行为传输给作为存储知识容器的大脑。受到这样的认识论影响,教师教育方式通常也采用"授-受"型方式,专家将大量的理论知识一股脑地传授给教师,教师则尽量对这些知识进行理解、消化,并力图将这些理论知识应用到教学实践中,但大多数教师很难将所学到的理论很好地应用到实践中,因为一线教师所面临的问题通常不是理论问题,而是此时此刻应该怎么做的实践性问题。吉尔兹(Geertz, C.)指出:"我们在阐释中不可能重铸别人的精神世界或经历别人的经历,而只能通过别人在构筑其世界和阐释现实时所用的概念和符号去理解他们。"[①]因此,我们拟从各类教学知识的独特属性入手,从教师获得知识的视角分别探讨每类知识的输入、组织、输出等过程,解析教师获得每类知识所遭遇的实践性问题,从而探明每类知识的生成机制和条件。

---

① 　克利福德·吉尔兹.地方性知识——阐释人类学论文集[M].王海龙,等,译.北京:中央编译出版社,2004:6.

为了实现知识的有效输入、组织、输出，我们必须探明每类知识的输入、组织、输出的机制，如教师必须有序的学习，从一个学习单元到达另一个学习单元必须满足一定的条件。根据教学知识本身的属性和人类学习、记忆的特点，在探讨机制前，首先要确定教师在输入、组织、输出过程中的知识单元。输入知识时，将学习对象的单位确定为知识元；组织知识时，将组织单位确定为知识簇；输出知识时，将输出单位确定为知识流。教师生成知识的过程即是，教师渐次输入若干个知识元，经过大脑的组织组成一定结构的知识簇，若干个知识簇又构成相对固定的知识主题，若干个知识主题又形成每类教学知识的知识树，若干知识树就形成教师的教学知识。基于前面的联结式统整(见图5-2和图5-3)、网络式统整(见图5-4)的思想，建构了知识之间的层次关系如图6-1所示。在不同层次或同层之间的知识单位之间流动就称为知识流，这种流动主要包括知识之间的继承、前驱、后继、平行、关联等关系。可知，知识的输出并不是对知识的原样复制，是与原有知识结构有着一定关系的外化，知识流是知识元、知识簇等单元的动态表征。

如图6-1所示的教学知识在知识元、知识簇、知识树之间的变化与发展，其实是对图5-2的联结式总线型统整、图5-3的联结式树型统整、图5-4的网络式统整这些统整方式的具象化，无论是联结式总线型统整，还是联结式树型统整，或是网络式统整，在输入教学知识的知识元、组织知识簇，输出知识流时，都可转换成如图6-1所示的知识树式的发展，只是每类教学知识在输入、组织、输出过程中所强调的侧重点不一样，这即是本章所要探讨的机制问题。

在知识生成的过程中，如何为教师提供所需学习的内容？知识元的选择是关键。从横向知识元之间的前驱后继关系来确定要学习的知识元。在如图6-1所示的知识之间的层次变化与发展，表明知识元之间有前驱、后继、平行等关系，这里依据其前驱后继、平行关系进行知识元的选择。在一个知识簇中，知识元的选择主要可遵循以下原则：

假定：P 是学生当前学习的知识元，它属于正在学习的知识簇 PT 中，则可以参考下列规则选择即将学习的知识元：

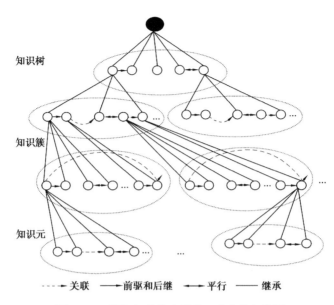

图 6-1　不同知识单位之间的层次变化与发展

规则 1：P 有且仅有一个后继，即将学习的知识元为 P 的后继知识元。

规则 2：P 有多个后继，即将学习的知识元为 P 的最近的后继知识元。

规则 3：P 无后继，即将学习的知识元为与 P 平行的知识元。

规则 4：P 是 PT 的最后一个知识点，PT 学习完毕，进入下一个知识簇的学习。

在知识生成的过程中，除了要恰当地选择知识元，以帮助教师实现有效的输入外，还要帮助教师不断地对知识簇进行优化与整合，将分散的知识元组织为一定结构的知识簇，将知识簇整合成一系列的知识主题，甚至是有着更为复杂化结构的知识树。以下我们在对各类知识的生成机制进行探讨时，将不再侧重于讨论知识元、知识簇、知识流本身，而是围绕各类知识的不同属性讨论如何实现知识元的输入、知识簇的组织、知识流的输出。

一、意义性知识：知识元输入体现领悟化，知识簇组织体现整合化，知识流输出体现渗透性

从前面对意义性知识属性的调查来看，理论性是意义性知识的第一属性，公共性是意义性知识的第二属性，外显性是意义性知识的第三属性。这说明，教师所获得的意义性知识主要还是来源于已经被公众所认可的理论形态的公共知识。而其获得过程可能是多样的：一是通过自己的理解，将认同的与信奉的公共知识化为个体知识；二是通过自己的实践，对公共知识进行检验或修正，从而生成教师个体层面的实践知识。

也就是说，意义性知识的生成，并不是通过简单的说教或者言传就能实现的，需要教师在已有经验的基础上对教育教学的意义进行理解、深化、扩展和个体化。美国教育学者谢弗勒在其著作《知识的条件——教育认识论导论》中，站在教育学的立场上，将知识理解的条件归纳为 3 个：证据条件、真理条件和信念条件。[①] 所谓证据条件，一般涉及事实、经验和存在，也就是要对事实、经验和存在的分析、占有和把握。任何知识的生成如果完全不涉及事实、经验和存在，那么，它的形成就是脱离现实的生活经验和社会现实，这无异于无源之水、无本之木，不可能达到预期的效果。所谓真理条件，就是知识生成过程中的思维方式问题，也就是知识所代表的真理形成的机制是什么。如果我们不理解知识的真理条件，而对知识采取死记硬背、机械占有的方式获取，那么，知识只是在个体头脑中暂时寄存物，人不可能真正去把握它的实质，也不可能使知识成为个人的财富。知识

185

① 泰勒, 谢弗勒. 知识的条件[G] // 瞿保奎, 施良方, 唐晓杰选编. 教育学文集·智育. 北京：人民教育出版社, 1993：181.

理解的信念条件涉及世界观和价值观的问题。每一种知识,哪怕是科学知识,它们在展示一种符号、陈述一个事实的时候,都掺杂着人们对社会、自然以及人类自我的独特理解与看法。人如果缺乏对知识当中隐含的丰富思想、深刻意义、人类共有的核心价值观的体悟,那么,知识充其量只能是一种与他打了照面的"素材",不可能在他心灵的深处烙下印记。

谢弗勒关于知识理解的 3 个条件是对教育中的知识所作的独特说明,他虽然没有直接提出关于知识的生成问题,但是他的观点对意义性知识的生成有一些启示,即:意义性知识的生成问题,不是简单的事实性符号传递的问题,它还要涉及人的思维方式与价值观念的形成问题;意义性知识生成的行为,不是纯粹的机械与技术化的理智活动,它还要涉及人的情感、思想以及体悟等深层次问题。因此,对意义性知识的生成,认为知识元的输入要体现领悟化,知识簇的组织体现整合化,知识流的输出体现渗透性。

(一)知识元输入体现领悟化

186

意义性知识具体表现为对以下问题的理解:教育的目的是什么,学生应该接受什么样的教育,什么是"好"的教育,什么是"好"的教学,等等。归根结底,教师对这些问题的理解是一个长期的过程,并非通过简单的说教就可达到,尤其受到积淀在教师个人心智中的价值观念的影响。从来源上来说,教师个体价值观念的形成受公共理论知识的影响很小,它更多是受到教师个人生活史(特别是学习经历、关键人物、事件和时期)的影响。因此,对于意义性知识的发展,强调教师在对公共知识有进行一定的认识和理解的基础上,通过切身领会并结合教师个体独特的价值观念,而形成对教育教学独特的、具有个体意义的感受、情感和领悟,它指向的是价值与意义世界。

（二）知识簇组织体现整合化

教师输入的知识元并不是杂乱无章的，它们之间总是存在一定的关系，如平行、继承、前驱、后继等，也就是总能借助自身的联系而形成特定的结构，从而表现出自己的秩序性。从这个意义上来说，教师必须要把握好这些知识元之间的关系，建立与已有知识结构里的某些知识元之间的关系，将那些零散化的知识元进行整合，构成"知识簇"，再由若干知识簇形成知识网络。由此可以看出，知识组织的基本原理就是用一定的方法把知识客体中的知识元和知识元之间的关联揭示出来，并加以编排成序，形成易于利用的知识体系结构。这就提示在学习意义性知识时，要重视知识元之间的关联与整合，将新知识的学习建立在相应旧知识的基础上，使新知识成为旧知识的延伸和扩展。这就要求教师要经常对自己的意义性知识进行知识反思与组织，根据知识的内在联系构建知识结构。

（三）知识流输出体现渗透性

意义性知识的输出并不是一种直接的展现，它以一种隐性的方式渗透在教师的教学观念和具体的教学行为中，从这个层面上来看，意义性知识虽然并没有以非常直接的方式来影响教学活动，但却是教师教学知识最重要的部分，因为它直接决定着教师教学的方向，一切教学活动都围绕着它而展开。就意义性知识对教师教学活动的影响方式而言，这种影响也是综合性、渗透性的，它会影响教师的情感、个性、人格、知识、能力等多方面。这种影响体现在教师身上，是"润物细无声"式的，但却是非常重要的。意义性知识与本体性知识、策略性知识等是一脉相承的，说得直白一点，有什么样的目标观就有什么样的内容观和什么样的策略观。因此，意义性知识的输出体现着渗透性的特点。

187

二、本体性知识：知识元输入体现联结化，知识簇组织体现网络化，知识流输出体现转化性

从前面对本体性知识属性的调查来看，公共性是本体性知识的第一属性，外显性是本体性知识的第二属性，理论性是本体性知识的第三属性，这说明，教师所获得的本体性知识主要来源于已经被公众所认可的理论形态的公共知识。本体性知识的发展包括在数量上的累积性发展和在质量上的结构性发展，不管是累积性发展还是质量上的结构性发展，其输入都要体现联结化的特点，其组织要体现网络化，其输出要体现转化性。

（一）知识元输入体现联结化

任何一类教学知识，都不是孤立知识点的集合，而是由各个相对零散的部分构成的有机整体，具有严密的逻辑性和完备的系统性，本体性知识更是如此。这不仅指学科领域内的知识，学科间的知识也是相互联系的。因此，教师在发展本体性知识时，不但要注重学科内知识的综合，还要加强横向联系，以实现学科间知识的渗透。在知识的输入过程应该强调对各个相对零散的部分进行联结，帮助教师构建合理的知识结构。对于本体性知识而言，可从以下 3 个方面着手：

①在发展过程中揭示本体性知识之间的内在联系。这是加强知识联结化的重要途径，揭示知识之间的内在联系，不仅有利于教师对知识本质性联系的认识，依据规律解决问题，而且有利于教师认知能力的发展。知识的内在联系不仅体现在相似性方面，而且也通过反差和逆转等关联性表现出来。不仅同一学科知识点之间存在内在关联，不同学科的知识元之间也同样存在内在关联。能够意识到反差和远距离的内在关联性，是对知识深入理解并形成系统的、完善的知识结构的前提。要使教师构建合理的知识结构，应从两方面对知识

进行深入加工和提炼。一方面对既具有内在联系又具有差异性知识的加工，由于本体性知识的不同特征或者不同的操作，往往被安排在不同学段、不同位置。因此，要善于发现这样的知识，及时把它们联系起来。另一方面对不同学科相似性知识的提炼，布鲁纳用"普遍的科学（general science）"来表示这类广而深的知识体系，奥苏伯尔用"联合关系（combinational relationship）"来表述。①

②在发展过程中将本体性知识主题化。这就是说，要善于总结本体性知识的类似表现特征，将知识主题化。在教学实践中，有的知识具有内在、本质的联系，有的尽管没有这种关系，但可以根据知识表面特征的相似性对其进行归类，进而形成条理化、组块化的知识模块。

③在发展过程中归并同类特征。对于同类主题的本体性知识，在各方面条件许可的情况下，教师可将同类学科知识进行适当地归并，形成主题式的模块内容，并集中对几个有代表性的模块内容进行充分而深入的探讨。

（二）知识簇组织体现网络化

如果把本体性知识输入过程中的联结化看作对知识的"串联"，那么，在组织过程中进行网络化则可看作对知识进行全面的"串并联"。网络化的知识是一种整体知识，它反映了知识之间的内在联系，它是知识结构的最高层次。它既有利于教师掌握本学科的结构体系，理解单元与单元，单元与整体的联系和作用，并在此基础上增强教师的认知能力和分析、判断、解决问题的能力。

"知识结构网络化"，可以从纵向和横向两个维度来整体构建。从纵向的角度看，各知识点之间组合成一个层次分明、逐级分化的金字塔形的知识系统；从横向角度看，各知识点又是相互关联、融会贯通的结构。横向和纵向两个维度的知识共同构成一个完整的知识网络。可以这样说，本体性知识的整理归类如同"接线路"，该"并联"

189

① 王萍.中学化学教学中认知结构构建的研究[D].济南：山东师范大学，2004：28.

的"并联",该"串联"的"串联",才能使"电流"畅通。"串联"就是纵向组织。前后沟通新旧知识的纵向联系,可以紧紧抓住知识在本质属性上的共同点。如何帮助教师将已储存的知识点结合新知识"串联"成"知识链",是本体性知识发展的关键所在。所以其发展策略就要巧妙联结相关的内容,以旧引新,使知识前后贯通;通过"有序化"整理,使相关知识条理化,既利于记忆储存,又方便提取应用。"并联"就是横向组织,即触类旁通。有些知识看起来是相对独立的,但它们都是整个学科知识系统中的有机组成部分,不仅可在纵向上形成"知识链",而且能在横向上与其他知识发生联系,这就需要通过比较,找出这些概念之间的联系点、异同点,使之发生联系。横向组织既可巩固旧知识,又能加强新概念的清晰度,有利于概念的系统化和网络化。教师可以通过列表、画结构组织图等方式来实现"知识结构网络化",列表可以让教师把知识与其他新知识、新知识与原有的知识联系起来,结构组织图可以让教师把知识之间的关系和好的理清,促进学生命题网格化的程度,教师通过了解知识之间的逻辑关系就很容易形成知识系统。

(三)知识流输出体现转化性

190

作为教师,本体性知识的输出具有一定的独特性,因为这个过程实际上就是将作为"科学的知识"转化为"教学的内容"。杜威(Dewye)曾指出,一个科学家的学科知识不同与教师对用一学科知识的理解,教师关注的是"他自己拥有的学科知识如何能帮助理解儿童的需要和行为,并决定该以哪种媒介给予学生恰当的指导"。Carter(1990)也认为,这个过程其实就是"将学科知识如何转换成课堂教学事件"的过程。因此,本体性知识的输出就是一个将"学科知识转换成学生能接受的形式"的过程,教师在面对特定的主题、问题或议题时,要考虑如何针对学生的不同兴趣与能力,对将学科知识进行恰当的组织、调整与呈现,将特定的知识转化为特定学生或学生群体(具有相似的文化背景、地域特征、年龄特征、认知水平等等)所能够理解的内容。从这里可以看出,本体性知识的输出特别强调转化性。所谓"转化"，就是把特定的知识内容转化成一个知识发生的过程、思维展开的层次，引导学生通过思维去探索获得结论的教学步骤。

三、主体性知识：知识元输入体现反身化，知识簇组织体现反思化，知识流输出体现差异性

帕尔默(P. J. Palmer)指出："真正好的教学不能降低到技术层面，真正好的教学来自教师的自身认同(identity)与自身完整(integrity)。"①他认为，当与学生面对面交流时，唯一能供我立即利用的资源只有：我的自身认同、我的个性和身为人师的"我"的意识。如果我没有这种意识，我就意识不到学习者"你"的地位。这在一定程度上强调了教师对自我的反思意识，强调了这种意识对教学的有益作用。因为如果教师对自我没有明确的意识，就不可能了解他的学生是谁。"我只会在我经受不了检验的生命的阴影中，透过重重墨镜看学生，而且当我不能清楚地了解学生时，我就不可能把他们教好。在我不了解自我时，我也不能理解我所教的学科——不能出神入化地从体现个人的意义(meaning)上最深层次地吃透学科。总之，优秀的教师需要拥有自我知识，这是隐蔽在朴实见解中的奥秘。"②这实际上也间接地对主体性知识的生成提供了一些启示，主体性知识不同于其他教学知识，因为主体性知识的研究对象就是作为教学主体的教师自身与学生，因而它具有"自反性"（或反身性），它更强调知识组织过程中的反思性，强调知识应用的差异性。因此，我们提出主体性知识的生成机制，输入体现反身性，组织体现反思，输出体现差异性。

191

① Palmer P J. The Courage to Teach: Exploring the Inner Landscape of a Teacher's Life[M]. San Francisco: Jossey-Bass Inc., 1998: 10.
② 姜美玲.教师实践性知识研究[D].上海：华东师范大学,2006:93.

(一)知识元输入体现反身化

对反身化的理解,在经济学领域,美国著名投资家乔治·索罗斯(George Soros)受其导师卡尔·波普尔的证伪主义哲学的影响,并在此基础上提出了反身性(Reflexivity)原理,同时将这一原理应用于他的金融证券实践,由此获得巨大的成功。他认为,所谓反身性,它表示参与者的思想和他们所参与的事态都不具有完全的独立性,二者之间不但相互作用,而且相互决定,不存在任何对称或对应。在哲学上,苏柏也就此作过生动的描述:"它包括符号的自我指涉、原则和断言的自我运用、命题和推论的自我证实和自我反驳、预言的自我实现和自我歪曲、逻辑实体和法人实体的自我创造和自我破坏、能力的自我扩大和自我限制、循环性的推理、循环性的因果关系、循环性的和螺旋性的重现、反馈系统、相互依存性、互惠性、有机形式。"[①]肖瑛从哲学发生学角度厘定了反身性的3种基本内涵:悖论性反身性、循环性反身性和反思性反身性,并把后两种反身性类型概括为"自反",即人的认识活动和行动的自我反驳,而反思性反身性则可以简称为"反思"。[②] 从词源学角度看,reflexivity 由两部分组成,前缀"re-"的意思是向后、又、反对、反向的;其词干的拉丁语词根是"-flectere",意指弯曲,因此,reflexivity 的本义是"又弯曲""反向弯曲"。[③] 在这里,反身性意指作为具有资格能力的(competent)主体的一种"自我关注""自我评价"和"自我批判",具体地说,是指教师的自我认知、自我关注、自我评价、自我批判,包括对教师自己和所开展的教学活动,当然也包括对教学活动中的另一主体——学生的关注,对自身是否充分地观照了学生的发展,是否观照了所有学生的发展等进行评价与批判。

① Suber P. A Bibliography of Works on Reflexivity [M]. In Self-Reference: Refections on Reflexivity, ed. by Steven & Suber, Dordrecht: Martinus Nijhoff Publishers, 1987: 259.

② 肖瑛."反身性"多元内涵的哲学发生及其内在张力[J].中国社会科学院研究生院学报,2004(3):78-83.

③ Ashmore M, The Reflexive Thesis: Wrighting Sociology of Scientific Knowledge[M]. Chicago: The University of Chicago Press, 1989: 30.

对于主体性知识的发展,这里强调反身性,一方面是指教师在学习与理解相关的理论知识、公共知识时,特别是当它们与教师自己已有的知识与理念不一致甚至发生矛盾时,教师需要以反身为工具来转换、内化与构建自己的知识与理念;另一方面是指教师在进行实践活动时,也需要对实践中的教师、学生、教学过程、结果、各种影响因素以及改进的策略等进行批判与评价,以不断地建构自己的主体性知识。

(二)知识簇组织体现反思化

在主体性知识的发展过程中,我们通过长期的观察发现,善于发展主体性知识的教师习惯于螺旋式学习,经常反思和自我评价教学效果,并能不断地调整自己的教学方法,并由此获得最佳的教学效果,这实际上也是对主体性知识有所意识和有所反思;相反,不善于发展主体性知识学习的教师,总是直线式学习,不反馈自己的教学效果,对阶段性教学成败不能正确反馈评判,特别是不经常反思和评价自己的教学方法,调整自己的教学策略,因而也就不能获得最佳教学效果。这两种类型的教师在发展过程中由此就形成反差,所以对课堂教学活动和教师本身能否经常反思和自我评价是教师主体性知识发展的重要表现之一。事实上,教师的主体性知识只有在这种结合实际的教学实践中不断探索、系统反思中才能生成适合自己的独特的知识体系。

(三)知识流输出体现差异性

教学活动面对的是活生生的人,这是主体性知识输出强调差异性的根本原因。在教学中,由于学生先天遗传素质和后天心理发展水平的不同,作为有着独特生命经历的个体对教师同一行为的反应是千差万别的,教师的同一句话、同一种授课方式、同一种教育行为在学生心里产生的效果是不相同的。同时,学生又处于一种未完成状态,其身心两方面皆处于发展中,特别是心理的发展更是复杂,知、情、意几个方面交互影响、错综难解,既有群体的共性,有特定年龄阶段的年龄特征,又都通过个体的形式表现出来。在不同的年龄阶段,身心发展还可能表现出或快或慢的不平衡状态,如青春期,生理发展处于生长的高峰期,而心理发展相对滞后,这样就导致了身心发展的矛盾;在不同的时代,学生的身心发展水平也不一样,如果教师用过去的习惯来认识今天的学生,那么就会产生许多障碍,这就要求教师对许多相同问题的处理就会有不一样的解决之道。因此,对于主体性知识的输出要体现差异性,因人而异,因情境而异,因活动而异。

四、策略性知识:知识元输入体现切身化,知识簇组织体现结构化,知识流输出体现情境性

1987年梅耶(R. E. Mayer)从广义知识观的观点出发,在综合了加涅(R.M.Gagne)和安德森(J.R.Anderson)知识观和技能观的基础上,将专家型教师的认知结构用陈述性知识、程序性知识、策略性知识来描述。他认为,策略性知识是专家型教师认知结构中的最高层次,也是区别专家与新手的重要指标。在教育教学活动中,专家型教师面对复杂的情境,尤其是以前不曾遇到或很少遇到的情境,总会产生其特有的方法。用这种特有的方法解决教学问题,可以实现预期的教学目标,保证教学成功。其成功的关键不仅在于专家型教师具有一定的教学经验,而且在于面对陌生问题时具备一套较为高级、较为复杂的策略性知识,他们可以频繁地应用这些策略性知识,使陌生问题逐渐转变为自己熟悉的问题或可以控制的问题,以达到解决问题的目的。① 当然,梅耶的策略性知识与本书的策略性知识的内涵不太一样,但也有一些共同的元素。因此,策略性知识的输入、组织、输

---

① 衷克定.教师策略性知识的成分与结构特征研究[J].北京师范大学学报(人文社会科学版),2002(4):35-42.

出仍然可以借鉴梅耶的策略性知识理论。

在实际教学中，教师要顺利完成任何一项任务或者有效解决任何一个问题，总要运用某个或某些策略，从自己的知识结构中调用一些相关的策略性知识，或者通过原有策略的整合与转换形成一个新策略，使任务得到顺利完成、问题得到有效解决。因此，策略选择是否适宜影响任务完成或问题解决的成败与质量，策略性知识是否完备影响任务完成或问题解决的成败与质量的。而对于策略性知识本身来说，它又具有独特的生成机制。

从前面的属性分析得知，教师策略性知识的第一属性是实践性，第二属性是个体性，理论性位列第四属性，公共性位列第五属性。这在一定程度上说明，策略性知识的生成既包括对静态知识系统的把握，从而获得一些理论知识和公共知识，又包括对知识产生过程的领悟，从而获得一些实践知识和个体知识，并且实践知识和个体知识是策略性知识的主要构成。由于实践知识和个体知识主要来源于教师的教学实践，它是教师在长期的教学活动中所习得的一些操作程序和方法，所领悟到的一些隐藏在"事实知识"背后的方法与技巧。因此，策略性知识的发展必须要回归教学实践，让教师在实践中去体验和学会这种操作程序和方法，去领悟那些隐藏在"事实知识"背后的方法与技巧，使教师学会有效完成教学任务、高效率解决问题的方法与技巧。正如海德格尔等人所言，人对于生活实践是有着直接的知识的，是有着一种切身的领会的，只是这种知识不是以理论化的形态存在而已。因此，策略性知识的输入过程要体现切身化。

（一）知识元输入体现切身化

这里的切身化主要强调亲身体验性，强调让教师通过亲自参与操作，在已有经验的基础上去体验，在亲历的过程中去感知、获得感受，进一步拓展获取经验的行动式学习。切身化并不是简单地切于个人的感性经验，切于感性自我，而是切于置身历史与现实之中。具体来说，在输入过程中，首先应使教师掌握相应的"策略知识"，使教师"知道怎样做"。其次，应让教师实际演练相应的策略技术。通过实践的不断摸索来习得某项策略或完成某项技能,熟知完成某项策略所需的条件,或者规则所适用的范围,并以经验的形式保存在记忆中,以便在的相同情境中再次应用该策略。

(二)知识簇组织体现结构化

教师应用策略性知识解决问题能力的高低,不仅与掌握知识的数量有关,还与储存知识的类型、属性、形态、储存方式有关。一个良好的知识结构体系有利于知识被快速提取和应用。研究表明:专家的知识储存有一个系统的层次网络,其头脑中有 5 万~20 万个知识组块。著名美国问题解决研究专家 F.瑞夫也指出:"人的知识若能按等级结构组织起来,就可大大增强解题能力。"基于此,对策略性知识的发展,强调策略性知识的组织过程体现结构性。事实上,结构是一个严谨的概念,瑞士心理学家皮亚杰认为:"所谓结构,也叫作一个整体、一个系统、一个集合,是指由具有整体性的若干转换规律组成的一人上有自身调整性质的图式体系。""结构的要素是:整体性、具有转换规律或法则、自身调整性。"①这里的结构主要是指策略性知识组成部分的搭配和组合,是指策略性知识组成的一个粗略的框架。知识簇组织的结构化要求做好以下工作:首先,要揭示策略性知识的网络结构,从整体上把握策略性知识的脉络,构建一个知识网络体系。其次,可以针对某些特定的意义性、本体性知识、主体性知识来引出一些策略性知识,并以问题的形式呈现引起教师认知上的冲突,从特定策略性知识在理论上是如何的,应该如何操作,有什么条件等方面让教师作一个全面的了解,使教师对知识有一个整体的认识,使"冲突"变"融合"。再次,要掌握部分,也就是逐个学习知识元。系统论认为,任何系统的整体功能等于各部分的功能之和加上各个部分相互联系而形成的结构功能。在部分功能不变的情况下,整体功能的大小取决于各个部分的联系。因此,在掌握部分之后,要根据各个部分之间的关系(从属、交叉、对立、逻辑关系等)形成一个层次分

---

① 皮亚杰.结构主义[M].倪连生,王琳,译.北京:商务印书馆,1984:2.

明、类别清晰、联系紧密的网络结构。最后，再回到整体。在前面学习的基础上，将各个知识点纵横串线织网，使教师对所学的知识融会贯通。这样，教师对于所学的知识内容就经过了"整体—部分—整体"的分析、归纳、整合，完成了结构化知识的初步构建。

(三)知识流输出体现情境性

教师的教育教学是在具体的情境中进行的，同样的教学内容，同样的教学环节，但面对不同的学生和不同的情境，可能就会有不同的表现。教师的一个眼神、手势可能带来完全不同的信息，别人的方法拿来很可能就是东施效颦。因为任何课堂都是情境性的，嵌入特定情境中的知识往往不能轻易应用到其他情境中，这就是为什么别人的经验和方法却常常不能照搬的缘故。因此，教师的学习不能脱离情境，离开情境的学习，只能是记忆一些没有意义的呆滞知识，不可能和个人经验与现实社会产生联系，也不可能产生迁移和实践运用的效果。

从本质上说，课堂教学是确定性与不确定性的合一。它的确定性表现之一是主体的相对固定性，教师和学生、学生与学生之间的关系保持着相对的稳定性；表现之二是教学内容的相对稳定性，对教师来说，教学并不是信手拈来的，而是要遵循一定的教学材料和方法，这些常常保持着一定程度的稳态；表现之三是教学情境的目的性，任何教学策略都旨在引起学生的学习行为以达到某种特定的发展目标，无论是学校、教师和学生都是以学生的发展为指向的，他们所塑造的环境、创设的情境、采用的策略无不体现出这种目标。同时，教学又具有诸多的不确定性，其中又以教学情境的不确定性为甚。它的不确定性表现之一是教学的动态即刻性，课堂上的所有情境都等待着教师的处理，每一件事情的改变都可能影响课堂的节奏，因此教师要即刻作出决策；表现之二是共时性，教室中的很多事件都是同时发生的，教师机会同时要做几件事情，要对多个学生进行同时的反应，因此他所面临的情境是复杂而迫切的；表现之三是不可预测性，教室中的"事件"接踵而来，常常是以一种"意外"或"惊异"的方式快速呈现的,即使进行了详细的设计,教学也不会完全按"图纸"的设计去建造,而是要呈现多种可能性,发生"逆转"甚至"颠覆",因此教学的下一步往往难以预料。

以上正是对课堂教学活动的真实写照,不管是相对的确定性还是永恒的不确定性,实际上都侧面地说明了教学活动的情境是不断变化的,这也为教师输出策略性知识提出了要求,这即是情境性。情境随着时间的变化而展开,某一个特定情境需要相应的策略,它一直处于流变之中。教学情境中的解决方法是不固定的、多样性的,没有统一的答案和评价标准,没有确定的概念、规则和原理能够对教育情境进行说明,也缺少公认的原型可以参考,这就需要教师所输出的策略性知识一定要适合情境,适应变化了的情境。

五、评价性知识:知识元输入体现体悟化,知识簇组织体现动态化,知识流输出体现多元性

基于前面对评价性知识属性的分析,可以发现,评价性知识的第一属性是公共性,第二属性是理论性,第三属性是外显性。这说明教师的评价性知识主要来源于那些具有普遍性、确定性的、被公众认可的知识。但是,评价性知识的发展并不仅仅是对评价理论、规则的理解和记忆,更应把握它在具体情境中的变化性。评价性知识作为一种在行动中使用的特殊知识形态,是建立在对基本概念、基本原理及其相互关系等理论知识的理解与领悟之上的,既具有一般知识的特征即结构性和客观性,更强调教师在实践中对情境中问题作具体的解释和把握,包含更多的非结构性和不确定性。事实表明,具有普遍性和制度化的理性知识无法解决具体教学中的评价问题,教学评价的问题既不是理论的或经验的问题,也不是事实的或技术的问题,而是一个实践的问题,也就是教师如何有所行动的问题。因此,评价性知识的生成机制,强调输入体现体悟化,组织体现统整性,输出体现多元性。

（一）知识元输入体现体悟化

知识不是本来就寄寓于个体之中的，只有在个体处理生活中所遇到问题的过程中才能生成与展现出来。从这个意义上说，知识不是可以依靠教育传授的，它更多的是依靠个体去体悟。对于体悟的理解，从词义上来看，"体"的繁体字是"體"，本义是身体，"体"作为动词有亲身体验和体察的意思。"悟"，形声字，从心，吾声，本义是理解、明白，作为名词本义为悟性。因此，"体悟"一词可理解为体验和领会。在这里，评价性知识的"体悟化"特别强调在身体上有具体行为和在直觉上有深刻领会。它意在借助身体上的行为和思维活动，通过具体的教学行为达到对知识的顿悟和领会。波兰尼认为："我们是凭借我们身体的能力，通过参加其他认识者的活动，才终于达到认识。这对于社会知识和语言知识，……以及一定文化中的特定工作和材料的认识都是适用的。……一切知识最初在性质上都是体感的，这种存在于世的具体方式是一切认识的基础。"[①]这就要求尽量创造鼓励教师参与、身体感知的学习氛围，以达到对评价性知识最深程度的理解和领会。

学习在本质上是一种对话过程，体悟学习更是一种教师通过身心活动与他人和现实世界进行对话和互动的过程。因此，讲座并不是发展评价性知识的唯一方式。实现教师参与、身体感知的方式有很多种，如课例研讨、沙龙会话、微格教学等。通过这些方式，学习可以成为一种参与性的活动，将在很大程度上增加个人的参与性，实现真正的理解。为了能产生真正的理解，需要把教师和认知对象作为共生现实来研究，要采取促进教师身体参与和探索研究的各种方法，这是评价性知识发展的一个重要方面。

199

---

① J.H.吉尔.裂脑和意会知识[J].刘仲林，李本正，译.自然科学哲学问题丛刊，1985（1）：78.

(二)知识簇组织体现动态化

研究表明,无组织的知识不但阻碍教师教学活动的顺利展开,更会影响知识的迁移,因而这里特别强调知识组织的条理性。首先,要抓住重点搭建结构框架。在知识结构中,必须有一些起支撑作用的重点知识作为结构框架的支点,若支点之间无相关联系就难以形成框架。所以要帮助教师抓住重点知识搭建结构框架,明确重点知识在知识系统中的地位和作用,使教师明白所学知识前后的相互联系和制约。其次,要创设静态教学知识动态化的情境,根据教师个体的认知特点和认知结构,从教师的实际出发,促成知识动态化发展。再次,要概括整合。任何知识都是知识网络上的一个点或一个结,离开了网络,就失去了存在的固着点而成为孤立的知识。教师通过实践所获得的知识往往比较零散,缺乏系统性。这就要求教师在组织过程中对相关知识进行归纳整合,找到新旧知识的衔接点与伸长点,正确把握知识变化的脉络体系以及它们之间内在的必然联系,理顺知识与知识之间的逻辑关联和整体脉络,形成完整的知识网络,并纳入原有的认知结构中,从而实现认识的固化和强化。

200

(三)知识流输出体现多元性

评价性知识是教师在对教学进行价值判断时所需要的知识。教师对教学评价主要涉及对学生学习、自我教学等方面要作价值判断。对学生学习评价的目的是促进学生在知识与技能、情感态度与价值观方面的发展,发现学生多方面的潜能,了解学生发展中的需求,使每一个学生通过评价都能看到自己在发展中的长处,增强学习的信心。事实上,学生差异是现实存在的,评价不能无视学生之间现实存在的差异。教师要根据学生的不同情况采取多元化的评价知识,对不同的学生作有区别性的评价,以真正发现学生的问题,增进其信心,使学生在评价中发展。例如,对于学习能力较强的学生要提出更高的评价标准,对于学习能力较弱的学生则不能有较高的评价标准,教师要对这些参差不齐的学生进行真诚的鼓励和中肯的评价,让不同的学生体验到得到肯定的喜悦,从而产生积极向上的良好情绪,这就要求评价性知识流的输出要体现多元性。

在实际评价活动中,不同的情境需要采用不同的评价方法。教师对学生进行评价时,不固定使用某一评价方法,而是根据情境选择和建构评价方法;不死守事先制订的评价步骤,而采取灵活的评价程序;不仅重视事先确定的评价项目,而且还非常重视教学过程中生成的评价项目。不同的课堂教学活动要采取不同的评价策略;在教学过程的不同阶段采用不同的评价策略;对不同的学生要采用不同的评价策略,充分体现评价的情境性和多元性,这就要求评价性知识的输出是多元的。

需要再次强调的是,教师教学知识实质上是一个综合的和连贯的整体,然而从分析的便利出发,讨论了教师教学知识的不同方面,探讨了每类教学知识的生成机制。正如贝内特(N. Bennett)所指出的,那种认为教师知识包含多个相互独立的知识领域的说法,与其说是客观现实真实的反映,倒不如说是为了分析的便利。探讨教师教学知识不同的生成机制,只是想为构建发展策略提供一个有用的切入点,但在复杂的教学任务中,这些知识基础之间的界限也许不太明显,即使在生成过程中往往也是整体而生、相互而成的。可以说,教师教学知识各个方面的融合是常态的,对其进行分别论之只是为了分析的便利。

第七章

查证与探寻：
教师教学知识统整路径

故不登高山，不知天之高也；不临深溪，不知地
之厚也；不闻先王之遗言，不知学问之大也。

——荀况

　　本研究探讨的第三个"教师教学知识应如何统
整"的问题，前面已经从内在机理出发建构了统整模
型和统整机制，接下来将从外在影响出发讨论统整
路径。"路径"在汉语中有"研究对象运动的轨迹"
和"通向某个目标的道路"的意思。据此，这里的路
径实际是指"通向统整目标的道路"。前面已经谈到
教师教学知识的统整是在知识的输入时就开始的，
而不是先输入再来进行统整。因此，对教师教学知
识统整路径的探讨必须要弄清楚关于知识生成路径
的两个问题：一是教师的教学知识是如何生成的，其
生成有没有规律可循；二是对于不同群体的教师而
言，教学知识的生成路径有没有不同之处。如果这

两个问题得以探明,那么,教师教学知识的统整路径也就自然清晰了。对这两个问题的探寻,采用调查的方法来探究,以尽量获得真实的数据,从而为教学知识的统整路径提供依据。

一、调查拟解决的问题

通过大样本的问卷调查对教师教学知识生成路径进行分析,了解教师教学知识的生成的整体状况,借助 t 检验和单因素方差分析分析明确各类教学知识最重要和最不重要的生成路径;了解不同类型、不同区域、不同性别、不同学段、不同学历、获得不同荣誉、不同学科、不同职称及不同教龄等不同群体中教师各类教学知识的生成路径及其差异特点。从生成的角度来明确教师教学知识统整的路径,分析各种路径对于不同群体教师教学知识的生成是否有显著性差异,最终在综合各类教学知识所独有的生成路径的基础上,提炼得到教师教学知识的统整路径。

二、调查设计及实施

(一)研究工具

在研究中,自编了《教师教学知识的生成路径调查问卷》(见附录四),设计了 13 种路径,分别是:学生时代对教师的观察与思考,学生时代从书本上所学的理论,初任教时向指导教师学习,任教后从理论性书籍或者报刊中,对课程标准、教学参考用书以及教材的解读,对同事课堂的观察与思考,与同事之间的日常交流,在教研组或教师共同体中的研讨,日常教学后的自我总结和自我反思,在专家讲座等理论培训中,在培训中的实践操练环节,对名师课堂的观察与模仿,从学生那里生成教学知识。

为了确保调查所得信息与数据的真实性与一致性，本部分的调查问卷分为两套分问卷，后面简称调查 A 和调查 B。调查 A 和调查 B 分别从不同的角度，采用不同的方式来调查教师教学知识的生成路径。调查 A 以多重选择式的结构化问卷形式来展开调查，对 5 类教学知识的生成路径，被试者可根据自己的实际情况自由选择（不限制选择的个数），统计时以计数的方式分类计量各种路径的选择情况，以了解各种路径在 5 类教学知识的生成过程中的作用。调查 B 以里克特（Likert）等级量表的形式来展开调查，采用 5 点计分制。在统计时，作用很大记 1 分，作用比较大记 2 分，作用一般记 3 分，作用比较小记 4 分，作用很小记 5 分。

（二）调查方法及样本选择

为便于研究的进行，此调查主要采用分层抽样、随机抽样和方便抽样相结合的方法。

1.地区的选择

本调查主要局限于重庆市，一方面重庆是笔者生活、学习、工作的城市，对重庆的情况比较了解，调查更易深入，且比较节约经费；另一方面，重市是我国四大直辖市之一，在西部各省市中属经济发展较好的区域，在全国范围处于中等发展水平。因此，选择重庆地区作为样本，有一定的普遍意义，也能对其他城市这方面的研究起到参考借鉴的作用。

2.学校的选择

本部分调查主要采用分层抽样的方法。具体的操作过程是：在主城、县城和农村地区分别抽取了 3 所学校。其中，1 所重点中学，1 所普通中学，1 所小学（由于小学一般没有重点与非重点之分，因而小学的抽取方法选择的是方便抽样，一般选择的是当地较好的小学）。由于农村地区基本上没有重点中学,因此,实际抽取了 8 所学校。这样可以使样本的选择更具有代表性,数据具有典型性。被试样本分布情况见表7-1。

表7-1　被试样本分布情况表

不同群体		人数	比例/%	缺失值	有效值
学校类型	普通	240	42.78	0	561
	重点	321	57.22		
性别	男	240	43.17	5	556
	女	316	56.83		
学段	小学	179	31.91	0	561
	中学	382	68.09		
获得荣誉	无荣誉	369	66.61	7	554
	校级优秀	98	17.69		
	区县级名师	68	12.27		
	市级名师	18	3.249		
学历	中专	8	1.449	9	552
	专科	84	15.22		
	本科	457	82.79		
	本科以上	3	0.543		
职称	小学高级	91	16.49	9	552
	小学一级	77	13.95		
	小学二级	10	1.812		
	中学高级	93	16.85		
	中学一级	143	25.91		
	中学二级	121	21.92		
	中学三级	1	0.181		
	中学一级	143	25.91		
	中学二级	121	21.92		
	中学三级	1	0.181		

续表

不同群体		人数	比例/%	缺失值	有效值
教龄	0~3 年	39	7.104	12	549
	3~5 年	46	8.379		
	5~10 年	111	20.22		
	10~15 年	129	23.5		
	15~20 年	82	14.94		
	20 年以上	142	25.87		
学科	语文	150	26.98	5	556
	数学	127	22.84		
	英语	77	13.85		
	政治	30	5.396		
	历史	23	4.137		
	地理	22	3.957		
	物理	36	6.475		
	化学	25	4.496		
	生物	19	3.417		
	艺体	36	6.475		
	信息技术	6	1.079		
	科学	4	0.719		
区域	主城	375	66.84	0	561
	县城	65	11.59		
	农村	121	21.57		

(三) 问卷的形成与实施

1.问卷的形成

对教师教学知识生成路径的调查,目前我国尚无标准统一的问卷进行测定。因此,笔者通过下面的步骤,自编教师教学知识生成路径调查问卷。首先,笔者选取部分教师进行开放式问卷调查和访谈,并结合文献分析,形成原始项目,对专家、教师进行访谈,吸取修改意见;然后针对这些项目选取一些题项形成初始问卷进行测试,统计每个题项与总分的相关系数。如果相关系数大于 0.05,就可以判定此题与总分的相关性很低,且未达到 0.05 的显著性水平,即删除。依据此法删除相关性低的题项,保留相关性高的题项,形成正式的问卷(见附录一)。

问卷包括了三大部分:第一部分是关于教师基本情况的调查,包括性别、学科、年级、教龄、职称、职务、学历、荣誉称号等题项;第二部分是关于教师获得教学知识的主要路径调查,每个题项由 13 个路径组成,包括:学生时代对教师的观察与思考,学生时代从书本上所学的理论,初任教时向指导教师学习,任教后从理论性书籍或者报刊中,对课程标准、教学参考用书、教材的解读,对同事课堂的观察与思考,与同事之间的日常交流,在教研组或教师共同体中的研讨,日常教学后的自我总结、自我反思,在专家讲座等理论培训中,培训中的实践操练环节,名师课堂的观察与模仿,从学生那里,这部分的调查也就是调查 A;第三部分是调查各种路径对各类教学知识的作用程度,也即是调查 B。

2.问卷的实施

本次调查共发放问卷 618 份,回收 573 份,其中有效问卷 561份。调查方法为分层抽样法。

查证与探寻：教师教学知识统整路径

1)信度检验

经过对问卷的信度分析,问卷的内部一致性信度 Alpha 为 0.84,分半信度为 0.82,表明问卷在总体上具有良好的稳定性和内部一致性。

2)内容效度

本问卷的题项来源于文献综述、半开半闭问卷调查、对个别教师的访谈以及相关问卷中的一些题项。问题的设计基本遵循了有关问卷编制在问题形式、语言、数量等方面的一般原则,在问卷的编制过程中还向一些专家、教师进行了从问卷的内容到语言等方面的审查或咨询,对问卷题项与原定内容范围的符合性作出判断,以增强问卷内容的有效性。此外,在问卷初步编好之后,于 2009 年 6 月对重庆市 20 名中小学教师进行了测试,了解问卷的内容、语言、问题数量等方面的情况,并参考其意见对问卷进行了修改。上述措施有效地保证了问卷的内容效度。

三、调查结果及分析

(一)意义性知识的生成路径

1.生成意义性知识的最重要路径

在调查 A 中,关于意义性知识生成的主要路径的调查结果如图 7-1 所示,52%的教师选择了"任教后从理论性书籍或者报刊中",42.6%的教师选择了"对课程标准、教学参考用书以及教材的解读",41%的教师选择了"学生时代对教师的观察与思考"和"学生时代从书本上所学的理论",26.7%的教师选择了"日常教学后的自我总结和自我反思",22.1%的教师选择了"在专家讲座等理论培训中"。

在调查 B 中,关于各种路径对生成本体性知识的作用程度调查

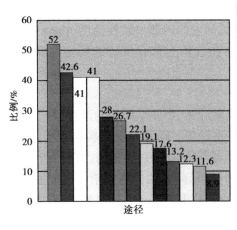

图7-1　教师生成意义性知识的各种路径调查情况

结果见表7-2。48.4%的教师认为"日常教学后的自我总结和自我反思"所起的作用很大,34.7%的教师认为"日常教学后的自我总结和自我反思"所起的作用比较大,那83.1%的教师认为"日常教学后的自我总结和自我反思"对生成意义性知识有很大或者比较大的作用,仅有4.7%的教师认为"日常教学后的自我总结和自我反思"对生成意义性知识有比较小或者很小的作用;41.1%的教师认为"对课程标准、教学参考用书以及教材的解读"所起的作用很大,38.7%的教师认为"对课程标准、教学参考用书以及教材的解读"所起的作用比较大,也就是说,有79.8%的教师认为"对课程标准、教学参考用书以及教材的解读"对生成意义性知识有很大或者比较大的作用,仅有5.9%的教师认为"对课程标准、教学参考用书以及教材的解读"对生成意义性知识有比较小或者很小的作用;同时,71.3%的教师认为"对同事课堂的观察与思考"的作用很大或者比较大,63.9%的教师认为"任教后从理论性书籍或者报刊中"的作用很大或者比较大,61.4%的教师认为"在专家讲座等理论培训中"的作用很大或者比较大。

综合来看,两个调查显示,对于意义性知识的生成来说,"日常教学后的自我总结和自我反思""对课程标准、教学参考用书以及教材

210

表 7-2 各种路径对生成意义性知识贡献度的描述性分析

路　径	有效人数	很大		比较大		一般		比较小		很小		均值	标准差
		人数	比例/%	人数	比例/%	人数	比例/%	人数	比例/%	人数	比例/%		
学生时代对教师的观察与思考	535	63	11.8	187	35.0	137	25.6	96	17.9	52	9.7	2.79	1.160
学生时代从书本上所学的理论	535	54	10.1	147	27.5	183	34.2	109	20.4	42	7.9	2.88	1.089
初任教时向指导教师学习	534	86	16.1	191	35.8	171	32.0	33	6.2	53	9.9	2.58	1.135
任教后从理论性书籍或者报刊中	535	134	25.0	208	38.9	164	30.7	24	4.5	5	0.9	2.17	0.890
课程标准、教学参考用书以及教材的解读	535	220	41.1	207	38.7	76	14.2	28	5.2	4	0.7	1.86	0.901

续表

路　径	有效人数	很大		比较大		一般		比较小		很小		均值	标准差
		人数	比例/%	人数	比例/%	人数	比例/%	人数	比例/%	人数	比例/%		
对同事课堂的观察与思考	533	104	19.5	276	51.8	116	21.8	35	6.6	2	0.4	2.17	0.827
与同事之间的日常交流	533	82	15.4	273	51.2	154	28.9	22	4.1	2	0.4	2.23	0.768
在教研组或教师共同体中的研讨	532	107	20.1	259	48.7	135	25.4	27	5.1	4	0.8	2.18	0.834
日常教学后的自我总结和自我反思	533	258	48.4	185	34.7	65	12.2	22	4.1	3	0.6	1.74	0.868
在专家讲座等理论培训中	532	97	18.2	230	43.2	134	25.2	44	8.3	27	5.1	2.39	1.036

在培训中的实践操练环节	533	112	21.0	210	39.4	140	26.3	36	6.8	35	6.6	2.38	1.090
对名师课堂的观察与模仿	534	129	24.2	211	39.5	146	27.3	33	6.2	15	2.8	2.24	0.979
从学生那里	533	111	20.8	173	32.5	119	22.3	106	19.9	24	4.5	2.55	1.155

的解读""任教后从理论性书籍或者报刊中""在专家讲座等理论培训中"等路径均是重要路径。而这也说明,意义性知识的生成并非是某一种路径单独作用,而是多种路径、多种因素的共同作用。

2.生成意义性知识最不重要的路径

在调查 A 中,关于意义性知识生成的主要路径的调查结果如图 7-1 所示。仅有 12.3%的教师选择了"在培训中的实践操练环节",11.6%的教师选择了"与同事之间的日常交流",8.3%的教师选择了"从学生那里"。很显然,这 3 个路径对于意义性知识的生成而言,所发挥的作用并不大。

在调查 B 中,关于意义性知识生成的主要路径的调查结果见表 7-2。22.45%的教师认为"从学生那里"的作用很小或者比较小,22.3%的教师认为"从学生那里"的作用一般,即 44.75%的教师不太认可"从学生那里"对于意义性知识的作用。

综合来看,对于意义性知识的生成来说,两个调查结果显示,"从学生那里"相对来说属最不重要的路径,除最重要的路径对意义性知识的生成具有比较突出的作用外,其他路径对于意义性知识都具有一定的作用。这里的调查结果也再一次说明,意义性知识的生成是由多种路径共同作用的,每一种路径对于意义性知识的生成来说都比较重要,因而这里的最不重要路径就非常少。

3.不同群体教师意义性知识生成路径的比较

(1)不同类型学校中教师意义性知识生成路径的比较

在意义性知识的生成路径调查 A 中,由表 7-3 可知,普通学校和重点学校在"学生时代对教师的观察与思考""初任教时向指导教师学习""对课程标准、教学参考用书以及教材的解读""对同事课堂的观察与思考""在教研组或教师共同体中的研讨"和"在专家讲座等理论培训中"6 个路径上存在显著差异。在前 5 个路径中,重点学校教师的实际选择频数高于理论频数,在最后一个路径中,普通学校教师的实际选择频数高于理论频数。

表 7-3　不同类型学校中教师意义性知识生成路径的 χ^2 分析结果

路　径	频数	普通（$n=240$）	重点（$n=321$）	χ^2	p
学生时代对教师的观察与思考	实际频数	79	151	11.325	0.001 **
	理论频数	98	132		
学生时代从书本上所学的理论	实际频数	93	137	0.876	0.349
	理论频数	98	132		
初任教时向指导教师学习	实际频数	46	111	16.187	0.000 **
	理论频数	67	90		
任教后从理论性书籍或者报刊中	实际频数	136	156	3.582	0.058
	理论频数	125	167		
对课程标准、教学参考用书以及教材的解读	实际频数	87	152	6.922	0.009 **
	理论频数	102	137		
对同事课堂的观察与思考	实际频数	22	77	20.756	0.000 **
	理论频数	42	57		
与同事之间的日常交流	实际频数	29	36	0.101	0.751
	理论频数	28	37		
在教研组或教师共同体中的研讨	实际频数	36	71	4.508	0.034 *
	理论频数	46	61		
日常教学后的自我总结和自我反思	实际频数	71	79	1.734	0.188
	理论频数	64	86		
在专家讲座等理论培训中	实际频数	65	59	6.041	0.014 *
	理论频数	53	71		
在培训中的实践操练环节	实际频数	31	38	0.148	0.700
	理论频数	30	40		

续表

路　径	频数	普通($n=240$)	重点($n=321$)	χ^2	p
对名师课堂的观察与模仿	实际频数	27	47	1.380	0.240
	理论频数	32	42		
从学生那里	实际频数	19	31	0.513	0.474
	理论频数	21	29		

注：＊$p<0.05$，＊＊$p<0.01$①，后同。

　　在意义性知识生成路径的调查 B 中，由表 7-4 可知，普通学校和重点学校在"学生时代对教师的观察与思考""学生时代从书本上所学的理论""初任教时向指导教师学习""对课程标准、教学参考用书以及教材的解读""对同事课堂的观察与思考""与同事之间的日常交流""在培训中的实践操练环节""从学生那里"8 个路径上存在显著差异，而且普通学校在这 8 个路径上的平均数均要高于重点学校（得分越高，重要程度越低），普通学校在这 8 个路径上的标准差均要大于重点学校。这说明，与普通学校的教师相比，这 8 个路径对于重点学校的教师来说不仅更为重要，且重点学校的教师所形成的这种认识更为统一，差异离散度更小。

表 7-4　不同类型学校中教师意义性知识生成路径的 t 检验结果

路　径	普通($M\pm S$)	重点($M\pm S$)	t	P
学生时代对教师的观察与思考	2.94±1.187	2.69±1.134	2.466	0.014＊
学生时代从书本上所学的理论	3.00±1.088	2.81±1.081	2.059	0.040＊
初任教时向指导教师学习	2.82±1.314	2.43±0.974	3.693	0.000＊＊
任教后从理论性书籍或者报刊中	2.09±1.003			
对课程标准、教学参考用书以及教材的解读	1.99±0.946	1.77±0.861	2.741	0.006＊＊

216

① 　本书中的其他差异显著性检验的临界值也同此，后面不再作特别说明。

路　径	普通($M\pm S$)	重点($M\pm S$)	t	P
对同事课堂的观察与思考	2.37±0.845	2.03±0.788	4.579	0.000**
与同事之间的日常交流	2.41±0.798	2.11±0.725	4.393	0.000**
在教研组或教师共同体中的研讨	2.26±0.794	2.12±0.855	1.949	0.052
日常教学后的自我总结和自我反思	1.79±0.936	1.70±0.821	1.216	0.225
在专家讲座等理论培训中	2.50±1.157	2.32±0.945	1.216	0.225
在培训中的实践操练环节	2.72±1.225	2.17±0.933	5.598	0.000**
对名师课堂的观察与模仿	2.33±1.034	2.18±0.939	1.768	0.078
从学生那里	3.06±1.161	2.22±1.024	8.599	0.000**

综合来看,关于意义性知识的生成路径调查,普通学校和重点学校在"学生时代对教师的观察与思考""初任教时向指导教师学习""对课程标准、教学参考用书以及教材的解读""对同事课堂的观察与思考"4个路径上存在显著差异。

(2)不同区域教师意义性知识生成路径的比较

在意义性知识的生成路径调查 A 中,由表 7-5 可知,不同区域学校的教师在"学生时代对教师的观察与思考""在培训中的实践操练环节""对名师课堂的观察与模仿"3个路径上存在显著差异。其中,"学生时代对教师的观察与思考",主城教师和县城教师的实际频数高于理论频数,农村教师的实际频数低于理论频数;"对名师课堂的观察与模仿",主城教师的实际频数低于理论频数,县城和农村教师的实际频数高于理论频数;"在培训中的实践操练环节",主城教师的实际频数低于理论频数,县城和农村教师的实际频数高于理论频数。这说明,对于意义性知识的生成,"在学生时代对教师的观察与思考"在主城和县城教师看来更为重要,而"对名师课堂的观察与模仿"和"在培训中的实践操练环节"在县城和农村教师看来更为重要。

表 7-5 不同区域教师意义性知识生成路径的 χ^2 分析结果

路 径	频 数	主城 ($n=375$)	农村 ($n=121$)	县城 ($n=65$)	χ^2	p
学生时代对教师的观察与思考	实际频数	160	37	33	8.428	0.015*
	理论频数	154	50	26		
学生时代从书本上所学的理论	实际频数	147	52	31	1.901	0.387
	理论频数	154	50	26		
初任教时向指导教师学习	实际频数	113	32	12	3.926	0.140
	理论频数	105	34	18		
任教后从理论性书籍或者报刊中	实际频数	201	61	30	1.396	0.498
	理论频数	195	63	34		
对课程标准、教学参考用书以及教材的解读	实际频数	157	59	23	3.344	0.188
	理论频数	160	51	28		
对同事课堂的观察与思考	实际频数	68	15	16	4.528	0.104
	理论频数	66	21	12		
与同事之间的日常交流	实际频数	40	17	8	1.059	0.589
	理论频数	43	14	8		
在教研组或教师共同体中的研讨	实际频数	65	28	14	2.288	0.319
	理论频数	72	23	12		
日常教学后的自我总结和自我反思	实际频数	96	35	19	0.750	0.687
	理论频数	100	33	17		
在专家讲座等理论培训中	实际频数	77	31	16	1.644	0.440
	理论频数	83	27	14		

续表

路　径	频　数	主城 ($n=375$)	农村 ($n=121$)	县城 ($n=65$)	χ^2	p
在培训中的实践操练环节	实际频数	39	23	8	6.444	0.040*
	理论频数	46	15	7		
对名师课堂的观察与模仿	实际频数	38	20	16	11.648	0.003**
	理论频数	49	16	9		
从学生那里	实际频数	31	10	9	2.204	0.332
	理论频数	33	11	6		

在意义性知识的生成路径调查 B 中，由表 7-6 可知，不同区域学校的教师在"学生时代对教师的观察与思考""初任教时向指导教师学习""任教后从理论性书籍或者报刊中""对同事课堂的观察与思考""在教研组或教师共同体中的研讨""日常教学后的自我总结和自我反思"和"从学生那里"7 个路径上存在显著差异。其中，5 个路径存在极其显著差异。调查显示，对于意义性知识的生成，"在学生时代对教师的观察与思考""对同事课堂的观察与思考""在教研组或教师共同体中的研讨"和"日常教学后的自我总结和自我反思"在主城教师看来更为重要，"初任教时向指导教师学习"和"任教后从理论性书籍或者报刊中"在县城教师看来更为重要，"对名师课堂的观察与模仿"在县城和农村教师看来更为重要。

表 7-6　不同区域教师意义性知识生成路径的方差分析结果

路　径	主城	农村	县城	F	p
学生时代对教师的观察与思考	2.19±0.780	2.91±1.188	2.75±1.152	10.646	0.000**
学生时代从书本上所学的理论	2.95±1.121	2.74±1.086	2.79±0.864	1.958	0.142

续表

路　径	主城	农村	县城	F	p
初任教时向指导教师学习	2.67±1.248	2.49±0.887	2.24±0.734	4.482	0.012*
任教后从理论性书籍或者报刊中	2.24±0.897	2.12±0.90	1.90±0.777 2	4.109	0.017*
对课程标准、教学参考用书以及教材的解读	1.81±0.794	1.92±1.076	2.02±1.085	1.816	0.164
对同事课堂的观察与思考	2.08±0.844	2.44±0.834	2.16±0.574	8.545	0.000**
与同事之间的日常交流	2.19±0.769	2.37±0.877	2.19±0.470	2.453	0.087
在教研组或教师共同体中的研讨	2.09±0.868	2.30±0.815	2.43±0.560	6.172	0.002**
日常教学后的自我总结和自我反思	1.44±0.667	1.68±0.859	1.81±0.892	5.206	0.006**
在专家讲座等理论培训中	2.34±1.058	2.44±1.012	2.56±0.947	1.313	0.270
在培训中的实践操练环节	2.41±1.157	2.30±0.985	2.40±0.871	0.464	0.629
对名师课堂的观察与模仿	2.86±1.268	2.39±1.068	2.45±1.152	10.3447	0.000**
从学生那里	2.38±1.016	2.21±1.002	2.14±0.737	1.76	0.172

　　综合来看,关于意义性知识的生成路径调查,不同区域学校的教师在"学生时代对教师的观察与思考""对名师课堂的观察与模仿"等路径上存在显著差异,且这两个路径对于不同区域教师的重要程

查证与探寻：教师教学知识统整路径

度,两个调查的结果基本一致。

(3)不同学段教师意义性知识生成路径的比较

在意义性知识的生成路径调查 A 中,由表 7-7 可知,不同学段的教师在"学生时代对教师的观察与思考""学生时代从书本上所学的理论""对名师课堂的观察与模仿"3 个路径上存在显著差异。在这 3 个路径上,小学教师的实际频数都要高于理论频数。这说明,对于意义性知识的生成,与中学教师相比,这 3 个路径在小学教师看来更为重要。

表 7-7　不同学段教师意义性知识生成路径的 χ^2 分析结果

路　径	频数	小学 （$n=179$）	中学 （$n=382$）	χ^2	p
学生时代对教师 的观察与思考	实际频数	87	143	6.285	0.012*
	理论频数	73	157		
学生时代从书本 上所学的理论	实际频数	85	145	4.574	0.032*
	理论频数	73	157		
初任教时向指导 教师学习	实际频数	55	102	0.980	0.322
	理论频数	50	104		
任教后从理论性 书籍或者报刊中	实际频数	91	201	0.155	0.694
	理论频数	93	199		
对课程标准、教 学参考用书以及 教材的解读	实际频数	70	169	1.314	0.252
	理论频数	76	163		
对同事课堂的观 察与思考	实际频数	33	66	0.113	0.737
	理论频数	32	67		
与同事之间的日 常交流	实际频数	17	48	1.120	0.290
	理论频数	21	44		

续表

路　径	频数	小学 （$n=179$）	中学 （$n=382$）	χ^2	p
在教研组或教师 共同体中的研讨	实际频数	36	71	0.184	0.668
	理论频数	34	73		
日常教学后的自我 总结和自我反思	实际频数	48	102	0.001	0.977
	理论频数	48	102		
在专家讲座等理 论培训中	实际频数	43	81	0.562	0.453
	理论频数	40	84		
在培训中的实践 操练环节	实际频数	19	50	0.692	0.406
	理论频数	22	47		
对名师课堂的观 察与模仿	实际频数	31	43	3.911	0.048*
	理论频数	24	50		
从学生那里	实际频数	18	32	0.423	0.515
	理论频数	16	34		

在意义性知识的生成路径调查 B 中,由表 7-8 可知,不同学段的教师在"初任教时向指导教师学习""任教后从理论性书籍或者报刊中""对课程标准、教学参考用书以及教材的解读""对同事课堂的观察与思考""与同事之间的日常交流""在教研组或教师共同体中的研讨""日常教学后的自我总结和自我反思""在专家讲座等理论培训中""在培训中的实践操练环节""对名师课堂的观察与模仿"10 种路径上存在显著差异,并且极其显著,而且与中学教师相比,这 10 种路径在小学教师看来均更重要。

表 7-8　不同学段教师意义性知识生成路径的 t 检验结果

路　　径	小　学	中　学	t	p
学生时代对教师的观察与思考	2.66±1.220	2.85±1.129	−1.621	0.106
学生时代从书本上所学的理论	2.87±1.112	2.89±1.079	−0.224	0.823
初任教时向指导教师学习	2.30±0.804	2.71±1.235	−4.619	0.000**
任教后从理论性书籍或者报刊中	1.78±0.781	2.35±0.879	−7.571	0.000**
对课程标准、教学参考用书以及教材的解读	1.57±0.930	1.99±0.856	−4.984	0.000**
对同事课堂的观察与思考	1.96±0.710	2.26±0.858	−4.226	0.000**
与同事之间的日常交流	2.02±0.614	2.32±0.812	−4.640	0.000**
在教研组或教师共同体中的研讨	1.92±0.707	2.29±0.862	−5.210	0.000**
日常教学后的自我总结和自我反思	1.56±0.877	1.82±0.854	−3.194	0.001**
在专家讲座等理论培训中	2.17±1.086	2.49±1.000	−3.276	0.001**
在培训中的实践操练环节	2.03±0.911	2.54±1.127	−5.598	0.000**
对名师课堂的观察与模仿	2.02±0.732	2.34±1.059	−4.076	0.000**
从学生那里	2.56±1.328	2.54±1.070	0.154	0.878

223

　　综合来看，关于意义性知识的生成路径调查，不同学段的教师在"对名师课堂的观察与模仿"路径上存在显著差异。

　　（4）不同性别教师意义性知识生成路径的比较

　　在意义性知识的生成路径调查 A 中，由表 7-9 可知，男教师和女教师在各个路径上都不存在显著差异。

表 7-9　不同性别①教师意义性知识生成路径的 χ^2 分析结果

路　径	频　数	男 ($n=240$)	女 ($n=316$)	χ^2	p
学生时代对教师的观察与思考	实际频数	90	138	2.147	0.143
	理论频数	98	130		
学生时代从书本上所学的理论	实际频数	90	138	2.147	0.143
	理论频数	98	130		
初任教时向指导教师学习	实际频数	65	91	0.199	0.656
	理论频数	67	89		
任教后从理论性书籍或者报刊中	实际频数	123	168	0.200	0.654
	理论频数	126	165		
对课程标准、教学参考用书以及教材的解读	实际频数	96	142	1.358	0.244
	理论频数	103	135		
对同事课堂的观察与思考	实际频数	38	61	1.123	0.289
	理论频数	43	56		
与同事之间的日常交流	实际频数	35	30	3.423	0.064
	理论频数	28	37		
在教研组或教师共同体中的研讨	实际频数	42	65	0.827	0.363
	理论频数	46	61		
日常教学后的自我总结和自我反思	实际频数	61	89	0.523	0.470
	理论频数	65	85		
在专家讲座等理论培训中	实际频数	52	71	0.051	0.822
	理论频数	53	70		

224

① 缺失值 missing $N=5$, Valid $N=556$。

路　　径	频　数	男 ($n=240$)	女 ($n=316$)	χ^2	p
在培训中的实践 操练环节	实际频数	27	42	0.523	0.470
	理论频数	30	40		
对名师课堂的观 察与模仿	实际频数	30	44	0.240	0.624
	理论频数	32	42		
从学生那里	实际频数	16	34	2.792	0.095
	理论频数	22	29		

在意义性知识的生成路径调查 B 中，由表 7-10 可知，不同性别的教师在"学生时代对教师的观察与思考"路径上存在显著差异，而且与女教师相比，这种路径在男教师看来更重要。

表 7-10　不同性别教师意义性知识生成路径的 t 检验结果

路　　径	男($M\pm S$)	女($M\pm S$)	t	p
学生时代对教师的观察与思考	2.66±1.157	2.89±1.160	−2.251	0.025*
学生时代从书本上所学的理论	2.89±1.051	2.89±1.117	0.050	0.960
初任教时向指导教师学习	2.67±1.152	2.51±1.120	1.578	0.115
任教后从理论性书籍或者报刊中	2.14±0.880	2.19±0.896	−0.641	0.522
对课程标准、教学参考用书以及教材的解读	1.88±0.896	1.84±0.904	0.528	0.598
对同事课堂的观察与思考	2.22±0.853	2.12±0.806	1.326	0.185
与同事之间的日常交流	2.28±0.809	2.19±0.736	1.397	0.163
在教研组或教师共同体中的研讨	2.25±0.813	2.12±0.847	1.805	0.072
日常教学后的自我总结和自我反思	1.72±0.815	1.74±0.907	−0.314	0.754
在专家讲座等理论培训中	2.35±0.976	2.41±1.086	−0.597	0.550

续表

路　径	男($M\pm S$)	女($M\pm S$)	t	p
在培训中的实践操练环节	2.44±1.089	2.34±1.092	0.971	0.332
对名师课堂的观察与模仿	2.22±1.011	2.26±0.959	−0.468	0.640
从学生那里	2.59±1.134	2.52±1.174	0.661	0.509

　　综合来看,关于意义性知识的生成路径调查,男教师和女教师在各个路径上基本不存在显著差异。

　　(5)不同荣誉教师意义性知识生成路径的比较

　　在意义性知识的生成路径调查 A 中,由表 7-11 可知,不同学术荣誉的教师在"学生时代对教师的观察与思考""任教后从理论性书籍或者报刊中""在专家讲座等理论培训中"和"对名师课堂的观察与模仿"4 个路径上存在显著差异。

表 7-11　获得不同荣誉教师的意义性知识生成路径的 χ^2 分析结果

路　径	频数	无荣誉($n=369$)	校级优秀($n=98$)	区县级名师($n=68$)	市级名师($n=18$)	χ^2	p
学生时代对教师的观察与思考	实际频数	155	35	24	3	8.557	0.036*
	理论频数	151	40	28	8		
学生时代从书本上所学的理论	实际频数	149	37	33	9	2.389	0.496
	理论频数	152	40	28	8		
初任教时向指导教师学习	实际频数	112	27	12	5	4.642	0.200
	理论频数	104	28	19	5		

续表

路径	频数	无荣誉 ($n=369$)	校级优秀 ($n=98$)	区县级名 师($n=68$)	市级名师 ($n=18$)	χ^2	p
任教后从理论性书籍或者报刊中	实际频数	179	57	44	12	8.677	0.034*
	理论频数	193	51	36	10		
对课程标准、教学参考用书以及教材的解读	实际频数	157	34	37	10	7.123	0.068
	理论频数	159	42	29	8		
对同事课堂的观察与思考	实际频数	63	19	15	2	1.825	0.610
	理论频数	66	18	12	3		
与同事之间的日常交流	实际频数	41	13	8	3	0.662	0.882
	理论频数	43	12	8	2		
在教研组或教师共同体中的研讨	实际频数	70	18	13	6	1.920	0.589
	理论频数	71	19	13	4		
日常教学后的自我总结和自我反思	实际频数	94	26	27	3	7.214	0.065
	理论频数	100	27	18	5		

续表

路　径	频数	无荣誉 ($n=369$)	校级优秀 ($n=98$)	区县级名 师($n=68$)	市级名师 ($n=18$)	χ^2	p
在专家讲座等理论培训中	实际频数	66	31	21	5	11.507	0.009**
	理论频数	82	22	15	4		
在培训中的实践操练环节	实际频数	46	10	11	2	1.384	0.709
	理论频数	46	12	9	2		
对名师课堂的观察与模仿	实际频数	36	16	19	4	15.344	0.002**
	理论频数	49	13	9	3		
从学生那里	实际频数	28	11	9	2	3.026	0.388
	理论频数	33	9	6	2		

　　其中,"学生时代对教师的观察与思考",无荣誉教师的实际频数高于理论频数,校级优秀、区县级名师和市级名师的实际频数均低于理论频数,这说明"学生时代对教师的观察与思考"对于无荣誉的教师来说更重要;"任教后从理论性书籍或者报刊中",无荣誉教师的实际频数低于理论频数,校级优秀、区县级名师和市级名师的实际频数均高于理论频数,这说明"学生时代对教师的观察与思考"对于校级优秀、区县级名师和市级名师来说更重要;"在专家讲座等理论培训中"和"对名师课堂的观察与模仿",无荣誉教师的实际频数均低于理论频数,校级优秀、区县级名师和市级名师的实际频数均高于理论

查证与探寻：教师教学知识统整路径

频数,这说明"在专家讲座等理论培训中"和"对名师课堂的观察与模仿"对于校级优秀、区县级名师和市级名师来说更重要。

在意义性知识的生成路径调查 B 中,由表 7-12 可知,不同学术荣誉的教师在"任教后从理论性书籍或者报刊中""对同事课堂的观察与思考""与同事之间的日常交流""在专家讲座等理论培训中""在培训中的实践操练环节"和"从学生那里"6 个路径上存在显著差异。

表 7-12　获得不同荣誉教师的意义性知识生成路径的方差分析结果

路　径	F	p
学生时代对教师的观察与思考	2.098	0.100
学生时代从书本上所学的理论	0.788	0.501
初任教时向指导教师学习	1.586	0.192
任教后从理论性书籍或者报刊中	4.585	0.004 **
对课程标准、教学参考用书以及教材的解读	1.569	0.196
对同事课堂的观察与思考	4.493	0.004 **
与同事之间的日常交流	4.125	0.007 **
在教研组或教师共同体中的研讨	0.655	0.580
日常教学后的自我总结和自我反思	1.016	0.385
在专家讲座等理论培训中	2.828	0.038 *
在培训中的实践操练环节	3.634	0.013 *
对名师课堂的观察与模仿	2.235	0.083
从学生那里	2.857	0.037 *

229

从平均数来看,对于"任教后从理论性书籍或者报刊中",市级名师所得的平均数最低为 1.83,这说明它对于市级名师来说更重要,其他重要程度由高到低依次是校级优秀、无荣誉教师、区县级名师;对于"对同事课堂的观察与思考",市级名师所得的平均数最低为 1.76,这说明它对于市级名师来说更重要,其他重要程度由高到低依次是无荣誉教师、校级优秀、区县级名师;对于"与同事之间的日常交流",

市级名师所得的平均数最低为 1.88,这说明它对于市级名师来说更重要,其他重要程度由高到低依次是无荣誉教师、校级优秀、区县级名师;对于"在专家讲座等理论培训中",市级名师所得的平均数最低为 1.82,这说明它对于市级名师来说更重要,其他重要程度由高到低依次是校级优秀、区县级名师、无荣誉教师;对于"在培训中的实践操练环节",市级名师所得的平均数最低为 1.82,这说明它对于市级名师来说更重要,其他重要程度由高到低依次是校级优秀、区县级名师、无荣誉教师;对于"从学生那里",市级名师所得的平均数最低为 1.71,这说明它对于市级名师来说更重要,其他重要程度由高到低依次是无荣誉教师、校级优秀、区县级名师。综上,在以上有显著差异的 6 大路径中,对于市级名师来说均是最重要的。

综合来看,关于意义性知识的生成路径调查,不同学术荣誉的教师在"学生时代对教师的观察与思考""任教后从理论性书籍或者报刊中""在专家讲座等理论培训中"等路径上存在显著差异。

(6)不同学历教师意义性知识生成路径的比较

在意义性知识的生成路径调查 A 中,由表 7-13 可知,不同学历的教师在"对课程标准、教学参考用书以及教材的解读"路径上存在显著差异。其中,中专学历和本科学历的教师的实际频数高于理论频数,这说明与专科学历和本科以上学历的教师相比,"对课程标准、教学参考用书以及教材的解读"对于中专学历和本科学历教师更重要。

表 7-13　不同学历教师意义性知识生成路径的 χ^2 分析结果

路　　径	频数	中专 ($n=8$)	专科 ($n=84$)	本科 ($n=457$)	本科以上 ($n=3$)	χ^2	p
学生时代对教师的观察与思考	实际频数	2	32	190	2	2.019	0.568
	理论频数	3.3	34.4	187.1	1.2		

续表

路　径	频数	中专 （$n=8$）	专科 （$n=84$）	本科 （$n=457$）	本科以上 （$n=3$）	χ^2	p
学生时代从书本上所学的理论	实际频数	2	42	184	0	5.813	0.121
	理论频数	3.3	34.7	188.8	1.2		
初任教时向指导教师学习	实际频数	1	24	127	2	3.206	0.361
	理论频数	2.2	23.4	127.5	0.8		
任教后从理论性书籍或者报刊中	实际频数	4	47	237	1	0.934	0.817
	理论频数	4.2	44	239.3	1.6		
对课程标准、教学参考用书以及教材的解读	实际频数	7	29	199	1	9.095	0.028*
	理论频数	3	36	195	2		
对同事课堂的观察与思考	实际频数	2	12	83	0	1.680	0.641
	理论频数	1.4	14.8	80.3	0.5		
与同事之间的日常交流	实际频数	2	10	50	1	3.007	0.391
	理论频数	0.9	9.6	52.2	0.3		

续表

路　径	频数	中专 ($n=8$)	专科 ($n=84$)	本科 ($n=457$)	本科以上 ($n=3$)	χ^2	p
在教研组或教师共同体中的研讨	实际频数	2	17	87	0	0.952	0.813
	理论频数	1.5	16.1	87.8	0.6		
日常教学后的自我总结和自我反思	实际频数	3	25	121	0	1.946	0.584
	理论频数	2.2	22.7	123.4	0.8		
在专家讲座等理论培训中	实际频数	2	21	100	0	1.295	0.730
	理论频数	1.8	18.7	101.8	0.7		
在培训中的实践操练环节	实际频数	0	10	59	0	1.669	0.644
	理论频数	1	10.5	57.1	0.4		
对名师课堂的观察与模仿	实际频数	1	10	63	0	0.690	0.876
	理论频数	1.1	11.3	61.3	0.4		
从学生那里	实际频数	1	9	39	1	2.693	0.441
	理论频数	0.7	7.6	41.4	0.3		

在意义性知识的生成路径调查 B 中，由表 7-14 可知，不同学历的教师在"学生时代对教师的观察与思考""初任教时向指导教师学习""任教后从理论性书籍或者报刊中"和"从学生那里"4 个路径上存在显著差异。

表 7-14　不同学历教师意义性知识生成路径的方差分析结果

路　径	F	p
学生时代对教师的观察与思考	3.615	0.013*
学生时代从书本上所学的理论	0.193	0.901
初任教时向指导教师学习	3.403	0.018*
任教后从理论性书籍或者报刊中	4.009	0.008**
对课程标准、教学参考用书以及教材的解读	1.699	0.166
对同事课堂的观察与思考	1.664	0.174
与同事之间的日常交流	0.608	0.610
在教研组或教师共同体中的研讨	1.598	0.189
日常教学后的自我总结和自我反思	2.297	0.077
在专家讲座等理论培训中	0.499	0.683
在培训中的实践操练环节	1.161	0.324
对名师课堂的观察与模仿	0.798	0.495
从学生那里	4.781	0.003**

从平均数来看，对于"学生时代对教师的观察与思考"，专科学历教师所得的平均数最低为 2.45（平均数越低，重要程度越高），这说明它对于专科学历教师来说更重要，其他重要程度由高到低依次是本科、本科以上、中专；对于"初任教时向指导教师学习"，本科以上学历教师所得的平均数最低为 1.67（平均数越低，重要程度越高），这说明它对于本科以上学历教师来说更重要，其他重要程度由高到低依

次是专科、中专、本科以上;对于"任教后从理论性书籍或者报刊中",专科学历教师所得的平均数最低为1.86(平均数越低,重要程度越高),这说明它对于专科学历教师来说更重要,其他重要程度由高到低依次是中专、本科、本科以上;对于"从学生那里",本科学历教师所得的平均数最低为2.47,这说明它对于本科学历教师来说更重要,其他重要程度由高到低依次是专科、中专、本科以上。

综合来看,关于意义性知识的生成路径调查,不同学历的教师在各个路径上基本不存在显著差异。

(7)不同职称教师意义性知识生成路径的比较

在意义性知识的生成路径调查A中,不同职称的教师在多个路径上基本不存在显著差异。

在意义性知识的生成路径调查B中,由表7-15可知,不同职称的教师在"初任教时向指导教师学习""任教后从理论性书籍或者报

表 7-15 不同职称教师意义性知识生成路径的方差分析结果

路径	F	p
学生时代对教师的观察与思考	1.425	0.193
学生时代从书本上所学的理论	1.569	0.142
初任教时向指导教师学习	2.480	0.016*
任教后从理论性书籍或者报刊中	7.372	0.000**
对课程标准、教学参考用书以及教材的解读	4.902	0.000**
对同事课堂的观察与思考	2.486	0.016*
与同事之间的日常交流	3.436	0.001**
在教研组或教师共同体中的研讨	4.057	0.000**
日常教学后的自我总结和自我反思	1.944	0.061
在专家讲座等理论培训中	2.085	0.044
在培训中的实践操练环节	4.476	0.000**
对名师课堂的观察与模仿	2.844	0.006**
从学生那里	1.135	0.339

表7-16 不同教龄教师意义性知识生成路径的 χ^2 分析结果

路 径	频数	1~3年 (n=39)	20年以上 (n=142)	3~5年 (n=46)	5~10年 (n=111)	10~15年 (n=129)	15~20年 (n=82)	χ^2	p
学生时代对教师的观察与思考	实际频数	16	64	23	46	46	31	4.378	0.496
	理论频数	16	58	19	46	53	34		
学生时代从书本上所学的理论	实际频数	18	67	17	45	42	38	7.714	0.173
	理论频数	16	58	19	46	53	34		
初任教时向指导教师学习	实际频数	15	32	17	34	28	25	9.254	0.099
	理论频数	11	39	13	30	36	23		
任教后从理论性书籍或者报刊中	实际频数	20	69	19	57	74	49	6.218	0.286
	理论频数	20.5	74.5	24.1	58.2	67.7	43		

续表

路 径	频数	1~3年 (n=39)	20年以上 (n=142)	3~5年 (n=46)	5~10年 (n=111)	10~15年 (n=129)	15~20年 (n=82)	χ^2	p
对课程标准、教学参考用书以及教材的解读	实际频数	17	61	16	50	54	38	1.904	0.862
	理论频数	16.8	61	19.8	47.7	55.5	35.2		
对同事课堂的观察与思考	实际频数	4	19	8	18	27	21	7.930	0.160
	理论频数	6.9	25.1	8.1	19.6	22.8	14.5		
与同事之间的日常交流	实际频数	5	12	4	14	18	10	2.661	0.752
	理论频数	4.5	16.3	5.3	12.7	14.8	9.4		
在教研组或教师共同体中的研讨	实际频数	7	20	9	22	30	18	4.212	0.519
	理论频数	7.5	27.4	8.9	21.4	24.9	15.8		

题项	频数类型							χ^2	p
日常教学后的自我总结和自我反思	实际频数	14	33	8	32	45	17	10.591	0.060
	理论频数	10.6	38.5	12.5	30.1	35	22.3		
在专家讲座等理论培训中	实际频数	11	24	7	20	46	15	19.657	0.001**
	理论频数	9	32	10	25	29	18		
在培训中的实践操练环节	实际频数	6	12	10	19	17	5	11.251	0.047*
	理论频数	6	18	6	14	16	10		
对名师课堂的观察与模仿	实际频数	3	16	8	14	24	9	5.737	0.333
	理论频数	5.3	19.1	6.2	15	17.4	11.1		
从学生那里	实际频数	3	10	5	11	12	9	1.436	0.920
	理论频数	3.6	12.9	4.2	10.1	11.7	7.5		

刊中""对课程标准、教学参考用书以及教材的解读""对同事课堂的观察与思考""与同事之间的日常交流""在教研组或教师共同体中的研讨""在培训中的实践操练环节"和"对名师课堂的观察与模仿"8个路径上存在显著差异。

综合来看,关于意义性知识的生成路径调查,不同职称的教师有多个路径上基本不存在显著差异。

(8)不同教龄教师意义性知识生成路径的比较

在意义性知识的生成路径调查 A 中,由表 7-16 可知,不同教龄的教师在"在专家讲座等理论培训中""在培训中的实践操练环节"两个路径上存在显著差异。

其中,"在专家讲座等理论培训中",1~3 年和 10~15 年教龄的教师的实际频数高于理论频数,其他教龄的实际频数均低于理论频数,这说明"学生时代对教师的观察与思考"对于 1~3 年和 10~15 年教龄的教师来说更重要;"在培训中的实践操练环节",3~5 年、5~10 年和 10~15 年教龄的教师的实际频数高于理论频数,15~20 年、20 年以上教龄的教师的实际频数均低于理论频数,1~3 年的教龄的教师的实际频数等于理论频数,这说明"在培训中的实践操练环节"对于 3~5 年、5~10 年和 10~15 年教龄的教师来说更重要。

表 7-17 不同教龄教师意义性知识生成路径的方差分析结果

路　　径	F	p
学生时代对教师的观察与思考	1.164	0.326
学生时代从书本上所学的理论	1.201	0.307
初任教时向指导教师学习	2.713	0.020*
任教后从理论性书籍或者报刊中	2.738	0.019*
对课程标准、教学参考用书以及教材的解读	0.846	0.518
对同事课堂的观察与思考	2.184	0.055
与同事之间的日常交流	1.888	0.095
在教研组或教师共同体中的研讨	0.723	0.607
日常教学后的自我总结和自我反思	1.175	0.320

路　径	F	p
在专家讲座等理论培训中	0.658	0.655
在培训中的实践操练环节	1.909	0.091
对名师课堂的观察与模仿	0.907	0.476
从学生那里	3.776	0.002**

在意义性知识的生成路径调查 B 中，由表 7-17 可知，不同教龄的教师在"初任教时向指导教师学习""任教后从理论性书籍或者报刊中""从学生那里"3 个路径上存在显著差异。

从平均数来看，对于"初任教时向指导教师学习""任教后从理论性书籍或者报刊中"，3~5 年教龄教师所得的平均数最低为 2.19 和 2.05（平均数越低，重要程度越高），这说明它对于 3~5 年教龄教师来说更重要，其他重要程度由高到低依次是 1~3 年、5~10 年、10~15 年、15~20 年、20 年以上；对于"从学生那里"，3~5 年教龄教师所得的平均数最低为 1.93，这说明它对于 3~5 年教龄教师来说更重要，其他重要程度由高到低依次是 20 年以上、5~10 年、10~15 年、15~20 年、1~3 年。

综合来看，关于意义性知识的生成路径调查，不同教龄的教师基本不存在显著差异。

（9）不同学科教师意义性知识生成路径的比较

在意义性知识的生成路径调查 A 中，不同学科的教师在多个路径上基本不存在显著差异。

表 7-18　不同学科教师意义性知识生成路径的方差分析结果

路　径	F	p
学生时代对教师的观察与思考	0.670	0.767
学生时代从书本上所学的理论	1.100	0.359
初任教时向指导教师学习	1.550	0.111
任教后从理论性书籍或者报刊中	1.237	0.260

续表

路　径	F	p
对课程标准、教学参考用书以及教材的解读	1.212	0.276
对同事课堂的观察与思考	1.439	0.152
与同事之间的日常交流	3.289	0.000**
在教研组或教师共同体中的研讨	0.828	0.612
日常教学后的自我总结和自我反思	0.875	0.565
在专家讲座等理论培训中	1.499	0.128
在培训中的实践操练环节	2.069	0.021*
对名师课堂的观察与模仿	1.828	0.047*
从学生那里	2.004	0.027*

在意义性知识的生成路径调查 B 中,由表 7-18 可知,不同学科的教师在"与同事之间的日常交流""在培训中的实践操练环节""对名师课堂的观察与模仿"和"从学生那里"4 个路径上存在显著差异。

从平均数来看,对于"与同事之间的日常交流",历史学科教师所得的平均数最低为 1.82(平均数越低,重要程度越高),这说明它对于历史学科教师来说更重要,其他重要程度由高到低依次是艺体、语文、数学、生物、科学、地理、政治、英语、信息技术、物理、化学等学科;对于"在培训中的实践操练环节",科学教师所得的平均数最低为1.67(平均数越低,重要程度越高),这说明它对于历史学科教师来说更重要,其他重要程度由高到低依次是艺体、语文、历史、地理、物理、数学、信息技术、政治、生物、英语、化学等学科;对于"对名师课堂的观察与模仿",信息技术教师所得的平均数最低为 1.75(平均数越低,重要程度越高),这说明它对于历史学科教师来说更重要,其他重要程度由高到低依次是地理、语文、历史、生物、物理、艺体、化学、数学、政治、英语、科学等学科;对于"从学生那里",科学教师所得的平均数最低为 1.67,这说明它对于科学教师来说更重要,其他重要程度由高到低依次是艺体、地理、信息技术、历史、语文、政治、物理、数学、英语、生物、化学等学科。

综合来看,关于意义性知识的生成路径调查,不同学科的教师基本不存在显著差异。

(二) 本体性知识的生成路径

1.生成本体性知识的最重要路径

在调查 A 中,关于本体性知识生成的主要路径的调查结果如图7-2 所示。62.2%的教师选择了"对课程标准、教学参考用书以及教材的解读",43.1%的教师选择了"任教后从理论性书籍或者报刊中",34.8%的教师选择了"学生时代从书本上所学的理论",33%的教师选择了"在教研组或教师共同体中的研讨"。

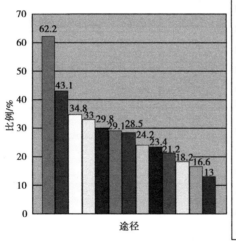

图 7-2　教师生成本体性知识的各种路径调查情况

在调查 B 中,关于各种路径对生成本体性知识的作用程度调查结果见表 7-19。83.2%的教师认为"对课程标准、教学参考用书以及教材的解读"的作用很大或者比较大,83%的教师认为"日常教学后的自我总结和自我反思"的作用很大或者比较大,74.3%的教师认为

表 7-19　各种路径对生成本体性知识贡献度的描述性分析

路径	有效人数	很大		比较大		一般		比较小		很小		均值	标准差
		人数	比例/%	人数	比例/%	人数	比例/%	人数	比例/%	人数	比例/%		
学生时代对教师的观察与思考	535	51	9.5	128	23.9	149	27.9	133	24.9	74	13.8	3.10	1.190
学生时代从书本上所学的理论	525	69	13.1	126	24.0	176	33.5	104	19.8	50	9.5	2.89	1.155
初任教时向指导教师学习	528	85	16.1	208	39.4	178	33.7	47	8.9	10	1.9	2.41	0.926
任教后从理论性书籍或者报刊中	527	81	15.4	257	48.8	143	27.1	41	7.8	5	0.9	2.30	0.856

对课程标准、教学参考用书以及教材的解读	528	218	41.3	221	41.9	67	12.7	12	2.3	10	1.9	1.82	0.877
对同事课堂的观察与思考	527	107	20.3	268	50.9	121	23.0	24	4.6	7	1.3	2.16	0.843
与同事之间的日常交流	528	92	17.4	270	51.1	125	23.7	34	6.4	7	1.3	2.23	0.858
在教研组或教师共同体中的研讨	529	134	25.3	259	49.0	98	18.5	31	5.9	7	1.3	2.09	0.886

续表

路 径	有效人数	很大 人数	很大 比例/%	比较大 人数	比较大 比例/%	一般 人数	一般 比例/%	比较小 人数	比较小 比例/%	很小 人数	很小 比例/%	均值	标准差
日常教学后的自我总结和自我反思	527	248	47.1	189	35.9	62	11.8	21	4.0	7	1.3	1.77	0.902
在专家讲座等理论培训中	526	77	14.6	244	46.4	145	27.6	47	8.9	13	2.5	2.38	0.926
在培训中的实践操练环节	526	117	22.2	202	38.4	167	31.7	24	4.6	16	3.0	2.28	0.960
对名师课堂的观察与模仿	526	115	21.9	217	41.3	129	24.5	57	10.8	8	1.5	2.29	0.976
从学生那里	526	94	17.9	190	36.1	167	31.7	57	10.8	18	3.4	2.46	1.015

"在教研组或教师共同体中的研讨"的作用很大或者比较大,71.2%的教师认为"对同事课堂的观察与思考"的作用很大或者比较大,64.2%的教师认为"任教后从理论性书籍或者报刊中"的作用很大或者比较大。

综合来看,两个调查显示,"对课程标准、教学参考用书以及教材的解读""任教后从理论性书籍或者报刊中""在教研组或教师共同体中的研讨"均属最重要路径。

2.生成本体性知识的最不重要路径

在调查 A 中,关于本体性知识生成的主要路径的调查结果如图7-2 所示。仅有 18.2% 的教师选择了"在专家讲座等理论培训中",16.6% 的教师选择了"从学生那里",13% 的教师选择了"学生时代对教师的观察与思考"。很显然,这 3 个路径对于本体性知识的生成而言,所发挥的作用并不大。

在调查 B 中,38.7% 的教师认为"学生时代对教师的观察与思考"的作用很小或者比较小,27.9% 的教师认为"学生时代对教师的观察与思考"的作用一般,即 66.6% 的教师不太认可"学生时代对教师的观察与思考"对于本体性知识的作用;14.2% 的教师认为"从学生那里"的作用很小或者比较小,31.7% 的教师认为"从学生那里"的作用一般,即 45.9% 的教师不太认可"学生时代对教师的观察与思考"对于本体性知识的作用。

综合来看,对于本体性知识的生成来说,两个调查结果显示,"学生时代对教师的观察与思考"和"从学生那里"这两个路径均属最不重要的路径。

3.不同群体教师本体性知识生成路径的比较

(1)不同类型学校中教师本体性知识生成路径的比较

在本体性知识的生成路径调查 A 中,由表 7-20 可知,普通学校和重点学校在"学生时代对教师的观察与思考""对同事课堂的观察与思考""对名师课堂的观察与模仿"3 个路径上存在显著差异。

表 7-20　不同类型学校中教师本体性知识生成路径的 χ^2 分析结果

路　径	频　数	普通 （$n=240$）	重点 （$n=321$）	χ^2	p
学生时代对教师的观察与思考	实际频数	21	52	6.732	0.009**
	理论频数	31	42		
学生时代从书本上所学的理论	实际频数	73	122	3.488	0.062
	理论频数	83	112		
初任教时向指导教师学习	实际频数	70	97	0.073	0.788
	理论频数	71	96		
任教后从理论性书籍或者报刊中	实际频数	109	133	0.888	0.346
	理论频数	104	139		
对课程标准、教学参考用书以及教材的解读	实际频数	152	197	0.225	0.635
	理论频数	149	200		
对同事课堂的观察与思考	实际频数	44	116	21.352	0.000**
	理论频数	68	92		
与同事之间的日常交流	实际频数	47	84	3.327	0.068
	理论频数	56	75		
在教研组或教师共同体中的研讨	实际频数	83	102	0.490	0.484
	理论频数	79	106		
日常教学后的自我总结和自我反思	实际频数	80	83	3.724	0.054
	理论频数	70	93		
在专家讲座等理论培训中	实际频数	41	61	0.340	0.560
	理论频数	44	58		

续表

路　　径	频　　数	普通（$n=240$）	重点（$n=321$）	χ^2	p
在培训中的实践操练环节	实际频数	54	65	0.416	0.519
	理论频数	51	68		
对名师课堂的观察与模仿	实际频数	76	60	12.588	0.000**
	理论频数	58	78		
从学生那里	实际频数	40	53	0.002	0.961
	理论频数	39.8	53.2		

　　其中，"学生时代对教师的观察与思考"和"对同事课堂的观察与思考"，重点学校教师的实际选择频数高于理论频数，这说明这两种路径对于重点学校的教师来说更重要；而对于"对名师课堂的观察与模仿"，普通学校教师的实际选择频数高于理论频数，这说明此路径对于普通学校的教师来说更重要。

　　在本体性知识的生成路径调查 B 中，由表 7-21 可知，普通学校和重点学校的教师在"学生时代对教师的观察与思考""学生时代从书本上所学的理论""任教后从理论性书籍或者报刊中""与同事之间的日常交流""在教研组或教师共同体中的研讨""在专家讲座等理论培训中""在培训中的实践操练环节""从学生那里"8 个路径上存在显著差异。

表 7-21　不同类型学校中教师本体性知识生成路径的 t 检验结果

路　　径	普　通	重　点	t	p
学生时代对教师的观察与思考	3.23±1.154	3.0±1.206	2.097	0.036*
学生时代从书本上所学的理论	3.07±1.091	2.76±1.181	3.057	0.002**
初任教时向指导教师学习	2.44±0.939	2.39±0.918	0.586	0.558

续表

路　径	普　通	重　点	t	p
任教后从理论性书籍或者报刊中	2.47±0.920	2.19±0.793	3.569	0.000**
对课程标准、教学参考用书以及教材的解读	1.89±0.933	1.77±0.836	1.463	0.144
对同事课堂的观察与思考	2.15±0.794	2.16±0.875	−0.097	0.923
与同事之间的日常交流	2.33±0.838	2.17±0.865	2.156	0.032*
在教研组或教师共同体中的研讨	2.21±0.840	2.01±0.908	2.565	0.011*
日常教学后的自我总结和自我反思	1.81±0.921	1.74±0.890	0.943	0.346
在专家讲座等理论培训中	2.53±0.895	2.28±0.934	3.059	0.002**
在培训中的实践操练环节	2.50±0.922	2.14±0.958	4.275	0.000**
对名师课堂的观察与模仿	2.38±1.033	2.23±0.934	1.604	0.110
从学生那里	2.79±0.939	2.24±1.005	6.253	0.000**

从平均数来看,普通学校在这 8 个路径上的平均数均要高于重点学校(得分越高,重要程度越低),普通学校在这 8 个路径上的标准差均要大于重点学校,这说明与普通学校的教师相比,这 8 个路径对于重点学校的教师来说不仅更为重要,而且重点学校的教师所形成的这种认识更为统一,差异离散度更小。

综合来看,关于本体性知识的生成路径调查,普通学校和重点学校的教师在"学生时代对教师的观察与思考"路径上存在显著差异。

(2)不同区域教师本体性知识生成路径的比较

在本体性知识的生成路径调查 A 中,由表 7-22 可知,不同区域学校的教师在"学生时代从书本上所学的理论""初任教时向指导教师学习""任教后从理论性书籍或者报刊中""对同事课堂的观察与思考""与同事之间的日常交流""在教研组或教师共同体中的研讨""在培训中的实践操练环节""对名师课堂的观察与模仿"和"从学生那里"9 个路径上存在显著差异。

表 7-22　不同区域教师本体性知识生成路径的 χ^2 分析结果

路　径	频　数	主城 ($n=375$)	农村 ($n=121$)	县城 ($n=65$)	χ^2	p
学生时代对教师的观察与思考	实际频数	49	19	5	2.400	0.301
	理论频数	49	16	8		
学生时代从书本上所学的理论	实际频数	121	67	17	11.286	0.004**
	理论频数	130	42	23		
初任教时向指导教师学习	实际频数	97	54	16	16.336	0.000**
	理论频数	112	36	19		
任教后从理论性书籍或者报刊中	实际频数	140	73	29	19.790	0.000**
	理论频数	162	52	28		
对课程标准、教学参考用书以及教材的解读	实际频数	234	76	39	0.159	0.923
	理论频数	233	75	41		
对同事课堂的观察与思考	实际频数	104	26	30	12.964	0.002**
	理论频数	107	35	18		
与同事之间的日常交流	实际频数	89	18	24	11.576	0.003**
	理论频数	88	28	15		
在教研组或教师共同体中的研讨	实际频数	109	38	38	21.830	0.000**
	理论频数	124	40	21		
日常教学后的自我总结和自我反思	实际频数	113	26	24	5.525	0.063
	理论频数	109	35	19		
在专家讲座等理论培训中	实际频数	63	21	18	4.489	0.106
	理论频数	68	22	12		

续表

路　径	频　数	主城 ($n=375$)	农村 ($n=121$)	县城 ($n=65$)	χ^2	p
在培训中的实践操练 环节	实际频数	70	28	21	6.511	0.039*
	理论频数	79	26	14		
对名师课堂的观察与 模仿	实际频数	85	19	32	27.412	0.000**
	理论频数	91	29	16		
从学生那里	实际频数	71	10	12	7.718	0.021*
	理论频数	62	20	11		

其中,"学生时代从书本上所学的理论""初任教时向指导教师学习"和"从学生那里",农村教师的实际频数高于理论频数,主城教师和县城教师的实际频数低于理论频数;"任教后从理论性书籍或者报刊中"和"在培训中的实践操练环节",农村和县城教师的实际频数高于理论频数,主城教师的实际频数低于理论频数;"对同事课堂的观察与思考""在教研组或教师共同体中的研讨"和"对名师课堂的观察与模仿",县城教师的实际频数高于理论频数,农村和主城教师的实际频数低于理论频数;"与同事之间的日常交流",农村和主城教师的实际频数高于理论频数,县城教师的实际频数低于理论频数。这说明,对于本体性知识的生成,"学生时代从书本上所学的理论""初任教时向指导教师学习"和"从学生那里",在主城和县城教师看来更为重要;"任教后从理论性书籍或者报刊中"和"在培训中的实践操练环节",在农村教师看来更为重要;"对同事课堂的观察与思考""在教研组或教师共同体中的研讨"和"对名师课堂的观察与模仿",在县城教师看来更为重要;"与同事之间的日常交流",在农村和主城教师看来更为重要。

在本体性知识的生成路径调查 B 中,由表 7-23 可知,不同区域学校的教师在"学生时代对教师的观察与思考""任教后从理论性书籍或者报刊中""对同事课堂的观察与思考""日常教学后的自我总结和自我反思"4个路径上存在显著差异。

表7-23　不同区域教师本体性知识生成路径的方差分析结果

路　　径	主城($M\pm S$)	农村($M\pm S$)	县城($M\pm S$)	F	p
学生时代对教师的观察与思考	3.02±1.145	3.12±1.301	3.49±1.162	4.351	0.013*
学生时代从书本上所学的理论	2.86±1.166	2.88±1.143	3.06±1.120	0.866	0.421
初任教时向指导教师学习	2.46±1.016	2.36±0.782	2.25±0.567	1.521	0.219
任教后从理论性书籍或者报刊中	2.21±0.900	2.47±0.816	2.48±0.564	5.524	0.004**
对课程标准、教学参考用书以及教材的解读	1.85±0.874	1.79±0.990	1.70±0.638	0.860	0.424
对同事课堂的观察与思考	2.07±0.879	2.29±0.755	2.41±0.710	6.508	0.002**
与同事之间的日常交流	2.19±0.809	2.30±0.967	2.35±0.901	1.432	0.240
在教研组或教师共同体中的研讨	2.06±0.852	2.19±0.991	2.08±0.867	0.957	0.385
日常教学后的自我总结和自我反思	1.38±0.750	1.74±0.876	1.84±0.920	7.276	0.001**
在专家讲座等理论培训中	2.35±0.969	2.39±0.872	2.56±0.757	1.335	0.264
在培训中的实践操练环节	2.25±0.969	2.38±1.027	2.25±0.761	0.837	0.434
对名师课堂的观察与模仿	2.24±1.019	2.34±0.943	2.46±0.758	1.616	0.200
从学生那里	2.42±1.046	2.54±0.990	2.52±0.877	0.811	0.445

从平均数来看,主城学校在这 4 个路径上的平均数均要低于县城、农村学校(得分越低,重要程度越高),这说明与县城、农村学校的教师相比,这 4 个路径对于主城学校的教师来说更为重要。

综合来看,关于本体性知识的生成路径调查,不同区域学校的教师在"任教后从理论性书籍或者报刊中""对同事课堂的观察与思考"和"日常教学后的自我总结和自我反思"等路径上存在显著差异。

(3)不同学段教师本体性知识生成路径的比较

在本体性知识的生成路径调查 A 中,由表 7-24 可知,不同学段教师在"任教后从理论性书籍或者报刊中""对课程标准、教学参考用书以及教材的解读"两个路径上存在显著差异。

表 7-24　不同学段教师本体性知识生成路径的 χ^2 分析结果

路　径	频　数	小学 ($n=179$)	中学 ($n=382$)	χ^2	p
学生时代对教师的观察与思考	实际频数	26	47	0.531	0.466
	理论频数	23	50		
学生时代从书本上所学的理论	实际频数	63	132	0.022	0.882
	理论频数	62	133		
初任教时向指导教师学习	实际频数	61	106	2.336	0.126
	理论频数	53	114		
任教后从理论性书籍或者报刊中	实际频数	92	150	7.311	0.007 **
	理论频数	77	165		
对课程标准、教学参考用书以及教材的解读	实际频数	100	249	4.501	0.034 *
	理论频数	111	238		
对同事课堂的观察与思考	实际频数	53	107	0.153	0.696
	理论频数	51	109		

续表

路　　径	频　数	小学 ($n=179$)	中学 ($n=382$)	χ^2	p
与同事之间的日 常交流	实际频数	42	89	0.002	0.966
	理论频数	42	89		
在教研组或教师 共同体中的研讨	实际频数	61	124	0.144	0.704
	理论频数	59	126		
日常教学后的自我 总结和自我反思	实际频数	46	117	1.437	0.231
	理论频数	52	111		
在专家讲座等理 论培训中	实际频数	40	62	3.065	0.080
	理论频数	32	70		
在培训中的实践 操练环节	实际频数	32	87	1.749	0.186
	理论频数	38	81		
对名师课堂的观 察与模仿	实际频数	48	88	0.948	0.330
	理论频数	43	93		
从学生那里	实际频数	36	57	2.374	0.123
	理论频数	30	63		

　　其中，"任教后从理论性书籍或者报刊中"，小学教师的实际频数高于理论频数，中学教师的实际频数低于理论频数；"对课程标准、教学参考用书以及教材的解读"，中学教师的实际频数高于理论频数，小学教师的实际频数低于理论频数。这说明，对于本体性知识的生成，"任教后从理论性书籍或者报刊中"，在小学教师看来更为重要；"对课程标准、教学参考用书以及教材的解读"，在中学教师看来更为重要。

　　在本体性知识的生成路径调查 B 中，由表 7-25 可知，不同学段教师在"学生时代对教师的观察与思考""对课程标准、教学参考用书以及教材的解读""与同事之间的日常交流""在教研组或教师共同体中的研讨""日常教学后的自我总结和自我反思""在专家讲座等理论培训中""在培训中的实践操练环节""对名师课堂的观察与模仿"和"从学生那里"9 个路径上存在显著差异。

表 7-25　不同学段教师本体性知识生成路径的 t 检验结果

路　径	小学($M\pm S$)	中学($M\pm S$)	t	p
学生时代对教师的观察与思考	3.40±1.366	2.96±1.075	3.728	0.000**
学生时代从书本上所学的理论	3.01±1.219	2.83±1.122	1.625	0.105
初任教时向指导教师学习	2.34±0.891	2.44±0.941	−1.238	0.216
任教后从理论性书籍或者报刊中	2.25±0.799	2.32±0.880	−0.886	0.376
对课程标准、教学参考用书以及教材的解读	1.57±0.772	1.93±0.899	−4.490	0.000**
对同事课堂的观察与思考	2.12±0.858	2.17±0.837	−0.683	0.495
与同事之间的日常交流	2.01±0.790	2.33±0.869	−4.293	0.000**
在教研组或教师共同体中的研讨	1.81±0.781	2.22±0.904	−5.217	0.000**
日常教学后的自我总结和自我反思	1.49±0.822	1.89±0.911	−4.801	0.000**
在专家讲座等理论培训中	2.04±0.890	2.54±0.901	−5.925	0.000**
在培训中的实践操练环节	1.92±0.816	2.44±0.977	−6.368	0.000**
对名师课堂的观察与模仿	2.07±0.889	2.39±0.998	−3.751	0.000**
从学生那里	2.32±1.068	2.52±0.984	−2.139	0.033*

　　从平均数来看,除"学生时代对教师的观察与思考"中学教师的平均数要低于小学教师外(得分越低,重要程度越高),后面 8 种路径小学教师的平均数均要低于中学教师。这说明,后面 8 个路径对于小学教师来说更为重要。

　　综合来看,关于本体性知识的生成路径调查,不同学段教师在"对课程标准、教学参考用书以及教材的解读"等路径上存在显著差异。

查证与探寻：教师教学知识统整路径

（4）不同性别教师本体性知识生成路径的比较

在本体性知识的生成路径调查 A 中，由表 7-26 可知，不同性别的教师在各个路径上都不存在显著差异。

表 7-26　不同性别教师本体性知识生成路径的 χ^2 分析结果

路　径	频　数	男 ($n=240$)	女 ($n=316$)	χ^2	p
学生时代对教师的观察与思考	实际频数	30	42	0.076	0.783
	理论频数	31	41		
学生时代从书本上所学的理论	实际频数	84	110	0.002	0.963
	理论频数	83.7	110.3		
初任教时向指导教师学习	实际频数	70	95	0.053	0.819
	理论频数	71	94		
任教后从理论性书籍或者报刊中	实际频数	99	142	0.755	0.385
	理论频数	104	137		
对课程标准、教学参考用书以及教材的解读	实际频数	140	207	2.992	0.084
	理论频数	150	197		
对同事课堂的观察与思考	实际频数	67	93	0.152	0.696
	理论频数	69	91		
与同事之间的日常交流	实际频数	49	81	2.072	0.150
	理论频数	56	74		
在教研组或教师共同体中的研讨	实际频数	74	109	0.828	0.363
	理论频数	79	104		
日常教学后的自我总结和自我反思	实际频数	75	88	0.762	0.383
	理论频数	70	93		

续表

路　径	频　数	男 （$n=240$）	女 （$n=316$）	χ^2	p
在专家讲座等理论培训中	实际频数	36	66	3.155	0.076
	理论频数	44	58		
在培训中的实践操练环节	实际频数	43	75	2.761	0.097
	理论频数	51	67		
对名师课堂的观察与模仿	实际频数	55	81	0.545	0.461
	理论频数	59	77		
从学生那里	实际频数	39	54	0.069	0.793
	理论频数	40	53		

在本体性知识的生成路径调查 B 中，由表 7-27 可知，不同性别的教师在各个路径上也不存在显著差异。

表 7-27　不同性别教师本体性知识生成路径的 t 检验结果

路　径	男（$M\pm S$）	女（$M\pm S$）	t	p
学生时代对教师的观察与思考	3.01±1.155	3.16±1.218	−1.438	0.151
学生时代从书本上所学的理论	2.83±1.154	2.93±1.157	−1.008	0.314
初任教时向指导教师学习	2.45±0.898	2.38±0.949	0.875	0.382
任教后从理论性书籍或者报刊中	2.28±0.840	2.32±0.870	−0.546	0.585
对课程标准、教学参考用书以及教材的解读	1.84±0.823	1.79±0.911	0.585	0.559

续表

路　　径	男($M\pm S$)	女($M\pm S$)	t	p
对同事课堂的观察与思考	2.19±0.880	2.13±0.815	0.833	0.405
与同事之间的日常交流	2.27±0.811	2.20±0.892	0.945	0.345
在教研组或教师共同体中的研讨	2.13±0.881	2.06±0.894	0.867	0.386
日常教学后的自我总结和自我反思	1.81±0.951	1.73±0.864	0.916	0.360
在专家讲座等理论培训中	2.35±0.868	2.40±0.967	−0.564	0.573
在培训中的实践操练环节	2.29±0.871	2.27±1.025	0.325	0.746
对名师课堂的观察与模仿	2.31±0.958	2.27±0.992	0.569	0.570
从学生那里	2.48±0.981	2.44±1.044	0.427	0.670

综合来看,关于本体性知识的生成路径调查,不同性别的教师在各个路径上均不存在显著差异。

（5）不同荣誉教师本体性知识生成路径的比较

在本体性知识的生成路径调查 A 中,由表 7-28 可知,获得不同荣誉的教师的本体性知识的生成路径在"对课程标准、教学参考用书以及教材的解读""在专家讲座等理论培训中""在培训中的实践操练环节"和"对名师课堂的观察与模仿"4 个路径上存在显著差异。

在本体性知识的生成路径调查 B 中,由表 7-29 可知,获得不同荣誉的教师的在 "任教后从理论性书籍或者报刊中""日常教学后的自我总结和自我反思""在专家讲座等理论培训中""在培训中的实践操练环节"5 个路径上存在显著差异。

表 7-28　不同荣誉教师本体性知识生成路径的 χ^2 分析结果

路　径	频　数	无荣誉 ($n=369$)	校级优秀 ($n=98$)	区县级名师 ($n=68$)	市级名师 ($n=18$)	χ^2	p
学生时代对教师的观察与思考	实际频数	45	13	12	2	1.619	0.655
	理论频数	48	13	9	2		
学生时代从书本上所学的理论	实际频数	137	35	15	7	5.789	0.122
	理论频数	129	34	24	7		
初任教时向指导教师学习	实际频数	113	26	21	5	0.769	0.857
	理论频数	110	29	20	6		
任教后从理论性书籍或者报刊中	实际频数	158	41	36	6	3.745	0.290
	理论频数	161	43	30	8		
对课程标准、教学参考用书以及教材的解读	实际频数	217	71	47	10	8.313	0.040*
	理论频数	230	61	42	12		
对同事课堂的观察与思考	实际频数	108	24	21	7	1.666	0.645
	理论频数	107	28	20	5		
与同事之间的日常交流	实际频数	92	17	15	6	3.256	0.354
	理论频数	87	23	16	4		

项目	频数				df	χ^2	p
在教研组或教师共同体中的研讨	实际频数	117	33	28	5	2.737	0.434
	理论频数	122	32	23	6		
日常教学后的自我总结和自我反思	实际频数	102	35	23	3	4.766	0.190
	理论频数	109	29	20	5		
在专家讲座等理论培训中	实际频数	66	12	20	4	8.115	0.044*
	理论频数	68	18	13	3		
在培训中的实践操练环节	实际频数	80	12	22	4	9.782	0.021*
	理论频数	79	21	14	4		
对名师课堂的观察与模仿	实际频数	83	19	28	6	12.908	0.005**
	理论频数	90	24	17	5		
从学生那里	实际频数	59	16	15	3	1.549	0.671
	理论频数	62	17	11	3		

表 7-29 不同荣誉教师本体性知识生成路径的 t 检验结果

路 径	F	p
学生时代对教师的观察与思考	1.370	0.251
学生时代从书本上所学的理论	0.324	0.808
初任教时向指导教师学习	1.747	0.157
任教后从理论性书籍或者报刊中	3.871	0.009**
对课程标准、教学参考用书以及教材的解读	2.015	0.111
对同事课堂的观察与思考	0.384	0.764
与同事之间的日常交流	1.905	0.128
在教研组或教师共同体中的研讨	1.311	0.270
日常教学后的自我总结和自我反思	4.035	0.008**
在专家讲座等理论培训中	2.973	0.032*
在培训中的实践操练环节	3.693	0.012*
对名师课堂的观察与模仿	1.788	0.149
从学生那里	1.690	0.168

　　从平均数来看,对于"任教后从理论性书籍或者报刊中",市级名师所得的平均数最低为1.67,这说明它对于市级名师来说更重要,其他重要程度由高到低依次是区县级名师、校级优秀、无荣誉教师;对于"日常教学后的自我总结和自我反思",市级名师所得的平均数最低为1.28,这说明它对于市级名师来说更重要,其他重要程度由高到低依次是区县级名师、校级优秀、无荣誉教师;对于"在专家讲座等理论培训中",市级名师所得的平均数最低为1.72,这说明它对于市级名师来说更重要,其他重要程度由高到低依次是区县级名师、无荣誉教师、校级优秀;对于"在培训中的实践操练环节",市级名师所得的平均数最低为1.61,这说明它对于市级名师来说更重要,其他重要程度由高到低依次是区县级名师、无荣誉教师、校级优秀。

　　综合来看,关于本体性知识的生成路径调查,获得不同荣誉的教师在"在专家讲座等理论培训中""在培训中的实践操练环节"等路

表 7-30 不同学历教师本体性知识生成路径的 χ^2 分析结果

路 径	频 数	中专 (n=8)	专科 (n=84)	本科 (n=457)	本科以上 (n=3)	χ^2	p
学生时代对教师的观察与思考	实际频数	1	9	62	0	0.964	0.810
	理论频数	1	11	59.6	0.4		
学生时代从书本上所学的理论	实际频数	3	28	161	0	1.744	0.627
	理论频数	2.8	29.2	159	1		
初任教时向指导教师学习	实际频数	1	32	131	1	4.197	0.241
	理论频数	2.4	25.1	136.6	0.9		
任教后从理论性书籍或者报刊中	实际频数	2	47	188	3	11.349	0.010**
	理论频数	3.5	36.5	198.7	1.3		
对课程标准、教学参考用书以及教材的解读	实际频数	4	43	295	3	7.738	0.052
	理论频数	5	52.5	285.6	1.9		
对同事课堂的观察与思考	实际频数	1	26	132	0	2.441	0.486
	理论频数	2.3	24.2	131.6	0.9		
与同事之间的日常交流	实际频数	2	20	105	2	3.201	0.362
	理论频数	1.9	19.6	106.8	0.7		

续表

路　径	频　数	中专 (n=8)	专科 (n=84)	本科 (n=457)	本科以上 (n=3)	χ^2	p
在教研组或教师共同体中的研讨	实际频数	4	33	142	2	4.858	0.183
	理论频数	2.6	27.5	149.8	1		
日常教学后的自我总结和自我反思	实际频数	1	30	131	1	2.844	0.416
	理论频数	2.4	24.8	134.9	0.9		
在专家讲座等理论培训中	实际频数	2	18	810	0	1.564	0.668
	理论频数	1.5	15.4	83.6	0.5		
在培训中的实践操练环节	实际频数	2	10	105	0	6.084	0.108
	理论频数	1.7	17.8	96.9	0.6		
对名师课堂的观察与模仿	实际频数	3	19	113	1	1.021	0.796
	理论频数	2	20.7	112.6	0.7		
从学生那里	实际频数	1	11	79	0	1.599	0.660
	理论频数	1.3	13.8	75.3	0.5		

查证与探寻：教师教学知识统整路径

径上存在显著差异。

（6）不同学历教师本体性知识生成路径的比较

在本体性知识的生成路径调查 A 中，由表 7-30 可知，不同学历教师的本体性知识的生成路径在"任教后从理论性书籍或者报刊中"路径上存在显著差异。其中，专科学历和本科学历的教师的实际频数高于理论频数，这说明与中专学历和本科以上学历的教师相比，"任教后从理论性书籍或者报刊中"对于专科学历和本科学历教师更重要。

在本体性知识的生成路径调查 B 中，由表 7-31 可知，不同学历教师在"学生时代对教师的观察与思考""日常教学后的自我总结和自我反思"和"在培训中的实践操练环节"3 个路径上存在显著差异。

表 7-31　不同学历教师本体性知识生成路径的方差分析结果

路　径	F	p
学生时代对教师的观察与思考	7.190	0.000 **
学生时代从书本上所学的理论	1.680	0.170
初任教时向指导教师学习	1.482	0.219
任教后从理论性书籍或者报刊中	0.408	0.747
对课程标准、教学参考用书以及教材的解读	2.242	0.082
对同事课堂的观察与思考	0.220	0.882
与同事之间的日常交流	0.905	0.439
在教研组或教师共同体中的研讨	2.365	0.070
日常教学后的自我总结和自我反思	6.629	0.000 **
在专家讲座等理论培训中	1.175	0.319
在培训中的实践操练环节	3.540	0.015 *
对名师课堂的观察与模仿	0.739	0.529
从学生那里	2.381	0.069

从平均数来看，对于"学生时代对教师的观察与思考"，本科以上学历教师所得的平均数最低为 3.00（平均数越低，重要程度越高），这

264

表 7-32　不同职称教师本体性知识生成路径的 χ^2 分析结果

路　径	频　数	未评职称 (n=16)	小学高级 (n=91)	小学一级 (n=77)	小学二级 (n=10)	中学高级 (n=93)	中学一级 (n=143)	中学二级 (n=121)	中学三级 (n=3)	χ^2	p
学生时代对教师的观察与思考	实际频数	3	15	11	1	8	19	15	0	3.415	0.844
	理论频数	2.1	11.9	10	1.3	12.1	18.7	15.8	0.1		
学生时代从书本上所学的理论	实际频数	6	33	26	3	26	50	48	0	3.995	0.780
	理论频数	5.6	31.7	26.8	3.5	32.3	49.7	42.1	0.3		
初任教时向指导教师学习	实际频数	3	30	25	5	22	39	41	0	7.072	0.421
	理论频数	4.8	27.2	23	3	27.8	42.7	36.2	0.3		
任教后从理论性书籍或者报刊中	实际频数	5	44	43	7	35	57	48	1	13.575	0.059
	理论频数	7	39.6	33.5	4.3	40.4	62.2	52.6	0.4		
对课程标准、教学参考用书以及教材的解读	实际频数	12	52	45	2	63	90	81	0	14.216	0.047*
	理论频数	10	57	48	6	58	89	76	1		
对同事课堂的观察与思考	实际频数	6	29	19	3	29	38	34	1	4.758	0.689
	理论频数	4.6	26.2	22.2	2.9	26.8	41.2	34.9	0.3		
与同事之间的日常交流	实际频数	0	18	22	2	22	34	30	1	10.194	0.178
	理论频数	3.7	21.3	18	2.3	21.7	33.4	28.3	0.2		

在教研组或教师共同体中的研讨	实际频数	6	32	27	3	33	41	38	1	4.172	0.760
	理论频数	5.2	29.8	25.2	3.3	30.5	46.9	39.7	0.3		
日常教学后的自我总结和自我反思	实际频数	3	23	18	4	29	48	38	0	5.478	0.602
	理论频数	4.7	26.9	22.7	3	27.5	42.2	35.7	0.3		
在专家讲座等理论培训中	实际频数	4	19	18	3	15	18	23	1	11.049	0.136
	理论频数	2.9	16.7	14.1	1.8	17	26.2	22.1	0.2		
在培训中的实践操练环节	实际频数	3	14	16	1	20	32	31	0	4.467	0.725
	理论频数	3.4	19.3	16.3	2.1	19.7	30.3	25.6	0.2		
对名师课堂的观察与模仿	实际频数	0	24	20	4	22	32	34	0	8.273	0.309
	理论频数	3.9	22.4	19	2.5	22.9	35.2	29.8	0.2		
从学生那里	实际频数	3	12	23	1	11	22	19	0	12.946	0.073
	理论频数	2.6	15	12.7	1.6	15.3	23.6	19.9	0.2		

265

说明它对于本科以上学历教师来说更重要,其他重要程度由高到低依次是本科、专科、中专;对于"日常教学后的自我总结和自我反思",专科学历教师所得的平均数最低为 1.67(平均数越低,重要程度越高),这说明它对于专科学历教师来说更重要,其他重要程度由高到低依次是中专、本科以上、本科;对于"在培训中的实践操练环节",专科学历教师所得的平均数最低为 1.96(平均数越低,重要程度越高),这说明它对于专科学历教师来说更重要,其他重要程度由高到低依次是中专、本科、本科以上。

综合来看,关于本体性知识的生成路径调查,不同学历的教师基本不存在显著差异。

(7)不同职称教师本体性知识生成路径的比较

在本体性知识的生成路径调查 A 中,由表 7-32 可知,不同职称教师的本体性知识的生成路径在"对课程标准、教学参考用书以及教材的解读"路径上存在显著差异。其中,未评职称的教师和中学高级、中学一级、中学二级教师的实际频数高于理论频数,这说明"对课程标准、教学参考用书以及教材的解读"对于这些教师来说更重要。

在本体性知识的生成路径调查 B 中,由表 7-33 可知,不同职称教师在"学生时代对教师的观察与思考""初任教时向指导教师学习""对课程标准、教学参考用书以及教材的解读""与同事之间的日常交流""在教研组或教师共同体中的研讨""日常教学后的自我总结和自我反思""在专家讲座等理论培训中""在培训中的实践操练环节"和"对名师课堂的观察与模仿"9 个路径上存在显著差异。

表 7-33　不同职称教师本体性知识生成路径的方差分析结果

路　径	F	p
学生时代对教师的观察与思考	5.419	0.000**
学生时代从书本上所学的理论	1.251	0.273
初任教时向指导教师学习	3.043	0.004**
任教后从理论性书籍或者报刊中	1.343	0.228
对课程标准、教学参考用书以及教材的解读	7.053	0.000**

续表

路　径	F	p
对同事课堂的观察与思考	0.841	0.553
与同事之间的日常交流	3.236	0.002**
在教研组或教师共同体中的研讨	4.024	0.000**
日常教学后的自我总结和自我反思	3.952	0.000**
在专家讲座等理论培训中	6.274	0.000**
在培训中的实践操练环节	6.232	0.000**
对名师课堂的观察与模仿	2.957	0.005**
从学生那里	1.615	0.129

　　从平均数来看,对于"学生时代对教师的观察与思考",未评职称教师所得的平均数最低为 2.40(平均数越低,重要程度越高),这说明它对于未评职称教师来说更重要,其他重要程度由高到低依次是中学二级、中学一级、中学三级、中学高级、小学一级、小学高级、小学二级;对于"初任教时向指导教师学习",未评职称教师所得的平均数最低为 2.00(平均数越低,重要程度越高),这说明它对于未评职教师来说更重要,其他重要程度由高到低依次是中学二级、小学二级、小学一级、小学高级、中学三级、中学高级、中学一级;对于"对课程标准、教学参考用书以及教材的解读",小学二级教师所得的平均数最低为 1.30,这说明它对于小学二级教师来说更重要,其他重要程度由高到低依次是小学高级、小学一级、中学三级、中学一级、中学二级、中学高级、未评职称;对于"与同事之间的日常交流",小学二级教师所得的平均数最低为 1.90,这说明它对于小学二级教师来说更重要,其他重要程度由高到低依次是小学高级、小学一级、中学二级、中学三级、中学一级、中学高级、未评职称;对于"在教研组或教师共同体中的研讨",小学高级教师所得的平均数最低为 1.76,这说明它对于小学高级教师来说更重要,其他重要程度由高到低依次是小学二级、小学一级、中学三级、中学二级、中学一级、中学高级、未评职称;对于

267

"日常教学后的自我总结和自我反思",小学高级教师所得的平均数最低为1.38,这说明它对于小学高级教师来说更重要,其他重要程度由高到低依次是小学一级、小学二级、中学三级、中学二级、中学高级、中学一级、未评职称;对于"在专家讲座等理论培训中",小学高级教师所得的平均数最低为1.89,这说明它对于小学高级教师来说更重要,其他重要程度由高到低依次是小学二级、小学一级、中学三级、中学二级、中学高级、中学一级、未评职称;对于"在培训中的实践操练环节",小学高级教师所得的平均数最低为1.81,这说明它对于小学高级教师来说更重要,其他重要程度由高到低依次是小学一级、小学二级、中学三级、中学高级、中学二级、中学一级、未评职称;对于"对名师课堂的观察与模仿",小学高级教师所得的平均数最低为1.99,这说明它对于小学高级教师来说更重要,其他重要程度由高到低依次是小学一级、中学二级、未评职称、中学三级、小学二级、中学高级、中学一级。

综合来看,关于本体性知识的生成路径调查,不同职称的教师在"对课程标准、教学参考用书以及教材的解读"路径上存在显著差异。

(8)不同教龄教师本体性知识生成路径的比较

在本体性知识的生成路径调查A中,不同教龄的教师在多个路径上基本不存在显著差异。

在本体性知识的生成路径调查B中,由表7-34可知,不同教龄教师在"学生时代对教师的观察与思考""学生时代从书本上所学的理论"和"初任教时向指导教师学习"3个路径上存在显著差异。

表7-34 不同教龄教师本体性知识生成路径的方差分析结果

路 径	F	p
学生时代对教师的观察与思考	4.924	0.000**
学生时代从书本上所学的理论	2.227	0.050*
初任教时向指导教师学习	4.098	0.001**
任教后从理论性书籍或者报刊中	0.670	0.646
对课程标准、教学参考用书以及教材的解读	2.000	0.077

路　径	F	p
对同事课堂的观察与思考	0.359	0.876
与同事之间的日常交流	1.111	0.353
在教研组或教师共同体中的研讨	0.147	0.981
日常教学后的自我总结和自我反思	1.587	0.162
在专家讲座等理论培训中	0.427	0.830
在培训中的实践操练环节	0.952	0.447
对名师课堂的观察与模仿	0.480	0.791
从学生那里	1.279	0.272

　　从平均数来看，对于"学生时代对教师的观察与思考""学生时代从书本上所学的理论"和"初任教时向指导教师学习"，1~3年教龄教师所得的平均数最低为2.45（平均数越低，重要程度越高），这说明它对于1~3年教龄教师来说更重要，其他重要程度由高到低依次是3~5年、5~10年、10~15年、15~20年、20年以上。

　　综合来看，关于本体性知识的生成路径调查，不同教龄的教师基本不存在显著差异。

　　（9）不同学科教师本体性知识生成路径的比较

　　由表7-35可知，在本体性知识的生成路径调查A中，不同学科教师的本体性知识的生成路径在"任教后从理论性书籍或者报刊中"路径上存在显著差异。

　　其中，语文、政治、历史、信息技术教师的实际频数高于理论频数，这说明"任教后从理论性书籍或者报刊中"对于这些教师来说更重要。

　　在本体性知识的生成路径调查B中，由表7-37可知，不同学科教师在"学生时代从书本上所学的理论""对名师课堂的观察与模仿"和"从学生那里"3个路径上存在显著差异。

教师教学知识的统整研究

表 7-35 列联表分析 (Crosstab)

		学科												总计
		语文	数学	英语	政治	历史	地理	物理	化学	生物	艺体(包括音乐、体育、美术)	信息技术	科学	
本体性知识的主要途径	Count	70	74	44	12	12	13	29	17	13	22	3	4	313
	Expected	84.6	71.6	43.4	16.9	13.0	12.4	20.3	14.1	10.7	20.3	3.4	2.3	313.0
	Count	80	53	33	18	11	9	7	8	6	14	3	0	242
	Expected	65.4	55.4	33.6	13.1	10.0	9.6	15.7	10.9	8.3	15.7	2.6	1.7	242.0
总计	Count	150	127	77	30	23	22	36	25	19	36	6	4	555
	Expected	150.0	127.0	77.0	30.0	23.0	22.0	36.0	25.0	19.0	36.0	6.0	4.0	555.0

表 7-36 卡方检验

	Value	df	Asymp. Sig. (2-sided)
Pearson Chi-Square	24.033[a]	11	0.013
Likelihood Ratio	26.339	11	0.006
Linear-by-Linear Association	9.564	1	0.002
N of Valid Cases	555		

a.4 cells(16.7%) have expected count less than 5. The minimum expected count is 1.74.

表 7-37　不同学科教师本体性知识生成路径的方差分析结果

路　　径	F	p
学生时代对教师的观察与思考	1.052	0.400
学生时代从书本上所学的理论	2.343	0.008 **
初任教时向指导教师学习	0.785	0.655
任教后从理论性书籍或者报刊中	0.910	0.530
对课程标准、教学参考用书以及教材的解读	0.735	0.705
对同事课堂的观察与思考	0.345	0.975
与同事之间的日常交流	0.808	0.632
在教研组或教师共同体中的研讨	1.456	0.145
日常教学后的自我总结和自我反思	0.880	0.560
在专家讲座等理论培训中	1.465	0.142
在培训中的实践操练环节	1.091	0.367
对名师课堂的观察与模仿	2.067	0.022 *
从学生那里	2.388	0.007 **

　　从平均数来看,对于"学生时代从书本上所学的理论",信息技术教师所得的平均数最低为2.25(平均数越低,重要程度越高),这说明它对于信息技术教师来说更重要,其他重要程度由高到低依次是科学、化学、艺体、历史、语文、数学、政治、物理、地理、生物、英语等学科;对于"对名师课堂的观察与模仿",信息技术教师所得的平均数最低为1.50(平均数越低,重要程度越高),这说明它对于信息技术教师来说更重要,其他重要程度由高到低依次是科学、语文、历史、数学、艺体、生物、地理、物理、化学、政治、英语等学科;对于"从学生那里",科学教师所得的平均数最低为2.16(平均数越低,重要程度越高),这说明它对于科学教师来说更重要,其他重要程度由高到低依次是语文、信息技术、数学、艺体、历史、英语、地理、化学、政治、物理、生物等学科。

　　综合来看,关于本体性知识的生成路径调查,不同学科的教师在"学生时代从书本上所学的理论"和"任教后从理论性书籍或者报刊中"等路径上可能存在显著差异。

271

(三) 主体性知识的生成路径

1.生成主体性知识的最重要路径

在调查 A 中,关于主体性知识生成的主要路径的调查结果如图 7-3 所示。43%的教师选择了"日常教学后的自我总结和自我反思",40.5%的教师选择了"对名师课堂的观察与模仿",30.8%的教师选择了"对同事课堂的观察与思考"。

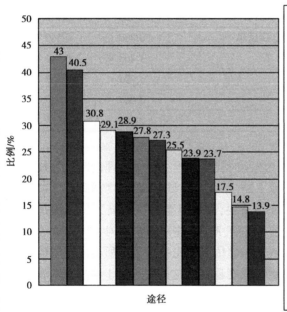

图 7-3　教师生成主体性知识的各种路径调查情况

在调查 B 中,关于各种路径对生成本体性知识的作用程度调查结果见表 7-38。87.1%的教师认为"日常教学后的自我总结和自我反思"的作用很大或者比较大,72.3%的教师认为"对同事课堂的观察与思考"的作用很大或者比较大,69.7%的教师认为"与同事之间的日常交流"的作用很大或者比较大,69.4%的教师认为"在教研组或教师共同体中的研讨"的作用很大或者比较大,68.8%的教师认为

表 7-38　各种路径对生成本体性知识贡献度的描述性分析

路　径	有效人数	很大		比较大		一般		比较小		很小		均值	标准差
		人数	比例/%	人数	比例/%	人数	比例/%	人数	比例/%	人数	比例/%		
学生时代对教师的观察与思考	528	102	19.3	164	31.1	148	28.0	64	12.1	50	9.5	2.61	1.199
学生时代从书本上所学的理论	527	38	7.2	148	28.1	212	40.2	69	13.1	60	11.4	2.93	1.074
初任教时向指导教师学习	528	123	23.3	152	28.8	170	32.2	69	13.1	14	2.7	2.43	1.065
任教后从理论性书籍或者报刊中	528	58	11.0	266	50.4	141	26.7	48	9.1	15	2.8	2.42	0.904
对课程标准、教学参考用书以及教材的解读	527	135	25.6	222	42.1	119	22.6	41	7.8	10	1.9	2.18	0.966
对同事课堂的观察与思考	527	108	20.5	273	51.8	121	23.0	21	4.0	4	0.8	2.13	0.805

续表

路 径	有效人数	很大		比较大		一般		比较小		很小		均值	标准差
		人数	比例/%	人数	比例/%	人数	比例/%	人数	比例/%	人数	比例/%		
与同事之间的日常交流	528	84	15.9	284	53.8	130	24.6	29	5.5	1	0.2	2.20	0.776
在教研组或教师共同体中的研讨	528	136	25.8	230	43.6	134	25.4	24	4.5	4	0.8	2.11	0.866
日常教学后的自我总结和自我反思	528	218	41.3	242	45.8	49	9.3	17	3.2	2	0.4	1.76	0.781
在专家讲座等理论培训中	527	69	13.1	217	41.2	164	31.1	65	12.3	12	2.3	2.50	0.947
在培训中的实践操练环节	525	118	22.5	197	37.5	165	31.4	36	6.9	9	1.7	2.28	0.944
对名师课堂的观察与模仿	525	110	21.0	251	47.8	101	19.2	56	10.7	7	1.3	2.24	0.946
从学生那里	526	131	24.9	167	31.7	161	30.6	38	7.2	29	5.5	2.37	1.099

"对名师课堂的观察与模仿"的作用很大或者比较大。

综合来看，两个调查显示，"日常教学后的自我总结和自我反思""对名师课堂的观察与模仿""对同事课堂的观察与思考"均属最重要路径。

2.生成主体性知识的最不重要路径

在调查 A 中,关于主体性知识生成的主要路径的调查结果如图 7-3 所示。仅有 17.5% 的教师选择了"初任教时向指导教师学习"，14.8% 的教师选择了"对课程标准、教学参考用书以及教材的解读"，13.9% 的教师选择了"学生时代从书本上所学的理论"。很显然,这 3 个路径对于主体性知识的生成而言,所发挥的作用并不大。

在调查 B 中,24.5% 的教师认为"学生时代从书本上所学的理论"的作用很小或者比较小,40.2% 的教师认为"学生时代从书本上所学的理论"的作用一般,即 64.7% 的教师不太认可"学生时代从书本上所学的理论"对于本体性知识的作用。

综合来看,对于主体性知识的生成来说,两个调查结果显示,"学生时代从书本上所学的理论"这个路径属最不重要的路径。

3.不同群体教师主体性知识生成路径的比较

（1）不同类型学校中教师主体性知识生成路径的比较

在本体性知识的生成路径调查 A 中,由表 7-39 可知,主体性知识的生成路径在"学生时代从书本上所学的理论""任教后从理论性书籍或者报刊中""与同事之间的日常交流""日常教学后的自我总结和自我反思""在专家讲座等理论培训中"5 个路径上普通学校和重点学校存在显著差异。

表 7-39　不同类型学校中教师主体性知识生成路径的 χ^2 分析结果

路　径	频　数	普通 （$n=240$）	重点 （$n=321$）	χ^2	p
学生时代对教师 的观察与思考	实际频数	76	87	1.388	0.239
	理论频数	70	93		

续表

路　径	频　数	普通 （ $n=240$ ）	重点 （ $n=321$ ）	χ^2	p
学生时代从书本 上所学的理论	实际频数	25	53	4.261	0.039*
	理论频数	33	45		
初任教时向指导 教师学习	实际频数	36	62	1.773	0.183
	理论频数	42	56		
任教后从理论性 书籍或者报刊中	实际频数	55	107	7.255	0.007**
	理论频数	69	93		
对课程标准、教 学参考用书以及 教材的解读	实际频数	29	54	2.447	0.118
	理论频数	34	48		
对同事课堂的观 察与思考	实际频数	66	107	2.191	0.139
	理论频数	74	99		
与同事之间的日 常交流	实际频数	86	67	15.497	0.000**
	理论频数	64	88		
在教研组或教师 共同体中的研讨	实际频数	46	87	4.782	0.029*
	理论频数	57	76		
日常教学后的自我 总结和自我反思	实际频数	96	145	1.499	0.221
	理论频数	103	138		
在专家讲座等理 论培训中	实际频数	45	98	10.033	0.002**
	理论频数	61	82		
在培训中的实践 操练环节	实际频数	58	98	2.770	0.096
	理论频数	67	89		
对名师课堂的观 察与模仿	实际频数	108	119	3.583	0.058
	理论频数	97	130		
从学生那里	实际频数	59	75	0.112	0.738
	理论频数	57	77		

276

查证与探寻：教师教学知识统整路径

其中，"学生时代从书本上所学的理论""任教后从理论性书籍或者报刊中""日常教学后的自我总结和自我反思""在专家讲座等理论培训中"，重点学校教师的实际选择频数高于理论频数，这说明，这两种路径对于重点学校的教师来说更重要；而对于"与同事之间的日常交流"，普通学校教师的实际选择频数高于理论频数，这说明此路径对于普通学校的教师来说更重要。

在主体性知识的生成路径调查 B 中，由表 7-40 可知，普通学校和重点学校的教师在"对课程标准、教学参考用书以及教材的解读""对同事课堂的观察与思考""与同事之间的日常交流""在教研组或教师共同体中的研讨""在专家讲座等理论培训中""在培训中的实践操练环节""对名师课堂的观察与模仿"和"从学生那里"等路径上存在显著差异。

表 7-40　不同类型学校中教师主体性知识生成路径的 t 检验结果

路　　径	普　　通	重　　点	t	p
学生时代对教师的观察与思考	2.55±1.164	2.66±1.221	-0.984	0.326
学生时代从书本上所学的理论	2.97±1.002	2.91±1.120	0.583	0.560
初任教时向指导教师学习	2.44±1.018	2.42±1.096	0.263	0.793
任教后从理论性书籍或者报刊中	2.46±0.904	2.40±0.905	0.721	0.471
对课程标准、教学参考用书以及教材的解读	2.36±0.981	2.07±0.939	3.409	0.001**
对同事课堂的观察与思考	2.33±0.790	2.00±0.788	4.673	0.000**
与同事之间的日常交流	2.32±0.757	2.13±0.781	2.728	0.007**
在教研组或教师共同体中的研讨	2.22±0.853	2.04±0.870	2.273	0.023*
日常教学后的自我总结和自我反思	1.78±0.830	1.74±0.748	0.690	0.490
在专家讲座等理论培训中	2.71±0.901	2.35±0.951	4.350	0.000**
在培训中的实践操练环节	2.40±0.915	2.20±0.956	2.455	0.014*
对名师课堂的观察与模仿	2.40±1.019	2.13±0.880	3.105	0.002**
从学生那里	2.65±1.091	2.18±1.066	4.827	0.000**

从平均数来看,普通学校在这 8 个路径上的平均数均要高于重点学校(得分越高,重要程度越低),这说明与普通学校的教师相比,这 8 个路径对于重点学校的教师来说更为重要。

综合来看,关于主体性知识的生成路径调查,普通学校和重点学校的教师在"与同事之间的日常交流"和"在专家讲座等理论培训中"等路径上存在显著差异。

(2)不同区域教师主体性知识生成路径的比较

在主体性知识的生成路径调查 A 中,由表 7-41 可知,不同区域学校的教师在"与同事之间的日常交流""从学生那里"两个路径上存在显著差异。

表 7-41 不同区域教师主体性知识生成路径的 χ^2 分析结果

路　　径	频　数	主城 ($n=375$)	农村 ($n=121$)	县城 ($n=65$)	χ^2	p
学生时代对教师的观察与思考	实际频数	105	37	21	0.672	0.714
	理论频数	109	35	19		
学生时代从书本上所学的理论	实际频数	52	17	9	0.003	0.999
	理论频数	52.1	16.8	9		
初任教时向指导教师学习	实际频数	60	25	13	1.705	0.426
	理论频数	66	21	11		
任教后从理论性书籍或者报刊中	实际频数	108	33	21	0.525	0.769
	理论频数	108.3	34.9	18.8		
对课程标准、教学参考用书以及教材的解读	实际频数	51	17	15	4.015	0.134
	理论频数	55	18	10		
对同事课堂的观察与思考	实际频数	117	30	26	4.654	0.098
	理论频数	116	37	20		
与同事之间的日常交流	实际频数	94	61	28	9.272	0.010*
	理论频数	102	33	18		
在教研组或教师共同体中的研讨	实际频数	87	25	21	3.332	0.189
	理论频数	89	29	15		
日常教学后的自我总结和自我反思	实际频数	158	49	34	2.722	0.256
	理论频数	161	52	28		

278

路　　径	频　　数	主城 ($n=375$)	农村 ($n=121$)	县城 ($n=65$)	χ^2	p
在专家讲座等理论培 训中	实际频数	102	24	17	2.630	0.268
	理论频数	97	31	16		
在培训中的实践操练 环节	实际频数	106	29	21	1.584	0.453
	理论频数	104	34	18		
对名师课堂的观察与 模仿	实际频数	148	47	32	2.361	0.307
	理论频数	152	49	26		
从学生那里	实际频数	77	35	22	7.556	0.023*
	理论频数	90	29	15		

其中，"与同事之间的日常交流"和"从学生那里"，农村和县城教师的实际频数高于理论频数，主城教师的实际频数低于理论频数。这说明，对于本体性知识的生成，这两个路径在农村和县城教师看来更为重要。

在主体性知识的生成路径调查 B 中，由表 7-42 可知，不同区域学校的教师在"学生时代从书本上所学的理论""初任教时向指导教师学习""与同事之间的日常交流""在教研组或教师共同体中的研讨"和"在专家讲座等理论培训中"等路径上存在显著差异。

表 7-42　不同区域教师主体性知识生成路径的方差分析结果

路　　径	主城区	农　村	县城 $M\pm S$	F	p
学生时代对教师 的观察与思考	2.64±1.317	2.62±0.953	2.44±0.876	0.721	0.487
学生时代从书本 上所学的理论	3.02±1.158	2.77±0.923	2.75±0.761	3.569	0.029*
初任教时向指导 教师学习	2.61±1.088	2.33±0.928	1.63±0.747	24.889	0.000**

续表

路　径	主城区	农　村	县城 $M\pm S$	F	p
任教后从理论性书籍或者报刊中	2.42±0.961	2.38±0.817	2.54±0.714	0.683	0.505
对课程标准、教学参考用书以及教材的解读	2.14±0.936	2.30±0.985	2.21±1.08	1.237	0.291
对同事课堂的观察与思考	2.22±0.831	2.21±0.764	2.10±0.390	0.686	0.504
与同事之间的日常交流	2.08±0.797	2.39±0.861	1.89±0.599	10.072	0.000**
在教研组或教师共同体中的研讨	2.07±0.918	2.30±0.791	1.98±0.635	3.885	0.021*
日常教学后的自我总结和自我反思	1.76±0.836	1.71±0.777	1.84±0.368	0.583	0.559
在专家讲座等理论培训中	2.39±0.959	2.64±0.923	2.81±0.820	7.203	0.001**
在培训中的实践操练环节	2.28±0.952	2.17±0.985	2.46±0.800	1.934	0.146
对名师课堂的观察与模仿	2.21±1.010	2.31±0.856	2.25±0.718	0.490	0.613
从学生那里	2.34±1.113	2.44±1.155	2.40±0.908	0.371	0.690

　　从平均数来看,县城学校在"学生时代从书本上所学的理论""初任教时向指导教师学习""与同事之间的日常交流""在教研组或教师共同体中的研讨"这 4 个路径上的平均数均要低于主城、农村学校(得分越低,重要程度越高),这说明与主城、农村学校的教师相比,

这4个路径对于县城学校的教师来说更为重要；主城学校"在专家讲座等理论培训中"的平均数均要低于县城、农村学校（得分越低，重要程度越高），这说明与县城、农村学校的教师相比，此路径对于主城学校的教师来说更为重要。

综合来看，关于主体性知识的生成路径调查，不同区域学校的教师在"与同事之间的日常交流"路径上存在显著差异。

（3）不同学段教师主体性知识生成路径的比较

在主体性知识的生成路径调查A中，由表7-43可知，不同学段的教师在"对同事课堂的观察与思考""在教研组或教师共同体中的研讨""在专家讲座等理论培训中"3个路径上小学和中学存在显著差异。

表7-43　不同学段教师主体性知识生成路径的 χ^2 分析结果

路　　径	频　　数	小学 ($n=179$)	中学 ($n=382$)	χ^2	p
学生时代对教师的观察与思考	实际频数	48	115	0.640	0.424
	理论频数	52	111		
学生时代从书本上所学的理论	实际频数	24	54	0.054	0.816
	理论频数	25	53		
初任教时向指导教师学习	实际频数	27	71	1.037	0.308
	理论频数	31	67		
任教后从理论性书籍或者报刊中	实际频数	45	117	1.788	0.181
	理论频数	52	110		
对课程标准、教学参考用书以及教材的解读	实际频数	22	61	1.308	0.253
	理论频数	27	55		
对同事课堂的观察与思考	实际频数	66	107	4.487	0.034*
	理论频数	55	118		
与同事之间的日常交流	实际频数	51	102	0.197	0.657
	理论频数	49	104		

续表

路 径	频 数	小学 (n=179)	中学 (n=382)	χ^2	p
在教研组或教师共同体中的研讨	实际频数	60	73	13.992	0.000**
	理论频数	42	91		
日常教学后的自我总结和自我反思	实际频数	82	159	0.872	0.350
	理论频数	77	164		
在专家讲座等理论培训中	实际频数	59	84	7.725	0.005**
	理论频数	46	97		
在培训中的实践操练环节	实际频数	54	102	0.729	0.393
	理论频数	50	106		
对名师课堂的观察与模仿	实际频数	80	147	1.952	0.162
	理论频数	72	155		
从学生那里	实际频数	48	86	1.241	0.265
	理论频数	42	91		

其中,"对同事课堂的观察与思考""在教研组或教师共同体中的研讨"和"在专家讲座等理论培训中",小学教师的实际频数高于理论频数,中学教师的实际频数低于理论频数。这说明,对于主体性知识的生成,这3个路径在小学教师看来更为重要。

在主体性知识的生成路径调查 B 中,由表 7-44 可知,不同学段的教师在"学生时代对教师的观察与思考""学生时代从书本上所学的理论""初任教时向指导教师学习""任教后从理论性书籍或者报刊中""对课程标准、教学参考用书以及教材的解读""对同事课堂的观察与思考""与同事之间的日常交流""日常教学后的自我总结和自我反思""在专家讲座等理论培训中""在培训中的实践操练环节""对名师课堂的观察与模仿"和"从学生那里"等路径上存在显著差异。

表 7-44　不同学段教师主体性知识生成路径的 t 检验分析结果

路　径	小学($M\pm S$)	中学($M\pm S$)	t	p
学生时代对教师的观察与思考	2.77±1.265	2.54±1.162	1.971	0.049*
学生时代从书本上所学的理论	2.79±1.175	3.00±1.019	-1.993	0.047*
初任教时向指导教师学习	2.14±1.128	2.56±1.008	-4.154	0.000**
任教后从理论性书籍或者报刊中	2.21±0.792	2.52±0.936	-3.952	0.000**
对课程标准、教学参考用书以及教材的解读	1.82±0.780	2.35±0.998	-6.490	0.000**
对同事课堂的观察与思考	2.01±0.782	2.18±0.810	-2.353	0.019*
与同事之间的日常交流	2.05±0.684	2.27±0.806	-3.337	0.001**
在教研组或教师共同体中的研讨	2.06±0.797	2.13±0.897	-0.941	0.347
日常教学后的自我总结和自我反思	1.64±0.594	1.81±0.848	-2.662	0.008**
在专家讲座等理论培训中	2.32±0.909	2.58±0.954	-2.969	0.003**
在培训中的实践操练环节	1.92±0.920	2.44±0.909	-6.142	0.000**
对名师课堂的观察与模仿	2.04±0.814	2.33±0.989	-3.444	0.001**
从学生那里	2.13±1.102	2.48±1.081	-3.442	0.001**

　　从平均数来看,除"学生时代对教师的观察与思考"中学教师的平均数要低于小学教师外(得分越低,重要程度越高),后面11个路径小学教师的平均数均要低于中学教师。这说明,后面11个路径对于小学教师来说更为重要。

　　综合来看,关于主体性知识的生成路径调查,不同学段的教师在"对同事课堂的观察与思考""在专家讲座等理论培训中"等路径上存在显著差异。

　　(4)不同性别教师主体性知识生成路径的比较

　　在主体性知识的生成路径调查 A 中,由表 7-45 可知,不同性别的教师在"对同事课堂的观察与思考""在教研组或教师共同体中的研讨""日常教学后的自我总结和自我反思"和"在专家讲座等理论培训中"4 个路径上男教师和女教师都存在显著差异。

表 7-45　不同性别教师主体性知识生成路径的 χ^2 分析结果

路　　径	频　　数	男 ($n=240$)	女 ($n=316$)	χ^2	p
学生时代对教师的观察与思考	实际频数	68	94	0.132	0.716
	理论频数	70	92		
学生时代从书本上所学的理论	实际频数	33	44	0.003	0.953
	理论频数	33.2	43.8		
初任教时向指导教师学习	实际频数	34	64	3.480	0.062
	理论频数	42	56		
任教后从理论性书籍或者报刊中	实际频数	64	96	0.918	0.338
	理论频数	69	91		
对课程标准、教学参考用书以及教材的解读	实际频数	43	40	2.970	0.085
	理论频数	36	47		
对同事课堂的观察与思考	实际频数	60	110	6.184	0.013*
	理论频数	73	97		
与同事之间的日常交流	实际频数	72	80	1.506	0.220
	理论频数	66	86		
在教研组或教师共同体中的研讨	实际频数	44	89	7.244	0.007**
	理论频数	57	76		
日常教学后的自我总结和自我反思	实际频数	88	152	7.270	0.007**
	理论频数	104	136		
在专家讲座等理论培训中	实际频数	49	93	5.828	0.016*
	理论频数	61	81		
在培训中的实践操练环节	实际频数	59	97	2.525	0.112
	理论频数	67	89		

284

续表

路　径	频　数	男 ($n=240$)	女 ($n=316$)	χ^2	p
对名师课堂的观察与模仿	实际频数	99	128	0.031	0.860
	理论频数	98	129		
从学生那里	实际频数	56	78	0.136	0.712
	理论频数	58	76		

　　其中，"对同事课堂的观察与思考""在教研组或教师共同体中的研讨""日常教学后的自我总结和自我反思"和"在专家讲座等理论培训中"这4条路径上女教师的实际频数高于理论频数。这说明，对于主体性知识的生成，这4个路径在女教师看来更为重要。

　　在主体性知识的生成路径调查B中，由表7-46可知，不同性别的教师在"学生时代对教师的观察与思考""日常教学后的自我总结和自我反思""在培训中的实践操练环节"等路径上存在显著差异。

表7-46　不同性别教师主体性知识生成路径的 t 检验分析结果

路　径	男($M\pm S$)	女($M\pm S$)	t	p
学生时代对教师的观察与思考	2.47±1.182	2.72±1.205	−2.342	0.020*
学生时代从书本上所学的理论	2.88±1.049	2.97±1.096	−0.978	0.329
初任教时向指导教师学习	2.36±1.046	2.48±1.080	−1.331	0.184
任教后从理论性书籍或者报刊中	2.40±0.905	2.44±0.907	−0.565	0.572
对课程标准、教学参考用书以及教材的解读	2.20±0.984	2.17±0.955	0.374	0.709
对同事课堂的观察与思考	2.19±0.828	2.08±0.788	1.440	0.150
与同事之间的日常交流	2.20±0.750	2.20±0.798	0.003	0.998
在教研组或教师共同体中的研讨	2.12±0.907	2.10±0.838	0.153	0.878

续表

路　径	男($M\pm S$)	女($M\pm S$)	t	p
日常教学后的自我总结和自我反思	1.84±0.844	1.68±0.720	2.304	0.022*
在专家讲座等理论培训中	2.46±0.880	2.52±0.994	−0.669	0.504
在培训中的实践操练环节	2.39±0.947	2.19±0.937	2.376	0.018*
对名师课堂的观察与模仿	2.23±0.948	2.24±0.948	−0.107	0.915
从学生那里	2.41±1.047	2.34±1.141	0.782	0.435

从平均数来看,除"学生时代对教师的观察与思考"男教师的平均数要低于小学教师外(得分越低,重要程度越高),后面两个路径女教师的平均数均要低于男教师。这说明,"日常教学后的自我总结和自我反思""在培训中的实践操练环节"对于女教师来说更为重要。

综合来看,关于主体性知识的生成路径调查,不同性别的教师在"日常教学后的自我总结和自我反思"路径上存在显著差异。

(5)不同荣誉教师主体性知识生成路径的比较

在主体性知识的生成路径调查 A 中,由表 7-47 可知,不同荣誉的教师在"对同事课堂的观察与思考""日常教学后的自我总结和自我反思"等路径上,不同学术荣誉的教师存在显著差异。

其中,"对同事课堂的观察与思考",市级名师和校级优秀的实际频数高于理论频数,无荣誉教师、区县级名师的实际频数均低于理论频数,这说明"对同事课堂的观察与思考"对于市级名师和校级优秀来说更重要;"日常教学后的自我总结和自我反思",无荣誉教师、区县级名师和市级名师的实际频数低于理论频数,校级优秀的实际频数均高于理论频数,这说明"日常教学后的自我总结和自我反思"对于无荣誉教师、区县级名师和市级名师的来说更重要。

在主体性知识的生成路径调查 B 中,由表 7-48 可知,不同荣誉的教师在"日常教学后的自我总结和自我反思"路径上存在显著差异。

表7-47 不同荣誉教师主体性知识生成路径的 χ^2 分析结果

路　径	频　数	无荣誉 (n=369)	校级优秀 (n=98)	区县级名师 (n=68)	市级名师 (n=18)	χ^2	p
学生时代对教师的观察与思考	实际频数	111	26	24	1	6.958	0.073
	理论频数	108	29	20	5		
学生时代从书本上所学的理论	实际频数	52	14	10	1	1.245	0.742
	理论频数	51	14	9	3		
初任教时向指导教师学习	实际频数	69	12	15	2	3.815	0.282
	理论频数	65	17	12	4		
任教后从理论性书籍或者报刊中	实际频数	102	28	25	4	2.907	0.406
	理论频数	106	28	20	5		
对课程标准、教学参考用书以及教材的解读	实际频数	47	21	12	3	5.046	0.168
	理论频数	55	15	10	3		
对同事课堂的观察与思考	实际频数	100	40	20	9	9.520	0.023*
	理论频数	112	30	21	6		
与同事之间的日常交流	实际频数	103	32	12	5	4.667	0.198
	理论频数	101	27	19	5		

续表

路　径	频　数	无荣誉 （n=369）	校级优秀 （n=98）	区县级名师 （n=68）	市级名师 （n=18）	χ^2	p
在教研组或教师共同体中的研讨	实际频数	89	25	14	5	0.615	0.893
	理论频数	89	23	16	5		
日常教学后的自我总结和自我反思	实际频数	162	32	35	11	8.076	0.044*
	理论频数	160	42	30	8		
在专家讲座等理论培训中	实际频数	84	27	25	6	6.555	0.088
	理论频数	95	25	17	5		
在培训中的实践操练环节	实际频数	103	23	24	6	2.898	0.408
	理论频数	104	28	19	5		
对名师课堂的观察与模仿	实际频数	140	45	34	8	4.695	0.196
	理论频数	151	40	28	8		
从学生那里	实际频数	87	23	20	4	1.216	0.749
	理论频数	89	24	16	5		

查证与探寻：教师教学知识统整路径

表 7-48 不同荣誉教师主体性知识生成路径的方差分析结果

路　　径	F	p
学生时代对教师的观察与思考	0.328	0.805
学生时代从书本上所学的理论	1.158	0.325
初任教时向指导教师学习	0.257	0.856
任教后从理论性书籍或者报刊中	0.819	0.484
对课程标准、教学参考用书以及教材的解读	1.872	0.134
对同事课堂的观察与思考	1.648	0.178
与同事之间的日常交流	0.479	0.697
在教研组或教师共同体中的研讨	0.834	0.476
日常教学后的自我总结和自我反思	2.815	0.039*
在专家讲座等理论培训中	2.584	0.053
在培训中的实践操练环节	2.282	0.079
对名师课堂的观察与模仿	1.616	0.185
从学生那里	1.570	0.196

从平均数来看，对于"日常教学后的自我总结和自我反思"，市级名师所得的平均数最低为1.28（平均数越低，重要程度越高），这说明它对于市级名师来说更重要，其他重要程度由高到低依次是区县级名师、无荣誉教师、校级优秀。

综合来看，关于主体性知识的生成路径调查，不同荣誉的教师在"日常教学后的自我总结和自我反思"路径上存在显著差异。

（6）不同学历教师主体性知识生成路径的比较

在主体性知识的生成路径调查 A 中，由表 7-49 可知，不同学历的教师在"日常教学后的自我总结和自我反思"路径上存在显著差异。

其中，中专学历教师的实际频数高于理论频数，这说明与其他学历的教师相比，"对课程标准、教学参考用书以及教材的解读"对于中专学历教师更重要。

表7-49 不同学历教师主体性知识生成路径的 χ^2 分析结果

路　径	频　数	中专 (n=8)	专科 (n=84)	本科 (n=457)	本科以上 (n=3)	χ^2	p
学生时代对教师的观察与思考	实际频数	0	25	134	1	3.343	0.342
	理论频数	2.3	24.3	132.5	0.9		
学生时代从书本上所学的理论	实际频数	0	13	63	0	1.963	0.580
	理论频数	1.1	11.6	62.9	0.4		
初任教时向指导教师学习	实际频数	1	15	82	0	0.811	0.847
	理论频数	1.4	14.9	81.1	0.5		
任教后从理论性书籍或者报刊中	实际频数	2	22	132	2	2.435	0.487
	理论频数	2.3	24	130.8	0.9		
对课程标准、教学参考用书以及教材的解读	实际频数	0	13	69	0	1.966	0.579
	理论频数	1.2	12.5	67.9	0.4		
对同事课堂的观察与思考	实际频数	3	27	140	0	1.581	0.664
	理论频数	2.5	25.9	140.7	0.9		
与同事之间的日常交流	实际频数	3	26	121	2	3.448	0.328
	理论频数	2.2	23.1	125.8	0.8		

在教研组或教师共同体中的研讨	实际频数	3	26	103	1	3.691	0.297
	理论频数	1.9	20.2	110.1	0.7		
日常教学后的自我总结和自我反思	实际频数	7	31	198	3	11.694	0.009**
	理论频数	3.5	36.4	197.9	1.3		
在专家讲座等理论培训中	实际频数	2	19	119	1	0.534	0.911
	理论频数	2	21.5	116.7	0.8		
在培训中的实践操练环节	实际频数	2	23	129	1	0.104	0.991
	理论频数	2.2	23.6	128.3	0.8		
对名师课堂的观察与模仿	实际频数	4	37	186	0	2.686	0.443
	理论频数	3.3	34.5	187.9	1.2		
从学生那里	实际频数	1	21	111	1	0.761	0.859
	理论频数	1.9	20.4	110.9	0.7		

在主体性知识的生成路径调查 B 中,由表 7-50 可知,不同学历的教师在"学生时代对教师的观察与思考""学生时代从书本上所学的理论""初任教时向指导教师学习""对课程标准、教学参考用书以及教材的解读""在培训中的实践操练环节"等路径上存在显著差异。

表 7-50　不同学历教师主体性知识生成路径的方差分析结果

路　径	F	p
学生时代对教师的观察与思考	2.813	0.039*
学生时代从书本上所学的理论	5.671	0.001**
初任教时向指导教师学习	4.128	0.007**
任教后从理论性书籍或者报刊中	1.616	0.185
对课程标准、教学参考用书以及教材的解读	7.039	0.000**
对同事课堂的观察与思考	0.409	0.747
与同事之间的日常交流	0.862	0.461
在教研组或教师共同体中的研讨	0.488	0.691
日常教学后的自我总结和自我反思	1.522	0.208
在专家讲座等理论培训中	0.331	0.803
在培训中的实践操练环节	3.352	0.019*
对名师课堂的观察与模仿	0.351	0.788
从学生那里	1.311	0.270

从平均数来看,对于"学生时代对教师的观察与思考",本科以上学历教师所得的平均数最低为 2.00(平均数越低,重要程度越高),这说明它对于本科以上学历教师来说更重要,其他重要程度由高到低依次是本科、专科、中专;对于"学生时代从书本上所学的理论",专科学历教师所得的平均数最低为 2.58(平均数越低,重要程度越高),这说明它对于专科学历教师来说更重要,其他重要程度由高到低依次是本科、中专、本科以上;对于"初任教时向指导教师学习",本科以上学历教师所得的平均数最低为 1.67(平均数越低,重要程度越

表 7-51 不同职称教师主体性知识生成路径的 χ^2 分析结果

路径	频数	未评职称 (n=16)	小学高级 (n=91)	小学一级 (n=77)	小学二级 (n=10)	中学高级 (n=93)	中学一级 (n=143)	中学二级 (n=121)	中学三级 (n=3)	χ^2	p
学生时代对教师的观察与思考	实际频数	5	22	23	2	22	49	37	0	5.262	0.628
	理论频数	4.6	26.4	22.3	2.9	27	41.4	35.1	0.3		
学生时代从书本上所学的理论	实际频数	5	14	10	1	13	23	10	0	8.374	0.301
	理论频数	2.2	12.5	10.6	1.4	12.8	19.7	16.7	0.1		
初任教时向指导教师学习	实际频数	6	13	13	1	12	29	24	0	8.172	0.318
	理论频数	2.8	16.2	13.7	1.8	16.5	25.4	21.5	0.2		
任教后从理论性书籍或者报刊中	实际频数	7	23	19	1	31	49	28	0	9.996	0.189
	理论频数	4.6	26	22	2.9	26.6	40.9	34.6	0.3		
对课程标准、教学用书以及教材的解读	实际频数	1	11	10	1	15	29	16	0	6.085	0.530
	理论频数	2.4	13.5	11.4	1.5	13.8	21.2	18	0.1		
对同事课堂的观察与思考	实际频数	5	37	25	4	30	36	32	1	10.189	0.178
	理论频数	4.9	28	23.7	3.1	28.6	44	37.3	0.3		
与同事之间的日常交流	实际频数	1	22	24	6	19	36	43	1	19.206	0.008**
	理论频数	4	25	21	3	26	39	33	0.3		

续表

路 径	频 数	未评职称 (n=16)	小学高级 (n=91)	小学一级 (n=77)	小学二级 (n=10)	中学高级 (n=93)	中学一级 (n=143)	中学二级 (n=121)	中学三级 (n=3)	χ^2	p
在教研组或教师共同体中的研讨	实际频数	4	28	30	2	22	23	24	0	18.166	0.011*
	理论频数	4	22	19	2	22	35	29	0.2		
日常教学后的自我总结和自我反思	实际频数	7	42	35	4	37	57	57	0	3.129	0.873
	理论频数	6.9	39.4	33.3	4.3	40.3	61.9	52.4	0.4		
在专家讲座等理论培训中	实际频数	3	34	25	0	22	31	26	0	15.131	0.034*
	理论频数	4	23	20	3	24	36	31	0.3		
在培训中的实践操练环节	实际频数	2	31	23	1	23	41	34	0	6.210	0.515
	理论频数	4.5	25.6	21.6	2.8	26.1	40.2	34	0.3		
对名师课堂的观察与模仿	实际频数	4	37	37	4	39	54	52	0	0.515	0.682
	理论频数	6.6	37.4	31.7	4.1	38.2	58.8	49.8	0.4		
从学生那里	实际频数	6	23	17	4	16	33	34	1	9.842	0.198
	理论频数	3.9	22.1	18.7	2.4	22.6	34.7	29.4	0.2		

高），这说明它对于本科以上学历教师来说更重要，其他重要程度由高到低依次是专科、本科、中专；对于"对课程标准、教学参考用书以及教材的解读"，中专学历教师所得的平均数最低为1.71（平均数越低，重要程度越高），这说明它对于中专学历教师来说更重要，其他重要程度由高到低依次是专科、本科、本科以上；对于"在培训中的实践操练环节"，中专学历教师所得的平均数最低为1.71（平均数越低，重要程度越高），这说明它对于中专以上学历教师来说更重要，其他重要程度由高到低依次是专科、本科、本科以上。

综合来看，关于主体性知识的生成路径调查，不同学历的教师在各个路径上基本不存在显著差异。

（7）不同职称教师主体性知识生成路径的比较

在主体性知识的生成路径调查 A 中，由表 7-51 可知，不同职称的教师在"与同事之间的日常交流""在教研组或教师共同体中的研讨"和"在专家讲座等理论培训中"等路径上，不同职称的教师存在显著差异。

其中，"与同事之间的日常交流"，小学一级、小学二级、中学二级教师的实际频数高于理论频数，这说明"与同事之间的日常交流"对于这些教师来说更重要；"在教研组或教师共同体中的研讨"和"在专家讲座等理论培训中"，小学高级、小学一级教师的实际频数高于理论频数，这说明"在教研组或教师共同体中的研讨"和"在专家讲座等理论培训中"对于小学高级、小学一级教师来说更重要。

在主体性知识的生成路径调查 B 中，由表 7-52 可知，不同职称的教师在"初任教时向指导教师学习""任教后从理论性书籍或者报刊中""对课程标准、教学参考用书以及教材的解读""与同事之间的日常交流""在专家讲座等理论培训中""在培训中的实践操练环节""对名师课堂的观察与模仿"和"从学生那里"等路径上存在显著差异。

教师教学知识的统整研究

表 7-52　不同职称教师主体性知识生成路径的方差分析结果

路　径	F	p
学生时代对教师的观察与思考	1.323	0.237
学生时代从书本上所学的理论	0.817	0.574
初任教时向指导教师学习	4.280	0.000**
任教后从理论性书籍或者报刊中	3.782	0.001**
对课程标准、教学参考用书以及教材的解读	6.708	0.000**
对同事课堂的观察与思考	1.926	0.063
与同事之间的日常交流	2.443	0.018*
在教研组或教师共同体中的研讨	0.888	0.516
日常教学后的自我总结和自我反思	1.762	0.093
在专家讲座等理论培训中	2.250	0.029*
在培训中的实践操作环节	6.596	0.000**
对名师课堂的观察与模仿	2.851	0.006**
从学生那里	2.228	0.031*

　　从平均数来看,对于"初任教时向指导教师学习",小学二级教师所得的平均数最低为 1.90(平均数越低,重要程度越高),这说明它对于小学二级教师来说更重要,其他重要程度由高到低依次是小学高级、小学一级、中学二级、中学三级、中学高级、中学一级、未评职称;"任教后从理论性书籍或者报刊中",小学二级教师所得的平均数最低为 2.10(平均数越低,重要程度越高),这说明它对于小学二级教师来说更重要,其他重要程度由高到低依次是小学高级、小学一级、中学高级、中学一级、中学二级、中学三级、未评职称;对于"对课程标准、教学参考用书以及教材的解读",小学二级教师所得的平均数最低为 1.60(平均数越低,重要程度越高),这说明它对于小学二级教师来说更重要,其他重要程度由高到低依次是小学高级、小学一级、中学高级、中学一级、中学二级、中学三级、未评职称;对于"与同事之间的日常交流",小学一级、小学二级教师所得的平均数最低为 2.00(平

均数越低,重要程度越高),这说明它对于小学一级和小学二级教师来说更重要,其他重要程度由高到低依次是小学高级、中学二级、中学一级、中学高级、中学三级、未评职称;对于"在专家讲座等理论培训中",小学高级教师所得的平均数最低为2.17(平均数越低,重要程度越高),这说明它对于小学高级教师来说更重要,其他重要程度由高到低依次是小学一级、中学二级、未评职称、中学三级、小学二级、中学高级、中学一级;对于"在培训中的实践操练环节",小学高级教师所得的平均数最低为1.84(平均数越低,重要程度越高),这说明它对于小学高级教师来说更重要,其他重要程度由高到低依次是小学一级、小学二级、中学三级、中学二级、未评职称、中学高级、中学一级;对于"对名师课堂的观察与模仿",小学高级教师所得的平均数最低为1.95(平均数越低,重要程度越高),这说明它对于小学高级教师来说更重要,其他重要程度由高到低依次是小学一级、中学二级、中学三级、中学一级、小学二级、中学高级、未评职称;对于"从学生那里",小学高级教师所得的平均数最低为1.99(平均数越低,重要程度越高),这说明它对于小学高级教师来说更重要,其他重要程度由高到低依次是小学一级、未评职称、中学三级、中学高级、小学二级、中学一级、中学二级。

综合来看,关于主体性知识的生成路径调查,不同职称的教师在"与同事之间的日常交流"和"在专家讲座等理论培训中"路径上存在显著差异。

(8)不同教龄教师主体性知识生成路径的比较

在主体性知识的生成路径调查A中,从表7-53可知,不同教龄的教师在"初任教时向指导教师学习"和"与同事之间的日常交流"路径上存在显著差异。

其中,"初任教时向指导教师学习",3~5年、5~10年和10~15年教龄的教师的实际频数略高于理论频数,其他教龄的实际频数均等于或低于理论频数,这说明"初任教时向指导教师学习"对于3~5年、5~10年和10~15年教龄的教师来说更重要;"与同事之间的日常交流",1~3年和10~15年教龄的教师的实际频数略高于理论频

表 7-53　不同教龄教师主体性知识生成路径的 χ^2 分析结果

路　径	频数	1~3年 (n=39)	20年以上 (n=142)	3~5年 (n=46)	5~10年 (n=111)	10~15年 (n=129)	15~20年 (n=82)	χ^2	p
学生时代对教师的观察与思考	实际频数	12	32	14	35	43	22	4.706	0.453
	理论频数	11.2	40.9	13.2	31.9	37.1	23.6		
学生时代从书本上所学的理论	实际频数	5	25	7	14	16	9	2.723	0.743
	理论频数	5.4	19.7	6.4	15.4	17.9	11.4		
初任教时向指导教师学习	实际频数	7	18	15	23	24	11	11.199	0.048*
	理论频数	7	25	8	20	23	15		
任教后从理论性书籍或者报刊中	实际频数	14	41	13	34	36	20	1.975	0.853
	理论频数	11.2	40.9	13.2	31.9	37.1	23.6		
对课程标准、教学参考用书以及教材的解读	实际频数	6	21	5	20	19	11	1.591	0.902
	理论频数	5.8	21.2	6.9	16.6	19.3	12.2		

								χ^2	p
对同事课堂的观察与思考	实际频数	11	41	15	28	43	32	5.028	0.412
	理论频数	12.1	44	14.2	34.4	39.9	25.4		
与同事之间的日常交流	实际频数	14	32	13	25	49	19	12.349	0.030*
	理论频数	11	39	13	31	35	23		
在教研组或教师共同体中的研讨	实际频数	8	35	15	24	34	17	3.342	0.647
	理论频数	9.4	34.4	11.1	26.9	31.3	19.9		
日常教学后的自我总结和自我反思	实际频数	16	55	22	50	56	40	2.798	0.731
	理论频数	17	61.8	20	48.3	56.2	35.7		

续表

路 径	频数	1~3年 (n=39)	20年以上 (n=142)	3~5年 (n=46)	5~10年 (n=111)	10~15年 (n=129)	15~20年 (n=82)	χ^2	p
在专家讲座等理论培训中	实际频数	7	33	9	28	36	28	5.992	0.307
	理论频数	10	36.5	11.8	28.5	33.1	21.1		
在培训中的实践操练环节	实际频数	10	36	12	32	38	26	1.415	0.923
	理论频数	10.9	39.8	12.9	31.1	36.2	23		
对名师课堂的观察与模仿	实际频数	13	59	16	51	49	39	4.728	0.450
	理论频数	16.1	58.7	19	45.9	53.3	33.9		
从学生那里	实际频数	13	27	15	35	25	18	10.733	0.057
	理论频数	9.4	34.4	11.1	26.9	31.3	19.9		

查证与探寻：教师教学知识统整路径

数,其他教龄的实际频数均等于或低于理论频数,这说明"与同事之间的日常交流"对于1~3年和10~15年教龄的教师来说更重要。

在主体性知识的生成路径调查 B 中,由表7-54可知,不同教龄的教师在"任教后从理论性书籍或者报刊中"路径上存在显著差异。

表7-54 不同教龄教师主体性知识生成路径的方差分析结果

路　径	F	p
学生时代对教师的观察与思考	0.463	0.804
学生时代从书本上所学的理论	0.500	0.776
初任教时向指导教师学习	2.017	0.075
任教后从理论性书籍或者报刊中	2.884	0.014*
对课程标准、教学参考用书以及教材的解读	1.382	0.230
对同事课堂的观察与思考	1.045	0.391
与同事之间的日常交流	1.625	0.152
在教研组或教师共同体中的研讨	0.728	0.603
日常教学后的自我总结和自我反思	1.544	0.175
在专家讲座等理论培训中	0.919	0.468
在培训中的实践操练环节	0.667	0.649
对名师课堂的观察与模仿	1.821	0.107
从学生那里	1.178	0.319

从平均数来看,对于"任教后从理论性书籍或者报刊中",10~15年教龄教师所得的平均数最低为2.30(平均数越低,重要程度越高),这说明它对于10~15年教龄教师来说更重要,其他重要程度由高到低依次是3~5年、1~3年、5~10年、15~20年、20年以上。

综合来看,关于主体性知识的生成路径调查,不同教龄的教师基本上不存在显著差异。

(9)不同学科教师主体性知识生成路径的比较

在主体性知识的生成路径调查 A 中,由表7-55和表7-56可知,不同学科的教师在"学生时代从书本上所学的理论"路径上存在显著差异。

301

教师教学知识的统整研究

302

表 7-55 列联表分析（Crosstab）

| | | 学科 | | | | | | | | | | | | 总计 |
		语文	数学	英语	政治	历史	地理	物理	化学	生物	艺体（包括音乐、体育、美术）	信息技术	科学	
主体性知识的主要途径	Count	119	108	70	29	19	17	34	24	19	29	6	4	478
	Expected	129.2	109.4	66.3	25.8	19.8	18.9	31.0	21.5	16.4	31.0	5.2	3.4	478.0
	Count	31	19	7	1	4	5	2	1	0	7	0	0	77
	Expected	20.8	17.6	10.7	4.2	3.2	3.1	5.0	3.5	2.6	5.0	0.8	0.6	77.0
总计	Count	150	127	77	30	23	22	36	25	19	36	6	4	555
	Expected	150.0	127.0	77.0	30.0	23.0	22.0	36.0	25.0	19.0	36.0	6.0	4.0	555.0

表 7-56 卡方检验

	Value	df	Asymp. Sig. (2-sided)
Pearson Chi-Square	21.594[a]	11	0.028
Likelihood Ratio	27.083	11	0.004
Linear-by-Linear Association	5.028	1	0.025
N of Valid Cases	555		

a. 10 cells（41.7%）have expected count less than 5. The minimum expected count is 0.55.

查证与探寻：教师教学知识统整路径

其中,语文、数学、历史、地理、艺体教师的实际频数高于理论频数,这说明"任教后从理论性书籍或者报刊中"对于这些教师来说更重要。

在主体性知识的生成路径调查 B 中,由表 7-57 可知,不同教龄的教师在"在专家讲座等理论培训中""在培训中的实践操练环节"和"从学生那里"路径上存在显著差异。

表 7-57　不同学科教师主体性知识生成路径的方差分析结果

路　　径	F	p
学生时代对教师的观察与思考	0.857	0.583
学生时代从书本上所学的理论	1.366	0.186
初任教时向指导教师学习	1.396	0.171
任教后从理论性书籍或者报刊中	0.580	0.846
对课程标准、教学参考用书以及教材的解读	0.937	0.505
对同事课堂的观察与思考	0.867	0.573
与同事之间的日常交流	1.125	0.339
在教研组或教师共同体中的研讨	0.697	0.742
日常教学后的自我总结和自我反思	1.682	0.075
在专家讲座等理论培训中	1.911	0.036*
在培训中的实践操练环节	1.879	0.040*
对名师课堂的观察与模仿	1.312	0.215
从学生那里	3.233	0.000**

从平均数来看,对于"在专家讲座等理论培训中",信息技术教师所得的平均数最低为 1.50(平均数越低,重要程度越高),这说明它对于信息技术教师来说更重要,其他重要程度由高到低依次是科学、艺体、语文、数学、物理、历史、生物、政治、英语、化学、地理等学科;对于"在培训中的实践操练环节",语文教师所得的平均数最低为 1.78(平均数越低,重要程度越高),这说明它对于语文教师来说更重要,其他重要程度由高到低依次是艺体、科学、信息技术、地理、化学、生

物、数学、历史、政治、英语、物理等学科;对于"从学生那里",政治教师所得的平均数最低为1.87(平均数越低,重要程度越高),这说明它对于政治教师来说更重要,其他重要程度由高到低依次是语文、艺体、数学、信息技术、科学、历史、英语、化学、地理、物理、生物等学科。

综合来看,关于主体性知识的生成路径调查,不同学科的教师基本上不存在显著差异。

(四)策略性知识的生成路径

1.生成策略性知识的最重要路径

在调查 A 中,关于策略性知识生成的主要路径的调查结果如图7-4 所示。51.5%的教师选择了"在教研组或教师共同体中的研讨",44.9%的教师选择了"对同事课堂的观察与思考",42.1%的教师选择了"任教后从理论性书籍或者报刊中",39%的教师选择了"对名师课堂的观察与模仿",36.2%的教师选择了"与同事之间的日常交流",36%的教师选择了"日常教学后的自我总结和自我反思"。

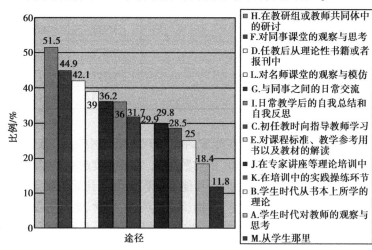

图7-4 教师生成策略性知识的各种路径调查情况

在调查 B 中,关于各种路径对生成策略性知识的作用程度调查结果见表 7-58。86.3%的教师认为"日常教学后的自我总结和自我反思"的作用很大或者比较大,76.2%的教师认为"与同事之间的日常交流"的作用很大或者比较大,75.8%的教师认为"在教研组或教师共同体中的研讨"的作用很大或者比较大,75.5%的教师认为"对同事课堂的观察与思考"的作用很大或者比较大,72.4%的教师认为"对名师课堂的观察与模仿"的作用很大或者比较大。

综合来看,两个调查显示,对于策略性知识的生成来说,"在教研组或教师共同体中的研讨""对同事课堂的观察与思考""对名师课堂的观察与模仿""与同事之间的日常交流""日常教学后的自我总结和自我反思"等路径均是重要路径。这也说明,策略性知识的生成并非是某一种路径单独作用,而是多种路径、多种因素的共同作用。

2.生成策略性知识的最不重要路径

在调查 A 中,关于策略性知识生成的主要路径的调查结果如图 7-4 所示。仅有 18.4%的教师选择了"学生时代对教师的观察与思考",11.8%的教师选择了"从学生那里"。很显然,这两个路径对于主体性知识的生成而言,所发挥的作用并不大。

在调查 B 中,关于策略性知识生成的主要路径的调查结果见表 7-53。27.7%的教师认为"学生时代从书本上所学的理论"的作用很小或者比较小,32.6%的教师认为"学生时代对教师的观察与思考"的作用一般,即 60.3%的教师不太认可"学生时代从书本上所学的理论"对于策略性知识的作用;28.1%的教师认为"学生时代对教师的观察与思考"的作用很小或者比较小,28.3%的教师认为"学生时代对教师的观察与思考"的作用一般,即 56.4%的教师不太认可"学生时代对教师的观察与思考"对于策略性知识的作用。

综合来看,对于策略性知识的生成来说,两个调查结果显示,"学生时代对教师的观察与思考"相对来说属最不重要的路径,除最重要的路径对策略性知识的生成具有比较突出的作用外,其他路径对于策略性知识都具有一定的作用。这里的调查结果也再一次说明,策

表 7-58　各种路径对生成意义性知识的贡献度的描述性分析

路　径	有效人数	很大		比较大		一般		比较小		很小		均值	标准差
		人数	比例/%	人数	比例/%	人数	比例/%	人数	比例/%	人数	比例/%		
学生时代对教师的观察与思考	523	82	15.7	146	27.9	148	28.3	110	21.0	37	7.1	2.76	1.159
学生时代从书本上所学的理论	524	54	10.3	154	29.4	171	32.6	89	17.0	56	10.7	2.88	1.137
初任教时向指导教师学习	524	88	16.8	257	49.0	121	23.1	49	9.4	9	1.7	2.30	0.916
任教后从理论性书籍或者报刊中	525	86	16.4	267	50.9	115	21.9	54	10.3	3	0.6	2.28	0.877
对课程标准、教学参考用书以及教材的解读	524	201	38.4	194	37.0	121	23.1	6	1.1	2	0.4	1.88	0.826

对同事课堂的观察与思考	526	150	28.5	247	47.0	113	21.5	14	2.7	2	0.4	1.99	0.801
与同事之间的日常交流	525	103	19.6	297	56.6	104	19.8	21	4.0	0	0	2.08	0.741
在教研组或教师共同体中的研讨	526	158	30.0	241	45.8	112	21.3	14	2.7	1	0.2	1.97	0.798
日常教学后的自我总结和自我反思	526	231	43.9	223	42.4	56	10.6	15	2.9	1	0.2	1.73	0.778
在专家讲座等理论培训中	525	83	15.8	260	49.5	137	26.1	32	6.1	13	2.5	2.30	0.893
在培训中的实践操练环节	525	134	25.5	225	42.9	131	25.0	30	5.7	5	1.0	2.14	0.895
对名师课堂的观察与模仿	525	134	25.5	246	46.9	105	20.0	36	6.9	4	0.8	2.10	0.888
从学生那里	523	111	21.2	201	38.4	131	25.0	48	9.2	32	6.1	2.41	1.104

略性知识的生成是由多种路径共同作用的,每一种路径对于策略性知识的生成来说都比较重要,因而这里的最不重要路径就非常少。

3.不同群体教师策略性知识生成路径的比较

(1)不同类型学校中教师策略性知识生成路径的比较

在策略性知识的生成路径调查 A 中,由表 7-59 可知,普通学校和重点学校在"学生时代从书本上所学的理论""日常教学后的自我总结和自我反思""在专家讲座等理论培训中"和"从学生那里"等路径上存在显著差异。

表 7-59　不同类型学校中教师策略性知识生成路径的 χ^2 分析结果

路　径	频　数	普通($n=240$)	重点($n=321$)	χ^2	p
学生时代对教师的观察与思考	实际频数	40	63	0.802	0.370
	理论频数	44	59		
学生时代从书本上所学的理论	实际频数	73	67	6.680	0.010*
	理论频数	60	80		
初任教时向指导教师学习	实际频数	76	102	0.001	0.978
	理论频数	76.1	101.9		
任教后从理论性书籍或者报刊中	实际频数	100	136	0.028	0.868
	理论频数	101	135		
对课程标准、教学参考用书以及教材的解读	实际频数	68	100	0.520	0.471
	理论频数	72	96		
对同事课堂的观察与思考	实际频数	110	142	0.141	0.707
	理论频数	108	144		
与同事之间的日常交流	实际频数	92	111	0.838	0.360
	理论频数	87	116		

续表

路　径	频　数	普通($n=240$)	重点($n=321$)	χ^2	p
在教研组或教师共同体中的研讨	实际频数	131	158	1.581	0.209
	理论频数	124	165		
日常教学后的自我总结和自我反思	实际频数	74	128	0.209	0.027*
	理论频数	86	116		
在专家讲座等理论培训中	实际频数	50	117	16.016	0.000**
	理论频数	71	96		
在培训中的实践操练环节	实际频数	64	96	0.707	0.400
	理论频数	68	92		
对名师课堂的观察与模仿	实际频数	96	123	0.163	0.686
	理论频数	94	125		
从学生那里	实际频数	19	47	5.983	0.014*
	理论频数	28	38		

其中，除"学生时代从书本上所学的理论"普通学校教师的实际选择频数高于理论频数外，"日常教学后的自我总结和自我反思""在专家讲座等理论培训中"和"从学生那里"这3种路径，重点学校教师的实际选择频数高于理论频数。这说明，这3种路径对于重点学校的教师来说更重要。

由表7-60可知，在策略性知识的生成路径调查B中，普通学校和重点学校的教师在"对课程标准、教学参考用书以及教材的解读""对同事课堂的观察与思考""与同事之间的日常交流""在教研组或教师共同体中的研讨""在专家讲座等理论培训中""在培训中的实践操练环节""从学生那里"等路径上存在显著差异。

表 7-60　不同类型学校中教师策略性知识生成路径的 t 检验结果

路　径	普通($M\pm S$)	重点($M\pm S$)	t	p
学生时代对教师的观察与思考	2.74±1.159	2.77±1.161	-0.600	0.549
学生时代从书本上所学的理论	2.93±1.132	2.85±1.141	-0.148	0.882
初任教时向指导教师学习	2.35±0.866	2.27±0.947	-1.443	0.150
任教后从理论性书籍或者报刊中	2.41±0.891	2.19±0.858	-1.087	0.277
对课程标准、教学参考用书以及教材的解读	1.87±0.811	1.89±0.836	-5.603	0.000**
对同事课堂的观察与思考	2.06±0.832	1.95±0.779	-3.342	0.001**
与同事之间的日常交流	2.18±0.685	2.02±0.769	-4.783	0.000**
在教研组或教师共同体中的研讨	2.00±0.828	1.95±0.779	-2.871	0.004**
日常教学后的自我总结和自我反思	1.77±0.794	1.70±0.767	-1.630	0.104
在专家讲座等理论培训中	2.50±0.968	2.16±0.814	-5.885	0.000**
在培训中的实践操练环节	2.43±0.909	1.95±0.835	-4.456	0.000**
对名师课堂的观察与模仿	2.18±0.956	2.05±0.838	-1.028	0.305
从学生那里	2.55±1.235	2.31±0.999	-2.996	0.003**

310

　　从平均数来看,除"对课程标准、教学参考用书以及教材的解读"普通学校在这个路径上的平均数要低于重点学校(得分越低,重要程度越高)外,在其余 6 个路径上,重点学校教师选择所得的平均数均要低于普通学校。这说明,与普通学校的教师相比,后 6 个路径对于重点学校的教师来说更为重要。

　　综合来看,关于策略性知识的生成路径调查,普通学校和重点学校的教师在"在专家讲座等理论培训中"和"从学生那里"等路径上存在显著差异。

　　(2)不同区域教师策略性知识生成路径的比较

　　在策略性知识的生成路径调查 A 中,由表 7-61 可知,不同区域学校的教师在"初任教时向指导教师学习""任教后从理论性书籍或

查证与探寻：教师教学知识统整路径

者报刊中""对课程标准、教学参考用书以及教材的解读""对同事课堂的观察与思考""与同事之间的日常交流""在培训中的实践操练环节"和"对名师课堂的观察与模仿"等路径上存在显著差异。

表 7-61　不同区域学校中教师策略性知识生成路径的 χ^2 分析结果

路　　径	频　　数	主城 ($n=375$)	农村 ($n=121$)	县城 ($n=65$)	χ^2	p
学生时代对教师的观察与思考	实际频数	64	24	15	1.559	0.459
	理论频数	69	22	12		
学生时代从书本上所学的理论	实际频数	93	29	18	0.328	0.849
	理论频数	94	30	16		
初任教时向指导教师学习	实际频数	107	59	12	23.253	0.000**
	理论频数	119	38	21		
任教后从理论性书籍或者报刊中	实际频数	155	43	38	9.369	0.009**
	理论频数	158	51	27		
对课程标准、教学参考用书以及教材的解读	实际频数	94	53	21	15.502	0.000**
	理论频数	112	36	20		
对同事课堂的观察与思考	实际频数	145	71	36	18.060	0.000**
	理论频数	168	55	29		
与同事之间的日常交流	实际频数	119	55	29	9.721	0.008**
	理论频数	136	44	23		
在教研组或教师共同体中的研讨	实际频数	192	56	41	4.821	0.090
	理论频数	193	62	34		
日常教学后的自我总结和自我反思	实际频数	132	46	24	0.342	0.843
	理论频数	135	44	23		

续表

路 径	频 数	主城 $(n=375)$	农村 $(n=121)$	县城 $(n=65)$	χ^2	p
在专家讲座等理论培训中	实际频数	111	38	18	0.294	0.863
	理论频数	112	36	19		
在培训中的实践操练环节	实际频数	95	40	25	6.241	0.044*
	理论频数	107	35	18		
对名师课堂的观察与模仿	实际频数	130	61	28	10.036	0.007**
	理论频数	147	47	25		
从学生那里	实际频数	45	15	6	0.469	0.791
	理论频数	44	14	8		

其中,"初任教时向指导教师学习"和"对课程标准、教学参考用书以及教材的解读",农村教师的实际频数高于理论频数,主城和县城教师的实际频数低于理论频数,这说明对于策略性知识的生成,"初任教时向指导教师学习"和"对课程标准、教学参考用书以及教材的解读"在农村教师看来更为重要;"任教后从理论性书籍或者报刊中",县城教师的实际频数高于理论频数,主城和农村城教师的实际频数低于理论频数,这说明对于策略性知识的生成,"初任教时向指导教师学习"在县城教师看来更为重要;"对同事课堂的观察与思考""与同事之间的日常交流""在培训中的实践操练环节"和"对名师课堂的观察与模仿",农村和县城教师的实际频数高于理论频数,主城教师的实际频数低于理论频数,这说明对于策略性知识的生成,这4个路径在农村和县城教师看来更为重要。

在策略性知识的生成路径调查B中,由表7-62可知,不同区域学校的教师在"学生时代对教师的观察与思考""初任教时向指导教师学习""对课程标准、教学参考用书以及教材的解读""从学生那里"等路径上存在显著差异。

表7-62　不同区域学校中教师策略性知识生成路径的方差分析结果

路　径	主城区 （$M\pm S$）	农村 （$M\pm S$）	县城 （$M\pm S$）	F	p
学生时代对教师的观察与思考	2.91±1.084	2.63±1.255	2.16±1.167	12.745	0.000**
学生时代从书本上所学的理论	2.93±1.194	2.78±1.141	2.81±0.737	0.867	0.421
初任教时向指导教师学习	2.38±0.996	2.20±0.783	2.06±0.564	4.175	0.016*
任教后从理论性书籍或者报刊中	2.24±0.889	2.33±0.882	2.41±0.796	1.307	0.272
对课程标准、教学参考用书以及教材的解读	1.83±0.831	1.81±0.790	2.27±0.766	8.166	0.000**
对同事课堂的观察与思考	1.97±0.851	2.07±0.788	1.97±0.474	0.647	0.524
与同事之间的日常交流	2.09±0.800	2.11±0.720	1.97±0.309	0.873	0.418
在教研组或教师共同体中的研讨	1.91±0.804	2.05±0.873	2.14±0.564	2.974	0.052
日常教学后的自我总结和自我反思	1.74±0.844	1.73±0.677	1.67±0.539	0.241	0.786
在专家讲座等理论培训中	2.29±0.959	2.42±0.846	2.13±0.492	2.309	0.100
在培训中的实践操作环节	2.14±0.859	2.22±0.979	1.98±0.924	1.470	0.231
对名师课堂的观察与模仿	2.10±0.903	2.20±0.867	1.95±0.831	1.577	0.208
从学生那里	2.30±1.093	2.76±1.213	2.35±0.786	7.897	0.000**

从平均数来看,县城学校在"学生时代对教师的观察与思考""初任教时向指导教师学习"这两个路径上的平均数均要低于主城、农村学校(得分越低,重要程度越高),这说明与主城、农村学校的教师相比,这两个路径对于县城学校的教师来说更为重要;农村学校"对课程标准、教学参考用书以及教材的解读"的平均数均要低于县城、主城学校(得分越低,重要程度越高),这说明与县城、主城学校的教师相比,此路径对于农村学校的教师来说更为重要;主城学校"从学生那里"的平均数均要低于县城、农村学校(得分越低,重要程度越高),这说明与县城、农村学校的教师相比,此路径对于主城学校的教师来说更为重要。

综合来看,关于策略性知识的生成路径调查,不同区域学校的教师在"任教后从理论性书籍或者报刊中""对课程标准、教学参考用书以及教材的解读"等路径上存在显著差异。

(3)不同学段教师策略性知识生成路径的比较

在策略性知识的生成路径调查 A 中,由表 7-63 可知,不同学段教师在"对课程标准、教学参考用书以及教材的解读""在专家讲座等理论培训中"等路径上存在显著差异。

表 7-63 不同学段教师策略性知识生成路径的 χ^2 分析结果

路 径	频 数	小学 ($n=179$)	中学 ($n=382$)	χ^2	p
学生时代对教师的观察与思考	实际频数	30	73	0.449	0.503
	理论频数	33	70		
学生时代从书本上所学的理论	实际频数	36	104	3.293	0.070
	理论频数	45	95		
初任教时向指导教师学习	实际频数	49	129	2.301	0.129
	理论频数	57	121		
任教后从理论性书籍或者报刊中	实际频数	71	165	0.623	0.430
	理论频数	75	161		

续表

路　径	频　数	小学 ($n=179$)	中学 ($n=382$)	χ^2	p
对课程标准、教学参考用书以及教材的解读	实际频数	64	104	4.226	0.040*
	理论频数	57	114		
对同事课堂的观察与思考	实际频数	82	170	0.084	0.772
	理论频数	80	172		
与同事之间的日常交流	实际频数	66	137	0.054	0.817
	理论频数	65	138		
在教研组或教师共同体中的研讨	实际频数	101	188	2.537	0.111
	理论频数	92	197		
日常教学后的自我总结和自我反思	实际频数	58	144	1.483	0.223
	理论频数	65	138		
在专家讲座等理论培训中	实际频数	68	99	8.497	0.004**
	理论频数	53	114		
在培训中的实践操练环节	实际频数	60	100	3.222	0.073
	理论频数	51	109		
对名师课堂的观察与模仿	实际频数	76	143	1.292	0.256
	理论频数	70	149		
从学生那里	实际频数	26	40	1.930	0.165
	理论频数	21	45		

其中，"对课程标准、教学参考用书以及教材的解读"和"在专家讲座等理论培训中"这两个路径，小学教师的实际频数高于理论频数，中学教师的实际频数低于理论频数。这说明，对于策略性知识的生成，这两个路径在小学教师看来更为重要。

在策略性知识的生成路径调查 B 中，由表 7-64 可知，不同学段的教师在"对课程标准、教学参考用书以及教材的解读""对同事课

教师教学知识的统整研究

堂的观察与思考""与同事之间的日常交流""在教研组或教师共同体中的研讨""在专家讲座等理论培训中""在培训中的实践操练环节"和"从学生那里"等路径上存在显著差异。

表7-64 不同学段教师策略性知识生成路径的 t 检验结果

路 径	小学($M\pm S$)	中学($M\pm S$)	t	p
学生时代对教师的观察与思考	2.71±1.397	2.78±1.033	−0.669	0.504
学生时代从书本上所学的理论	2.87±1.159	2.89±1.128	−0.148	0.882
初任教时向指导教师学习	2.22±0.888	2.34±0.926	−1.443	0.150
任教后从理论性书籍或者报刊中	2.22±0.861	2.31±0.885	−1.087	0.277
对课程标准、教学参考用书以及教材的解读	1.61±0.685	2.01±0.857	−5.603	0.000**
对同事课堂的观察与思考	1.84±0.672	2.07±0.845	−3.342	0.001**
与同事之间的日常交流	1.87±0.634	2.18±0.767	−4.783	0.000**
在教研组或教师共同体中的研讨	1.83±0.722	2.04±0.823	−2.871	0.004**
日常教学后的自我总结和自我反思	1.66±0.630	1.76±0.836	−1.630	0.104
在专家讲座等理论培训中	2.01±0.683	2.43±0.946	−5.885	0.000**
在培训中的实践操练环节	1.89±0.897	2.25±0.872	−4.456	0.000**
对名师课堂的观察与模仿	2.05±0.830	2.13±0.914	−1.028	0.305
从学生那里	2.19±1.104	2.50±1.092	−2.996	0.003**

316

从平均数来看,这7个路径小学教师的平均数均要低于中学教师,这说明此7个路径对于小学教师来说更为重要。

综合来看,关于策略性知识的生成路径调查,不同学段的教师在"对课程标准、教学参考用书以及教材的解读"和"在专家讲座等理论培训中"等路径上存在显著差异。

(4)不同性别教师策略性知识生成路径的比较

在策略性知识的生成路径调查 A 中,由表 7-65 可知,不同性别教师在"学生时代从书本上所学的理论""初任教时向指导教师学习""与同事之间的日常交流""日常教学后的自我总结和自我反思"
和"在培训中的实践操练环节"等路径上存在显著差异。

表 7-65　不同性别教师策略性知识生成路径的 χ^2 分析结果

路　径	频　数	男 ($n=240$)	女 ($n=316$)	χ^2	p
学生时代对教师 的观察与思考	实际频数	46	56	0.190	0.663
	理论频数	44	58		
学生时代从书本 上所学的理论	实际频数	71	68	4.731	0.030*
	理论频数	60	79		
初任教时向指导 教师学习	实际频数	61	116	8.015	0.005**
	理论频数	76	101		
任教后从理论性 书籍或者报刊中	实际频数	103	131	0.119	0.730
	理论频数	101	133		
对课程标准、教 学参考用书以及 教材的解读	实际频数	67	100	0.903	0.342
	理论频数	72	95		
对同事课堂的观 察与思考	实际频数	103	148	0.846	0.358
	理论频数	108	142		
与同事之间的日 常交流	实际频数	70	131	8.924	0.003**
	理论频数	87	114		
在教研组或教师 共同体中的研讨	实际频数	117	172	1.763	0.184
	理论频数	125	164		
日常教学后的自我 总结和自我反思	实际频数	73	128	6.016	0.014*
	理论频数	87	114		
在专家讲座等理 论培训中	实际频数	63	103	2.622	0.105
	理论频数	72	94		
在培训中的实践 操练环节	实际频数	54	106	8.118	0.004**
	理论频数	69	91		

续表

路　径	频　数	男 ($n=240$)	女 ($n=316$)	χ^2	p
对名师课堂的观察与模仿	实际频数	87	132	1.742	0.187
	理论频数	95	124		
从学生那里	实际频数	23	43	2.112	0.146
	理论频数	29	37		

　　其中,除"学生时代从书本上所学的理论"男教师的实际频数高于理论频数外,"初任教时向指导教师学习""与同事之间的日常交流""日常教学后的自我总结和自我反思"和"在培训中的实践操练环节"这4条路径上女教师的实际频数高于理论频数。这说明,对于策略性知识的生成,这4个路径在女教师看来更为重要。

　　在策略性知识的生成路径调查B中,由表7-66可知,不同性别的教师在"学生时代对教师的观察与思考""学生时代从书本上所学的理论"等路径上存在显著差异。

318

表7-66　不同性别教师策略性知识生成路径的 t 检验结果

路　径	男($M\pm S$)	女($M\pm S$)	t	p
学生时代对教师的观察与思考	2.56±1.121	2.91±1.168	-3.435	0.001**
学生时代从书本上所学的理论	2.70±1.047	3.03±1.185	-3.303	0.001**
初任教时向指导教师学习	2.30±0.870	2.30±0.952	0.032	0.975
任教后从理论性书籍或者报刊中	2.24±0.810	2.31±0.927	-0.858	0.391
对课程标准、教学参考用书以及教材的解读	1.89±0.824	1.87±0.826	0.277	0.782
对同事课堂的观察与思考	2.03±0.787	1.96±0.810	1.009	0.314
与同事之间的日常交流	2.15±0.704	2.03±0.765	1.904	0.058
在教研组或教师共同体中的研讨	2.03±0.807	1.93±0.791	1.424	0.155

续表

路　　径	男($M\pm S$)	女($M\pm S$)	t	p
日常教学后的自我总结和自我反思	1.78±0.799	1.69±0.763	1.244	0.214
在专家讲座等理论培训中	2.30±0.858	2.30±0.923	−0.054	0.957
在培训中的实践操练环节	2.15±0.897	2.13±0.897	0.242	0.809
对名师课堂的观察与模仿	2.12±0.893	2.09±0.887	0.473	0.636
从学生那里	2.39±1.068	2.42±1.135	−0.295	0.768

从平均数来看,对于"学生时代对教师的观察与思考"和"学生时代从书本上所学的理论",男教师的平均数要低于小学教师(得分越低,重要程度越高)。这说明,"学生时代对教师的观察与思考"和"学生时代从书本上所学的理论"对于男教师来说更为重要。

综合来看,关于策略性知识的生成路径调查,获得不同学术荣誉的教师在"学生时代从书本上所学的理论"路径上存在显著差异。

(5)不同荣誉教师策略性知识生成路径的比较

在策略性知识的生成路径调查 A 中,由表 7-67 可知,获得不同荣誉的教师在"日常教学后的自我总结和自我反思""在培训中的实践操练环节"等路径上存在显著差异。

其中,"日常教学后的自我总结和自我反思",市级名师和区县级名师的实际频数高于理论频数,无荣誉教师、校级优秀的实际频数均低于理论频数,这说明"日常教学后的自我总结和自我反思"对于市级名师和区县级名师来说更重要;"在培训中的实践操练环节",市级名师、区县级名师、校级优秀的实际频数高于理论频数,无荣誉教师的实际频数均低于理论频数,这说明"在培训中的实践操练环节"对于市级名师、区县级名师、校级优秀来说更重要。

在策略性知识的生成路径调查 B 中,由表 7-68 可知,获得不同荣誉的教师在"日常教学后的自我总结和自我反思"路径上存在显著差异。

表 7-67 获得不同荣誉的教师的策略性知识生成路径的 χ^2 分析结果

路　径	频　数	无荣誉 (n=369)	校级优秀 (n=98)	区县级名师 (n=68)	市级名师 (n=18)	χ^2	p
学生时代对教师的观察与思考	实际频数	67	15	19	1	6.943	0.074
	理论频数	70	18	12.5	3.5		
学生时代从书本上所学的理论	实际频数	84	28	23	4	4.618	0.202
	理论频数	93	24	17	5		
初任教时向指导教师学习	实际频数	122	34	17	3	4.347	0.226
	理论频数	117	31	22	6		
任教后从理论性书籍或者报刊中	实际频数	144	46	35	9	5.030	0.170
	理论频数	156	41	29	8		
对课程标准、教学参考用书以及教材的解读	实际频数	107	33	22	5	1.100	0.777
	理论频数	111	29	22	6		
对同事课堂的观察与思考	实际频数	166	49	30	6	2.370	0.499
	理论频数	167	44	31	9		
与同事之间的日常交流	实际频数	130	37	29	5	2.277	0.517
	理论频数	134	35	25	7		

项目	频数类型					χ^2	p
在教研组或教师共同体中的研讨	实际频数	182	53	42	11	4.092	0.252
	理论频数	192	51	35	10		
日常教学后的自我总结和自我反思	实际频数	102	28	26	10	7.907	0.048*
	理论频数	111	29	20	6		
在专家讲座等理论培训中	实际频数	125	40	27	9	3.151	0.369
	理论频数	134	35	25	7		
在培训中的实践操练环节	实际频数	94	32	24	10	9.344	0.025*
	理论频数	107	28	20	5		
对名师课堂的观察与模仿	实际频数	148	33	28	10	2.899	0.407
	理论频数	146	39	27	7		
从学生那里	实际频数	46	12	7	1	1.088	0.780
	理论频数	44	12	8	2		

表 7-68　获得不同荣誉的教师的策略性知识生成路径的方差分析结果

路　径	F	p
学生时代对教师的观察与思考	1.145	0.331
学生时代从书本上所学的理论	0.410	0.746
初任教时向指导教师学习	1.094	0.351
任教后从理论性书籍或者报刊中	2.301	0.076
对课程标准、教学参考用书以及教材的解读	2.218	0.085
对同事课堂的观察与思考	0.840	0.473
与同事之间的日常交流	1.265	0.286
在教研组或教师共同体中的研讨	1.083	0.356
日常教学后的自我总结和自我反思	2.799	0.040*
在专家讲座等理论培训中	2.277	0.079
在培训中的实践操练环节	1.329	0.264
对名师课堂的观察与模仿	2.005	0.112
从学生那里	1.738	0.158

对于"日常教学后的自我总结和自我反思",市级名师所得的平均数最低为1.83,这说明它对于市级名师来说更重要,其他重要程度由高到低依次是校级优秀、无荣誉教师、区县级名师。

综合来看,关于策略性知识的生成路径调查,获得不同荣誉的教师在"日常教学后的自我总结和自我反思"路径上存在显著差异。

(6)不同学历教师策略性知识生成路径的比较

在策略性知识的生成路径调查 A 中,不同学历的教师在多个路径上不存在显著差异。

在策略性知识的生成路径调查 B 中,由表 7-69 可知,不同学历的教师在"对课程标准、教学参考用书以及教材的解读"和"从学生那里"等路径上存在显著差异。

查证与探寻：教师教学知识统整路径

表 7-69　不同学历教师的策略性知识生成路径的方差分析结果

路　　径	F	p
学生时代对教师的观察与思考	2.171	0.091
学生时代从书本上所学的理论	1.173	0.319
初任教时向指导教师学习	0.319	0.812
任教后从理论性书籍或者报刊中	0.608	0.610
对课程标准、教学参考用书以及教材的解读	3.174	0.024*
对同事课堂的观察与思考	0.214	0.886
与同事之间的日常交流	0.659	0.577
在教研组或教师共同体中的研讨	0.498	0.684
日常教学后的自我总结和自我反思	0.403	0.751
在专家讲座等理论培训中	0.360	0.782
在培训中的实践操练环节	0.559	0.643
对名师课堂的观察与模仿	1.382	0.247
从学生那里	3.056	0.028*

　　从平均数来看,对于"对课程标准、教学参考用书以及教材的解读",中专学历教师所得的平均数最低为1.71(平均数越低,重要程度越高),这说明它对于中专学历教师来说更重要,其他重要程度由高到低依次是专科、本科、本科以上;对于"从学生那里",专科学历教师所得的平均数最低为2.28,这说明它对于专科学历教师来说更重要,其他重要程度由高到低依次是专科、本科、本科以上。

　　综合来看,关于策略性知识的生成路径调查,不同学历的教师基本不存在显著差异。

　　(7)不同职称教师策略性知识生成路径的比较

　　在策略性知识的生成路径调查 A 中,由表 7-70 可知,不同职称的教师在"初任教时向指导教师学习""在专家讲座等理论培训中"和"从学生那里"等路径上存在显著差异。

表7-70 不同职称教师策略性知识生成路径的 χ^2 分析结果

路 径	频 数	未评职称 (n=16)	小学高级 (n=91)	小学一级 (n=77)	小学二级 (n=10)	中学高级 (n=93)	中学一级 (n=143)	中学二级 (n=121)	中学三级 (n=3)	χ^2	p
学生时代对教师的观察与思考	实际频数	4	16	11	1	21	27	21	0	3.271	0.859
	理论频数	2.9	16.7	14.1	1.8	17	26.2	22.1	0.2		
学生时代从书本上所学的理论	实际频数	5	17	15	3	22	39	38	0	7.076	0.421
	理论频数	4	22.9	19.4	2.5	23.4	36	30.5	0.3		
初任教时向指导教师学习	实际频数	11	21	27	0	21	50	46	0	25.197	0.001**
	理论频数	5	29	25	3	30	46	39	0.3		
任教后从理论性书籍或者报刊中	实际频数	7	36	28	5	36	71	48	1	7.008	0.428
	理论频数	6.7	38.2	32.4	4.2	39.1	60.1	50.9	0.4		
对课程标准,教学参考用书以及教材的解读	实际频数	5	35	28	1	22	46	30	0	10.530	0.160
	理论频数	4.8	27.5	23.3	3	28.1	43.3	36.6	0.3		
对同事课堂的观察与思考	实际频数	11	44	30	5	43	55	61	1	10.447	0.165
	理论频数	7.2	41.2	34.9	4.5	42.1	64.8	54.8	0.5		
与同事之间的日常交流	实际频数	9	33	31	3	34	48	42	0	4.617	0.707
	理论频数	5.8	33	27.9	3.6	33.7	51.8	43.8	0.4		

项目	频数									χ^2	p
在教研组或教师共同体中的研讨	实际频数	7	53	45	4	47	70	63	0	5.385	0.613
	理论频数	8.4	47.6	40.3	5.2	48.7	74.9	63.3	0.5		
日常教学后的自我总结和自我反思	实际频数	6	34	24	0	38	53	44	0	8.081	0.325
	理论频数	5.8	32.8	27.8	3.6	33.5	51.6	43.6	0.4		
在专家讲座等理论培训中	实际频数	4	42	22	2	25	39	31	0	14.547	0.042*
	理论频数	5	27	23	3	28	43	36	0.3		
在培训中的实践操练环节	实际频数	3	35	25	2	23	37	34	0	7.594	0.370
	理论频数	4.6	26.2	22.2	2.9	26.8	41.2	34.9	0.3		
对名师课堂的观察与模仿	实际频数	7	40	33	4	35	50	49	1	4.176	0.759
	理论频数	6.3	36.1	30.5	4	36.9	56.7	48	0.4		
从学生那里	实际频数	5	8	17	0	7	12	17	0	19.474	0.007**
	理论频数	2	11	9	1	11	17	14	0.1		

其中，"初任教时向指导教师学习"，小学一级、中学一级、中学二级、未评职称教师的实际频数高于理论频数，这说明"初任教时向指导教师学习"对于这些教师来说更重要；"在专家讲座等理论培训中"，小高教师的实际频数高于理论频数，这说明"在专家讲座等理论培训中"对于小高教师来说更重要；"从学生那里"，小学一级、中学二级、未评职称教师的实际频数高于理论频数，这说明"初任教时向指导教师学习"对于这些教师来说更重要。

在策略性知识的生成路径调查 B 中，由表 7-71 可知，不同职称的教师在"对课程标准、教学参考用书以及教材的解读""对同事课堂的观察和思考""与同事之间的日常交流""在专家讲座等理论培训中"和"在培训中的实践操练环节"等路径上存在显著差异。

表 7-71　不同职称教师策略性知识生成路径的 χ^2 分析结果

路　径	F	p
学生时代对教师的观察与思考	1.305	0.246
学生时代从书本上所学的理论	0.751	0.629
初任教时向指导教师学习	1.422	0.194
任教后从理论性书籍或者报刊中	1.046	0.398
对课程标准、教学参考用书以及教材的解读	4.873	0.000**
对同事课堂的观察与思考	2.225	0.031*
与同事之间的日常交流	3.363	0.002**
在教研组或教师共同体中的研讨	1.493	0.167
日常教学后的自我总结和自我反思	0.863	0.536
在专家讲座等理论培训中	4.337	0.000**
在培训中的实践操练环节	3.503	0.001**
对名师课堂的观察与模仿	1.771	0.091
从学生那里	1.724	0.101

从平均数来看，对于"对课程标准、教学参考用书以及教材的解读"，小学高级教师所得的平均数最低为 1.55（平均数越低，重要程度

越高),这说明它对于小学高级教师来说更重要,其他重要程度由高到低依次是小学一级、小学二级、中学二级、中学三级、中学一级、中学高级、未评职称;对于"对同事课堂的观察和思考",小学高级教师所得的平均数最低为1.80(平均数越低,重要程度越高),这说明它对于小学高级教师来说更重要,其他重要程度由高到低依次是小学一级、未评职称、中学二级、中学三级、中学高级、小学二级、中学一级;对于"与同事之间的日常交流",小学高级教师所得的平均数最低为1.85(平均数越低,重要程度越高),这说明它对于小学高级教师来说更重要,其他重要程度由高到低依次是小学一级、未评职称、中学三级、中学二级、中学高级、小学二级、中学一级;对于"在专家讲座等理论培训中",小学高级教师所得的平均数最低为1.95(平均数越低,重要程度越高),这说明它对于小学高级教师来说更重要,其他重要程度由高到低依次是小学一级、小学二级、中学二级、中学三级、未评职称、中学高级、中学一级;对于"在培训中的实践操练环节",小学高级教师所得的平均数最低为1.95(平均数越低,重要程度越高),这说明它对于小学高级教师来说更重要,其他重要程度由高到低依次是小学一级、未评职称、小学二级、中学三级、中学二级、中学高级、中学一级。

综合来看,关于策略性知识的生成路径调查,不同职称的教师在"在专家讲座等理论培训中"路径上存在显著差异。

(8)不同教龄教师策略性知识生成路径的比较

由表7-72可知,在策略性知识的生成路径调查A中,不同教龄的教师在"初任教时向指导教师学习""在教研组或教师共同体中的研讨"和"从学生那里"等路径上存在显著差异。

其中,"初任教时向指导教师学习",1~3年和5~10年教龄的教师的实际频数略高于理论频数,其他教龄的实际频数均等于或低于理论频数,这说明"初任教时向指导教师学习"对于1~3年和5~10年教龄的教师来说更重要;"在教研组或教师共同体中的研讨",10~15年和15~20年教龄的教师的实际频数略高于理论频数,其他教龄的实际频数均等于或低于理论频数,这说明"在教研组或教师共同体

表 7-72 不同教龄教师策略性知识生成路径的 χ^2 分析结果

路径	频数	1~3年 (n=39)	20年以上 (n=142)	3~5年 (n=46)	5~10年 (n=111)	10~15年 (n=129)	15~20年 (n=82)	χ^2	p
学生时代对教师的观察与思考	实际频数	5	26	9	21	21	19	2.501	0.776
	理论频数	7.2	26.1	8.5	20.4	23.7	15.1		
学生时代从书本上所学的理论	实际频数	14	33	10	28	32	21	2.971	0.704
	理论频数	9.8	35.7	11.6	27.9	32.4	20.6		
初任教时向指导教师学习	实际频数	20	32	15	55	36	18	32.994	0.000**
	理论频数	13	45	15	36	41	26		
任教后从理论性书籍或者报刊中	实际频数	18	59	17	49	53	34	1.030	0.960
	理论频数	16.3	59.5	19.3	46.5	54	34.4		
对课程标准、教学参考用书以及教材的解读	实际频数	13	36	13	36	45	24	3.459	0.630
	理论频数	11.9	43.2	14	33.8	39.2	24.9		

								χ^2	p
对同事课堂的观察与思考	实际频数	24	53	22	54	57	40	8.862	0.115
	理论频数	17.8	64.7	20.9	50.5	58.7	37.3		
与同事之间的日常交流	实际频数	18	45	15	43	50	29	3.858	0.570
	理论频数	14.2	51.7	16.8	40.4	47	29.9		
在教研组或教师共同体中的研讨	实际频数	18	62	22	56	80	51	13.442	0.020*
	理论频数	21	75	24	58	68	43		
日常教学后的自我总结和自我反思	实际频数	15	52	16	42	44	29	0.532	0.991
	理论频数	14.1	51.2	16.6	40	46.5	29.6		

路 径	频数	1~3年 (n=39)	20年以上 (n=142)	3~5年 (n=46)	5~10年 (n=111)	10~15年 (n=129)	15~20年 (n=82)	χ^2	p
在专家讲座等理论培训中	实际频数	12	46	14	30	32	31	4.900	0.428
	理论频数	11.7	42.7	13.8	33.4	38.8	24.6		
在培训中的实践操练环节	实际频数	9	39	16	32	38	24	1.586	0.903
	理论频数	11.2	40.9	13.2	31.9	37.1	23.6		
对名师课堂的观察与模仿	实际频数	16	50	18	47	50	38	3.099	0.685
	理论频数	15.6	56.6	18.3	44.3	51.5	32.7		
从学生那里	实际频数	10	11	8	13	17	7	11.662	0.040*
	理论频数	5	17	6	13	15	10		

查证与探寻：教师教学知识统整路径

中的研讨"对于 10~15 年和 15~20 年教龄的教师来说更重要；"从学生那里",1~3 年、3~5 年和 10~15 年教龄的教师的实际频数略高于理论频数，其他教龄的实际频数均等于或低于理论频数，这说明"从学生那里"对于 1~3 年、3~5 年和 10~15 年教龄的教师来说更重要。

在策略性知识的生成路径调查 B 中，由表 7-73 可知，不同职称的教师在"初任教时向指导教师学习"和"对同事课堂的观察和思考"等路径上存在显著差异。

表 7-73　不同教龄教师策略性知识生成路径的方差分析结果

路　径	F	p
学生时代对教师的观察与思考	0.610	0.693
学生时代从书本上所学的理论	0.565	0.727
初任教时向指导教师学习	3.176	0.008**
任教后从理论性书籍或者报刊中	0.532	0.752
对课程标准、教学参考用书以及教材的解读	1.449	0.205
对同事课堂的观察与思考	2.291	0.045*
与同事之间的日常交流	0.968	0.437
在教研组或教师共同体中的研讨	1.700	0.133
日常教学后的自我总结和自我反思	1.597	0.159
在专家讲座等理论培训中	1.002	0.416
在培训中的实践操练环节	0.904	0.478
对名师课堂的观察与模仿	1.356	0.239
从学生那里	2.057	0.069

从平均数来看，对于"初任教时向指导教师学习",3~5 年教龄教师所得的平均数最低为 2.00(平均数越低，重要程度越高),这说明它对于 3~5 年教龄教师来说更重要，其他重要程度由高到低依次是 1~3 年、5~10 年、10~15 年、15~20 年、20 年以上；对于"对同事课堂的观察和思考",10~15 年、15~20 年教龄教师所得的平均数最低为 2.09(平均数越低，重要程度越高),这说明它对于 10~15 年、15~20

年教龄教师来说更重要,其他重要程度由高到低依次是 3~5 年、1~3 年、5~10 年、20 年以上。

综合来看,关于策略性知识的生成路径调查,不同教龄的教师在"初任教时向指导教师学习"路径上存在显著差异。

(9)不同学科教师策略性知识生成路径的比较

在策略性知识的生成路径调查 A 中,不同学科的教师在多个路径上基本不存在显著差异。

在策略性知识的生成路径调查 B 中,由表 7-74 可知,不同学科的教师在"对同事课堂的观察与思考"路径上存在显著差异。

表 7-74　不同学科教师策略性知识生成路径的方差分析结果

路　径	F	p
学生时代对教师的观察与思考	0.746	0.694
学生时代从书本上所学的理论	0.426	0.944
初任教时向指导教师学习	1.171	0.305
任教后从理论性书籍或者报刊中	0.789	0.651
对课程标准、教学参考用书以及教材的解读	1.262	0.244
对同事课堂的观察与思考	1.981	0.029*
与同事之间的日常交流	1.566	0.106
在教研组或教师共同体中的研讨	1.675	0.077
日常教学后的自我总结和自我反思	1.576	0.103
在专家讲座等理论培训中	1.482	0.135
在培训中的实践操练环节	1.709	0.069
对名师课堂的观察与模仿	1.371	0.183
从学生那里	0.599	0.830

从平均数来看,对于"对同事课堂的观察与思考",信息技术教师所得的平均数最低为 1.50(平均数越低,重要程度越高),这说明它对于信息技术教师来说更重要,其他重要程度由高到低依次是生物、数学、语文、艺体、政治、历史、英语、物理、化学、科学、地理等学科。

查证与探寻：教师教学知识统整路径

综合来看,关于策略性知识的生成路径调查,不同学科的教师在多个路径上基本不存在显著差异。

(五) 评价性知识的生成路径

1.生成评价性知识的最重要路径

在调查 A 中,关于评价性知识生成的主要路径的调查结果如图7-5 所示。54.4%的教师选择了"从学生那里",49.4%的教师选择了"日常教学后的自我总结和自我反思",31.9%的教师选择了"与同事之间的日常交流"。

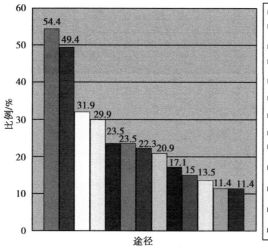

图 7-5　教师生成评价性知识的各种路径调查情况

在调查 B 中,关于各种路径对生成评价性知识的作用程度调查结果见表 7-75。87.8%的教师认为"日常教学后的自我总结和自我反思"的作用很大或者比较大,73.7%的教师认为"在教研组或教师共同体中的研讨"的作用很大或者比较大,70.3%的教师认为"对同事课堂的观察与思考"的作用很大或者比较大,67.9%的教师认为"与同事之间的日常交流"的作用很大或者比较大。

334

表 7-75　各种路径对生成本体性知识贡献度的描述性分析

| 路　径 | 有效人数 | 很大 | | 比较大 | | 一般 | | 比较小 | | 很小 | | 均值 | 标准差 |
		人数	比例/%	人数	比例/%	人数	比例/%	人数	比例/%	人数	比例/%		
学生时代对教师的观察与思考	521	76	14.6	159	30.5	132	25.3	96	18.4	58	11.1	2.81	1.219
学生时代从书本上所学的理论	523	74	14.1	145	27.7	141	27.0	109	20.8	54	10.3	2.85	1.203
初任教时向指导教师学习	523	105	20.1	168	32.1	174	33.3	58	11.1	18	3.4	2.46	1.039
任教后从理论性书籍或者报刊中	524	61	11.6	237	45.2	181	34.5	37	7.1	8	1.5	2.42	0.843
对课程标准、教学参考用书以及教材的解读	525	182	34.7	172	32.8	142	27.0	24	4.6	5	1.0	2.04	0.941

对同事课堂的观察与思考	525	129	24.6	240	45.7	108	20.6	43	8.2	5	1.0	2.15	0.918
与同事之间的日常交流	524	105	20.0	251	47.9	142	27.1	21	4.0	5	1.0	2.18	0.829
在教研组或教师共同体中的研讨	524	141	26.9	245	46.8	104	19.8	32	6.1	2	0.4	2.06	0.862
日常教学后的自我总结和自我反思	525	260	49.5	201	38.3	46	8.8	16	3.0	2	0.4	1.66	0.792
在专家讲座等理论培训中	524	107	20.4	200	38.2	133	25.4	69	13.2	15	2.9	2.40	1.042

续表

路　径	有效人数	很大		比较大		一般		比较小		很小		均值	标准差
		人数	比例/%	人数	比例/%	人数	比例/%	人数	比例/%	人数	比例/%		
在培训中的实践操练环节	523	126	24.1	191	36.5	131	25.0	69	13.2	6	1.1	2.31	1.015
对名师课堂的观察与模仿	523	110	21.0	208	39.8	142	27.2	46	8.8	17	3.3	2.33	1.008
从学生那里	522	166	31.8	140	26.8	148	28.4	48	9.2	20	3.8	2.26	1.117

综合来看,对于评价性知识的生成路径,两个调查显示,"日常教学后的自我总结和自我反思""与同事之间的日常交流"均属最重要路径。

2.生成评价性知识的最不重要路径

在调查 A 中,关于评价性知识生成的主要路径的调查结果如图7-5 所示。仅有 17.1%的教师选择了"任教后从理论性书籍或者报刊中",15%的教师选择了"对课程标准、教学参考用书以及教材的解读",13.5%的教师选择了"学生时代从书本上所学的理论",11.4%的教师选择了"学生时代对教师的观察与思考"和"初任教时向指导教师学习"。很显然,这 5 个路径对于评价性知识的生成而言,所发挥的作用并不大。

在调查 B 中,31.1%的教师认为"学生时代从书本上所学的理论"的作用很小或者比较小,27%的教师认为"学生时代从书本上所学的理论"的作用一般,即 58.1%的教师不太认可"学生时代从书本上所学的理论"对于评价性知识的作用;29.5%的教师认为"学生时代对教师的观察与思考"的作用很小或者比较小,25.3%的教师认为"学生时代从书本上所学的理论"的作用一般,即 54.8%的教师不太认可"学生时代从书本上所学的理论"对于评价性知识的作用。

综合来看,对于评价性知识的生成来说,两个调查结果显示,"学生时代从书本上所学的理论"这个路径属最不重要的路径。

3.不同群体教师评价性知识生成路径的比较

(1)不同类型学校中教师评价性知识生成路径的比较

在评价性知识的生成路径调查 A 中,由表 7-76 可知,普通学校和重点学校在"学生时代对教师的观察与思考""学生时代从书本上所学的理论""初任教时向指导教师学习""与同事之间的日常交流""在教研组或教师共同体中的研讨""在专家讲座等理论培训中""在培训中的实践操练环节"7 个路径上普通学校和重点学校存在显著差异。

表 7-76　不同类型学校中教师评价性知识生成路径的 χ^2 分析结果

路　径	频　数	普通 ($n=240$)	重点 ($n=321$)	χ^2	p
学生时代对教师的观察与思考	实际频数	38	26	8.127	0.004 **
	理论频数	27	37		
学生时代从书本上所学的理论	实际频数	18	58	13.096	0.000 **
	理论频数	33	43		
初任教时向指导教师学习	实际频数	15	49	11.042	0.001 **
	理论频数	27	37		
任教后从理论性书籍或者报刊中	实际频数	33	63	3.343	0.067
	理论频数	41	55		
对课程标准、教学参考用书以及教材的解读	实际频数	31	53	1.393	0.238
	理论频数	36	48		
对同事课堂的观察与思考	实际频数	59	66	1.283	0.257
	理论频数	54	71		
与同事之间的日常交流	实际频数	89	90	5.172	0.023 *
	理论频数	77	102		
在教研组或教师共同体中的研讨	实际频数	59	109	5.751	0.016 *
	理论频数	72	96		
日常教学后的自我总结和自我反思	实际频数	119	158	0.007	0.932
	理论频数	118.5	158.5		
在专家讲座等理论培训中	实际频数	40	92	10.979	0.001 **
	理论频数	56.5	75.5		

续表

路 径	频 数	普通($n=240$)	重点($n=321$)	χ^2	p
在培训中的实践操练环节	实际频数	31	86	16.016	0.000**
	理论频数	50	67		
对名师课堂的观察与模仿	实际频数	53	79	0.487	0.485
	理论频数	56.5	75.5		
从学生那里	实际频数	140	165	2.659	0.103
	理论频数	130.5	174.5		

其中,"学生时代对教师的观察与思考"和"与同事之间的日常交流",普通学校教师的实际选择频数高于理论频数,这说明这两种路径对于普通学校的教师来说更重要;对于"学生时代从书本上所学的理论""初任教时向指导教师学习""在教研组或教师共同体中的研讨""在专家讲座等理论培训中""在培训中的实践操练环节",重点学校教师的实际选择频数高于理论频数,这说明此5种路径对于重点学校的教师来说更重要。

在本体性知识的生成路径调查B中,由表7-77可知,普通学校和重点学校的教师在"学生时代对教师的观察与思考""任教后从理论性书籍或者报刊中""对课程标准、教学参考用书以及教材的解读""与同事之间的日常交流""在教研组或教师共同体中的研讨""在专家讲座等理论培训中""在培训中的实践操练环节""对名师课堂的观察与模仿"和"从学生那里"等路径上存在显著差异。

表7-77 不同类型学校中教师评价性知识生成路径的 t 检验结果

路 径	普通	重点	t	p
学生时代对教师的观察与思考	2.61±1.231	2.95±1.193	−3.145	0.002**
学生时代从书本上所学的理论	2.82±1.234	2.88±1.183	−0.572	0.567
初任教时向指导教师学习	2.52±1.094	2.42±1.001	1.093	0.275

续表

路　径	普　通	重　点	t	p
任教后从理论性书籍或者报刊中	2.62±0.860	2.28±0.805	4.585	0.000**
对课程标准、教学参考用书以及教材的解读	2.15±0.952	1.97±0.929	2.066	0.039*
对同事课堂的观察与思考	2.22±0.925	2.11±0.913	1.375	0.170
与同事之间的日常交流	2.36±0.773	2.06±0.843	4.212	0.000**
在教研组或教师共同体中的研讨	2.20±0.960	1.97±0.780	2.789	0.006**
日常教学后的自我总结和自我反思	1.62±0.875	1.69±0.733	-0.970	0.333
在专家讲座等理论培训中	2.66±1.154	2.23±0.923	4.480	0.000**
在培训中的实践操练环节	2.56±1.138	2.14±0.885	4.587	0.000**
对名师课堂的观察与模仿	2.56±1.086	2.18±0.923	4.190	0.000**
从学生那里	2.45±1.197	2.14±1.043	3.122	0.002**

从平均数来看,除"学生时代对教师的观察与思考"普通学校的平均数要低于重点学校外(得分越低,重要程度越高),其余8个路径上重点学校的平均数均要低于普通重点学校。这说明,与普通学校的教师相比,这8个路径对于重点学校的教师来说更为重要。

综合来看,关于评价性知识的生成路径调查,普通学校和重点学校的教师在"学生时代对教师的观察与思考""与同事之间的日常交流""在教研组或教师共同体中的研讨""在专家讲座等理论培训中"和"在培训中的实践操练环节"等路径上存在显著差异。

(2)不同区域教师评价性知识生成路径的比较

在评价性知识的生成路径调查A中,由表7-78可知,不同区域学校的教师在"学生时代从书本上所学的理论""与同事之间的日常交流""日常教学后的自我总结和自我反思""在专家讲座等理论培

查证与探寻：教师教学知识统整路径

训中""对名师课堂的观察与模仿"和"从学生那里"等路径上存在显著差异。

表 7-78 不同区域教师评价性知识生成路径的 χ^2 分析结果

路　径	频　数	主城 (n=375)	农村 (n=121)	县城 (n=65)	χ^2	p
学生时代对教师的观察与思考	实际频数	45	8	11	4.841	0.089
	理论频数	43	14	7		
学生时代从书本上所学的理论	实际频数	54	9	13	6.400	0.041*
	理论频数	51	16	9		
初任教时向指导教师学习	实际频数	47	12	5	1.624	0.444
	理论频数	43	14	7		
任教后从理论性书籍或者报刊中	实际频数	64	20	12	0.113	0.945
	理论频数	64	21	11		
对课程标准、教学参考用书以及教材的解读	实际频数	53	22	9	1.251	0.535
	理论频数	56	18	10		
对同事课堂的观察与思考	实际频数	80	30	15	0.659	0.719
	理论频数	84	27	14		
与同事之间的日常交流	实际频数	95	53	31	22.793	0.000**
	理论频数	120	38	21		
在教研组或教师共同体中的研讨	实际频数	114	31	23	2.033	0.362
	理论频数	112	36	20		
日常教学后的自我总结和自我反思	实际频数	167	73	37	10.808	0.004**
	理论频数	185	60	32		

续表

路　径	频　数	主城 ($n=375$)	农村 ($n=121$)	县城 ($n=65$)	χ^2	p
在专家讲座等理论培训中	实际频数	96	13	23	16.964	0.000**
	理论频数	88	29	15		
在培训中的实践操练环节	实际频数	81	21	15	1.218	0.544
	理论频数	78	25	14		
对名师课堂的观察与模仿	实际频数	95	14	23	15.373	0.000**
	理论频数	88	29	15		
从学生那里	实际频数	197	63	45	6.555	0.038*
	理论频数	204	66	35		

其中,"学生时代从书本上所学的理论""在专家讲座等理论培训中"和"对名师课堂的观察与模仿",县城和主城教师的实际频数高于理论频数,农村教师的实际频数低于理论频数。这说明对于评价性知识的生成,这3个路径在主城和县城教师看来更为重要;"与同事之间的日常交流"和"日常教学后的自我总结和自我反思",县城和农村教师的实际频数高于理论频数,主城教师的实际频数低于理论频数,这说明对于评价性知识的生成,这两个路径在主城和县城教师看来更为重要;"从学生那里",县城教师的实际频数高于理论频数,农村和主城教师的实际频数低于理论频数,这说明对于评价性知识的生成,这个路径在县城教师看来更为重要。

在本体性知识的生成路径调查 B 中,由表 7-79 可知,不同区域学校的教师在"学生时代从书本上所学的理论""初任教时向指导教师学习""对课程标准、教学参考用书以及教材的解读""在教研组或教师共同体中的研讨""对名师课堂的观察与模仿"和"从学生那里"等路径上存在显著差异。

表 7-79　不同区域教师评价性知识生成路径的方差分析结果

路　　径	主城($M\pm S$)	农村($M\pm S$)	县城($M\pm S$)	F	p
学生时代对教师的观察与思考	2.86±1.284	2.82±1.199	2.54±0.800	1.810	0.165
学生时代从书本上所学的理论	3.03±1.127	2.67±1.324	2.24±1.132	13.882	0.000**
初任教时向指导教师学习	2.67±0.990	2.25±1.078	1.67±0.741	31.053	0.000**
任教后从理论性书籍或者报刊中	2.40±0.868	2.51±0.899	2.32±0.534	1.174	0.310
对课程标准、教学参考用书以及教材的解读	2.10±0.914	2.03±0.995	1.76±0.946	3.530	0.030*
对同事课堂的观察与思考	2.12±0.951	2.23±0.845	2.17±0.871	0.636	0.530
与同事之间的日常交流	2.16±0.885	2.28±0.753	2.08±0.604	1.428	0.241
在教研组或教师共同体中的研讨	2.03±0.910	2.23±0.848	1.92±0.517	3.361	0.035*
日常教学后的自我总结和自我反思	1.69±0.818	1.61±0.809	1.65±0.600	0.457	0.634
在专家讲座等理论培训中	2.40±1.014	2.51±1.088	2.16±1.081	2.390	0.093
在培训中的实践操练环节	2.35±0.979	2.34±1.123	2.03±0.967	2.670	0.070
对名师课堂的观察与模仿	2.42±1.011	2.40±0.938	1.76±0.946	12.060	0.000**
从学生那里	2.08±1.150	2.56±1.045	2.71±0.771	14.790	0.000**

从平均数来看,县城学校在"学生时代从书本上所学的理论""初任教时向指导教师学习""对课程标准、教学参考用书以及教材的解读""在教研组或教师共同体中的研讨""对名师课堂的观察与模仿"这 5 个路径上的平均数均要低于主城、农村学校(得分越低,重要程度越高),这说明与主城、农村学校的教师相比,这 5 个路径对于县城学校的教师来说更为重要;主城学校"从学生那里"的平均数均要低于县城、农村学校(得分越低,重要程度越高),这说明与县城、农村学校的教师相比,此路径对于主城学校的教师来说更为重要。

综合来看,关于评价性知识的生成路径调查,不同区域学校的教师在"学生时代从书本上所学的理论""对名师课堂的观察与模仿"和"从学生那里"等路径上存在显著差异。

(3)不同学段教师评价性知识生成路径的比较

在评价性知识的生成路径调查 A 中,由表 7-80 可知,不同学段的教师在"学生时代对教师的观察与思考""对同事课堂的观察与思考""在专家讲座等理论培训中"3 个路径上小学和中学存在显著差异。

表 7-80　不同学段教师评价性知识生成路径的 χ^2 分析结果

路　　径	频　数	小学 ($n=179$)	中学 ($n=382$)	χ^2	p
学生时代对教师的观察与思考	实际频数	12	52	5.756	0.016*
	理论频数	20	44		
学生时代从书本上所学的理论	实际频数	27	49	0.530	0.467
	理论频数	24	52		
初任教时向指导教师学习	实际频数	18	46	0.476	0.490
	理论频数	30	44		
任教后从理论性书籍或者报刊中	实际频数	30	66	0.023	0.879
	理论频数	31	65		
对课程标准、教学参考用书以及教材的解读	实际频数	21	63	2.169	0.141
	理论频数	27	57		

续表

路　径	频　数	小学 （$n=179$）	中学 （$n=382$）	χ^2	p
对同事课堂的观察与思考	实际频数	30	95	4.629	0.031*
	理论频数	40	85		
与同事之间的日常交流	实际频数	57	122	0.000	0.982
	理论频数	57.1	121.9		
在教研组或教师共同体中的研讨	实际频数	62	106	2.757	0.097
	理论频数	54	114		
日常教学后的自我总结和自我反思	实际频数	94	183	1.035	0.309
	理论频数	88	189		
在专家讲座等理论培训中	实际频数	52	80	4.453	0.035*
	理论频数	42	90		
在培训中的实践操练环节	实际频数	40	77	0.354	0.552
	理论频数	37	80		
对名师课堂的观察与模仿	实际频数	46	86	0.687	0.407
	理论频数	42	90		
从学生那里	实际频数	93	212	0.616	0.432
	理论频数	97	208		

345

其中,除"在专家讲座等理论培训中"小学教师的实际频数高于理论频数外,"学生时代对教师的观察与思考"和"对同事课堂的观察与思考"均是中学教师的实际频数高于理论频数,这说明对于策略性知识的生成,"在专家讲座等理论培训中"在小学教师看来更为重要;"学生时代对教师的观察与思考"和"对同事课堂的观察与思考"在中学教师看来更为重要。

在策略性知识的生成路径调查 B 中,由表 7-81 可知,不同学段的教师在"学生时代从书本上所学的理论""初任教时向指导教师学习""任教后从理论性书籍或者报刊中""对课程标准、教学参考用书以及教材的解读""在教研组或教师共同体中的研讨""日常教学后的自我总结和自我反思""在专家讲座等理论培训中""在培训中的实践操练环节"和"对名师课堂的观察与模仿"等路径上存在显著差异。

表 7-81　不同学段教师评价性知识生成路径的方差分析结果

路　　径	小学($M\pm S$)	中学($M\pm S$)	t	p
学生时代对教师的观察与思考	2.95±1.326	2.75±1.162	1.649	0.100
学生时代从书本上所学的理论	2.67±1.490	2.94±1.035	−2.072	0.039*
初任教时向指导教师学习	2.23±1.074	2.56±1.007	−3.421	0.001**
任教后从理论性书籍或者报刊中	2.24±0.772	2.50±0.862	−3.479	0.001**
对课程标准、教学参考用书以及教材的解读	1.71±0.870	2.20±0.934	−5.680	0.000**
对同事课堂的观察与思考	2.05±0.878	2.20±0.934	−1.694	0.091
与同事之间的日常交流	2.09±0.832	2.22±0.825	−1.660	0.098
在教研组或教师共同体中的研讨	1.93±0.758	2.12±0.901	−2.497	0.013*
日常教学后的自我总结和自我反思	1.51±0.703	1.74±0.821	−3.148	0.002**
在专家讲座等理论培训中	1.96±0.996	2.60±1.001	−6.783	0.000**
在培训中的实践操练环节	1.87±1.010	2.51±0.953	−6.973	0.000**
对名师课堂的观察与模仿	2.02±1.018	2.48±0.970	−5.008	0.000**
从学生那里	2.26±1.104	2.27±1.124	−0.052	0.958

从平均数来看,这 9 种路径小学教师的平均数均要低于中学教师(得分越低,重要程度越高),这说明此 9 个路径对于小学教师来说更为重要。

综合来看,关于评价性知识的生成路径调查,不同学段的教师在"在专家讲座等理论培训中"路径上存在显著差异。

查证与探寻：教师教学知识统整路径

(4)不同性别教师评价性知识生成路径的比较

在评价性知识的生成路径调查 A 中，由表 7-82 可知，不同性别的教师在"在专家讲座等理论培训中"和"在培训中的实践操练环节"两个路径上男教师和女教师都存在显著差异。

表 7-82　不同性别教师评价性知识生成路径的 χ^2 分析结果

路　径	频数	男 ($n=240$)	女 ($n=316$)	χ^2	p
学生时代对教师的观察与思考	实际频数	29	34	0.238	0.626
	理论频数	27	36		
学生时代从书本上所学的理论	实际频数	32	43	0.009	0.925
	理论频数	32.4	42.6		
初任教时向指导教师学习	实际频数	28	35	0.047	0.828
	理论频数	27.2	35.8		
任教后从理论性书籍或者报刊中	实际频数	39	56	0.208	0.648
	理论频数	41	54		
对课程标准、教学参考用书以及教材的解读	实际频数	30	53	1.960	0.161
	理论频数	36	47		
对同事课堂的观察与思考	实际频数	57	681	0.390	0.533
	理论频数	54	7		
与同事之间的日常交流	实际频数	70	107	1.385	0.239
	理论频数	76	101		
在教研组或教师共同体中的研讨	实际频数	65	103	1.965	0.161
	理论频数	73	95		
日常教学后的自我总结和自我反思	实际频数	109	167	3.013	0.083
	理论频数	119	157		
在专家讲座等理论培训中	实际频数	47	85	4.032	0.045[*]
	理论频数	57	75		

续表

路　径	频数	男 ($n=240$)	女 ($n=316$)	χ^2	p
在培训中的实践 操练环节	实际频数	37	80	8.046	0.005**
	理论频数	51	66		
对名师课堂的观 察与模仿	实际频数	56	76	0.039	0.844
	理论频数	57	75		
从学生那里	实际频数	122	182	2.517	0.113
	理论频数	131	173		

　　其中,"在专家讲座等理论培训中"和"在培训中的实践操练环节"这两个路径上女教师的实际频数高于理论频数。这说明对于评价体性知识的生成,这两个路径在女教师看来更为重要。

　　在本体性知识的生成路径调查 B 中,由表 7-83 可知,不同性别的教师在"学生时代对教师的观察与思考"和"学生时代从书本上所学的理论"路径上存在显著差异。

表 7-83　不同性别教师评价性知识生成路径的 t 检验结果

路　径	男($M\pm S$)	女($M\pm S$)	t	p
学生时代对教师的观察与思考	2.58±1.174	2.99±1.226	−3.794	0.000**
学生时代从书本上所学的理论	2.65±1.193	3.00±1.192	−3.319	0.001**
初任教时向指导教师学习	2.44±1.038	2.47±1.041	−0.370	0.711
任教后从理论性书籍或者报刊中	2.39±0.795	2.43±0.879	−0.534	0.593
对课程标准、教学参考用书以 及教材的解读	2.02±0.954	2.06±0.934	−0.422	0.673

续表

路　　径	男($M\pm S$)	女($M\pm S$)	t	p
对同事课堂的观察与思考	2.15±0.953	2.15±0.895	-0.109	0.913
与同事之间的日常交流	2.22±0.795	2.15±0.853	0.977	0.329
在教研组或教师共同体中的研讨	2.11±0.849	2.03±0.875	1.095	0.274
日常教学后的自我总结和自我反思	1.72±0.852	1.61±0.736	1.558	0.120
在专家讲座等理论培训中	2.37±0.981	2.42±1.086	-0.561	0.575
在培训中的实践操练环节	2.32±1.001	2.29±1.027	0.324	0.746
对名师课堂的观察与模仿	2.33±1.024	2.33±0.998	-0.029	0.977
从学生那里	2.32±1.122	2.22±1.114	1.039	0.299

从平均数来看,对于"学生时代对教师的观察与思考"和"学生时代从书本上所学的理论",男教师的平均数要低于小学教师外(得分越低,重要程度越高)。这说明,此两个路径对于男教师来说更为重要。

综合来看,关于评价性知识的生成路径调查,不同性别的教师基本上不存在显著差异。

(5)不同荣誉教师评价性知识生成路径的比较

在评价性知识的生成路径调查 A 中,由表 7-84 可知,获得不同荣誉的教师在"在教研组或教师共同体中的研讨""在专家讲座等理论培训中""对名师课堂的观察与模仿"等路径上,不同学术荣誉的教师存在显著差异。

其中,"在教研组或教师共同体中的研讨",区县级名师和校级优秀的实际频数高于理论频数,无荣誉教师、市级名师的实际频数均低于理论频数,这说明"在教研组或教师共同体中的研讨"对于区县级名师和校级优秀来说更重要;"在专家讲座等理论培训中",市级名师和区县级名师的实际频数高于理论频数,无荣誉教师、校级优秀的实际频数均低于理论频数,这说明"在专家讲座等理论培训中"对于市级名师和区县级名师来说更重要;"对名师课堂的观察与模仿",市级名师、

表 7-84　不同荣誉教师评价性知识生成路径的 χ^2 分析结果

路　径	频　数	无荣誉 (n=369)	校级优秀 (n=98)	区县级名师 (n=68)	市级名师 (n=18)	χ^2	p
学生时代对教师的观察与思考	实际频数	39	14	9	1	1.999	0.573
	理论频数	42	11	8	2		
学生时代从书本上所学的理论	实际频数	56	9	9	1	3.550	0.314
	理论频数	50	13	9	3		
初任教时向指导教师学习	实际频数	50	8	3	2	6.020	0.111
	理论频数	42	11	8	2		
任教后从理论性书籍或者报刊中	实际频数	57	21	13	3	2.232	0.526
	理论频数	63	17	11	3		
对课程标准、教学参考用书以及教材的解读	实际频数	57	10	15	1	5.902	0.116
	理论频数	55	15	10	3		
对同事课堂的观察与思考	实际频数	73	30	17	5	5.650	0.130
	理论频数	84	22	15	4		
与同事之间的日常交流	实际频数	125	24	24	4	4.525	0.210
	理论频数	118	31	22	6		

在教研组或教师共同体中的研讨	实际频数	94	38	32	5	10.028	0.045*
	理论频数	112	30	20	6		
日常教学后的自我总结和自我反思	实际频数	178	50	36	11	1.179	0.758
	理论频数	183	49	34	9		
在专家讲座等理论培训中	实际频数	82	19	24	7	8.288	0.040*
	理论频数	88	23	16	5		
在培训中的实践操练环节	实际频数	70	25	18	4	3.326	0.344
	理论频数	78	21	14	4		
对名师课堂的观察与模仿	实际频数	70	26	30	6	21.245	0.000**
	理论频数	88	23	16	5		
从学生那里	实际频数	193	64	37	10	5.336	0.149
	理论频数	203	54	37	10		

区县级名师和校级优秀的实际频数高于理论频数,无荣誉教师的实际频数均低于理论频数,这说明"对名师课堂的观察与模仿"对于市级名师、区县级名师和校级优秀来说更重要。

在评价性知识的生成路径调查 B 中,由表 7-85 可知,获得不同荣誉的教师在"初任教时向指导教师学习""与同事之间的日常交流""在教研组或教师共同体中的研讨"和"从学生那里"等路径上存在显著差异。

表 7-85 不同荣誉教师评价性知识生成路径的方差分析结果

路　　径	$M \pm S$	F	p
学生时代对教师的观察与思考		1.173	0.320
学生时代从书本上所学的理论		1.865	0.134
初任教时向指导教师学习		3.229	0.022*
任教后从理论性书籍或者报刊中		1.040	0.374
对课程标准、教学参考用书以及教材的解读		1.378	0.248
对同事课堂的观察与思考		1.928	0.124
与同事之间的日常交流		4.677	0.003**
在教研组或教师共同体中的研讨		4.742	0.003**
日常教学后的自我总结和自我反思		2.366	0.070
在专家讲座等理论培训中		2.122	0.096
在培训中的实践操练环节		0.420	0.739
对名师课堂的观察与模仿		1.437	0.231
从学生那里		2.956	0.032*

从平均数来看,对于"初任教时向指导教师学习",无荣誉的教师所得的平均数最低为 2.49(平均数越低,重要程度越高),这说明它对于无荣誉的教师来说更重要,其他重要程度由高到低依次是区县级名师、校级优秀、市级名师;对于"与同事之间的日常交流",市级名师所得的平均数最低为 1.94,这说明它对于市级名师来说更重要,其他

查证与探寻：教师教学知识统整路径

重要程度由高到低依次是校级优秀、无荣誉教师、区县级名师；对于"在教研组或教师共同体中的研讨"，市级名师所得的平均数最低为1.93，这说明它对于市级名师来说更重要，其他重要程度由高到低依次是校级优秀、无荣誉教师、区县级名师。

综合来看，关于评价性知识的生成路径调查，获得不同荣誉的教师"在教研组或教师共同体中的研讨"路径上存在显著差异。

（6）不同学历教师评价性知识生成路径的比较

在评价性知识的生成路径调查 A 中，不同学历的教师在各个路径上基本不存在显著差异。

在本体性知识的生成路径调查 B 中，由表 7-86 可知，不同学历的教师在"学生时代对教师的观察与思考""学生时代从书本上所学的理论""初任教时向指导教师学习""对课程标准、教学参考用书以及教材的解读""在专家讲座等理论培训中""在培训中的实践操练环节"和"从学生那里"等路径上存在显著差异。

表 7-86　不同学历教师评价性知识生成路径的方差分析结果

路　　径	F	p
学生时代对教师的观察与思考	3.398	0.018*
学生时代从书本上所学的理论	3.370	0.018*
初任教时向指导教师学习	6.578	0.000**
任教后从理论性书籍或者报刊中	0.541	0.654
对课程标准、教学参考用书以及教材的解读	2.994	0.030*
对同事课堂的观察与思考	0.282	0.838
与同事之间的日常交流	1.102	0.348
在教研组或教师共同体中的研讨	1.448	0.228
日常教学后的自我总结和自我反思	2.511	0.058
在专家讲座等理论培训中	3.043	0.029*
在培训中的实践操练环节	7.594	0.000**
对名师课堂的观察与模仿	1.609	0.186
从学生那里	5.699	0.001**

从平均数来看,对于"学生时代对教师的观察与思考",本科学历教师所得的平均数最低为 2.78(平均数越低,重要程度越高),这说明它对于本科学历教师来说更重要,其他重要程度由高到低依次是专科、本科以上、中专;对于"学生时代从书本上所学的理论",专科学历教师所得的平均数最低为 2.60(平均数越低,重要程度越高),这说明它对于专学历教师来说更重要,其他重要程度由高到低依次是本科、中专、本科以上;对于"初任教时向指导教师学习",专科学历教师所得的平均数最低为 2.01(平均数越低,重要程度越高),这说明它对于专学历教师来说更重要,其他重要程度由高到低依次是本科、中专、本科以上;对于"对课程标准、教学参考用书以及教材的解读",专科学历教师所得的平均数最低为 1.78(平均数越低,重要程度越高),这说明它对于专科学历教师来说更重要,其他重要程度由高到低依次是中专、本科、本科以上;对于"在专家讲座等理论培训中",专科学历教师所得的平均数最低为 2.16(平均数越低,重要程度越高),这说明它对于专科学历教师来说更重要,其他重要程度由高到低依次是中专、本科、本科以上;对于"在培训中的实践操练环节",中专学历教师所得的平均数最低为 1.71(平均数越低,重要程度越高),这说明它对于中专学历教师来说更重要,其他重要程度由高到低依次是专科、本科、本科以上;对于"从学生那里",本科以上学历教师所得的平均数最低为 1.33,这说明它对于本科以上学历学历教师来说更重要,其他重要程度由高到低依次是本科、中专、专科。

综合来看,关于评价性知识的生成路径调查,不同学历的教师基本不存在显著差异。

(7)不同职称教师评价性知识生成路径的比较

在评价性知识的生成路径调查 A 中,由表 7-87 可知,不同职称的教师在"初任教时向指导教师学习"路径上存在显著差异。

其中,"初任教时向指导教师学习",小学高级、中学一级、未评职称教师的实际频数高于理论频数,这说明"初任教时向指导教师学习"对于这些教师来说更重要。

表7-87 不同职称教师评价性知识生成路径的χ^2分析结果

路径	频数	未评职称 (n=16)	小学高级 (n=91)	小学一级 (n=77)	小学二级 (n=10)	中学高级 (n=93)	中学一级 (n=143)	中学二级 (n=121)	中学三级 (n=3)	χ^2	p
学生时代对教师的观察与思考	实际频数	3	4	8	1	9	23	15	0	8.991	0.253
	理论频数	1.8	10.4	8.8	1.1	10.6	16.3	13.8	0.1		
学生时代从书本上所学的理论	实际频数	3	14	12	1	12	18	15	0	1.447	0.984
	理论频数	2.2	12.4	10.5	1.4	12.6	19.4	16.4	0.1		
初任教时向指导教师学习	实际频数	5	11	7	1	8	24	7	0	15.424	0.031*
	理论频数	2	10	9	1	11	16	14	0.1		
任教后从理论性书籍或者报刊中	实际频数	6	15	15	1	14	27	16	0	7.492	0.380
	理论频数	2.7	15.5	13.1	1.7	15.8	24.4	20.6	0.2		
对课程标准、教学参考用书以及教材的解读	实际频数	2	10	10	1	13	27	20	0	3.823	0.800
	理论频数	2.4	13.7	11.6	1.5	14	21.5	18.2	0.2		
对同事课堂的观察与思考	实际频数	2	12	18	1	19	38	35	0	11.061	0.136
	理论频数	3.6	20.6	17.4	2.3	21.1	32.4	27.4	0.2		
与同事之间的日常交流	实际频数	5	24	27	6	30	39	44	1	9.934	0.192
	理论频数	5.1	29	24.6	3.2	29.7	45.6	38.6	0.3		

教师教学知识的统整研究

续表

路　径	频　数	未评职称 (n=16)	小学高级 (n=91)	小学一级 (n=77)	小学二级 (n=10)	中学高级 (n=93)	中学一级 (n=143)	中学二级 (n=121)	中学三级 (n=3)	χ^2	p
在教研组或教师共同体中的研讨	实际频数	4	33	27	2	30	32	39	0	8.149	0.320
	理论频数	4.8	27.5	23.3	3	28.1	43.3	36.6	0.3		
日常教学后的自我总结和自我反思	实际频数	10	48	41	4	45	66	61	0	3.943	0.786
	理论频数	8	45.3	38.4	5	46.3	71.2	60.3	0.5		
在专家讲座等理论培训中	实际频数	1	29	20	2	28	30	20	0	12.845	0.076
	理论频数	3.8	21.4	18.1	2.4	21.9	33.7	28.5	0.2		
在培训中的实践操练环节	实际频数	6	22	18	0	15	29	27	0	7.800	0.351
	理论频数	3.4	19.3	16.3	2.1	19.7	30.3	25.6	0.2		
对名师课堂的观察与模仿	实际频数	1	25	20	2	27	34	22	0	7.510	0.378
	理论频数	3.8	21.6	18.3	2.4	22.1	33.9	28.7	0.2		
从学生那里	实际频数	7	46	42	6	49	79	72	1	3.645	0.820
	理论频数	8.8	49.8	42.1	5.5	50.9	78.2	66.2	0.5		

查证与探寻：教师教学知识统整路径

在评价性知识的生成路径调查 B 中,由表 7-88 可知,不同职称的教师在"初任教时向指导教师学习""任教后从理论性书籍或者报刊中""对课程标准、教学参考用书以及教材的解读""在教研组或教师共同体中的研讨""日常教学后的自我总结和自我反思""在专家讲座等理论培训中""在培训中的实践操练环节"和"对名师课堂的观察与模仿"等路径上存在显著差异。

表 7-88　不同职称教师评价性知识生成路径的方差分析结果

路　径	F	p
学生时代对教师的观察与思考	0.904	0.503
学生时代从书本上所学的理论	1.838	0.078
初任教时向指导教师学习	3.540	0.001**
任教后从理论性书籍或者报刊中	2.326	0.024*
对课程标准、教学参考用书以及教材的解读	5.766	0.000**
对同事课堂的观察与思考	1.157	0.326
与同事之间的日常交流	1.707	0.105
在教研组或教师共同体中的研讨	2.854	0.006**
日常教学后的自我总结和自我反思	2.952	0.005**
在专家讲座等理论培训中	7.394	0.000**
在培训中的实践操练环节	7.753	0.000**
对名师课堂的观察与模仿	4.968	0.000**
从学生那里	1.575	0.140

从平均数来看,对于"初任教时向指导教师学习",小学二级教师所得的平均数最低为 1.70(平均数越低,重要程度越高),这说明它对于小学二级教师来说更重要,其他重要程度由高到低依次是小学一级、中学二级、中学三级、小学高级、中学高级、中学一级、未评职称;对于"任教后从理论性书籍或者报刊中",小学二级教师所得的平均数最低为 2.00(平均数越低,重要程度越高),这说明它对于小学二级教师来说更重要,其他重要程度由高到低依次是小学高级、小学一

级、中学高级、中学一级、中学二级、中学三级、未评职称;对于"对课程标准、教学参考用书以及教材的解读",小学高级教师所得的平均数最低为1.57(平均数越低,重要程度越高),这说明它对于小学高级教师来说更重要,其他重要程度由高到低依次是小学二级、小学一级、中学三级、中学高级、中学二级、中学一级、未评职称;对于"在教研组或教师共同体中的研讨",小学高级教师所得的平均数最低为1.80(平均数越低,重要程度越高),这说明它对于小学高级教师来说更重要,其他重要程度由高到低依次是小学一级、中学二级、中学三级、中学高级、未评职称、中学一级、小学二级;对于"日常教学后的自我总结和自我反思",小学高级教师所得的平均数最低为1.37(平均数越低,重要程度越高),这说明它对于小学高级教师来说更重要,其他重要程度由高到低依次是小学二级、小学一级、中学二级、中学三级、中学高级、中学一级、未评职称;对于"在专家讲座等理论培训中",小学高级教师所得的平均数最低为1.85(平均数越低,重要程度越高),说明这条路径对于小学高级教师来说更重要,其他重要程度由高到低依次是小学一级、小学二级、中学三级、中学二级、未评职称、中学高级、中学一级;对于"在培训中的实践操练环节",小学二级教师所得的平均数最低为1.70(平均数越低,重要程度越高),说明这条路径对于小学二级教师来说更重要,其他重要程度由高到低依次是小学高级、小学一级、中学三级、中学二级、中学高级、中学一级、未评职称;对于"对名师课堂的观察与模仿",小学高级教师所得的平均数最低为1.88(平均数越低,重要程度越高),说明这条路径对于小学高级教师来说更重要,其他重要程度由高到低依次是小学二级、小学一级、中学三级、中学二级、中学高级、中学一级、未评职称。

综合来看,关于评价性知识的生成路径调查,不同职称的教师在"初任教时向指导教师学习"路径上存在显著差异。

(8)不同教龄教师评价性知识生成路径的比较

在评价性知识的生成路径调查A中,由表7-89可知,不同教龄的教师在"对同事课堂的观察与思考""在专家讲座等理论培训中"和"对名师课堂的观察与模仿"等路径上存在显著差异。

表 7-89 不同教龄教师评价性知识生成路径的 χ^2 分析结果

路　径	频数	1~3 年 （$n=39$）	20 年以上 （$n=142$）	3~5 年 （$n=46$）	5~10 年 （$n=111$）	10~15 年 （$n=129$）	15~20 年 （$n=82$）	χ^2	p
学生时代对教师的观察与思考	实际频数	5	15	5	11	21	6	4.796	0.441
	理论频数	4.5	16.3	5.3	12.7	14.8	9.4		
学生时代从书本上所学的理论	实际频数	6	22	6	18	10	13	5.285	0.382
	理论频数	5.3	19.4	6.3	15.2	17.6	11.2		
初任教时向指导教师学习	实际频数	6	17	6	9	15	8	2.202	0.820
	理论频数	4.3	15.8	5.1	12.3	14.3	9.1		
任教后从理论性书籍或者报刊中	实际频数	6	23	9	24	21	11	2.805	0.730
	理论频数	6.7	24.3	7.9	19	22.1	14		
对课程标准、教学参考用书以及教材的解读	实际频数	7	23	10	17	18	8	3.921	0.561
	理论频数	5.9	21.5	7	16.8	19.5	12.4		

续表

路径	频数	1~3年(n=39)	20年以上(n=142)	3~5年(n=46)	5~10年(n=111)	10~15年(n=129)	15~20年(n=82)	χ^2	p
对同事课堂的观察与思考	实际频数	9	24	13	22	42	15	12.085	0.034*
	理论频数	9	32	11	25	29	19		
与同事之间的日常交流	实际频数	16	32	14	44	45	25	10.903	0.053
	理论频数	12.5	45.5	14.7	35.6	41.4	26.3		
在教研组或教师共同体中的研讨	实际频数	10	34	13	38	46	26	5.836	0.323
	理论频数	11.9	43.2	14	33.8	39.2	24.9		
日常教学后的自我总结和自我反思	实际频数	21	61	25	63	63	42	5.539	0.354
	理论频数	19.5	71.1	23	55.6	64.6	41.1		

								χ^2	p
在专家讲座等理论培训中	实际频数	3	46	13	22	25	20	14.341	0.014*
	理论频数	9	33	11	26	31	19		
在培训中的实践操练环节	实际频数	10	24	11	29	24	19	4.535	0.475
	理论频数	8.3	30.3	9.8	23.7	27.5	17.5		
对名师课堂的观察与模仿	实际频数	5	37	9	17	39	23	11.648	0.040*
	理论频数	9	34	11	26	30	19		
从学生那里	实际频数	23	63	28	63	77	47	8.827	0.116
	理论频数	21.4	77.9	25.2	60.9	70.7	45		

其中,"对同事课堂的观察与思考",3~5 年和 10~15 年教龄的教师的实际频数略高于理论频数,其他教龄的实际频数均等于或低于理论频数,这说明"对同事课堂的观察与思考"对于 3~5 年和 10~15 年教龄的教师来说更重要;"在专家讲座等理论培训中",3~5 年、15~20 年、20 年以上年教龄的教师的实际频数略高于理论频数,其他教龄的实际频数均等于或低于理论频数,这说明"在专家讲座等理论培训中"对于 3~5 年、15~20 年、20 年以上教龄的教师来说更重要。

由表 7-90 可知,在评价性知识的生成路径调查 B 中,不同教龄的教师在"初任教时向指导教师学习""日常教学后的自我总结和自我反思"等路径上存在显著差异。

表 7-90　不同教龄教师评价性知识生成路径的方差分析结果

路　　径	F	p
学生时代对教师的观察与思考	0.507	0.771
学生时代从书本上所学的理论	0.583	0.713
初任教时向指导教师学习	2.938	0.013*
任教后从理论性书籍或者报刊中	1.374	0.232
对课程标准、教学参考用书以及教材的解读	0.214	0.956
对同事课堂的观察与思考	0.645	0.665
与同事之间的日常交流	1.125	0.346
在教研组或教师共同体中的研讨	0.652	0.660
日常教学后的自我总结和自我反思	0.730	0.601
在专家讲座等理论培训中	2.756	0.018*
在培训中的实践操练环节	1.176	0.320

路　　径	F	p
对名师课堂的观察与模仿	1.284	0.269
从学生那里	1.664	0.142

从平均数来看，对于"初任教时向指导教师学习"，3~5年教龄教师所得的平均数最低为2.00（平均数越低，重要程度越高），这说明它对于3~5年教龄教师来说更重要，其他重要程度由高到低依次是1~3年、5~10年、10~15年、15~20年、20年以上；对于"在专家讲座等理论培训中"，10~15年、15~20年教龄教师所得的平均数最低为1.52（平均数越低，重要程度越高），这说明它对于10~15年、15~20年教龄教师来说更重要，其他重要程度由高到低依次是3~5年、5~10年、20年以上。

综合来看，关于评价性知识的生成路径调查，不同教龄的教师可能在"在专家讲座等理论培训中"路径上存在显著差异。

（9）不同学科教师评价性知识生成路径的比较

由表7-91—表7-94可知，在评价性知识的生成路径调查A中，不同学科的教师在"初任教时向指导教师学习"和"从学生那里"等路径上存在显著差异。

其中，"与同事之间的日常交流"，语文、数学、英语、政治教师的实际频数高于理论频数，这说明"与同事之间的日常交流"对于这些教师来说更重要；"从学生那里"，语文、英语、政治、艺体的实际频数高于理论频数，这说明"从学生那里"对于这些教师来说更重要。

在评价性知识的生成路径调查B中，由表7-95可知，不同学科的教师在"对课程标准、教学参考用书以及教材的解读""与同事之间的日常交流""在教研组或教师共同体中的研讨""在专家讲座等理论培训中""在培训中的实践操练环节"等路径上存在显著差异。

表 7-91 列联表分析（Crosstab）

		学 科												合计
		语文	数学	英语	政治	历史	地理	物理	化学	生物	艺体（包括音乐、体育、美术）	信息技术	科学	
评价性知识的主要途径 u	Count	99	76	49	17	18	19	31	19	13	29	4	3	377
	Expected	101.9	86.3	52.3	20.4	15.6	14.9	24.5	17.0	12.9	24.5	4.1	2.7	377.0
	Count	51	51	28	13	5	3	5	6	6	7	2	1	178
	Expected	48.1	40.7	24.7	9.6	7.4	7.1	11.5	8.0	6.1	11.5	1.9	1.3	178.0
合计	Count	150	127	77	30	23	22	36	25	19	36	6	4	555
	Expected	150.0	127.0	77.0	30.0	23.0	22.0	36.0	25.0	19.0	36.0	6.0	4.0	555.0

表 7-92 卡方检验

	Value	df	Asymp. Sig. (2-sides)
Pearson Chi-Square	19.968[a]	11	0.046
Likelihood Ratio	21.533	11	0.028
Linear-by-Linear Association	9.082	1	0.003
N of Valid Cases	555		

a. 4 cells (16.7%) have expected count less than 5. The minimum expected count is 1.28.

表 7-93 列联表分析（Crosstab）

		语文	数学	英语	政治	历史	地理	物理	化学	生物	艺体（包括音乐、体育、美术）	信息技术	科学	总计
评价性知识的主要途径 M	Count	65	60	23	12	10	16	17	18	12	15	2	1	251
	Expected	67.8	57.4	34.8	13.6	10.4	9.9	16.3	11.3	8.6	16.3	2.7	1.8	251.0
	Count	85	67	54	18	13	6	19	7	7	21	4	3	304
	Expected	82.2	69.6	42.2	16.4	12.6	12.1	19.7	13.7	10.4	19.7	3.3	2.2	304.0
总计	Count	150	127	77	30	23	22	36	25	19	36	6	4	555
	Expected	150.0	127.0	77.0	30.0	23.0	22.0	36.0	25.0	19.0	36.0	6.0	4.0	55.0

表 7-94 卡方检验

	Value	df	Asymp. Sig. (2-sides)
Pearson Chi-Square	25.777[a]	11	0.007
Likelihood Ratio	26.333	11	0.006
Linear-by-Linear Association	2.296	1	0.130
N of Valid Cases	555		

a. 4 cells（16.7%）have expected count less than 5. The minimum expected count is 1.81.

表 7-95　不同学科教师评价性知识生成路径的方差分析结果

路　径	F	p
学生时代对教师的观察与思考	1.472	0.139
学生时代从书本上所学的理论	0.916	0.525
初任教时向指导教师学习	1.571	0.104
任教后从理论性书籍或者报刊中	0.906	0.535
对课程标准、教学参考用书以及教材的解读	1.825	0.048*
对同事课堂的观察与思考	1.028	0.420
与同事之间的日常交流	2.360	0.008**
在教研组或教师共同体中的研讨	2.483	0.005**
日常教学后的自我总结和自我反思	0.478	0.917
在专家讲座等理论培训中	2.048	0.023*
在培训中的实践操作环节	1.905	0.037*
对名师课堂的观察与模仿	1.508	0.126
从学生那里	1.502	0.128

　　从平均数来看,对于"对课程标准、教学参考用书以及教材的解读",科学教师所得的平均数最低为 1.33(平均数越低,重要程度越高),这说明它对于科学教师来说更重要,其他重要程度由高到低依次是信息技术、政治、语文、历史、数学、生物、艺体、地理、物理、化学、英语等学科;对于"与同事之间的日常交流",历史教师所得的平均数最低为 1.88(平均数越低,重要程度越高),这说明它对于历史教师来说更重要,其他重要程度由高到低依次是语文、信息技术、生物、数学、英语、政治、科学、地理、艺体、化学、物理等学科;对于"在教研组或教师共同体中的研讨",生物教师所得的平均数最低为 1.79(平均数越低,重要程度越高),这说明它对于生物教师来说更重要,其他重要程度由高到低依次是历史、数学、语文、信息技术、科学、地理、艺体、英语、化学、政治、数学、物理等学科;对于"在专家讲座等理论培训中",科学教师所得的平均数最低为 1.33(平均数越低,重要程度越

查证与探寻：教师教学知识统整路径

高），这说明它对于科学教师来说更重要，其他重要程度由高到低依次是艺体、语文、信息技术、数学、地理、历史、政治、英语、化学、物理、生物等学科；对于"在培训中的实践操练环节"，科学教师所得的平均数最低为 1.67（平均数越低，重要程度越高），这说明它对于科学教师来说更重要，其他重要程度由高到低依次是语文、信息技术、艺体、数学、地理、历史、政治、英语、生物、化学、物理等学科。

综合来看，关于评价性知识的生成路径调查，不同学科的教师可能在"初任教时向指导教师学习"路径上存在显著差异。

四、调查结论

（一）关于各类教学知识的最重要路径和最不重要路径

综合调查 A 和调查 B 的结果，列出表 7-96 的最重要路径和最不重要路径一览表。

表 7-96　各类教学知识的最重要路径和最不重要路径一览表

路径排序	意义性知识	本体性知识	主体性知识	策略性知识	评价性知识
最重要路径	D、E、I、J	D、E、H	F、I、L	H、F、G、L、I	G、I
最不重要路径	M	A、M	B	A	B

注：A.学生时代对教师的观察与思考；B.学生时代从书本上所学的理论；C.初任教时向指导教师学习；D.任教后从理论性书籍或者报刊中；E.课程标准、教学参考用书以及教材的解读；F.对同事课堂的观察与思考；G.与同事之间的日常交流；H.在教研组或教师共同体中的研讨；I.日常教学后的自我总结和自我反思；J.在专家讲座等理论培训中；K.在培训中的实践操练环节；L.对名师课堂的观察与模仿；M.从学生那里。

由表 7-96 可知，对于意义性知识的生成来说，"日常教学后的自我总结和自我反思""对课程标准、教学参考用书以及教材的解读""任教后从理论性书籍或者报刊中""在专家讲座等理论培训中"等路径是最重要路径;对于本体性知识的生成来说,"对课程标准、教学参考用书以及教材的解读""任教后从理论性书籍或者报刊中""在教研组或教师共同体中的研讨"是最重要路径;对于主体性知识的生成来说,"日常教学后的自我总结和自我反思""对名师课堂的观察与模仿""对同事课堂的观察与思考"是最重要路径;对于策略性知识的生成来说,"在教研组或教师共同体中的研讨""对同事课堂的观察与思考""对名师课堂的观察与模仿""与同事之间的日常交流""日常教学后的自我总结和自我反思"等路径均是最重要路径;对于评价性知识的生成来说,"日常教学后的自我总结和自我反思""与同事之间的日常交流"是最重要路径。

整体来说,对于教学知识①的生成来说,"任教后从理论性书籍或者报刊中""对课程标准、教学参考用书以及教材的解读""对同事课堂的观察与思考""与同事之间的日常交流""在教研组或教师共同体中的研讨""日常教学后的自我总结和自我反思"和"对名师课堂的观察与模仿"等是最重要的路径。

由表 7-96 可知,对于意义性知识的生成来说,"从学生那里"相对来说属最不重要的路径;对于本体性知识的生成来说,"学生时代对教师的观察与思考"和"从学生那里"这两个路径属最不重要的路径;对于主体性知识的生成来说,"学生时代从书本上所学的理论"这个路径属最不重要的路径;对于策略性知识的生成来说,"学生时代对教师的观察与思考"相对来说属最不重要的路径;对于评价性知识的生成来说,"学生时代从书本上所学的理论"这个路径属最不重要的路径。

整体来说,对于教学知识②的生成来说,"学生时代对教师的观察与思考""学生时代从书本上所学的理论"和"从学生那里"是最不重要的路径。

---

① 选择依据:如果同时成为两类教学知识的最重要路径,则成为教学知识的最重要路径。
② 选择依据:如果同时成为两类教学知识的最不重要路径,则成为教学知识的最不重要路径。

（二）关于不同教师群体在各类教学知识上具有显著性差异的生成路径

综合调查 A 和调查 B 的结果，列出不同教师群体在各类教学知识上具有显著性差异的生成路径一览表，见表 7-97。

表 7-97　不同教师群体在各类教学知识上具有显著性差异的生成路径

不同群体	意义性知识	本体性知识	主体性知识	策略性知识	评价性知识
不同类型	A,C,E,F	A	G,J	J,K	A,G,H,J,K
不同区域	A,L	C,F,I	G	D,E	A,L,M
不同学段	L	E	F,J	E,J	J
不同性别	无	无	I	B	无
不同荣誉	A,D,J	J,K	I	I	H
不同学历	无	I	无	无	无
不同职称	无	E	G,J	J	C
不同教龄	无	无	无	C	J
不同学科	无	B,D	无	无	J

注：A.学生时代对教师的观察与思考；B.学生时代从书本上所学的理论；C.初任教时向指导教师学习；D.任教后从理论性书籍或者报刊中；E.课程标准、教学参考用书以及教材的解读；F.对同事课堂的观察与思考；G.与同事之间的日常交流；H.在教研组或教师共同体中的研讨；I.日常教学后的自我总结和自我反思；J.在专家讲座等理论培训中；K.在培训中的实践操练环节；L.对名师课堂的观察与模仿；M.从学生那里。

由表 7-97 可知，就意义性知识的生成路径调查，普通学校和重点学校在"学生时代对教师的观察与思考""初任教时向指导教师学习""对课程标准、教学参考用书以及教材的解读""对同事课堂的观察与思考"4 个路径上存在显著差异；主城、县城、农村等不同区域学校的教师在"学生时代对教师的观察与思考""对名师课堂的观察与模仿"等路径上存在显著差异；小学、中学的教师在"对名师课堂的观察与模仿"路径上存在显著差异;男教师和女教师在各个路径上基本不存在显著差异;无荣誉、校级优秀、区县名师、市级名师等获得不同学术荣誉的教师在"学生时代对教师的观察与思考""任教后从理论性书籍或者报刊中""在专家讲座等理论培训中"等路径上存在显著差异;中专、专科、本科、本科以上等不同学历的教师在各个路径上基本不存在显著差异;不同职称的教师基本不存在显著差异;不同教龄的教师基本不存在显著差异;不同学科的教师基本不存在显著差异。

关于本体性知识的生成路径调查,普通学校和重点学校的教师在"学生时代对教师的观察与思考"路径上存在显著差异;主城、县城、农村等不同区域学校的教师在"任教后从理论性书籍或者报刊中""对同事课堂的观察与思考"和"日常教学后的自我总结和自我反思"等路径上存在显著差异;小学、中学的教师在"对课程标准、教学参考用书以及教材的解读"等路径上存在显著差异;男教师和女教师在各个路径上均不存在显著差异;无荣誉、校级优秀、区县名师、市级名师等获得不同学术荣誉的教师在"在专家讲座等理论培训中""在培训中的实践操练环节"等路径上存在显著差异;中专、专科、本科、本科以上等不同学历的教师在"日常教学后的自我总结和自我反思"路径上存在显著差异;不同职称的教师在"对课程标准、教学参考用书以及教材的解读"路径上存在显著差异;不同教龄的教师基本不存在显著差异;不同学科的教师在"学生时代从书本上所学的理论"和"任教后从理论性书籍或者报刊中"等路径上可能存在显著差异。

关于主体性知识的生成路径调查,普通学校和重点学校的教师在"与同事之间的日常交流"和"在专家讲座等理论培训中"路径上存在显著差异;主城、县城、农村等不同区域学校的教师在"与同事之间的日常交流"路径上存在显著差异;小学、中学的教师在"对同事课堂的观察与思考""在专家讲座等理论培训中"等路径上存在显著差异;男教师和女教师不同性别的教师在"日常教学后的自我总结和自我反思"路径上存在显著差异;无荣誉、校级优秀、区县名师、市级名师等获得不同学术荣誉的教师在"日常教学后的自我总结和自我反思"路径上存在显著差异;不同学历的教师在各个路径上基本不存在显著差异；不同职称的教师在"与同事之间的日常交流"和"在专家讲座等理论培训中"路径上存在显著差异；不同教龄的教师基本上不存在显著差异；不同学科的教师基本上不存在显著差异。

关于策略性知识的生成路径调查，普通学校和重点学校的教师在"在专家讲座等理论培训中"和"从学生那里"等路径上存在显著差异；主城、县城、农村等不同区域学校的教师在"任教后从理论性书籍或者报刊中""对课程标准、教学参考用书以及教材的解读"等路径上存在显著差异；小学、中学等不同学段的教师在"对课程标准、教学参考用书以及教材的解读"和"在专家讲座等理论培训中"等路径上存在显著差异；不同学段的教师在"学生时代从书本上所学的理论"路径上存在显著差异；获得不同荣誉的教师在"日常教学后的自我总结和自我反思"路径上存在显著差异；不同学历的教师基本不存在显著差异；不同职称的教师在"在专家讲座等理论培训中"路径上存在显著差异；不同教龄的教师在"初任教时向指导教师学习"路径上存在显著差异；不同学科的教师在多个路径上基本不存在显著差异。

关于评价性知识的生成路径调查，普通学校和重点学校的教师在"学生时代对教师的观察与思考""与同事之间的日常交流""在教研组或教师共同体中的研讨""在专家讲座等理论培训中"和"在培训中的实践操练环节"路径上存在显著差异；主城、县城、农村等不同区域学校的教师在"学生时代从书本上所学的理论""对名师课堂的观察与模仿"和"从学生那里"路径上存在显著差异；小学、中学等不同学段的教师在"在专家讲座等理论培训中"路径上存在显著差异；不同性别的教师基本上不存在显著差异；获得不同荣誉的教师"在教研组或教师共同体中的研讨"路径上存在显著差异；不同学历的教师基本不存在显著差异；不同职称的教师在"初任教时向指导教师学习"路径上存在显著差异；不同教龄的教师可能在"在专家讲座等理论培训中"路径上存在显著差异；不同学科的教师可能在"初任教时向指导教师学习"路径上存在显著差异。

五、教师教学知识的统整路径探寻

以上对教师教学知识生成路径的调查为统整路径提供了依据。分析教学知识生成最重要路径的"任教后从理论性书籍或者报刊中""对课程标准、教学参考用书以及教材的解读""对同事课堂的观察与思考""与同事之间的日常交流""在教研组或教师共同体中的研讨""日常教学后的自我总结和自我反思"和"对名师课堂的观察与模仿"。显然,这些路径既有教师在闲暇时对理论性书籍、报刊的系统学习,有对课程标准、各种教学用书的深刻解读,又有与同事之间的非正式交流,有对同事课堂和名师课堂的观摩,还有与同事之间的正式研讨与对话,更有教师对教学的全面总结和深刻反思。因此,就教师教学知识的统整路径而言也是多维的,在学习中统整,在解读中统整,在交流中统整,在研讨中统整,在实践中统整,在反思中统整,等等。基于前面从内在机理构建的教师教学统整模型、机制和从外在影响获得的教师教学知识生成路径,便演绎出教师教学知识的"五化五径"的统整路径。

(一)在联结化学习中领悟式统整

教师教学知识的统整,不论是在有正式教师组织的发展共同体中,还是在非正式教师组织的研讨与交流中,又或者是在教师个体的课堂教学和学习中,均要重视各类教学知识之间的相互关联,要将相关知识元进行横向联结、纵向贯通,使之成为一个有机化的整体,这样既符合大脑的生理机制,又能促进新知识与旧知识之间的联结,知识与经验之间的联结,这即是"在联结化学习中领悟式统整"的基本思想。

从教学知识的生成路径来看,大多数教师都是从"任教后从理论性书籍或者报刊中""对课程标准、教学参考用书以及教材的解读"

"对同事课堂的观察与思考""与同事之间的日常交流""在教研组或教师共同体中的研讨""日常教学后的自我总结和自我反思"和"对名师课堂的观察与模仿"这些路径中来获得教学知识的。不论是由外到内的路径，还是内在的自我总结与反思，都特别强调教师对从这些路径获得知识进行领悟与内化。

从教学知识本身的属性来看，教学知识系统不是孤立知识点的集合，而是由各个相对零散的部分按照无数个隐性规则构成的一个有机化、网络化的整体，具有严密的逻辑性和完备的系统性。因此，教师在统整教学知识时，不但要注重学科内知识的综合，还要加强横向联系，以实现学科间知识的渗透。在知识的输入过程中，应该强调对各个相对零散的部分进行联结，一个知识元可以无限地向上或向下联结其他知识元，帮助教师构建合理的知识结构。因此，在统整教师的教学知识过程中，一方面要揭示和明确意义性知识、本体性知识、主体性知识、策略性知识和评价性知识之间的内在逻辑和必要关联，使之成为一体化的整体，帮助教师更好将这个整体应用到教学实践中；另一方面，要不断地这些知识进行归类与网络化，使其成为一个个的主题化知识模块，这样一个个知识模块就会形成滚雪球式的效应，通过"在联结化学习中领悟式统整"达成对教学知识真正意义上的统整。

373

（二）在切身化解读中脉络式统整

教学知识的统整并非只是将各类教学知识加以联结，或只是简单地重新安排教师教育内容。它其实是一种教师教学知识发展的理念和方向，一种全新的课程设计理论。它考虑的范畴涵盖了课堂教学的目标、学习的本质、知识的组织与应用，以及教育经验的意义等。教师教学知识统整的关键在于重新设计教师教育课程，使之成为融合的整体，通过这样整体化的设计，教师能够实现不同领域知识间的联结，实现目标、内容和评价的联结，并能真正意识到教学的本质和发展的本质，使得各种孤立、低效或者无效的教学减到最低，实现真正的有效教学。

当教师在教学实践中面临一些真实问题和困惑的情境时,教师想要了解和应用的知识可能并非仅仅是某一类别或某一领域的知识,而是超越学科界限、围绕真实问题情境进行选择和运用的知识。这里给我们一些启示,真正的统整应基于真实问题情境中,因此,提出教师教学知识的统整路径之二——"在切身化解读中脉络式统整",即把教学知识的统整置于真实的问题情境的脉络中。

从教学知识的生成路径来看,不管是"对课程标准、教学参考用书以及教材的解读""对同事课堂的观察与思考""与同事之间的日常交流""在教研组或教师共同体中的研讨",还是"日常教学后的自我总结和自我反思"和"对名师课堂的观察与模仿",这些路径都是基于真实的问题情境脉络中,因为这样的路径符合"教学知识源于现实、教学知识源于实践"的属性特点。

从教学知识本身的属性来看,"知识一旦从它的原初形态、经验形态上升为抽象的概念、理论的逻辑体系之后,便远离生动、鲜活的生活本身,日益演变为枯燥,尤其是构成一个严谨空洞的文字、术语,过程的知识便隐匿乃至消失在结果的知识之中,仅仅成为一种可有可无的背景资料不必然地内在于知识本身。"[①]因此,教学知识只有实现由抽象到具体的回归才能实现以知识为载体、为工具而培育具有鲜活生命力的教师之根本目的。把教学知识中内含的关键问题、核心问题回归到真实(或模拟)的教学情境中,使其变枯燥为生活、变抽象为具体、变空洞为丰满,从而与教师已有知识结构及个体知识联结起来。而既然是与教师的知识与经验相联结,必然要求教师进行切身化的理解,强调让教师通过亲自参与操作,在已有经验的基础上去体验,在亲历的过程中去感知,并获得感受,这是由教学知识本身的属性和统整教师的知识与经验之要求所决定的。

---

① 潘洪建,吴中才.知识价值教育学的视野[J].扬州大学学报:高教研究版,2004(4):9-12.

（三）在互动化交流中转化式统整

知识不是人之外的学习和掌握的被动存在物,知识有一个在人的认识中生成过程,这对人类发展和个人成长都是一致的。从本质上来说,知识的产生就是一种知识与经验、知识与实践、知识与知识之间不断进行转化的过程,也是一个在不同形态知识之间进行不断转化的过程。在实践形态与理论形态之间的转化,在观念形态与物化形态之间的转化,在个体形态与公共形态之间的转化。因此,基于知识本身的生成特点,统整路径之三——"在互动化交流中转化式统整"得以提出。

从教师教学知识的生成路径来看,13 种路径均是基于互动化交流的情境,不论是与书报杂志之间的"师本对话",还是与学生、同事、名师、专家之间的"人我对话",还是在实践与反思中的"自我对话",教学知识就在多样的互动化交流中不断转化不断生成。在实践形态与理论形态之间的转化,在观念形态与物化形态之间的转化,在个体形态与公共形态之间的转化,隐性教学知识可以通过社会化、外化、组合和内化等几个阶段转化为显性教学知识,实践性教学知识可以通过系统化、凝练化、验证化、认同化等几个阶段转化为理论性教学知识,个体性教学知识可以通过外在化、社会化、系统化、验证化等几个阶段转化为公共性教学知识。因此,"在互动化交流中转化式统整"的发展路径也是由知识的生成特点和生成路径所决定的。

（四）在反思化组织中网络式统整

底波拉·布雷兹曼（Deborah Britzman）指出:"教学理论的形成过程不是脱离教学经验的一种孤立行为或是试图强迫别人接受的伟大真理,而是一种与生活息息相关,建立在个人实践基础之上并有赖于不断阐释和不断变化的过程。理论来源于实践,来源于教师的生活,来源于价值、信念和实践中深信不疑的规定（enacted）,来源于围绕着实践所依据的社会背景,来源于所面对的教学之间的那种鲜活的社会关系。"①近年来,研究者们渐渐地形成一种共识,教师是一个反思性实践者,教师教学知识就是在这种反思的实践过程中逐渐生成的。前面我们对教师教学生成路径的调查结果也显示,教师不管是在"任教后从理论性书籍或者报刊中""对课程标准、教学参考用书以及教材的解读",还是"对同事课堂的观察与思考""与同事之间的日常交流""在教研组或教师共同体中的研讨""对名师课堂的观察与模仿"和"日常教学后的自我总结和自我反思",都直接或间接地指明了反思是教师获得教学知识的最重要路径。因此,基于教学知识的生成过程与教师生成教学知识的路径调查,统整路径之四——"在反思化组织中网络式统整"便得以衍生。

在知识的组织过程中,尤其强调教师进行反思,在反思过程中,教师不仅能意识到教学知识的欠缺与不足,还能迅速在行动中作出修正与调整,还能慢慢地梳理教学知识网络,使之更加系统化。通过反思,教学知识系统会得到层级化的梳理与优化,从知识元、知识簇到知识树,从节点、轴到网络,从而实现教学知识网络式统整。

(五)在实践化输出中体悟式统整

从本质上来说,教师教学知识统整的过程其实是教师对其已有知识结构的一种重组,在此过程中,始终离不开教师工作、生活的专业场景。正是在这种由"实践—经验积累—反思—再实践—再经验积累—再反思"不断往复的知识结构重组与学习的过程中,教师的教学知识得到了统整与发展。因此,教师教学知识的统整必定不能脱离实践,而且这种实践还是一种体悟式的实践。因为知识不是本来就寄寓于个体之中的,只有在个体处理生活中所遇到问题的过程中才能生成与展现出来。从这个意义上说,知识不是依靠教育可以传授的,它更多的是依靠个体去体悟,在实践中体悟,在体悟中实践。

---

① Britzman D.Practice makes practice:Acritical study of learning to teach[M].Albany,NY:SUNY Press,1991.

同时,从教师教学知识的生成路径调查来看,大多数教师教学知识的生成也倚重于实践,只有在各种各样的实践中,教师才能积累更多的经验,才能理解知识的本真意蕴。因此,统整路径之五——"在实践化输出中体悟式统整"便演绎而出。

学习在本质上是一种对话过程,统整更是一种教师通过身心活动与他人和现实世界进行对话和互动的过程,教师教学知识的统整意在突破那种近乎全是讲授的发展路径,强调多元化的发展路径,强调教师亲自参与操作,在已有经验的基础上去体验,在亲历的过程中去感知、获得感受,强调在"在联结化学习中领悟式统整""在切身化解读中脉络式统整""在互动化交流中转化式统整""在反思化组织中网络式统整"和"在实践化输出中体悟式统整"。

第八章

筑渠与架轨：
教师教学知识的统整策略

> 不知则问，不能则学，虽能必让，然后为德。
> 故闻之而不见，虽博必谬；见之而不知，虽识不妄；知之而不行，虽敦必困。
>
> ——荀况

在前面几个章节中，本书分别着力于建构统整模型、剖析统整机制、探查统整路径，这些模型、机制、路径能否真正作用于统整，还需要开发有效的策略，这个过程好比筑渠来"引水入河"。依据所建构的统整模型、统整机制等，在具象化教师教学知识统整路径的基础上，开发了两个层面的统整策略：一个层面着力于从教师教育课程的统整设计入手；另一个层面着力于从教师教学知识统整的精加工策略。两个层面一个整体一个局部共同发力于教师教学知识的统整，即"双层共力"式统整策略。一是教师教育课程的统整设计策略；二是教师教学知识统整的精加工策略,以整体和局部的角度同时促进教师教学知识的统整。

一、教师教育课程的统整设计策略

在前面对教师教学知识统整路径的研究中,通过调查发现教师的生成路径既有教师在闲暇时对理论性书籍、报刊的系统学习,有对课程标准、各种教学用书的深刻解读,又有与同事之间的非正式交流,有对同事课堂和名师课堂的观摩,还有与同事之间的正式研讨与对话,更有教师对教学的全面总结和深刻反思。就教师教学知识的统整路径而言也是多维的,在学习中统整,在解读中统整,在交流中统整,在研讨中统整,在实践中统整,在反思中统整,等等。这就为教师教学知识的统整提供了思路,统整并非某个单一路径就能实现,统整的策略应该是立体化、多层次的,因此,采用以课程来统合策略的方式来开展统整,也就是说,通过设计与实施一系列的课程来促进教师教学知识统整。

在调查中还发现,许多教师面临的共同问题是:他们不知如何将各类知识相统整,如理论性知识与实践性知识的统整、本体性知识与策略性知识的统整,以便在教学中采用有助于学生学习的教学策略,能转化为适合学生学习的知识。对这个困惑,就研究而言,试图解决这个困惑的关键策略就是改革教师教育课程。长期以来,教师教育课程并未充分考虑教师的学习特点以及自行整合各类知识的能力。因此,在充分利用教师教学知识生成路径的调查结论的基础上,充分考虑教师的学习特点和培养教师自行整合各类知识的能力,系统设计教师教育的课程目标、课程结构、课程内容、课程实施及课程评价等,以促进教师教学知识的统整。

(一)课程目标追求全面适切性

目标是对蕴含在脑海中的目的结果的陈述。目标其实要回答一个问题，就特定课程而言，你想要学习者达到什么样的目标。课程目标是课程本身要实现的具体目标，是课程开展的基础。传统的教师教育课程目标把完整的目标体系进行机械式分割，缺乏统一性与多样性、灵活性的有机统一。具体表现为：第一，片面强调社会的需求，忽视教师个人的需求，片面强调整体上的需求，忽视教师差异性需求；第二，过多地强调了行为目标，强调结果性和表现性目标，缺乏体验性目标，从而忽视了对教师的情感和精神层面的观照。实际上，任何课程目标都不是一成不变的，由于社会的变迁、知识领域的变化以及教师的改变，有必要对传统的课程目标进行定期修订，其判断的标准就是对教师教育有无价值。研究所探讨的教师教学知识统整问题，因而，课程目标的确立标准就是对教师教学知识的统整问题有无价值。

理论上，课程目标应来源于完整统一的"生活世界"，由于生活本身的完整性与多样性，因此，教师教育的课程目标也必须实现科学世界与生活世界的融合，只有这样才能使教师获得对世界综合性与多维度的理解，才能使教师更真实地了解现实世界。课程目标不应该是单维度的，不仅有行为目标，还应该有情感目标；不仅有结果性目标和表现性目标，还应该有过程性目标和体验性目标。课程目标着力体现注重给教师提供一个所要认识世界的完整图景，注重把教师的经验、各类知识融合在一起，让教师融会贯通、灵活地运用各类知识，提高教师在教学实践中的操作应用能力。同时，由于每个地区、每所学校、每个学科、每个教师的教学知识发展情况都不一样，因此，课程目标应体现适切性，不强求统一的规格和标准，重视课程活动及其结果的个体性、差异性，针对每个地区每类教师的独特情况拟订有差异性的发展目标。要真正设计出适切的课程目标，就应该让教师介入课程的规划、设计过程，并将他们自身的需要和要求融入课程目标中，而不是由其他人来完全代替他们决定学习的目标、内容和进度，要尽量围绕教师的需要设计，了解他们已经知道了什么，还想知道些什么。

(二)课程结构突显学科融合性

结构是指组成整体的各部分的搭配和安排或者各要素间的组织与配合。课程结构是课程编制者按照课程目标设计出的课程组织形式,即课程各组成部分如何有机联系在一起的问题。课程对培养教师所起的作用,不是单个学科作用的结果,也不是各门学科的作用简单拼凑的结果,而是各门学科之间相互联系、相互配合的产物。因为由各门完美学科构成的课程,并不一定是完美的课程结构,如果没有整体优化的课程加以配合,教师教育的目标就无法实现。因此,促进教师教学知识统整的课程一定要体现学科的融合性,即课程结构突显学科的融合性。其用意在消解简单拼凑而成的课程之间的机械割裂,构建课程与课程之间的有机联系,以实现教师教育课程体系的整体优化。在构建课程结构时,要从一定的主题出发,围绕主题来选择、组织课程,所有课程被组织在一起是因为其与主题有关,是因为探讨主题的需要,所有的课程都要服务于主题。因此,课程结构会既关注课程的宏观层次即课程之间的相互关系,又观照课程的微观层次即一门课程内在的各个构成要素之间的比例关系。

(三)课程内容体现知识联结性

教师教学知识的统整包括不同形态、不同类型知识的统整,即一方面包括理论性教学知识与实践性教学知识、显性教学知识与隐性教学知识、公共性教学知识与个体性教学知识之间的统整;另一方面还包括意义性教学知识、本体性教学知识、主体性教学知识、策略性教学知识和评价性教学知识之间的统整。旨在促进教学知识统整的教师教育课程内容就特别强调知识之间的联结性,要在不同形态、不同类型的知识之间寻求适切的结合点,从而使课程保持一种必要的张力,将不同的知识设计为一个统合的整体。因此,教师教育课程内容要体现知识的联结性。

这里，课程内容的联结不是简单地将各种知识组织起来，而是将各种知识组成一个有意义的整体。要实现这种联结的一个策略，就是把各种知识统整地组织和运用在真实问题脉络之中。将知识置于真实问题脉络之中，可以使教师更容易感受到知识的意义，尤其是置于与教师经验相连接的情境脉络中，不仅能够培养教师自由地在真实生活中广泛地界定问题的能力，而且能培养教师应用更宽广的知识范围来强调和解决问题的能力。要注意的是，为了有效达成各种知识的统整，必须要让教师参与课程内容组织过程，这样既可以了解他们的关注点以及如何架构议题，了解哪些经验可以帮助他们的学习，又可以了解他们所具有的隐性教学知识、个体性教学知识和实践性教学知识，从而在课程内容上确保各类教学知识的联结与整合。

（四）课程实施彰显场域开放性

课程实施是把设计好的课程结构付诸实践的过程，是达到预期课程目标的基本途径。课程实施是课程发展的重要环节，也是课程取得实际效果的关键步骤。一直以来，人们总是将课程实施视为一个线性的过程，事先为其设计好计划，然后按照所设计的路线按图索骥地执行即可，然而课程实施是一种以人为对象的活动，人自身的复杂性决定了课程实施的复杂性、随机性和不确定性。任何课程计划都不可能适合一切的教学情境和所有学员，因此，在课程实施过程中对其作出相应的调适和创造是必需的，强调课程实施过程中的场域开放性。

在这个过程中，课程实施不仅是知识呈现、展开、流动和生成的过程，而且还是教师教育者与教师以知识为背景进行探讨、交流、对话的过程。知识不断进入教师教育者与教师视野并成为他们理解的对象，这种外在的知识只有通过教师的理解才能内化到教师的个体经验世界中并成为个体经验的一部分时，才能真正成为教师个人的知识，成为对教师有价值的知识。同时，课程实施的过程也是教师教育者与教师进行情感交流和重新建构知识的过程，这需要一个宽松的环境与和谐的氛围,以保证他们主动性和创造性的发挥。在这个氛围里,课程成为一种过程——不是传递所知道的而是探索所不知道的知识的过程,而且通过探索,师生共同清扫疆界,从而既转变疆界也转变自己。①

可以看出,这里的课程本质上就成为一种在具体的教育情境中创生新的教育经验的过程,既定的课程计划仅仅提供这个经验创生过程的工具而已。教师教育者在课程实施过程中,对预设的课程有自己的认识和理解,他们的教学过程就是对预设的课程再创造的过程,他们可以把课程目标细化,对指定的课程内容进行选择、增加、修补或删减,也可以在活动设计中灵活运用,还可以补充进预设课程所没有提及的课程内容。在课程实施的过程中,教师教育者和教师作为独立的精神主体在相互尊重和信任的前提下,进入彼此的视界,并在其中相互理解、平等交流。在理解中,教师进入教师教育者的精神世界,教师教育者也在教师开放的接纳中走进他们的精神世界,在两者精神相遇的境域里,课程知识和教育的意义悄悄地创生,而不断创生出的课程知识和教育意义又将进一步影响和陶冶着师生的精神,扩展着他们的精神视野,提升着双方的精神境界、品位、意义和价值。

(五)课程评价取向发展增值性

课程评价是对课程发展方案的适切性评判,是对教师教学知识统整情况进行诊断和完善的重要环节。因此,课程评价不能进行简单的数量化、标准化的归类,而要根据课程开展的整个过程,更好地反映课程实施的复杂过程,更好地体现课程评价的人文关怀,更好地反映教师教学知识的统整特征和程度。评价不仅要注意到横向的要素全面性,又要关注到纵向的发展增值性。这就要求既要揭示教师在活动和学习中探究问题的过程,重视他们解决问题的方法,而不仅仅针对他们是否达到了预期的目标和结果。即使最终的课程目标没

384

---

① 小威廉姆·E.多尔.后现代课程观[M].王红宇,译.北京:教育科学出版社,2000:222.

有达到,但是,只要教师在学习和活动中有了真实、有意义的体验和实践,提高了认识水平,就应该肯定其价值。要不断对教师的表现进行纵向比较,要将所测量出的教学知识统整初态的输入值与统整过程态的输出值进行比较,通过追踪收集教师在一段时间内不同时间点上的发展情况,并根据发展情况对教师的持续发展和提高进行有效的指导,使教师明确努力的方向并提出具体的改进建议。这样才能使课程评价促进教师教学知识统整的功能真正发挥。

二、教师教学知识统整的精加工策略

重视教师教学知识发展的整体性是研究的内在诉求。教师是拥有多样性和复杂性的整体,是相互联系的一切生命交织的现象,不能简单地将其还原为某种东西。这里试图根据每类教学知识的生成路径和特性,开发出每类教学知识统整的知识精加工策略,当然这种策略只是从一个侧面切入这个整体的一种尝试。

(一)意义性知识的发展——着眼高度认同的内生式学习

从前面对意义性知识生成路径的调查来看,对于教师来说,"日常教学后的自我总结和自我反思""对课程标准、教学参考用书以及教材的解读""任教后从理论性书籍或者报刊中""在专家讲座等理论培训中"等路径是最重要的路径。由此可知,教师自身持续的学习和日常反思对于意义性知识的发展来说,是非常重要的方式。而纵观目前关于意义性知识发展的策略以及实践中对于意义性知识发展的实际作法来看,许多相关研究与做法似乎仍属于一种"外输式"学习而非"内生式"学习,即基本上是沿着自外而内的路线,由外部向教师作简单的、强制性的灌输,使其接受,而较少以教师本身是否认同为出发点,来建构生成关于教学活动的目标与意义的知识。不可否认,在教师从业初期,这种"外输式"学习为教师理解教学活动的要求与目标提供了必要的支撑,对教师认识教学活动的意义是必需的。但是我们看到,随着教师从业时间的增加,这种"外推式"学习的不足也逐渐暴露了出来,因为它其实忽略了教师存在的意义,忽略了教师对这些目标与要求是否真正认同,缺少从教师在教育中的生存处境和生存意义建构之关联,来探寻意义性知识存在与发展的内在依据及其合法性前提。要注意的是,这里我们没有将"为什么教学"的知识定义为目标性知识而称为意义性知识,因为目标是一种外在规定,带有强制性韵味,但缺乏对教师认同度的关照;而意义是一种内在建构,它不是教师的被动行为,而是一种能动的心灵参与,这种参与需要教师的知、情、意、行的亲历、神入、体认,这种建构融注了教师的感知、想象、理解、感悟等多种心理因素。因此,对意义性知识的发展,提出着眼高度认同的内生式学习。首先,教师对所学的意义性知识明确表示赞同、肯定。教师对所学知识表示赞同和肯定,或者是认为所学知识在思想、方法、逻辑上与自己的思想一致,或者是认为所学知识比自己思想更深刻、更高远、更透彻、更激越,完全被其内含的思想折服和导引,就会感觉到完全进入一个新的广阔的精神天地或精神世界,对所学知识完全持肯定、赞同、顺应的态度。这样,教师就能顺利地进行内生式学习。

内生式学习是在对"外输式"学习的进一步批判的基础上提出来的。显而易见,教师如果仅仅聆听教育专家的研究报告,或是参与观摩特级教师的教学录像,或是同事间教研活动上的经验分享等活动中,永远不可能领略到每个人所认同并确立的教育意义和价值。因为意义是在由创生者经由意义文本为中介与解释者的"对话"过程中形成的。这个过程是从主体的对象化(由创生者提出教育目标与要求等意义)再到对象的主体化(解释者对意义文本的解读)构成的。严格意义上的教育意义,正是由这两种有差异的意义复合体构成的。正是由于有两种意义复合体的存在,使得意义建构是一个比较复杂的过程。

首先,创生者的意义解释不能等同于教师的意义理解。意义解释强调意义文本的原意解说,在方法上注重形式逻辑的推理,其目的

在于使隐藏的原意显现出来,使不清楚的东西变得清楚。例如,义务
教育段和普通高中段的课程标准中对于英语课程目标都是定位在综
合语言运用能力(Integrated Language Capability)上。"综合运用能
力"不同于一般的能力,它是指能把各种能力系统地调动起来用于实
际交际活动的本领,属于实际交际过程这个层面上的能力。它能够
融会各方面的知识,贯通各方面的能力,调动情感因素、个人素质以
及天资,并将其运用于创造性的语言交流活动,用于解决交际时的各
种问题,完成各种任务。但是,在日常的课堂教学实践中,很多教师
对这种教学目标的理解存在着诸多误区和问题。例如,有教师用"语
言能力取代综合运用能力",他在教学目标中是这样设计的:

Aims:

(1)To learn about future passive voice.

(2)To discover useful words and expressions.

(人教版高中英语第二模块第2单元 Learning about the language)

(选自一名高中教师的教案)

语言知识是综合语言运用能力的基础。完成语言知识目标并不
意味综合语言能力就能提高了。但在传统教学中,语言知识的传授
几乎是教学活动的全部,语言知识的掌握是英语学习的主要目标。
以上案例在目前课堂教学中还十分普遍,尤其是在如何处理语言知
识上,还走不出传统语言教学的模式,语言知识与语言功能相脱离。
教学目标的设计单一地定位在语言知识点上。

其次,教师的意义理解不能等同于教师的意义建构。在意义建
构之前,无论是创生者的原意解说还是作为中介环节的意义文本,其
意义均尚处于潜在状态,有待于解释者意向性的介入而转化为现实
状态。例如,学生是教学的主体,这是教育的一个基本理念。自从第
八次基础教育课程改革推行以来,教师都能接受这一理念,但是在实
践中没有真正得到体现。在教学目标设计时,教师往往难以退出自
己的角色,从学生角度进行思考。

Aims:

(1) To help the students to learn something about dolphin swimming.

(2) To enable the students to express their thoughts and opinions about dolphins.

(3) To motivate the students to think creatively and express their ideas about the relationship between the human being and the animal.

案例中 3 个动词的主语都是教师自己,似乎教学目标只要教师本人去完成,学生处于被动的地位。教学目标的完成者是学生,学生是教学目标的主体。教师不能凭自己主观臆断设定教学目标,而是要在充分解读学生的基础上,从学生的角度考虑设计。在教学目标设计前,教师要全面了解、分析学生,包括他们的认知结构、认知特点、个性特征、社会背景、语言水平及语用能力等。所有这些不是在教学设计时才去了解,应该靠平时的积累。在教学目标设计时,教师应该站在学生的角度,或常回顾自己学习英语的经历,确保所设计的教学目标是学生想完成的(他们的需要)、能够完成的(他们的能力)、应该完成的(社会的需要)。

以上两个案例均是由于教师的学习并非是一种内生式学习,从而使教师获得的意义并非本有之义。所谓内生式学习,是指自我建构对教育教学生活的意义和价值。内生式学习的过程是教师在原有的知识经验基础上,在活动过程中对情境作出反应,触动了其情感的变化,从而打破原有的知识经验情感图式,并积极地对原有的图式和当前的情境进行比较、反思,进一步再认、重新产生一种情绪表征和情感表现,形成新的情感基础,为下一次情境的展开作准备的活动过程。教师在自我建构的过程中,不断地叩问教学的意义与价值,并不断地将它们化为自我意识和自我价值,这正是教师对于意义性知识的自我充实、扩大、发展与建构。

通过内生式学习,教师生发出对教育教学工作、对学生的发展怀有深切的责任感和使命感。这种责任感和使命感激发教师对教育教学目标有深刻认知和高度认同,指导教师在拟订教育教学目标时始

终持有"一切为了学生发展"的坚定信念,帮助教师建构深刻的教育
意义观和价值观。唯其如此,教师会关注学生长远、持续的发展而不
只是当下、短暂的发展,会明确"对学生、对学生生存的关怀是教育的
出发点和归宿";教师会不断地调整与改进自己的教育教学行为,从
"知识代言人""教学技术员"的身份中挣脱出来,真正成为学生的研
究者,成为学生避开外界不良影响的呵护者,成为学生发展的促进
者;教师会"对自己的语言、行为能否对引导学生的道德、智慧、身体、
精神、生活的变革、成长、发展有所形成、有所建构具有清醒的意
识"①。

我应该如何设计教学目标

在听课与访谈中,我发现部分教师对"为什么教学"缺乏深入思
考与建构,不管是在宏观层面对于"为什么从事教学",还是在微观层
面对于"为什么教""为什么这样教"以及学生"为什么学""为什么这
样学"等都缺乏深层次的思考。具体到课堂教学中,部分教师总是首
先想怎样设计教学方案,采用什么教学方法和手段,而少有对教学目
标进行深入思考,使得他们在教学过程中"嘴上重视、心里忽视",或
者"写在前头、置于脑后",造成教学目标虚设、目标内容泛化等问题。
还了解到,部分教师所设计的目标或者缺失对教学内容进行独特的
解读,缺少课时教学目标与单元目标、学期目标的有机渗透与衔接,
甚至有一部分教师根本就没有或者不会设计教学目标,要么照搬教
参,要么随意应付,造成目标严重脱离学生的实际,或者教学目标与
教学内容根本不相关。针对这些现象,我们根据各个实验被试者的
具体情况,组织了一系列着眼高度认同的内生式学习——"我应该如
何设计教学目标"。

第一,学习前期,我们举行了两场专题培训——"教师为何而教"
和"如何设计有效的教学目标";第二,教师进行自我剖析与反思,并
邀请相关专家深入教师的课堂进行综合诊断与分析,从而得出教师
在意义性知识方面的综合分析报告;第三,专家根据每个教师的情况

389

① 宁虹.实践——意义取向的教师专业发展[J].教育研究,2005(8):42-47.

量身拟订《发展与完善方案》,推荐相应的书籍,提出有针对性的发展建议;第四,教师进行自我认同式学习,对教学目标作出准确的理解,同时在专家的指导下开始设计有效的教学目标;第五,通过"听课—评课—上课—诊断—完善"等一系列环节,教师既掌握相应的意义性知识,又学会有效地设计教学目标。

(二) 本体性知识的发展——基于主题课程的综合性学习

基于前面对本体性知识属性的分析和发展机制的探讨,可以发现,本体性知识的发展重点并不在于数量的多少,而在于其结构是否优化、知识是否形成网络成体系化。据附录四所示的问卷调查显示,在 5 类教学知识中,41.7%的教师认为教师最不缺乏的知识就是本体性知识,位列第一。

这在一定程度上说明了教师并不缺乏本体性知识,至少在知识的数量上,但为何在教学中教师往往不能有效地将本体性知识转化为学生学习的内容,为何教师往往不能有效对教学内容进行纵贯联结式的教学。例如,在小学《品德与社会》教学中,我们发现一些老师很难实现课程标准所要求的把握和处理好课程的综合性、教育性、体验性、实践性。因为《品德与社会》课程突破了原有的小学历史、地理等课程的结构和学科体系,从培养学生正确观察社会、认识社会、了解社会、适应社会生活的能力和角度,融合了社会学、历史学、地理学、政治学、经济学、法学以及哲学和伦理道德等多学科知识,这就要求教师有丰富的知识底蕴和合理的知识结构。从前面对本体性知识生成路径的调查来看,对于教师来说,"对课程标准、教学参考用书以及教材的解读""任教后从理论性书籍或者报刊中""在教研组或教师共同体中的研讨"是最重要的路径,从而得知,学习和研讨是教师发展本体性知识的主要方式,但这种学习并非是零散的学习,这种研讨也是一种有组织的讨论。因此,基于本体性知识的属性和知识发展的机制,基于主题课程的综合性学习有助于本体性知识的发展。

　　主题课程并不是一个新概念,它以往多被用来探讨出现在学生课程中而非教师教育课程。它的产生是因为人们对学科课程进行不断质疑,对学科课程过多强调了其内在框架的学术性、结构性和逻辑性指标及学科知识的科学化阐述和概念化建构,而断裂和割离了与学生日常生活、情感世界的有机关联和整合,使其游离于学生的心理发展状况和现实需要、兴趣之外的批判。因此,研究者便逐渐提出了"整合课程""综合课程""活动课程"等,虽然名称不一,但其核心都在于把"主题"建构作为教育内容的组织形式。第八次基础教育课程改革也特别强调"综合""合科"概念,以打破现行分科教学、各科互不连贯的现象。从根本上来说,"综合课程""主题课程"的提出与实施给教师带来了非常大的挑战。它要求教师不仅精通本专业,还要对相关专业非常熟悉,具有广博的知识面。而由于一直以来高师院校划分过细的过窄的学科、专业,加上功利色彩过于强烈的学习态度,导致教师在职业教育阶段所掌握的知识相对缺失和偏狭。到现在为止几乎所有的教师都毕业于分科专业领域,可以说他们对专业领域的知识和技能掌握得挺好,但对相关学科的知识却了解、认识不足,缺乏科学的整体观念,更不能很好地领会自然的统一不可分割性。

　　由于教师知识结构中的缺陷,这就使得"综合课程""主题课程"并不能得到很好的贯彻实施,就连在涉及相关学科之间的知识联系时,教师都可能会把内容推给相应学科的教师。例如,在化学中会讲到物质的一些物理性质,包括熔点、沸点等。但教师往往会问学生在物理中是否已经讲过这些概念,当得到肯定答案之后就一带而过。因为教师认为,既然在物理中讲过,学生就应该相当熟悉,没有必要再浪费时间。其实学生很想知道为什么物理学中的概念会出现在化学课本当中。如果教师能把学科发展历史、现状及趋势作简单讲解分析,相信学生就会感受到科目之间的密切联系,产生想进一步了解的好奇心。又如,在学到原子内部结构时,有学生提出了这样一个问题:原子核带正电荷,电子带负电荷,电子在核周围的空间内高速运动,那为何没有因为正、负电荷的相互吸引而掉到原子核上？大部分

391

化学教师只能说这是物理学中的内容,在以后的学习中就会了解。①

　　这里的主题课程,是指以某一主题为基点、中轴和核心而进行的学科内、多学科内容的整合,并以此而结成的一种独立性、综合性的教师教育课程。主题式课程意在整合基于"学习"的本质与"学习者"的需求,整合教学内容和学习者经验,将各分立的学科贯穿起来,达到更充分、有效的教学和整体的学习。主题式课程的内容编制是以某个教学主题为主线和中心,协助教师以主题的方式对学科内相关知识、同领域内相关知识或相近学科的相关知识进行统整,把各学科教材分解的知识体系融合为一个个"集成块",由个及类,由类及理,由"主题"把那些散乱的"珍珠"串联起来,达到知识体系与教学内容的融合。在围绕主题的开发、探究、解决的过程中,使教师的教学知识在各个层面上进一步铺开和拓展,从而完成对本体性知识的整合、优化、重组及渗透。这样,它可以梳理和优化教师的知识结构,拓展教师知识的深度和广度,有利于教师生成完整的经验图式和内化机制;它所结成的多层面、多维度、立体化的探析逻辑,也有利于使教师置于高屋建瓴的层次上,从而生发和阐释出对知识体系理解的不同意义和多元指向,更有利于指导教师建构自己的知识图景和生成自己的知识发展机制。

　　主题课程既包括学科内的主题课程,又包括跨学科、多学科的主题课程。学科内主题课程是指把某一学科内的相关知识作横向与纵向的整合,梳理出相关的知识体系并明确其在不同教学时段的发展目标与课程标准。跨学科主题课程是指打破学科界限,从不同学科视角探究其不同特性,以立体、全面地理解相关主题,从而还原知识原型的整体面貌。

　　这里的综合性学习主要是指学习方式上的综合和学习策略上的综合。主题课程的学习,既可以是有组织的集体性学习,如专题讲座、沙龙研讨、课例分析等,也可以是自发的个体学习,如阅读、自我反思等;既可以参加校外的培训与研讨,又可以是校内的研修与讨

① 孙迎利.初中物理与化学相关知识交叉渗透的研究[D].济南:山东师范大学,2009:49.

筑渠与架轨：教师教学知识的统整策略

论;既应该有认知性的学习,还应该有体验性的学习,更应该有反思性的学习。因此,基于主题课程的综合性学习,可在一定程度上促进教师扩充知识广度和拓展知识深度,从而构建系统而清晰的知识网络体系,提高教师外化、转化本体性知识的能力。

我要拓展哪些知识

第八次基础教育课程改革特别注重课程的综合性、实践性、生活性和研究性,以打破分科主义的界限,强调知识的整合与实际运用。因此,在实际教学中,常常要求教师引导学生从多学科的视角来对所学的内容进行立体的、全方位学习,这就必然要求教师要拓展与整合本体性知识。例如,在高中课文《廉颇蔺相如列传》中,讲述了蔺相如"完璧归赵"的故事。那么,在教学中,教师要真正帮助学生理解这篇课文,理解为何秦国想得到这块璧,而蔺相如又誓死要保护这块璧完整无缺? 这就需要对璧(即和氏璧)不同寻常的来历作一个探究,对和氏璧在不同层面的价值作一个探究。对于和氏璧的探究,可以分别从历史、科学、地理、社会、艺术、语言、文学等方面来作全面了解,因而可以这样来设计整个探究活动。

一、历史视角:史踪寻玉

任务:为了更清楚地显示和氏璧之谜的历史线索,以便为获得一种更方便的探究手段作出开拓性的贡献,那就做一份有意义的工作吧:在收集了解有关历史资料的基础上,用电子表格和图形工具编制一份历史年表,呈现和氏璧的来龙去脉。在此基础上,对和氏璧下落之谜作出自己的解释。

二、科学视角:剥璞析玉

任务:世人有眼无珠,视璞为石,良宝见弃总让人感慨无穷。史载和氏璧"正视而色白,侧视而色碧"更是人们长久的困惑。如今科学发达,许多令人惊奇的自然现象都得到了解释。但凡至宝也终归矿石,其中奥妙必有原因,你能根据记载中的说明从科学的角度作出自己合理的假设和推想吗?

三、地理视角:抱荆说舆

任务:史载和氏璧"得璞于荆山",然岁月流逝,语焉不详,于是玉石可分,荆山难辨,何处产灵宝遂成纷繁疑案中最摄魂夺魄的悬谜。荆山层出不穷,皆是地理方舆,你支持哪一种说法?从中能有所突破吗?有最新发现吗?查找有关资料,提出自己的主张,并与别人进行交流讨论。

四、社会视角:知人论事

任务:有人说和氏其人其事,其实是传达民族心性的一个寓言,是一个文化意义符号,你同意这种说法吗?

五、文化视角:卞肆识玉

任务:在这里我们共同来领略中国玉文化的博大精深。

六、艺术视角:琢艺碾玉

任务:和氏璧玉玺湮没在历史的烟海中,也许永远不会重现人世。玉玺到底怎样始终成为一个撩人的谜团,你能否利用现代数字技术再现这枚激动人心的旷世奇珍,一解世人皆欲一睹其真容之渴吗?

七、文言视角:断文赏玉

任务:许多东西弄得错综复杂,多少事乃转述之过,以讹传讹,致使面目全非,恍然回头才发现迷失在本源,直接读取原著,不仅在识文断句,看看还能不能找回灵感和属于自己的自由独立的解读。

八、诗文视角:向泣怀玉

任务:贞人志士,古今同怀。兴咏寄托,悠悠怆然。这里我们要了解和氏璧题材的文学戏曲创作情况,感受和氏璧对中国文化的影响。

九、语言视角:敲玉听语

和氏璧故事作为千古佳话,深入民族精神的骨髓,凝聚出许多经典词汇、典故和格言,丰富了我们的语库。有关和氏璧的语词比比皆是,那就让我们一起来收集整理,编写一本"和氏璧词库"吧。另外,别忘了从网上寻找帮助,以此为例得出对汉语词汇来源的认识。

教师引导学生分别从以上9种视角对和氏璧进行全面而深入探究的基础上,学生便能真正地理解诗文所蕴含的意义,也能理解为何秦国想得到这块璧,而蔺相如又誓死要保护这块璧完整无缺,更能了

394

解华夏万年玉文化,从而培养起了解我国博大精深的文化的探究欲望和兴趣。

显然,一位语文教师在引导学生探究和氏璧时,可能并不具备这些学科的相关知识,这就提示我们,在教师教育中就要设计的课程来拓展教师的知识域,开展基于主题课程的综合性学习。

(三)主体性知识的发展——关注特定对象的反思性实践

目前,教师知识发展的主要方式是集中培训或者理论学习。一般的培训是专家站在教室的前面手拿讲义或者教辅材料逐渐地讲解一个个概念、程序或模式,以讲授的方式将这些理论知识传递给学习者,虽然学习者可能有时间进行提问或者试验新的技术,但多数时候,他们只能面对专家而认真倾听。这种发展方式的基本假设为:理论(公共)知识的获得将导致行为的改变。通过学习理论,并将之应用于教学中就会产生好的实践,个人获得信息就会将其运用于提高教学水平,个人会按照所学的知识去行动。很明显,这种假设赋予了知识以客观真理性,把专家看作知识传递者,把教学实践看作验证和检验理论的环节。这种发展方式秉持"从理论到实践"的线性思路,将实践看作理论的应用,理论学习与实践体验处于分离、隔绝的状态,其结果就是理论学习抽象、空洞,实践体验流于形式或沦为纯粹的技能训练。有研究者认为,"好的教师教育课程应该帮助课程学习者跨越理论与实践的鸿沟,实现二者的整合;它既非以理论掌握为中心,也非纯粹以实践训练为主导。"①对于主体性知识的发展,如果走"从理论到实践"的线性思路是不太可行的,因为通过前面对主体性知识的属性分析发现,个体性是主体性知识的第一属性,实践性是主体性知识的第二属性。显然,主体性知识主要来源于个体的经验、信念、体知、直觉,来源于实践。这种知识既非公共的理论知识,也非纯粹的技能、技艺。"就像任何真实的人类活动一样,教学无论好坏都

395

① 王艳玲.培养反思性实践者的教师教育课程[D].上海:华东师范大学,2008:5.

发自内心世界。当我不了解自我时,我就不了解我的学生们是谁。当我了解自我时,却不了解我的学生们是谁,教学的效果同样也不知如何。"①自我并非与生俱来,而是在社会经验与活动的过程中产生的,即作为个体的教师与整个教学过程的关系,是在与学生诸多个体的关系中发展起来的。教师对学生的了解也非与生俱来,而是在教学活动的开展中,对学生全面的观察与分析,是在与学生诸多个体的关系中发展起来的。结合前面对主体性知识生成路径的调查来看,"日常教学后的自我总结和自我反思""对名师课堂的观察与模仿""对同事课堂的观察与思考"是最重要路径,显然单纯的学习对于主体性知识发展的意义并不大,只有在学习基础上开展系统的反思和实践才真正有助于主体性知识的发展。因此,基于主体性知识的属性和知识发展的机制,关注特定对象的反思性实践有助于主体性知识的发展。

美国教育家杜威(Dewey)认为:"反思是对任何信念或假定的知识形式,根据支持它的基础和它趋于达到的进一步结论而进行的积极的、坚持不懈的和仔细的考虑。②"可见,反思是对自己的活动基础、活动过程和活动结果之间关系的深层思考。通过反思,教师可以"从具体的行动中解放出来并超越行动"③,形成理论与实践的统一。所谓反思性实践,是指教学实践与教学反思有机地融合在一起,是教师借助逻辑推理的技能、仔细推敲的判断以及支持反思的态度对教学实践进行批判性分析的过程。这里的反思性实践强调教师要经常反思对学生的认知与把握,反思是否准确地把握特定年龄阶段儿童的兴趣、儿童身心发展的特征,特定年级学生的学习、认知及思考方式,使教师在教学中能根据学生的思想与学习特点来重新组织本体性知识,能根据其特征与方式创设合适的教学情境、选择恰当的教学方式、采用有效的教学策略,并能对学生可能出现的错误或误解作出

---

① 帕尔默.教学勇气——漫步教师心灵[M].吴国珍,余巍,等.译.上海:华东师范大学出版社,2005:144.

② 罗伯特·哈钦斯,等.西方名著入门:哲学[M].北京:商务印书馆,1995:114.

③ 张建琼,吴定初.课堂教学论稿[M].北京:中央文献出版社,2007:216.

提前预知;反思自己自我作为个体的知识,包括对自我角色的认识、教师的人格特质、教师自我价值观等,对教学设计、教学过程等作全面省察与深刻反思,不断探究和解决自身和教学的问题,不断提升教学实践的合理性。

破茧飞扬,走向统整的自我①

有一个美丽的成语,叫破茧成蝶。讲述的是蚕儿吸取了充足的甘露润泽之后,用丝线织茧而栖,沉沉而睡,而后又咬破自己织制的茧,羽化成蝶,完成生命复活的故事。

一年前,我被这个古老的故事格外地感动着,感动的不只是蚕儿成蝶后的美丽绚烂,更感动于蚕儿亲手破茧的勇气和其中经历的类似于死亡的沉睡等待。因为那时候,我自己也正在经历着一场破茧的斗争。我从教13年,已经基本成型的教学模式、思想观念乃至生活状态都受到了严峻的挑战。来自外部自我"知足常乐,人生何求?"的强大舒适范围与来自内心自我"打破壁垒,重新出发"的内在呼唤之间展开了激烈的争斗,辗转反侧。那种心灵的煎熬,那种撕开内心血淋淋的疼痛感,至今想来仍然惊心动魄。所幸的是,我终于迈出了破茧的步伐,并逐渐享受到了追求的乐趣和更深刻的幸福感。

直面自我,有痛苦的地方才有希望

在每周一次的研讨活动中,老师总是让我们描述一个又一个的细节,让我们思考这些细节后面反映着我们什么样的个性,展示了什么样的教学上的优势与劣势,又投射出怎样的思想与意识(这种漫谈式的谈话后来从课堂延伸到我们生活的方方面面,处世哲学、价值观、心态情绪等不一而足)。每一次,当老师根据我们谈话的中心内容,抛出某一个观点时,似乎总能让我们受到冲击。我就是在这个阶段感到了深深的触动和危机。渐渐地,我终于清晰地看到了自己竭力遮掩,从不敢深入的内心深处,那就是:我的课堂是缺乏生命力的,技术的堆砌,知识的零散化和拼盘式!那个以外在表象安慰遮掩、勉力支撑的内心真我,因为突然暴露的赤裸裸的真相而变得羞愧难当。

397

① 节选自B区C小学汪莉老师的反思论文。

那段时间,我每天生活在煎熬里。如果退守,能够让我保持目前甜滋滋的幸福生活吗?如果改变,怎样改变,从何处入手,又会得到什么呢?我为什么还要固守在原来的框架里,不舍得出来呢?无论多么留恋过往的努力,多么难以抛弃曾经得到的肯定,但已经结束的征程,必须戛然而止!

在思想的煎熬里,在老师洞悉一切的目光里,在同事尝试的震动下,我终于醍醐灌顶,睁开双眼,直面自我:有痛苦的地方才蕴含着更大的希望。勇敢地面对,积极地尝试。突破眼前的悲伤或痛苦之后,我一定可以到达另一个豁然的境界!

接受自我,倾听来自内心的声音

我开始第一次静下心来,慢慢地潜入自己的内心,在老师和同伴的帮助下,认真地思考和分析"我"。以下节选的是期间的一些文字,记录着思想变化发展的轨迹。

参与研究两个月后的反思,思想的波澜,引起对课堂,对自我的重新认识:

······

参与研究7个月后,真正触及内心的挣扎与痛苦:

······

参与研究后系统学习后的反思,坍塌的自我重新建立的快乐:

在一日一日的反思与实践中,在一日一日的学习与对话中,在一日一日的阅读与思考里,我的心灵似乎一天天变得豁然起来。

······

好愉悦的心情!想要蹦跳的冲动!好像经过了死亡般的沉寂和痛苦的摸索,我终于咬开了厚厚的茧壳,探身迈进了光亮的世界!

发现自我的力量,让行动演绎生命精彩

思想的壁垒打破,通道畅行。但行动的过程确实异常艰难。新鲜的理念吸引着我,理想的课堂刺激着我,但习惯定式的影响,无法突破的苦恼,课堂改观进展缓慢的焦躁,使我那段时间常常处于茫然痛苦之中。可以说,几乎从没有哪个阶段,像那段时间一样让我每天关注课堂,每天思考教学,每天为课堂细节而辗转反侧。常常在与家

人谈话时突然陷入沉思，常常为突然的一点领悟而欣喜若狂，又常常为实践的败北而懊丧。这个真正历经的过程，其实是漫长而痛苦的。但现在，我发现了这样一个过程的可贵。我们已经"接受"得太多，但我们真正需要的、能够具有生命力的其实是我们自己的思想、自己的方法与途径。而这个痛苦的洗礼与寻求的过程，必须我们自己在行动中实践、摸索、改进、形成。

——用英语给学生解释水循环的过程，学生老不明白，大费周章。同事说，有必要这样麻烦吗？不就一句汉语的事。但我现在越来越坚持用英语上课。这种坚持来源于一种感受。那就是，当我们看到老外，很自然地脱口就说英语，而见到中国人，却很难张开嘴，甚至觉得别扭。我想给孩子们建立一个情境：Daisy（我的英语名）= 英语，见到 Daisy = 说英语。我想这对于训练学生的英语思维，养成开口习惯，以及帮助我们自己保持口齿的伶俐，都会有好处。

以前的我信奉博采众长，也每每能像模像样，但现在，我越来越觉得只有自己的，才是最好的。博采而不化，始终是别人的，没有实际的用处。教学内容只有到达我心的，才能到达学生心里。现在的我，宁肯不那么追求课堂的精巧，宁愿"写意"一点，把功夫做在课外，课堂上则多留点时间，空间给孩子。

我想，这样的课堂，属于我的课堂，才会立得住，立得起。

随着教学生命的延长，我越来越真实地感受到了这份坚持的价值与意义：它令我对自己的教学前景充满了信心，而且也激发着我不断突破自我的勇气和信念。

回顾自己这一段的经历，感慨无限。我想说，其实在生活中，很多时候，我们就如那小小的蚕儿，经常会陷于一种生存的窒息状态，或是处于绝望的境地。对于我们个体生命而言，有时心灵也会结上一种"茧"。那就是：当自我被重重地外在包裹，以"装腔作势""强颜欢笑"而"虚与委蛇"时，自我便失去了内外的和谐统整，生命也便丢失了颜色。但如果我们能勇敢地迈出破茧的步伐，用心去咬破自己构筑的外壳，尽管这一过程会很痛苦，却能获得生命的重生。

我庆幸，我终于再次走在了这条路上。

(四)策略性知识的发展——融合教师经验的体验性学习

在前面策略性知识的生成路径调查中,调查发现,"在教研组或教师共同体中的研讨""对同事课堂的观察与思考""与同事之间的日常交流""日常教学后的自我总结和自我反思""对名师课堂的观察与模仿"等路径是最重要路径。很显然,这个调查结果阐明了策略性知识的发展重要路径是对知识的体验上,而非简单的接受性获取。在一些传统意义上的教师教育课程中,一般认为策略性知识的发展主要是一种接受性获取,其知识论基础被假定为公共知识或理论知识。相应的,课程也是一种接受性课程。这种课程选择了一些现成的确定性的知识作为主要内容,却很少关注教师的生活经验和独特的个人感受;在方式上具有高度的集体性和统一性,更倾向于采取"讲授式"而非"对话式"的教学方式,强调教师对知识的记忆和理解,忽视教师建构知识的独特方式。于是,教师培训总是由培训者通过讲授的方式,把所谓的新思想、新观念传递给教师,教师接受培训的过程是忠实的听和记,并假定:谁听得认真,谁记得多,谁的收获就大。在前面对教学知识的属性所作的探究中,策略性知识的第一属性是实践性,第二属性是个体性。也可以说,策略性知识更多的是一种实践性知识或者个体性知识。实践性知识与个体性知识的获取是个人在对理论知识与公共知识有了一定的认识和理解的基础上,由个人所拥有的并已内化到自身素质结构之中的知识,是教师真正信奉的并在其教学实践中实际使用和(或)表现出来的知识。这些知识不仅包含个体对公共知识与理论知识的直接吸收的成分,更重要的是包含个体对公共知识与理论知识的独特感受和体验的成分。体验是人的一种基本生活方式,人的经验、智慧不是直接获取的,而是通过自身的体验获取的。策略性知识的获取同样离不开体验,因此,基于策略性知识的属性和知识发展的机制,融合教师经验的体验性学习有助于策略性知识的发展。

对于体验性学习的开展,首先要对体验这个概念作出准确理解。

学者们在探讨"体验"的概念时,常常也对"经验"的概念作出分析。经验作为一个概念,更多的是就认识论的角度而言,其含义主要是指"'感性认识'或由亲身经历而获得的对事物的真实和客观的认识",它指向的是真理的世界,体验则强调"人通过亲身经历而形成对事物独特的、具有个体意义的感受、情感和领悟,它指向的是价值与意义世界"。[①] 有研究者认为体验是在对事物的真切感受和深刻理解的基础上对事物产生情感并生成意义的活动,体验具有情感性、意义性和主体性;还有研究者认为,体验是主体的身心同外部世界产生交往而生成反思和建构的认识与实践活动,体验具有主体性、生命性、情感性、价值性、情境性、场域性、过程性、生成性及反思性等特征,体验的核心在于形成个人知识或者实践知识。经验与体验也有很大的联系,任何一种概念的确立必须建筑在人具体的经验之上,在此基础上,经验才可能深化为人的体验,使人产生对概念意义的认识,否则任何的体验与意义都是空洞的。基于此,体验性学习是从经验出发,为了体验和在体验中生成的过程。

在心理学中,体验是主体把自身当作客体,从而获得关于客体的感性信息的一种感知方式。体验方式有两种:一种是心理体验;另一种是实践体验。所谓心理体验方式,是指认识主体在观念上把自己当作客体,使自己暂时根据客体环境、立场、观点去观察事物、思考问题,从这种体验中去获得关于客体的信息。所谓实践体验方式,是指认识主体在实践中把自己暂时变为现实客体,不仅站在他所研究的对象的立场和观点去观察和思考问题,而且直接作为客体中的一分子去生活。根据心理学中善于体验的含义,这里的体验主要是指移情式体验和切身式体验。所谓移情式体验,是指一种富有感情的体验现象,并非仅仅是稍纵即逝的兴奋之感受,而是指借助感受,改变或者确认自己对教学的认识,改变对自身的看法,以及教学活动的态度等,总之,是改变或者重新确认自己对教学的认识,从而迸发出实现特定教学目标的意志、自觉和决心的力量之体验。所谓切身式体

401

① 陈佑清.体验及其生成[J].教育研究与实验,2002(2):11-16.

验,就是让教师通过亲自参与操作,在亲历的过程中去感知、获得感受,获取经验的行动式学习。它是一种直接学习的方式。切身式体验遵循"亲历实践、深度探究"的原则,倡导亲身体验的学习方法,重视在探究、解决问题的过程中所产生的丰富多彩、活生生的体验。这里建构了融合教师经验的体验性学习模型,如图 8-1 所示。

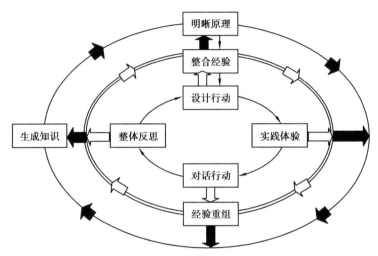

图 8-1 融合教师经验的体验性学习课程模型

1.明晰原理——内化知识

这个环节主要是要让教师明晰策略性知识本身的原理,可以通过专家系统的讲授,可以通过教师自我的学习,还可以通过其他方式来帮助教师进行内化,以达成教师对策略性知识进行系统性、全面性学习。

2.整合经验——统整知识

此环节意在利用教师已有的经验来开展学习。有研究表明,学习始于"此时此地"的具体体验。若没有学习者自身的知觉和具体的体验,学习者就仅仅是被动的参与者。被动的学习无法调动大脑的高级感受,刺激产生的知觉也无法整合到已有的图式中。因此,有效的学习往往是建立在已有经验基础上，这样就能整合已有的经验和知识，从而开始新的学习。

3.设计行动——外化知识

此环节意在构建一个情境指导教师应用已学的知识进行实践，即教师要在真实或者模拟的情境中，应用已经学习的策略性知识对即将开展切实的实践和体验进行设计。在设计的过程中，教师会产生相应的感悟体验，掌握原理应用的一些实践性知识，从而真正地习得知识应用的条件和策略。因为知识是否真正掌握的标准之一就是知识"图式"趋于稳定。要形成"图式"可以通过一种称为"想象形态"的知识学习，其特点主要是学习者在头脑中进行演练，这即是本环节的"设计行动"。

4.实践体验——迁移知识

策略性知识往往是由一些"如何做的知识"构成，是教师在复杂、互动、情境性的教育现场中使用的实践性知识。这些知识具有高度的内隐性和情境性特征，常常难以系统化和显性化，但对教师的教育教学行为具有很强的指示作用。一般来说，实践不是独立于学习之外的，知识的获取也不是与实践和情境脉络相分离的，意义的获得是在实践和情境脉络中加以协商的结果。犹如资本需要在实际运转中才能创造出新的价值一样，知识同样需要在人们的实际运用中实现其自身的潜在价值。任何知识，不论是显性教学知识还是隐性教学知识，都是在教师实际的教育教学实践中被多次的实践、检验、再实践、再检验，并在转化过程中被内化成为个人知识系统的组成部分，最终实现知识增值的目的并给知识的拥有者带来深层的意义。同样的，策略性知识也需要教师在实践中反复地应用、检验，这即是此环节的意义所在。

5.对话行动——分享知识

根据建构主义的观点，社会互动可以促进意义的建构，有利于获

403

得完整的理解。因此,实践体验阶段之后,应该进入集体或小组的分享阶段。分享需要个体向他人敞开心灵,向外界展示其独特的角度和方式,对一些比较羞涩或不善言辞的教师而言,分享本身就是一次具有挑战性的体验。在此阶段中,教师之间、专家与教师之间发生着频繁而且高质量的互动。通过描述、聆听、例证、观察、模仿、提问、回答、讨论、辩论、批判及提建议等密切关联的各种活动,观点和观点之间不断交汇、碰撞、集中。经过这个过程,每个教师对体验情境就拥有了许多不同的观点,再通过讨论、评价去修正原来的个人观点、检验自己的惯性思维和偏见、接受多方面的观点,或者生成新的观点。

6.整体反思——创生知识

教师对策略性知识的学习仅仅停留在感受、评价层面是不够的,它还要求教师通过抽象推理,在大量情境中发现行为和结果之间的联系,总结解决问题的方法,概括出一般法则或形成理论模式。在此需要指出的是,所形成的一般法则或理论模式必须能用言语加以表达,而非符号性、间接性地表达,这种表达必须是建立在整体反思的基础上。教师在系统回顾、描述自己的体验活动,对自己的体验进行深刻分析、反思,明确自己在体验过程中学到了什么,发现了什么问题,以及情境对自己产生了哪些影响等,便可逐渐形成新的见解,逐步开始创生知识,概括出一般法则或形成理论模式。

(五)评价性知识的发展——聚焦实践问题的行动性学习

基于前面对评价性知识属性的分析可以发现,评价性知识的第一属性是公共性;第二属性是理论性;第三属性是外显性。这说明,教师的评价性知识主要来源于那些具有普遍性、确定性、被公众认可的知识。综观教师评价性知识的发展情况,教师虽然具有一些评价性知识,但缺乏有效评价的方法和能力,尤其在某些特定情境中难以进行准确、有效的评价。以往的教师教育一般很少有关于评价性知识的专题培训,即使有也多是大容量地介绍评价的理论体系,很少有针对某些具体问题的评价方法、技术培训,因而使得评价性知识停留在教师的头脑中,很难将其应用到教师的教学实践中,使得培训成为低效甚至无效的培训。问题是思维的源泉,也是思维的动力。德国哲学家伽达默尔(Hans-Georg Gadamer)在论及问题的重要性时曾说过:"我们可以将每一个陈述都当作对某个问题的反应或回答,而要理解这个陈述,唯一的办法就是抓住这个陈述所要回答的问题。"①在传统的教师教育中,教师得到的正是这些陈述,而没有机会"抓"住这些陈述要回答的问题。由于教师缺少机会将知识与具体的问题情境联系起来,而且事实性知识也没有为教师的高级思维能力提供必要的训练机会。因此,接受传统教师教育的教师可能拥有丰富的知识,却缺乏解决具体情境中新问题的能力准备,更没有发现问题的敏感与习惯。波普尔认为,"知识的成长是借助于猜想与反驳,从老问题到新问题的发展",②新旧问题的更迭导致了知识的增长,知识的增长类似达尔文自然选择的进化过程,波普尔批判理性主义知识观,认为知识从问题开始,知识增长的过程就是从一个问题的解决到另一个问题提出的循环过程。同样的,教师知识的增长过程也是始于问题,从一个问题的解决到另一个问题提出的循环过程。因为教师学习的主要目的不是为了追求知识的累积、扩展或者创造新知识,而是为了解决工作中面临的问题,提高工作的效率和效果。因此,可以说教师的学习是一种基于问题的学习。再结合前面对评价性知识生成路径的调查来看,"日常教学后的自我总结和自我反思""与同事之间的日常交流"是最重要的路径。很显然,这些总结、反思和交流均是围绕一定的问题而展开的。因此,对评价性知识的发展,提出了聚焦实践问题的行动性学习。

聚焦实践问题的行动性学习是针对教师在教育教学过程中遇到的评价问题,并通过不断的行动来解决问题,提高教师解决教育教学中评价问题的能力,从而促进评价性知识的理解与生成。它由"问题

405

---

① Jay McTighe, Grant Wiggins. Understanding by Design Handbook, Association for Supervision and Curriculum Development Alexandria, Virginia USA, 1999:107.
② 波普尔著.客观知识[M].舒炜光,等,译.上海:上海译文出版社,1987:270.

聚焦""理论释疑""实践演练""反思体悟"等环节构成。其操作环节
如图 8-2 所示。这一模式以"疑—知—行—思"为结构要素，4 个要素
之间呈递进关系，在递进过程中实现"由实践到反思，再由反思到实
践"的认识过程。

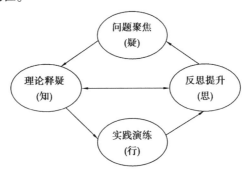

图 8-2　聚焦实践问题的行动性学习模式

　　问题聚焦环节的"问题"来源于教师的教育教学实践，目的在于
引发教师对评价问题的"疑"。因为教师有着大量、有待提升的实践
经验，也会存在大量、有待破解的实际难题，从这些问题中提炼一些
具有代表性、最为困惑、最迫切需要解决的评价问题，从问题出发收
集资料、观摩课堂、解决问题，在问题解决中学习，这种学习就有可能
成为最贴近教师实际的学习。通过问题的引领，帮助教师对教育教
学现象产生探究的愿望，对自身的教育教学实践产生理论升华的内
在需求。

　　理论释疑环节是基于"知识"层面的反思，是对教学评价实践的
理论反思，重在引导教师对教学评价实践进行理性思考和理论剖析。
其作用在于帮助教师找到理论与自身实践的结合点，有助于引导教
师升华自身的实践经验。

　　实践演练环节是基于"实践"层面的行动，是在教师提升自身的
评价理论、感受评价理论对自身教育实践指导价值的基础上，帮助教
师将理论与实践的结合拓展并应用到实践领域，感受评价理论与评
价实践结合的多样性和现实性。通过行为训练的方式，达到理性层
面，从而实现评价理论对评价实践的科学指导。

　　反思提升环节是基于"自我"的层面的反思，是在对实践进行理论反思的基础上，运用生成后的评价理论反思自己的实践的过程。

　　聚焦实践问题的行动性学习以"问题聚焦（疑）—理论释疑（知）—实践演练（行）—反思提升（思）"为模式的操作程序，每一环节的核心均是知、思、行的变化。在"问题聚焦"阶段，可以引发教师的认知困惑、情感共鸣和行为困扰；在"理论释疑"阶段，重点是引导教师的认知变化，提升其评价理论水平；在"实践演练"阶段，目的是以知导行、以行化知，使教师通过实践生成个体的评价性知识；在"反思提升"阶段，将认知与自我的情感结合，进而生成实践性智慧。

第九章

实践与检视：
教师教学知识统整实证研究

作为心智脂肪储备起来的知识并无用处，只有
变成了心智肌肉才有用。

——斯宾塞

将教师教学知识统整的理论应用到教师教育
中，一方面旨在检验教师教学知识统整理论的有效
性，即研究所构建的理论是否能真正帮助教师实现
教学知识的统整，是否能有效提升教师的教学实践
能力，进而实现有效教学；另一方面旨在为进一步修
正和改进教师教学知识统整理论提供现实依据。

一、实验拟解决的问题

在前文研究基础上，将所建构的统整理论构想
应用到实践中进行验证，一方面旨在探究是否能真

正帮助教师实现教学知识的统整,是否能有效提升教师的教学实践能力,进而实现有效教学;另一方面旨在验证所建构的统整理论构想在实践应用中是否具有操作性和可行性,为进一步修正和改进教师教学知识统整理论提供现实依据。

二、实验设计

(一)实验对象

本实验的被试者是某市 B 区 N 个名师工作室的 40 名中青年教师。选择此区域的原因在于:首先,B 区是第八次基础教育课程改革首批 38 个国家级新课程改革与实验区之一,自 2001 年开始使用新课程教材进行教学实践以来,已经有几年的实践经验,学校领导、教师与学生对新课程的基本理念、基本目标与基本要求都有了较深刻的认识。其次,B 区是学校所在地,笔者对 B 区的基础教育有较全面的了解。最后,因参与课题的导师与 B 区的第一届名师工作室有较深入的接触,对名师工作室的整个发展、课题研究、教学活动等进行持续指导,与名师工作室的主持人和学员都建立了比较良好的关系,便于实验的开展,既能消除研究者与操作者之间的疏离,又能够对实验需要解决的问题进行及时、充分的交流、探讨。

(二)实验假设与变量

教师教学知识统整实验研究的自变量是教学知识统整理论,因变量是教师教学知识的统整情况,包括不同类型知识的统整和不同要素知识的统整等,所涉及的横向要素及纵向发展进行全面的"统"与"整",促成教师教学知识从无序的"分离"态发展为有序的"整合"态。其基本假设是:通过教师教学知识统整活动的开展,能有效地促

410

进教师教学知识的统整,最终从"合格教师"发展到"优秀教师"。

(三)实验工具

本实验展开过程中使用的实验工具主要包括自陈式教师自我评定量表、反思式教师自我评定问卷与效度问卷、专家现场或录像评定表、学生评定问卷、教师与学生访谈提纲、接受培训教师的课堂教学录像等。

三、实验进程

教师教学知识统整实验研究分准备阶段、实施阶段与反思总结3个阶段展开。其具体工作如下:

(一)准备阶段

准备阶段(2007年9月—2008年2月)的基本任务是明确实验教师的现实状况,确定接受培训的教师群体,拟订实验展开方案,营造舆论氛围。

1.全面调查,明确知识发展现状

根据教师教学知识统整研究的指导思想与基本理念,整个实验要时时、处处体现出针对性、有效性与灵活性的特点。虽然有同一的统整模型和统整策略,但并不意味着对被试者所开展的培训内容、培训方法、培训过程也必须是统一而固定不变的,培训的实施要根据不同教师的特点进行适当的调整,明确教师教学知识发展现状,清楚教师教学知识发展的瓶颈与侧重点。因此,在开展实验活动前,必须要摸清每个教师的实际水平与发展状况,明晰每个教师发展的优势与不足,分析教师的发展需求,为科学制订教师教学知识统整方案做好基础性工作。

我们于 2007 年 9 月、10 月着手对工作室的 40 名教师的教学知识发展情况进行摸底调查,采用了问卷调查、个别访谈、集体座谈、课堂观察、查阅资料等方式,分析教师的群体发展水平与个体发展现状。

2.科学设计,制订实验方案

在前期调查的基础上,立足于教师教学知识的现实发展状况与个人发展特点,为每位教师设计统整的目标,并进行合理的培训分层。同时,为每个层次设计出兼具科学性、针对性与操作性的实施方案。此方案是指导实验具体实施、有序开展的基本蓝图。这里的方案是指每个发展层次的实施规划,每个方案是对实验整体规划中的相关内容、方法与进程的具体化,重在实施的可操作性。它主要内容包括管理执行负责人、培训对象、培训内容、培训方法、进程安排、评价标准(方法和手段)等,以确保每项培训在实施中有计划安排、有培训笔记、有检查记载、有考评反馈、有责任部门和责任人,每次培训定时间、定地点、定主题、定中心发言人。

在对每个教师的统整目标进行准确定位后,我们于 2007 年 11 月开始着手制订实施方案,实施方案的拟订主要是在专家、工作室主持人和教师三方共同协作下完成的。

3.因势利导,激活教师内在动机(营造环境氛围与心理氛围)

在本实验中,教师不是简单的学习者,也不是被动的受训者,而是主动的参与者。只有当教师成为自觉、主动的参与者时,教师才可能具有坚强的意志而克服各种困难,实验才可能成为有效的活动,教师发展的目标才可能由"应然"转化为"实然"。因此,我们特别强调每一个教师参与实验都不应是被迫或强制性的,而是他们经过自己的思考和选择后作出的决定。

因此,在实验开始之前,我们就着力创设一种良好的培训、发展氛围,引起教师参与实验、持续发展的强烈兴趣,并通过各种方式使教师体悟到参与实验是统整自身零散知识、提高教学实践能力的最佳途径,使教师对实验效果产生积极的期望,从而激起教师积极、主动地参与实验的内在动机。这是一种内源性的动机,因此,教师在情感上会产生强烈的参与意识、不断更新意识,生成一种持续的发展驱动力,促使教师不断地学习、持续地发展。

(二) 实施阶段

实施阶段(2008 年 3 月—2009 年 6 月)的主要任务是依据统整模式、统整机制和统整策略等理论构想来施行。当然,对于不同知识要素的统整和不同知识形态的统整都有特定的模式,但又有共同的程式。实验教师接受了西南大学教育学院、重庆教育科学研究院等专家的指导。

(三) 总结反思阶段

总结反思阶段(2009 年 9 月—2010 年 2 月)主要是对实验进行阶段总结与系统反思,这是提升实验效果的重要手段。这是因为:一方面它具有改进作用。它能使实验对象反省自身状态、克服不足、促进发展、实现目标。另一方面又具有激励作用。通过总结反思中的交流对话、培训效果信息的及时反馈,它能持续地激发动机、引起需要、产生需求,使教师产生或形成逼近及实现预期目标而不断进取的内在动力。因此,我们注重开展阶段性的总结反思工作。教师们通过上展示课或汇报课,撰写个人反思、科研论文,组织研讨沙龙,开展深度会谈等方式进行全方位、深层次的总结反思,对已取得的进步、现有的困惑和下一步发展进行系统的安排与规划。

413

四、实验结果与分析

根据实验假设所示,研究的主旨在于通过教师教学知识统整活动的开展,能有效地促进教师教学知识的统整,最终从"合格教师"发展到"优秀教师"。判断一个教师是否有效地实现教师教学知识的统整,拟从认知、情意、行为3个维度来展开讨论。

(一)在认知维度上,教师教学知识统整结果及分析

评价实验教师在认知方面发展情况的实验结果主要通过以下3种途径获得:一是教师自陈量表(见附录五);二是专家现场或录像评估;三是学生问题与访谈。通过教师自陈式问卷所收集的数据资料见表9-1。

表 9-1　教师自陈式问卷调查所得的认知结果

等级	题项	1	2	3	4	5	6	7	8	9	10	11	12	13	14	15	X	%
A	前	4	5	3	0	2	4	1	2	5	0	3	4	3	0	3	2.60	6.5
A	后	29	33	32	13	10	15	11	16	10	13	9	16	9	15	16	16.46	41.0
B	前	21	24	27	12	15	14	12	9	15	14	14	12	13	11	14	15.13	37.8
B	后	8	5	8	19	22	18	21	17	22	21	25	16	22	21	19	17.87	44.6
C	前	12	9	7	17	15	16	20	21	18	21	16	14	14	22	19	16.33	40.8
C	后	3	2	1	8	6	7	7	7	5	6	6	9	4	5		5.60	14.0
D	前	3	2	3	11	8	6	7	8	8	5	7	10	6	7	4	6.33	15.8
D	后	0	0	0	0	2	0	1	0	0	1	0	2	0	0	0	0.40	1.0
E	前	0	0	0	0	0	0	0	0	0	0	0	0	0	0	0	0	0.0
E	后	0	0	0	0	0	0	0	0	0	0	0	0	0	0	0	0	0.0

实践与检视：教师教学知识统整实证研究

由表 9-1 中的数据可知，实验展开前后教师对教学知识统整知识方面的测量结果是：在 E 等级水平上，实验前后保持一致，没有一位教师自我评定为 E 级水平。在 D 等级水平上，实验前自我评定为该水平的教师比例为 15.8%，实验后则只有 1% 的教师认为自己仍处于这一水平。在 C 等级水平上，实验前自我评定为该水平的教师比例为 40.8%，实验后还有 14.0% 的教师认为自己只有 C 级水平。实验前有 37.8% 的教师认为自己的认知指标处于 B 级水平，实验后有 44.6% 的教师认为自己达到了 B 级水平。而实验前后认为自己在认知方面达到 A 级水平的教师比例有明显差异，实验前只有 6.5% 的教师作为这样的认定，实验后认为自己已经到 A 级水平的教师比例上升为 41%。从整体水平来看，实验前后教师自我评定的所显示的认知水平变化在图 9-1 中得到清晰的呈现。

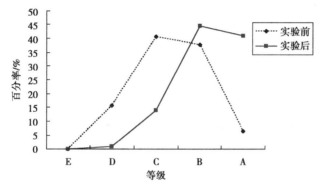

图 9-1　实验前后教师自我评定的认知水平变化图

由专家通过现场观摩或录像资料对受培训教师在认知方面的资料见表 9-2。

表 9-2　专家现场或录像评估所得的认知结果

指标 \ 等级	A		B		C		D		E	
	前	后	前	后	前	后	前	后	前	后
1	2	15	27	19	9	6	2	0	0	0
2	0	19	27	14	13	7	0	0	0	0
3	3	19	20	16	14	5	3	0	0	0

续表

指 标 \ 等 级	A		B		C		D		E	
	前	后	前	后	前	后	前	后	前	后
4	4	22	27	15	8	3	1	0	0	0
5	5	24	26	12	6	4	3	0	0	0
X	2.8	19.8	25.4	15.2	10	5	1.8	0.00	0.00	0.00
%	7.0	49.5	63.5	38.0	25.0	12.5	4.5	0.00	0.00	0.00

  由表 9-2 中的数据可知,由专家评定的实验展开前后教师对教学知识统整的认知测量结果是:在 E 等级水平上,实验前后保持一致,没有一位认为接受实验的教师在认知标准方面处于 E 级水平;在 D 等级水平上,实验前有 4.5% 的教师被专家评定为 D 级水平,实验后没有一个教师被评定为 D 级水平。在 C 等级水平上,实验前被专家评定为该水平的教师比例为 25.0%,实验后只有 12.5% 的教师被评定为 C 级水平。实验前有 63.5% 的教师的认知指标被专家认定为处于 B 级水平,实验后有 38.0% 的处于 B 级水平。而实验前后认为被评定为达到 A 级水平的教师比例有明显差异,实验前只有 7.0% 的教师,实验后达到 A 级水平的教师比例上升为 49.5%。从整体水平来看,实验前后专家评定的所显示的认知水平变化在图 9-2 中得到清晰的呈现。

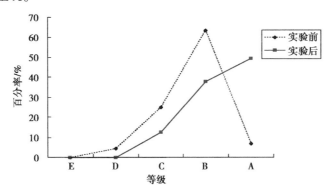

图 9-2 实验前后专家评定的认知水平变化图

416

实践与检视：教师教学知识统整实证研究

根据教师教学知识统整的认知标准由学生对教师进行评定所得的数据资料见表 9-3。

表9-3　学生问卷调查所得认知结果

等级 指标	A		B		C		D		E	
	前	后	前	后	前	后	前	后	前	后
1	0	8	19	23	12	7	5	2	2	0
2	1	7	14	28	14	5	7	0	4	0
3	5	9	9	18	15	8	8	5	3	0
4	4	5	16	24	16	8	8	3	6	0
5	0	6	19	24	11	6	6	4	4	0
X	2	7	15.4	23.4	13.6	6.8	6.8	2.8	3.8	0.00
%	5.0	17.5	38.5	58.5	34.0	17.0	17.0	7.0	9.5	0.00

由表 9-3 中的数据可知,由学生评定的实验工作展开前后教师对于教学知识统整的认知水平的测量结果是:在 E 等级水平上,实验前有 9.5%的教师,没有一位接受实验的教师的认知水平在实验后处于 E 级水平;在 D 等级水平上,实验前有 17.0%的教师被学生评定为D 级水平,实验后有 7.0%的教师被评定为 D 级水平。在 C 等级水平上,实验前被学生评定为该水平的教师比例为 34.0%,实验后有 17.0%的教师被评定为 C 级水平。实验前有 38.5%的教师的认知指标处于被学生认定为处于 B 级水平,实验后有 58.5%的处于 B 级水平。而实验前后认为被评定为达到 A 级水平的教师比例有明显差异,实验前只有 5.0%的教师,实验后达到 A 级水平的教师比例上升为 17.5%。从整体水平来看,实验前后专家评定的所显示的认知水平变化在图 9-3 中得到清晰的呈现。

从整体上看,教师自评、专家评定与学生评定所得的结果,虽然存在一定的区别即教师自我评定高于专家评定,专家评定又高于学生评定。但总体趋势始终保持一致,即实验前后教师在认知方面的教学知识的统整上有明显的提升。这种变化与我们通过与学校领导、教师与学生的访谈所得结果保持高度的一致。

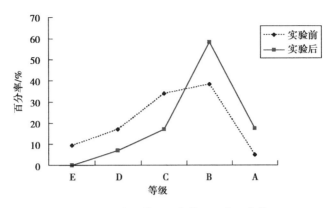

图 9-3　实验前后学生评定的认知水平变化图

(二) 在情感意志维度上,教师教学知识统整结果及分析

由于在情感和意志维度上的表现是内隐的,且这两个维度是夹杂在一起的,因此将两个维度合二为一,而这种内隐性的变化很难用量化的方式来检测,因此我们采用教师反思式调查与专家整体感知的方式来判断一个教师是否对教学知识的统整具有一定的情意水平。

通过教师自我反思陈述收集的数据资料见表 9-4。

表 9-4　教师反思式调查的情意发展

等级 指标	A		B		C		D		E	
	前	后	前	后	前	后	前	后	前	后
1	4	25	27	14	5	1	4	0	1	0
2	8	30	31	10	1	0	0	0	0	0
3	11	28	29	12	0	0	0	0	0	0
4	2	21	23	16	8	1	5	1	3	0
5	4	25	23	15	4	0	1	0	4	0
6	3	19	22	20	8	1	5	0	2	0
X	5.33	24.67	25.83	14.5	4.33	0.5	2.5	0.166	1.666	0.00
%	13.3	61.6	64.5	36.2	10.8	12.5	6.25	0.4	4.1	0.00

418

实践与检视：教师教学知识统整实证研究

　　由表 9-4 中的数据可知,实验工作展开前后教师情意维度上的
测量结果是:在 E 等级水平上,实验前有 4.1% 的教师认为自己处于
E 级水平,实验后没有一位教师自我评定为 E 级水平;在 D 等级水平
上,实验前自我评定为该水平的教师比例为 6.25%,实验后则只有
0.4% 的教师认为自己仍处于这一水平。在 C 等级水平上,实验前自
我评定为该水平的教师比例为 10.8%,实验后有 12.5% 的教师认为自
己只有 C 级水平。实验前有 64.5% 的教师认为自己的情意指标处于
B 级水平,实验后有 36.2% 的教师认为自己达到了 B 级水平。而实
验前后认为自己在情意方面达到 A 级水平的教师比例有明显差异,
实验前只有 13.3% 的教师作出这样的认定,实验后认为自己已经到
A 级水平的教师比例上升为 61.6%。从整体水平来看,实验前后教
师自我评定的所显示的情意水平变化在图 9-4 中得到清晰的呈现。

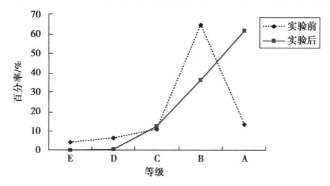

图 9-4　实验前后教师自我评定的情意水平变化

　　由专家通过现场观摩或借助录像资料对实验教师在情意维度上
的资料见表 9-5。

表 9-5　专家现场或录像评估的维度结果

指　标 \ 等　级	A		B		C		D		E	
	前	后	前	后	前	后	前	后	前	后
1	1	24	26	16	6	0	5	0	2	0
2	4	31	27	9	4	0	3	0	2	0
3	1	35	23	5	6	0	6	0	4	0

续表

等级 指标	A		B		C		D		E	
	前	后	前	后	前	后	前	后	前	后
4	0	23	23	14	7	2	7	1	3	0
5	2	30	28	10	6	0	3	0	1	0
6	0	25	25	15	6	0	6	0	3	0
X	1.33	28	25.5	11.5	5.83	0.333	5	0.166	2.5	0.00
%	3.3	70.0	63.7	28.7	14.5	0.8	12.5	0.4	6.2	0.0

由表 9-5 中的数据可知,由专家评定的实验前后教师教学知识统整在情意方面的测量结果是:在 E 等级水平上,实验前有 6.2%的教师被评定为 E 级水平,实验后没有一位接受培训的教师被评定为 E 级水平;在 D 等级水平上,实验前有 12.5%的教师被专家评定为 D 级水平,实验后则只有 0.4%的教师被评定为 D 级水平。在 C 等级水平上,实验前被专家评定为该水平的教师比例为 14.5%,实验后只有 0.8%的教师被评定为 C 级水平。实验前有 63.7%的教师的情意指标被专家认定为处于 B 级水平,实验后有 28.7%的处于 B 级水平。而实验前后认为被评定为达到 A 级水平的教师比例有明显差异,实验前只有 3.3%的教师,实验后达到 A 级水平的教师比例上升为 70.0%。从整体水平来看,实验前后专家评定的所显示的情意水平变化在图 9-5 中得到清晰的呈现。

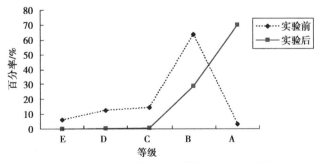

图 9-5 实验前后专家评定的情意水平变化图

实践与检视：教师教学知识统整实证研究

从整体上看,教师自评与专家评定所得的结果,虽然存在一定的区别即教师自我评定高于专家评定,专家评定又高于学生评定。但总体趋势始终保持一致,即实验前后教师在情意维度上水平均有明显的提升。这种变化与我们通过与学校领导、教师与学生的访谈所得结果保持高度的一致。

(三) 在行为维度上,教师教学知识统整结果及分析

评价实验培训教师在行为上表现出来的实验结果主要通过以下3种途径获得:一是教师自我反思式陈述;二是专家现场或录像评估;三是学生访谈。通过教师自我反思陈述收集的数据资料见表9-6。

表9-6　教师反思式调查的行为结果

等级 指标	A		B		C		D		E	
	前	后	前	后	前	后	前	后	前	后
1	3	29	35	11	2	0	0	0	0	0
2	6	31	30	9	4	0	0	0	0	0
3	4	23	31	17	5	0	0	0	0	0
4	3	26	33	14	4	0	0	0	0	0
5	4	24	30	16	6	0	0	0	0	0
X	4	26.6	31.8	13.4	4.2	0.00	0.00	0.00	0.00	0.00
%	10.0	66.5	79.5	33.5	10.5	0.00	0.00	0.00	0.00	0.00

由表9-6中的数据可知,实验前后教师教学知识统整情况在行为维度上的测量结果是:在E等级水平与D等级水平上,实验前后均没有一位教师认为自己处于此两水平;在C等级水平上,实验前自我评定为该水平的教师比例为10.5%,实验后没有一位教师认为自己只有C级水平。实验前有79.5%的教师认为自己的行为指标处于B级水平,实验后有36.2%的教师认为自己达到了B级水平。而实验前后认为自己在统整行为方面达到A级水平的教师比例有明显差异,

实验前只有 10.0% 的教师作出这样的认定,实验后认为自己已经到 A 级水平的教师比例上升为 66.5%。从整体水平来看,实验前后教师自我评定的所显示的行为水平变化在图9-6中得到清晰的呈现。

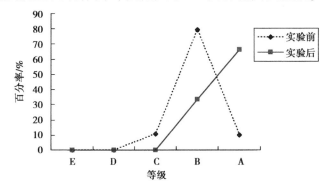

图9-6　实验前后教师自我评定的行为水平变化图

由专家通过现场观摩或借助录像资料对实验教师在行为发展方面的资料见表9-7。

表9-7　专家现场或录像评估所得的行为结果

等级 指标	A		B		C		D		E	
	前	后	前	后	前	后	前	后	前	后
1	2	30	26	9	7	1	5	0	0	0
2	4	32	27	8	5	0	4	0	0	0
3	1	21	23	16	9	3	7	0	0	0
4	5	18	23	18	8	4	4	0	0	0
5	3	18	24	16	8	6	5	0	0	0
X	3	23.8	24.6	13.4	7.4	2.8	5	0.00	0.00	0.00
%	7.5	59.5	61.5	33.5	18.5	7.0	12.5	0.00	0.00	0.00

由表9-7中的数据可知,由专家评定的实验前后教师教学知识统整在行为方面的测量结果是:在 E 等级水平上,实验前后没有一位接受培训的教师被评定为 E 级水平;在 D 等级水平上,实验前有 12.5% 的教师被专家评定为 D 级水平,实验后没有一位教师被评定为 D 级

实践与检视：教师教学知识统整实证研究

水平。在 C 等级水平上,实验前被专家评定为该水平的教师比例为
18.5%,实验后有 7.0% 的教师被评定为 C 级水平。实验前有 61.5% 的
教师的行为指标处于被专家认定为处于 B 级水平,实验后有 33.5% 的
教师处于 B 级水平。而实验前后认为被评定为达到 A 级水平的教师
比例有明显差异,实验前只有 7.5% 的教师,实验后达到 A 级水平的
教师比例上升为 59.5%。从整体水平来看,实验前后专家评定的所
显示的行为水平变化在图 9-7 中得到清晰的呈现。

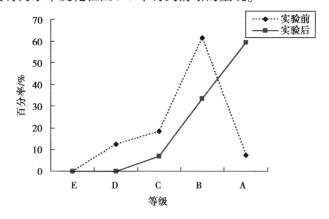

图 9-7　实验前后专家评定的行为水平变化图

根据教师教学知识统整的行为标准在学生对教师进行评定所得
的数据资料见表 9-8。

表 9-8　学生问卷调查所得的行为结果

指标＼等级	A 前	A 后	B 前	B 后	C 前	C 后	D 前	D 后	E 前	E 后
1	5	33	26	7	5	0	3	0	1	0
2	6	32	26	8	3	0	5	0	0	0
3	3	22	29	18	4	0	2	0	2	0
4	2	26	27	13	5	1	6	0	0	0
5	3	27	21	12	5	1	8	0	3	0
X	3.8	28	25.8	11.6	4.4	0.4	4.8	0.00	1.2	0.00
%	9.5	70.0	64.5	29.0	11.0	1.0	12.0	0.00	3.0	0.00

由表9-8中的数据可知,由学生评定的实验前后教师教学知识统整情况在行为上的测量结果是:在E等级水平上,实验前有3.0%的教师被学生评定为处于E级水平,实验后没有一位接实验教师的行为在实验后处于E级水平;在D等级水平上,实验前有12.0%的教师被学生评定为D级水平,实验后没有一位教师被评定为D级水平。在C等级水平上,实验前被学生评定为该水平的教师比例为11.0%,实验后有1.0%的教师被评定为C级水平。实验前有64.5%的教师的行为指标处于被学生认定为处于B级水平,实验后有29.0%的处于B级水平。而实验前后认为被评定为达到A级水平的教师比例有明显差异,实验前有9.5%的教师,实验后达到A级水平的教师比例上升为70.0%。从整体水平来看,实验前后专家评定的所显示的行为水平变化在图9-8中得到清晰的呈现。

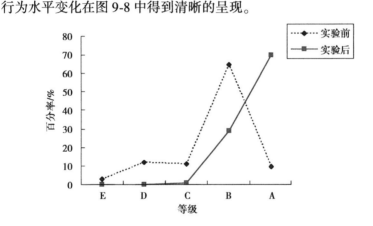

图9-8 实验前后学生评定的行为水平变化图

从整体上看,教师自评、专家评定与学生评定所得的结果,其总体趋势始终保持一致,即实验前后接受实验教师在行为上表现出来的统整情况均有明显的提升。这种变化与我们通过与学校领导、教师与学生的访谈所得结果保持高度的一致。

五、实验结论

通过为期一学年的教师教学知识统整实验研究，可以得到以下结论：

①教师教学知识统整实验研究能促进教师对理论性教学知识与实践性教学知识、公共性教学知识与个体性教学知识、外显性教学知识与内隐性教学知识之间的关系的正确认知。

②教师教学知识统整实验研究能促进教师对意义性知识、本体性知识、主体性知识、策略性知识和评价性知识各类教学知识之间的关系的正确认知。

③教师教学知识统整实验研究能帮助教师养成乐于对理论性教学知识与实践性教学知识、公共性教学知识与个体性教学知识、外显性教学知识与内隐性教学知识之间进行统整的意识与习惯。

④教师教学知识统整实验研究能帮助教师养成乐于对意义性知识、本体性知识、主体性知识、策略性知识和评价性知识等各类教学知识之间进行统整的意识与习惯。

⑤教师教学知识统整实验研究能帮助教师习得对理论性教学知识与实践性教学知识、公共性教学知识与个体性教学知识、外显性教学知识与内隐性教学知识之间进行统整的方法，并能促进不同水平的教师对各种形态的知识进行不同程度的统整。

⑥教师教学知识统整实验研究能帮助教师习得对意义性知识、本体性知识、主体性知识、策略性知识和评价性知识等各类教学知识之间进行统整的方法，并能促进不同水平的教师对各种形态的知识进行不同程度的统整。

第十章

回眸与远眺:
教师教学知识统整研究的结论与方向

> 人越参与知识生活,越能获得超越时间变迁趋于永恒的力量。
>
> ——雅思

教学知识是一个独特的知识领域,它不仅与科学视野中的知识和学科框架下的知识有着复杂的联系,更与教育学视域中的知识息息相通,甚至还与日常生活中的各种知识,与日常教学过程中形成的无数不够严密、系统、严谨和符合逻辑的认识、理解、解释、看法、观点紧密相连。也就是说,教师的教学知识是一个较复杂的系统,整合了许多领域的知识,覆盖面广,既是一个非常丰富、复杂的范畴,也是教育领域中非常重要的范畴。教育哲学家怀特海在《教育的目的》一书中指出,"要使知识充满活力,不能使知识僵化,而这是一切教育的核心问题"。因此,本书的研究倾尽全力关注教师教学知识统整的问题。

但行文至此,虽然暂时告一段落,却总有一种意犹未尽的感觉,好多问题并没有说清楚、说透,有的则仅仅提出问题,没有作出解答,有的尝试着作出了解答,却并不令人满意。尽管如此,既然已经走到这里,理应作出总结,本书对教师教学统整问题的探索与研究,得出以下主要结论:

一、研究结论:教师教学知识统整的着力点

研究着力解决以下四大核心问题:为什么要探讨教师教学知识的统整问题？教师教学知识的统整到底应统整哪些知识？教师教学知识应如何统整？教师教学知识的统整怎么样？围绕这四大核心问题的解决,借助文献研究法的文献计量和内容分析两种方式对 4 个方面作了文献分析;采用 3 项问卷调查来了解教师教学知识的统整情况及分离现状,了解专家和教师对教学知识构成要素的认可度和各类教学知识的属性构成,了解各类教学知识的生成路径;应用实验研究来检验教师教学知识统整的理论构想的可行性、可靠性和有效性。最后,得出所建构的主要问题解决方案与主要研究结论。

1.勾勒了教师教学知识发展的应然路径——走向统整

教学具有学科性与情境性,并不存在普适的对任何学科、任何情境都有效的教学知识,而传统地将各种知识简单相加的教学知识观恰恰忽视了这个方面。通过对重庆市城市、县城、农村 3 类地区 7 所学校 315 位教师的问卷调查,教师教学知识存在着"分离"问题。分离表现在:创生主体上的"研-教"式分离,在价值追求上的"真-善"式分离,在存在形态上的"显-隐"式分离,在表现形式上的"公-个"式分离。这种分离并非是知识本源性的分离,实质是教学知识在生成与发展过程中的一种表象性分离。研究揭示出表象性分离的问题本质:"研-教"式分离的人为性、"真-善"式分离的遮蔽性、"显-隐"式分离的机械性和"公-个"式分离的虚假性。此问题的解决为统整研究奠定了统整的逻辑前提,也指出了:教师教学知识的发展应该摒弃分

割、零碎的知识堆砌，避免与教师经验、教师思维相距甚远的固定、单一的静态发展，应该走向"强调教育经验的联结，包括知识间的统整、经验的统整，强调知识中相关因素的联结"的统整发展，指明了教师教学知识发展的必然路径——走向统整。

2.提出教师教学知识新的分类形态——"五分法"教学知识分类形态

教学知识是指"关于教学活动的知识"，并以教学活动的空间要素为分类维度，将教师教学知识分为 5 个方面：①为什么教学——意义性知识；②教学什么——本体性知识；③谁教学谁——主体性知识；④怎样教学——策略性知识；⑤教学得怎么样——评价性知识。意义性知识是教学活动开展的动因和起点，它解决了教师教学和学生学习的目的和价值问题；本体性知识是教学活动开展的载体与材料，它解决了教师教学和学生学习的内容问题；主体性知识是教学活动开展的主体，它解决了"教"和"学"的对象问题；策略性知识是教学活动开展的手段，它解决了教师教学和学生学习的方案问题；评价性知识是教学活动开展效果的检测和反馈，对教学活动起着促进、激励、导向等作用，它解决了检测教师教学和学生学习是否达到目的这个终极问题。在教学知识系统里，5 类教学知识是一个不可分割的整体，各种知识成分不是简单的累积与叠加，而是以实践为载体互为影响、互为基础，融合在一起而形成一体化的知识、信念、技能与策略等的总和，是多元性与整合性的统一。同时，各类教学知识均以不同的形态存在，理论形态与实践形态并存，公共形态与个体形态兼有，外显形态和内隐形态同在。

3.建构了教师教学知识统整模型——"5-2"转化式统整模型

教师教学知识的统整是指将分离、断裂的不同类别和不同形态的教学知识，依据某种原则加以组织、转换与整合，使教师教学知识结构化和整体化。其精髓在于教学知识在形式与实质上的"统整"，教学知识在内容和结构上的"统整"，通过形式上的"统"达成实质上的"整",通过内容上的"统"达成结构上的"整",使之形成一个前后衔接、相互转化、自成一体的知识系统,发挥教学知识系统的整体效能和实现价值的最大化。因此,基于意义性知识、本体性知识、主体性知识、策略性知识和评价性知识 5 类教学知识的内在逻辑,又考虑各类教学知识不同的存在形态,理论形态和实践形态、公共形态和个体知识、外显形态和内隐形态的相互关联,建构了"5-2"转化式统整模型。"5-2"转化式统整模型以 5 类教学知识为 5 个操作要素,以 3 类 6 种知识形态构成 2 个形态要素,操作要素与形态要素分别交错对应生成不同形态的 30 种知识,此模型明确地呈现出教师教学知识生成、发展、统整的可能任务,展现了 5 类教学知识在 2 类形态中不断进行转化,从而最终达成统整目的的过程。

4.构建了教师教学知识统整机制——"元-簇-流"三态统整机制

认知心理学认为,学习的直接性心理机制是学习者的知识结构。学习者如果拥有合理的知识结构,那么就可以不受知识表面形似性的制约,就能从结构特性着眼提高学习的效率与质量,发展自己的学习能力,而知识的输入、组织、输出机制是教师认知结构形成的重要影响因素。以知识结构中最小的独立单元——知识元作为知识输入的基本内容,将按一定的关系排列组合在一起的知识元所形成的知识簇作为知识组织的对象,以在知识元与知识元之间、知识簇与知识簇之间、知识元与知识簇之间的流转变化所形成的知识流作为知识输出的对象,依据各类教学知识不同的属性,构建形成了"元-簇-流"三态统整机制。意义性知识强调:知识元输入体现领悟化,知识簇组织体现整合化,知识流输出体现渗透性;本体性知识强调:知识元输入体现联结化,知识簇组织体现网络化,知识流输出体现转化性;主体性知识强调:知识元输入体现反身化,知识簇组织体现反思化,知识流输出体现差异性;策略性知识强调:知识元输入体现切身化,知识簇组织体现结构化,知识流输出体现情境性;评价性知识强调:知识元输入体现体悟化,知识簇组织体现动态化,知识流输出体现多元性。

5.开发了教师教学知识统整策略——"双层共力"式统整策略

依据研究所建构的统整模型、统整机制等,在具象化教师教学知识统整路径的基础上,开发了两个层面的统整策略:一个层面着力于从教师教育课程的统整设计入手,另一个层面着力于从教师教学知识统整的精加工策略。两个层面一个整体一个局部共同发力于教师教学知识的统整,即"双层共力"式统整策略:一是教师教育课程的统整设计策略,即课程目标追求全面适切性、课程结构突显学科融合性、课程内容体现知识联结性、课程实施彰显场域开放性和课程评价取向发展增值性;二是教师教学知识统整的精加工策略,意义性知识的发展——着眼高度认同的内生式学习,本体性知识的发展——基于主题课程的综合性学习,主体性知识的发展——关注特定对象的反思性实践,策略性知识的发展——融合教师经验的体验性学习,评价性知识的发展——聚焦实践问题的行动性学习。

二、研究反思:教师教学知识统整的欠缺处

笔者对教师教学知识统整的研究,尽管已尽全力,但受研究条件和个人研究水平所限,自觉仍有许多遗憾与不足。

①教学知识是一个非常丰富、复杂的范畴,仅仅从统整的视角入手,探讨了如何统整教师的教学知识,所开发的教师教学知识统整策略也显得较为单一,这是后续研究需要突破的一个问题。

②在研究所设计的几个调查中,某些调查的样本量显得较少,尤其是面向专家调查的专家样本太少,后续研究需要进一步扩大调查样本量。

③由于研究者的精力与条件限制,所研究的实验论证力度不够,仅限于一个区域内的少数被试者,实验的外在效度有待论证。

④由于教师教学知识的统整是一个持续的过程,统整的效果也并非在短时间内就能显现,因此,研究所能收集的反映实验效果

的数据显得不够丰富和深刻,这是研究需要持续关注、深化研究的方面。

三、研究展望:走向统整的教师教学知识发展观

教师教学知识如何发展,是古今中外众多教育研究者一直在持续关注的重要问题,尽管提法不一,但都与教师知识有关。实践证明,不管是以往单一的"教学知识即学科知识"的教学知识观,还是二元的"学科知识+教育学知识"的教学知识观,又或是逐渐走向多元的"学科知识+教育学知识+…"的教学知识观,往往在教师教育中的应用效果不佳。缘何如此? 20世纪80年代以来的有关研究表明,教学具有学科性与情境性,并不存在普适的对任何学科、任何情境都有效的教学知识,而传统地将各种知识简单相加的教学知识观恰恰忽视了这个方面。杜威早就警告说,"把教什么和怎样教两者割裂开来,就使得两个方面都由于这种隔离现象而受到损害"①。将教学知识与教学情境相隔离的教师教育,也无法真正地帮助教师发展教学知识。这种做法的错误在于假定科学的教学原理和技术具有跨越情境的普遍适用性,教师可以在工作场景之外学得不变的教学原理与技术,然后回到千变万化的教学现场中去应用。显然,在传统的"拼盘式"教学知识观指导下的教师教育,并不能真正发挥出其应有效能。

本书之所以关注教师教学知识统整问题,是意识到了"拼盘式"教学知识发展观的缺陷与不足,也意识到了教学知识有着丰富、复杂的内涵,它包含着不同类别的教学知识,存在着不同形态的教学知识,更感知到了教师缺失统整形态的教学知识。因此,心怀着一个教育研究者所必需的、高度的使命感和责任感,以满腔的热忱开始了对这个复杂问题的探索历程,虽然倾尽全力,但毕竟势单力薄,难以对

---

① 赵祥麟,王承绪.杜威教育名篇[M].北京:教育科学出版社,2006:42.

回眸与远眺：教师教学知识统整研究的结论与方向

统整问题作出透彻的研究。但在研究的全过程中，不论是在对已有研究成果的分析中，还是在对教学实践场域的洞察与思考中，一直在捕捉与思考教师教学知识发展的未来走向，到现在，那个模糊的图像或许已经开始显影，那即是：走向统整的教师教学知识发展观。

教师教学知识的发展应该摒弃分割、零碎的知识堆砌，避免与教师经验、教师思维相距甚远的固定、单一的静态发展，应该走向"强调教育经验的联结，包括知识间的统整、经验的统整，强调知识中相关因素的联结"的统整发展；应该将分离、断裂的不同类别和不同形态的教学知识依据某种原则加以组织、转换与整合，通过形式上的"统"达成实质上的"整"，通过内容上的"统"达成结构上的"整"，使之形成一个前后衔接、相互转化、自成一体的知识系统，使教师教学知识结构化和整体化，发挥教学知识系统的整体效能和实现价值的最大化。

附　录

附录一　教师教学知识现状调查问卷

尊敬的老师：

　　您好！

　　希望您在紧张的工作或学习之余能参与我们的调研活动，您的宝贵意见或建议将直接影响本课题对教师教学知识研究的深度与广度，您所提供的个人资料与个人意见仅用于本项目的研究，这些资料我们会严格保密，而不会对您的工作或生活带来任何影响。请您将自己最真实的意愿与想法填写在问卷中。在此，衷心感谢您的参与和建议！

　　您的基本情况：

　　(1)您的性别：_____

　　(2)您所教的学科：_____

　　(3)您所教的年级：_____

　　(4)您的教龄：_____

　　(5)您的职称：_____

(6)您的职务：_____

(7)您的学历：_____

(8)您曾获得哪一级的什么荣誉称号(如优秀教师、骨干教师或名师)：_____

1.由于受到各方面因素的制约,教师缺乏创造知识的能力和方法。
（　　）

A.完全符合　　　　　B.比较符合　　　　C.一般

D.比较不符合　　　　E.完全不符合

2.在教学中经常使用的知识是由理论研究者创造的,而不可能是一线教师。
（　　）

A.完全符合　　　　　B.比较符合　　　　C.一般

D.比较不符合　　　　E.完全不符合

3.您常常有意识地将自己的教学经验与做法记录下来,并通过"写"或"说"的方式与他人共同分享。
（　　）

A.完全符合　　　　　B.比较符合　　　　C.一般

D.比较不符合　　　　E.完全不符合

4.您能将自己的教学经验与做法通过一定的方式转化为可供他人分享的知识。
（　　）

A.完全符合　　　　　B.比较符合　　　　C.一般

D.比较不符合　　　　E.完全不符合

5.真正的实践和理论上说的实践是不一样的,那些听起来很好的理论在实际教学中很难操作。
（　　）

A.完全符合　　　　　B.比较符合　　　　C.一般

D.比较不符合　　　　E.完全不符合

6.真正在教学中用得最多、效果最好的知识往往是那些教师自己都无法言说的知识,而不是那些听起来很好的理论。
（　　）

A.完全符合　　　　　B.比较符合　　　　C.一般

D.比较不符合　　　　E.完全不符合

7.您常常有意识地将学到的理论应用到教学实践中。　　　（　　）

　　A.完全符合　　　　　　B.比较符合　　　　　C.一般

　　D.比较不符合　　　　　E.完全不符合

8.您能将所学的理论很好地应用到您的课堂教学中。　　　（　　）

　　A.完全符合　　　　　　B.比较符合　　　　　C.一般

　　D.比较不符合　　　　　E.完全不符合

9.那些在教学中产生的个体经验可以通过一定的方式转化为被大家所认可并共享的知识。　　　　　　　　　　　　　　　　（　　）

　　A.完全符合　　　　　　B.比较符合　　　　　C.一般

　　D.比较不符合　　　　　E.完全不符合

10.教师在教学实践中可以不断地感受、体验公共知识,实现公共知识、理论知识向具体的行为和个体的观念转化。　　　　（　　）

　　A.完全符合　　　　　　B.比较符合　　　　　C.一般

　　D.比较不符合　　　　　E.完全不符合

11.您常常有意识地将书本上的、专家的等得到人们公认的知识转化为自己的知识。　　　　　　　　　　　　　　　　　（　　）

　　A.完全符合　　　　　　B.比较符合　　　　　C.一般

　　D.比较不符合　　　　　E.完全不符合

12.您能将书本上的、专家的等得到人们公认的知识转化为自己的经验。　　　　　　　　　　　　　　　　　　　　　（　　）

　　A.完全符合　　　　　　B.比较符合　　　　　C.一般

　　D.比较不符合　　　　　E.完全不符合

13.教学知识一定是能言说、能表述的。　　　　　　　　（　　）

　　A.完全符合　　　　　　B.比较符合　　　　　C.一般

　　D.比较不符合　　　　　E.完全不符合

14.教学实践中存在着的"只可意会,不能言传"的知识是可以转化为"可意会、可言传"的知识。　　　　　　　　　　　　（　　）

　　A.完全符合　　　　　　B.比较符合　　　　　C.一般

　　D.比较不符合　　　　　E.完全不符合

15.您会有意识地将"只可意会,不能言说"的知识通过写或说的方式转化为"可言说、可表述"的知识。　　　　　　　(　)

A.完全符合　　　　B.比较符合　　　　C.一般

D.比较不符合　　　　E.完全不符合

16.您能将自己的一些关于教学的"只可意会,不能言说"的知识转化为"可言传"的知识。　　　　　　　　　　　(　)

A.完全符合　　　　B.比较符合　　　　C.一般

D.比较不符合　　　　E.完全不符合

谢谢您的参与,请再次检查是否有未填写之处!

附录二　对教师教学知识内涵的认可度调查

尊敬的老师：

您好！

希望您在紧张的工作或学习之余能参与我们的调研活动，您的宝贵意见或建议将直接影响本课题对教师教学知识研究的深度与广度，您所提供的个人资料与个人意见仅用于本项目的研究，这些资料我们会严格保密，而不会对您的工作或生活带来任何影响。请您将自己最真实的意愿与想法填写在问卷中。在此，项目组全体研究人员对您的参与表示衷心的感谢，感谢您提供的最真诚的建议。

您的基本情况：

（1）您的性别：_____

（2）您所教的学科：_____

（3）您所教的年级：_____

（4）您的教龄：_____

（5）您的职称：_____

（6）您的职务：_____

（7）您的学历：_____

（8）您曾获得哪一级的什么荣誉称号（如优秀教师、骨干教师或名师）：_____

关于教师的教学知识，我们认为教学知识是指"关于教学活动的知识"，并以教学活动的空间要素为分类维度，把教学知识分为 5 类：第一类是"为什么教学"的知识（主要是指教学的目标、价值等）；第二类是"教学什么"的知识（主要是指教学的内容）；第三类是"怎么样教学"的知识（主要是指教学的方法和策略）；第四类是"关于教师和学生的知识"（主要是指对教师自身和学生的风格和特点等的把

439

握);第五类"教学得怎么样"的知识(主要是指对教学效果的评价)。

　　1.您认为这种分法是否合理?　　　　　　　　　　(　)

　　A.很合理　　　　　B.比较合理　　　　　C.一般

　　D.比较不合理　　　E.很不合理

　　2.您认为这种分法是否准确地反映了教师开展教学活动应用知识的实际情况?　　　　　　　　　　　　　　(　)

　　A.很准确　　　　　B.比较准确　　　　　C.一般

　　D.比较不准确　　　E.很不准确

　　3.您认为这种分法是否全面反映了教师开展教学活动所需知识的全部内容?　　　　　　　　　　　　　　　(　)

　　A.很全面　　　　　B.比较全面　　　　　C.一般

　　D.比较不全面　　　E.很不全面

　　4.除了这5类知识,您认为教学知识还应该包括哪些知识?

　　A.＿＿＿＿＿＿＿＿　　　　　　B.＿＿＿＿＿＿＿＿

　　C.＿＿＿＿＿＿＿＿　　　　　　D.＿＿＿＿＿＿＿＿

　　E.＿＿＿＿＿＿＿＿　　　　　　F.＿＿＿＿＿＿＿＿

附录三　专家调查问卷

尊敬的专家：

您好！

我是"教师教学知识统整研究"课题组的研究人员,希望您在紧张的工作之余能参与我们的调研活动,您的宝贵意见或建议将直接影响本课题对教师教学知识研究的深度与广度,您所提供的个人资料与个人意见仅用于本项目的研究,这些资料我们会严格保密,而不会对您的工作或生活带来任何影响。请您将自己最真实的意愿与想法填写在问卷中。在此,对您的参与表示衷心的感谢,感谢您提供的最真诚的建议。

请专家注意:以下第 1—3 题为单项选择,第 4 题为填充题,第 5—9 题为多项选择,第 10 题为填表。

关于教师的教学知识,我们认为教学知识是指"关于教学活动的知识",并以教学活动的空间要素为分类维度,把教学知识分为 5 类:第一类是"为什么教学"的知识(主要是指教学的目标、价值等);第二类是"教学什么"的知识(主要是指教学的内容);第三类是"怎么样教学"的知识(主要是指教学的方法和策略);第四类是"关于教师和学生的知识"(主要是指对教师自身和学生的风格和特点等的把握);第五类"教学得怎么样"的知识(主要是指对教学效果的评价)。

1.您认为这种分法是否合理?(　　)

A.很合理　　　　　B.比较合理　　　　　C.一般

D.比较太合理　　　E.很不合理

2.您认为这种分法是否准确地反映了教师开展教学活动应用知识的实际情况?(　　)

A.很准确　　　　　B.比较准确　　　　　C.一般

D.比较不准确　　　E.很不准确

3.您认为这种分法是否全面反映了教师开展教学活动所需知识的全部内容？（　　）

A.很全面　　　　　　　B.比较全面　　　　　　　C.一般

D.比较不全面　　　　　E.很不全面

4.除了这 5 类知识，您认为教学知识还应该包括哪些知识？

A._____　　　　　　　　B._____

C._____　　　　　　　　D._____

E._____　　　　　　　　F._____

5.您认为"为什么教学"的知识主要有哪些知识？（　　）

A.有关教育教学的目的和目标的知识

B.有关教育理想和教学价值等知识

C.有关教育史、哲学及法令的知识，如中外教育史、各种教育法规、教室的法定权利义务、各种教育制度与政策、学校与社会、文化背景及政治环境的关系等

D.其他(请补充)_____

6.您认为"教学什么"的知识主要有哪些知识？（　　）

A.对学科及学科特性的认识与理解

B.关于学科知识体系与学科发展的知识

C.关于教材内容与组织结构的知识

D.与所教学科内容知识相关联的其他学科知识

E.其他(请补充)_____

7.您认为"什么样的教师教什么样的学生"的知识主要有哪些知识？（　　）

A.对教师自己的特点(性格、气质、能力等)和教学风格的认识

B.对教师自身知识结构的认知,对自身教学效能的感知,以及对自己认知的认知,并根据认知特点如何调整自己的态度和行为等的认识

C.对教师自我的价值观、教学信念等的认知

D.对不同学生身心发展特点、学习风格等的认知

E.对学生群体特点和个性特点的认知

F.对学生的知识结构、家庭环境、社区环境等的把握

G.其他(请补充)＿＿＿＿＿＿＿＿＿＿＿＿＿＿＿＿＿

8.您认为"怎么样教学"的知识主要有哪些知识?(　　)

A.关于一般性的、普遍性的教学法知识

B.关于具体性的、学科性的教学法知识

C.关于专题性的、个别性的教学法知识

D.其他(请补充)＿＿＿＿＿＿＿＿＿＿＿＿＿＿＿＿＿

9.您认为"教学得怎么样"的知识主要有哪些知识?(　　)

A.关于教学测量的知识

B.关于教学评价的知识

C.关于教学反思的知识

D.关于教学反馈的知识

E.关于教学改进的知识

F.其他(请补充)＿＿＿＿＿＿＿＿＿＿＿＿＿＿＿＿＿

10.请根据各类知识的具体情况对下面 5 类知识的属性进行排序。例如,在知识的众多属性中,您认为"为什么教学"的知识最重要的属性是理论性,请您在其相应的表格内注明①;您认为"为什么教学"的知识第二重要属性是公共性,请您在其相应的表格内注明②;以此类推。

知识范畴	理论性	实践性	公共性	个体性	外显性	内隐性
"为什么教学"的知识						
"教学什么"的知识						
"什么样的教师教什么样的学生"的知识						
"怎么样教学"的知识						
"教学得怎么样"的知识						

附录四 教师教学知识生成路径调查问卷

尊敬的老师：

您好！

希望您在紧张的工作或学习之余能参与我们的调研活动，您的宝贵意见或建议将直接影响本课题对教师教学知识研究的深度与广度，您所提供的个人资料与个人意见仅用于本项目的研究，这些资料我们会严格保密，而不会对您的工作或生活带来任何影响。请您将自己最真实的意愿与想法填写在问卷中。在此，项目组全体研究人员对您的参与表示衷心的感谢，感谢您提供的最真诚的建议。

您的基本情况：

(1)您的性别：_____

(2)您所教的学科：_____

(3)您所教的年级：_____

(4)您的教龄：_____

(5)您的职称：_____

(6)您的职务：_____

(7)您的学历：_____

(8)您曾获得哪一级的什么荣誉称号(如优秀教师、骨干教师或名师)：_____

1.您认为获得关于"为什么教学"的知识的主要路径有(　　)。

2.您认为获得关于"教学什么"的知识的主要路径有(　　)。

3.您认为获得关于**教师自身和学生的风格和特点**的知识的主要路径有(　　)。

4.您认为获得关于"怎么样教学"的知识的主要路径有(　　)。

5.您认为获得关于"教学得怎么样"的知识的主要路径有(　　)。

1—5 题的备选项：

	很大	比较大	一般	比较小	很小
A.学生时代对教师的观察与思考 （ ）	(1)	(2)	(3)	(4)	(5)
B.学生时代从书本上所学的理论 （ ）	(1)	(2)	(3)	(4)	(5)
C.初任教时向指导教师学习 （ ）	(1)	(2)	(3)	(4)	(5)
D.任教后从理论性书籍或者报刊中 （ ）	(1)	(2)	(3)	(4)	(5)
E.对课程标准、教学参考用书、教材 　的解读 （ ）	(1)	(2)	(3)	(4)	(5)
F.对同事课堂的观察与思考 （ ）	(1)	(2)	(3)	(4)	(5)
G.与同事之间的日常交流 （ ）	(1)	(2)	(3)	(4)	(5)
H.在教研组或教师共同体中的研讨 （ ）	(1)	(2)	(3)	(4)	(5)
I.日常教学后的自我总结、自我反思 （ ）	(1)	(2)	(3)	(4)	(5)
J.在专家讲座等理论培训中 （ ）	(1)	(2)	(3)	(4)	(5)
K.在培训中的实践操作环节 （ ）	(1)	(2)	(3)	(4)	(5)
L.对名师课堂的观察与模仿 （ ）	(1)	(2)	(3)	(4)	(5)
M.从学生那里 （ ）	(1)	(2)	(3)	(4)	(5)

N.其他路径

6.下列路径对您获得"为什么教学"知识的作用是：

	很大	比较大	一般	比较小	很小
A.学生时代对教师的观察与思考 （ ）	(1)	(2)	(3)	(4)	(5)
B.学生时代从书本上所学的理论 （ ）	(1)	(2)	(3)	(4)	(5)
C.初任教时向指导教师学习 （ ）	(1)	(2)	(3)	(4)	(5)
D.任教后从理论性书籍或者报刊中 （ ）	(1)	(2)	(3)	(4)	(5)
E.对课程标准、教学参考用书、教材 　的解读 （ ）	(1)	(2)	(3)	(4)	(5)
F.对同事课堂的观察与思考 （ ）	(1)	(2)	(3)	(4)	(5)
G.与同事之间的日常交流 （ ）	(1)	(2)	(3)	(4)	(5)
H.在教研组或教师共同体中的研讨 （ ）	(1)	(2)	(3)	(4)	(5)
I.日常教学后的自我总结、自我反思 （ ）	(1)	(2)	(3)	(4)	(5)
J.在专家讲座等理论培训中 （ ）	(1)	(2)	(3)	(4)	(5)
K.在培训中的实践操作环节 （ ）	(1)	(2)	(3)	(4)	(5)
L.对名师课堂的观察与模仿 （ ）	(1)	(2)	(3)	(4)	(5)
M.从学生那里 （ ）	(1)	(2)	(3)	(4)	(5)

7.下列路径对您获得"教学什么"知识的作用是：

很大 比较大 一般 比较小 很小

A.学生时代对教师的观察与思考 （　　）(1)　(2)　(3)　(4)　(5)
B.学生时代从书本上所学的理论 （　　）(1)　(2)　(3)　(4)　(5)
C.初任教时向指导教师学习 （　　）(1)　(2)　(3)　(4)　(5)
D.任教后从理论性书籍或者报刊中 （　　）(1)　(2)　(3)　(4)　(5)
E.对课程标准、教学参考用书、教材
　的解读 （　　）(1)　(2)　(3)　(4)　(5)
F.对同事课堂的观察与思考 （　　）(1)　(2)　(3)　(4)　(5)
G.与同事之间的日常交流 （　　）(1)　(2)　(3)　(4)　(5)
H.在教研组或教师共同体中的研讨 （　　）(1)　(2)　(3)　(4)　(5)
I.日常教学后的自我总结、自我反思 （　　）(1)　(2)　(3)　(4)　(5)
J.在专家讲座等理论培训中 （　　）(1)　(2)　(3)　(4)　(5)
K.在培训中的实践操练环节 （　　）(1)　(2)　(3)　(4)　(5)
L.对名师课堂的观察与模仿 （　　）(1)　(2)　(3)　(4)　(5)
M.从学生那里 （　　）(1)　(2)　(3)　(4)　(5)

8.下列路径对您获得"教师自身和学生的风格和特点等"知识的
作用是：

很大 比较大 一般 比较小 很小

A.学生时代对教师的观察与思考 （　　）(1)　(2)　(3)　(4)　(5)
B.学生时代从书本上所学的理论 （　　）(1)　(2)　(3)　(4)　(5)
C.初任教时向指导教师学习 （　　）(1)　(2)　(3)　(4)　(5)
D.任教后从理论性书籍或者报刊中 （　　）(1)　(2)　(3)　(4)　(5)
E.对课程标准、教学参考用书、教材
　的解读 （　　）(1)　(2)　(3)　(4)　(5)
F.对同事课堂的观察与思考 （　　）(1)　(2)　(3)　(4)　(5)
G.与同事之间的日常交流 （　　）(1)　(2)　(3)　(4)　(5)
H.在教研组或教师共同体中的研讨 （　　）(1)　(2)　(3)　(4)　(5)
I.日常教学后的自我总结、自我反思 （　　）(1)　(2)　(3)　(4)　(5)
J.在专家讲座等理论培训中 （　　）(1)　(2)　(3)　(4)　(5)
K.在培训中的实践操练环节 （　　）(1)　(2)　(3)　(4)　(5)
L.对名师课堂的观察与模仿 （　　）(1)　(2)　(3)　(4)　(5)
M.从学生那里 （　　）(1)　(2)　(3)　(4)　(5)

446

9.下列路径对您获得"怎么样教学"知识的作用是：

	很大	比较大	一般	比较小	很小
A.学生时代对教师的观察与思考（　）	(1)	(2)	(3)	(4)	(5)
B.学生时代从书本上所学的理论（　）	(1)	(2)	(3)	(4)	(5)
C.初任教时向指导教师学习（　）	(1)	(2)	(3)	(4)	(5)
D.任教后从理论性书籍或者报刊中（　）	(1)	(2)	(3)	(4)	(5)
E.对课程标准、教学参考用书、教材的解读（　）	(1)	(2)	(3)	(4)	(5)
F.对同事课堂的观察与思考（　）	(1)	(2)	(3)	(4)	(5)
G.与同事之间的日常交流（　）	(1)	(2)	(3)	(4)	(5)
H.在教研组或教师共同体中的研讨（　）	(1)	(2)	(3)	(4)	(5)
I.日常教学后的自我总结、自我反思（　）	(1)	(2)	(3)	(4)	(5)
J.在专家讲座等理论培训中（　）	(1)	(2)	(3)	(4)	(5)
K.在培训中的实践操练环节（　）	(1)	(2)	(3)	(4)	(5)
L.对名师课堂的观察与模仿（　）	(1)	(2)	(3)	(4)	(5)
M.从学生那里（　）	(1)	(2)	(3)	(4)	(5)

10.下列路径对您获得"教学得怎么样"知识的作用是：

	很大	比较大	一般	比较小	很小
A.学生时代对教师的观察与思考（　）	(1)	(2)	(3)	(4)	(5)
B.学生时代从书本上所学的理论（　）	(1)	(2)	(3)	(4)	(5)
C.初任教时向指导教师学习（　）	(1)	(2)	(3)	(4)	(5)
D.任教后从理论性书籍或者报刊中（　）	(1)	(2)	(3)	(4)	(5)
E.对课程标准、教学参考用书、教材的解读（　）	(1)	(2)	(3)	(4)	(5)
F.对同事课堂的观察与思考（　）	(1)	(2)	(3)	(4)	(5)
G.与同事之间的日常交流（　）	(1)	(2)	(3)	(4)	(5)
H.在教研组或教师共同体中的研讨（　）	(1)	(2)	(3)	(4)	(5)
I.日常教学后的自我总结、自我反思（　）	(1)	(2)	(3)	(4)	(5)
J.在专家讲座等理论培训中（　）	(1)	(2)	(3)	(4)	(5)
K.在培训中的实践操练环节（　）	(1)	(2)	(3)	(4)	(5)
L.对名师课堂的观察与模仿（　）	(1)	(2)	(3)	(4)	(5)
M.从学生那里（　）	(1)	(2)	(3)	(4)	(5)

11.就您的观察与思考,您认为教师最缺的知识是哪些知识?
(   )

 A."为什么教学"的知识 B."教学什么"的知识

 C."谁教谁"的知识 D."怎么样教学"的知识

 E."教学得怎么样"的知识 F.其他知识＿＿＿＿＿＿＿

12.就您的观察与思考,您认为教师最不缺的是哪些知识?(   )

 A."为什么教学"的知识 B."教学什么"的知识

 C."谁教谁"的知识 D."怎么样教学"的知识

 E."教学得怎么样"的知识 F.其他知识＿＿＿＿＿＿＿

13.要丰富教师关于"为什么教学"的知识,您认为最佳的方式或
路径是:＿＿＿＿＿＿＿＿＿＿＿＿＿＿＿＿＿＿＿＿＿＿＿＿＿＿

＿＿＿＿＿＿＿＿＿＿＿＿＿＿＿＿＿＿＿＿＿＿＿＿＿＿＿＿＿＿＿＿

＿＿＿＿＿＿＿＿＿＿＿＿＿＿＿＿＿＿＿＿＿＿＿＿＿＿＿＿＿＿＿＿

14.要丰富教师关于"教学什么"的知识,您认为最佳的方式或路
径是:＿＿＿＿＿＿＿＿＿＿＿＿＿＿＿＿＿＿＿＿＿＿＿＿＿＿＿＿

＿＿＿＿＿＿＿＿＿＿＿＿＿＿＿＿＿＿＿＿＿＿＿＿＿＿＿＿＿＿＿＿

＿＿＿＿＿＿＿＿＿＿＿＿＿＿＿＿＿＿＿＿＿＿＿＿＿＿＿＿＿＿＿＿

15.要丰富教师关于"教师自身和学生的风格和特点等"知识,您
认为最佳的方式或路径是:＿＿＿＿＿＿＿＿＿＿＿＿＿＿＿＿＿＿

＿＿＿＿＿＿＿＿＿＿＿＿＿＿＿＿＿＿＿＿＿＿＿＿＿＿＿＿＿＿＿＿

＿＿＿＿＿＿＿＿＿＿＿＿＿＿＿＿＿＿＿＿＿＿＿＿＿＿＿＿＿＿＿＿

16.要丰富教师关于"怎么样教学"的知识,您认为最佳的方式或
路径是:＿＿＿＿＿＿＿＿＿＿＿＿＿＿＿＿＿＿＿＿＿＿＿＿＿＿＿

＿＿＿＿＿＿＿＿＿＿＿＿＿＿＿＿＿＿＿＿＿＿＿＿＿＿＿＿＿＿＿＿

＿＿＿＿＿＿＿＿＿＿＿＿＿＿＿＿＿＿＿＿＿＿＿＿＿＿＿＿＿＿＿＿

17.要丰富教师关于"教学得怎么样"的知识,您认为最佳的方式
或路径是:＿＿＿＿＿＿＿＿＿＿＿＿＿＿＿＿＿＿＿＿＿＿＿＿＿＿

＿＿＿＿＿＿＿＿＿＿＿＿＿＿＿＿＿＿＿＿＿＿＿＿＿＿＿＿＿＿＿＿

＿＿＿＿＿＿＿＿＿＿＿＿＿＿＿＿＿＿＿＿＿＿＿＿＿＿＿＿＿＿＿＿

再次感谢您的支持!

附录五　教师自陈式调查问卷

尊敬的老师：

您好！

为了了解教师的教学情况,特邀您参加这次调查。该问卷采用不记名方式,答案无对错之分,您所填写的内容将被严格保密,有关信息仅供科研使用,因此,请您不要有任何担心和顾虑,在下列每个问题中选择最符合您真实情况、想法和感受的选项,以协助我们完成调查工作,谢谢您的合作和支持！

1.理论性教学知识与实践性教学知识可以通过一定的方式进行转化与整合。（　　　）

　A.完全符合　　　　　　B.基本符合　　　　　　C.一般

　D.基本不符合　　　　　E.完全不符合

2.公共性教学知识与个体性教学知识可以通过一定的方式进行转化与整合。（　　　）

　A.完全符合　　　　　　B.基本符合　　　　　　C.一般

　D.基本不符合　　　　　E.完全不符合

3.外显性教学知识与内隐性教学知识可以通过一定的方式进行转化与整合。（　　　）

　A.完全符合　　　　　　B.基本符合　　　　　　C.一般

　D.基本不符合　　　　　E.完全不符合

4.教学实践中存在着的"只可意会,不能言传"的知识是可以转化为"可意会、可言传"的知识。（　　　）

　A.完全符合　　　　　　B.基本符合　　　　　　C.一般

　D.基本不符合　　　　　E.完全不符合

5.教师在教学实践中可以不断地感受、体验公共知识,实现公共知识向具体的行为和个体的观念转化。（　　　）

　A.完全符合　　　　　　B.基本符合　　　　　　C.一般

D.基本不符合　　　　　　E.完全不符合

6.那些在教学中产生的个体经验可以通过一定的方式转化为被大家所认可并共享的知识。（　　　）

　　A.完全符合　　　　　　B.基本符合　　　　　　C.一般

　　D.基本不符合　　　　　　E.完全不符合

7."有关教育教学的目的和目标的知识""有关教育理想和教学价值"和"有关教育史、哲学及法令的知识"是"为什么教学"知识的重要组成部分。（　　　）

　　A.完全符合　　　　　　B.基本符合　　　　　　C.一般

　　D.基本不符合　　　　　　E.完全不符合

8."对学科及学科特性的认识与理解""关于学科知识体系与学科发展的知识""关于教材内容与组织结构的知识"和"与所教学科内容知识相关联的其他学科知识"是"教学什么"知识的重要组成部分。（　　　）

　　A.完全符合　　　　　　B.基本符合　　　　　　C.一般

　　D.基本不符合　　　　　　E.完全不符合

9."对教师自己的特点(性格、气质、能力等)和教学风格的认识""对教师自身知识结构的认知,对自身教学效能的感知,以及对自己认知的认知,并根据认知特点如何调整自己的态度和行为等的认识""对教师自我的价值观、教学信念等的认知""对不同学生身心发展特点、学习风格等的认知""对学生群体特点和个性特点的认知"和"对学生的知识结构、家庭环境、社区环境等的把握"是"谁教学谁"知识的重要组成部分。（　　　）

　　A.完全符合　　　　　　B.基本符合　　　　　　C.一般

　　D.基本不符合　　　　　　E.完全不符合

10."关于一般性的、普遍性的教学法知识""关于具体性的、学科性的教学法知识"和"关于专题性的、个别性的教学法知识"是"怎么样教学"知识的重要组成部分。（　　　）

　　A.完全符合　　　　　　B.基本符合　　　　　　C.一般

　　D.基本不符合　　　　　　E.完全不符合

450

11."关于教学测量的知识""关于教学评价的知识""关于教学反思的知识""关于教学反馈的知识"和"关于教学改进的知识"是"教学得怎么样"知识的重要组成部分。(　　)

　　A.完全符合　　　　B.基本符合　　　　　C.一般
　　D.基本不符合　　　　E.完全不符合

12.每一类教学知识的"知识元输入""知识簇组织"和"知识流输出"都是一个不断统整的过程。(　　)

　　A.完全符合　　　　B.基本符合　　　　　C.一般
　　D.基本不符合　　　　E.完全不符合

13.教学知识的统整路径是多维的,可以在学习中统整,在解读中统整,在交流中统整,在研讨中统整,在实践中统整,在反思中统整,等等。(　　)

　　A.完全符合　　　　B.基本符合　　　　　C.一般
　　D.基本不符合　　　　E.完全不符合

14.每一类教学知识的发展策略应该是不同的,应该根据每类教学知识的独有特性采用不同的策略。(　　)

　　A.完全符合　　　　B.基本符合　　　　　C.一般
　　D.基本不符合　　　　E.完全不符合

15.在教学中,"为什么教学""教学什么""谁教学谁""为什么教学"和"教学得怎么样"等方面的知识是一个不可分割、相互统合的整体。(　　)

　　A.完全符合　　　　B.基本符合　　　　　C.一般
　　D.基本不符合　　　　E.完全不符合

451

在学期间科研成果

1.《聚射的力量——"三级教育导师团队"引动北碚教育均衡发展》,《今日教育》,2008(3)。

2.《论教学知识的结构》,《高等教育研究》,2008(10)。

3.《论教学知识的统整》,《课程·教材·教法》,2009(1)。

4.《从名师成长看"渝派名师"的形成》,《今日教育》,2009(1)。

5.《新时期教学论研究的现状与走向》,《教育研究》,2009(3)。

6.《论教学知识》,《教育研究》,2009(10)。

7.《幼儿生活教学的价值取向》,《学前教育研究》,2009(12)。

8.编写(副主编):普通高等教育十一五国家级规划教材,《教育统计与测评技术》,西南师范大学出版社,2008。

9.编写(副主编):《教学研究方法论》,人民教育出版社,2010。

参考文献

(一) 书籍类

[1] 艾弗·F.古德森.专业知识与教师职业生涯[M].刘丽丽,译.北京:北京师范大学出版社,2007.

[2] 陈建华.教育知识价值取向研究[M].哈尔滨:黑龙江人民出版社,2002.

[3] 达尔·尼夫.知识经济[M].樊春良,冷民,等,译.珠海:珠海出版社,1998.

[4] 范良火.教师教学知识发展研究[M].上海:华东师范大学出版社,2003.

[5] 顾兴义,陈运森.教师的知识结构[M].广州:广东教育出版社,1993.

[6] 黄甫全,王本陆.现代教学论学程[M].北京:教育科学出版社,1998.

[7] 教育部师范教育司.教师专业化的理论与实践:修订版[M].北京:人民教育出版社,2003.

[8] 金林祥.20世纪中国教育学科的发展与反思[M].上海:上海教育出版社,2000.

[9] 李佐锋,周淑芬.小学数学教师知识扩展[M].长春:东北师范大学出版社,2001.

[10] 刘清华.教师知识的模型建构研究[M].北京:中国社会科学出版社,2004.

[11] 联合国教科文组织.教育——财富蕴藏其中[M].北京:教育科学出版社,1996.

[12] 施良方.学习论[M].北京:人民教育出版社,2000.

[13] 石中英.知识转型与教育改革[M].北京:教育科学出版社,2001.

[14] 王广宇.知识管理——冲击与改进战略研究[M].北京:清华大学出版社,2004.

[15] 沃尔夫冈·布列钦卡(Wolfgang Brezinka).教育知识的哲学[M].杨明全,宋时春,译.上海:华东师范大学出版社,2006.

[16] 吴刚.知识演化与社会控制——中国教育知识史的比较社会学分析[M].北京:教育科学出版社,2002.

[17] 吴宗杰.教师知识与课程话语[M].北京:外语教学与研究出版社,2005.

[18] 徐碧美.追求卓越———教师专业发展案例研究[M].陈静,李忠如,译.北京:人民教育出版社,2003.

[19] 埃里克·詹奇.自组织的宇宙观[M].曾国屏,等,译.北京:中国社会科学出版社,1992.

[20] 赵凯荣.复杂性哲学[M].北京:中国社会科学出版社,2001.

[21] 钟启泉.现代教学论发展[M].北京:教育科学出版社,1992.

[22] 朱德全.处方教学设计原理——基于问题系统解决学习的数学教学设计[M].重庆:西南师范大学出版社,2002.

[23] 朱德全.教育研究方法[M].重庆:重庆出版社,2006.

[24] 朱晓民,于漪.语文教学知识发展研究[M].太原:山西教育出版社,2006.

[25] 朱晓燕.中国年轻中学英语教师学科教学知识的发展[M].南

京:南京师范大学出版社,2004.

(二)学位论文类

[26] 安桂清.整体课程研究[D].上海:华东师范大学,2004.

[27] 陈亮.体验式教学设计研究[D].重庆:西南大学,2008.

[28] 陈振华.论教师成为教育知识的建构者[D].上海:华东师范大学,2003.

[29] 顾勇革.新手教师教育知识的生成及策略研究[D].济南:山东师范大学,2005.

[30] 何菊玲.教师教育范式研究[D].西安:陕西师范大学,2008.

[31] 胡燕.基于 Web 信息抽取的专业知识获取方法研究[D].武汉:武汉理工大学,2007.

[32] 李渺.教师的理性追求:数学教师的知识对数学教学的影响研究[D].南京:南京师范大学,2007.

[33] 李晓阳.教师经验及其生成[D].武汉:华中科技大学,2009.

[34] 吕国忱.知识转化论[D].哈尔滨:黑龙江大学,2002.

[35] 吕旭龙.论传统知识论的问题与困境[D].厦门:厦门大学,2007.

[36] 刘兰.新课程背景下地理教师知识结构及发展问题研究[D].上海:华东师范大学,2006.

[37] 刘清华.教师知识的模型建构研究[D].重庆:西南师范大学,2004.

[38] 彭虹斌.课程组织研究——从内容到经验的转化[D].广州:华南师范大学,2004.

[39] 童莉.初中数学教师数学教学知识的发展研究——基于数学知识向数学教学知识的转化[D].重庆:西南大学,2008.

[40] 王春光.反思型教师教育研究[D].长春:东北师范大学,2007.

[41] 王建磐.课堂教学中的 PCK 研究[D].上海:华东师范大学,2008.

[42] 王澍.寻求恰当的知识论立场——改革开放以来教育基本理论研究的反思[D].上海:华东师范大学,2007.

457

［43］王卫华.教学机智论［D］.武汉：华中师范大学,2009.

［44］王艳玲.培养"反思性实践者"的教师教育课程［D］.上海：华东师范大学,2008.

［45］席梅红.教学实践智慧发展论［D］.上海：华东师范大学,2009.

［46］吴奇.知识观的演变［D］.北京：中国社会科学院研究生院,2003.

［47］吴卫东.教师个人知识研究——以小学数学教师为例［D］.上海：华东师范大学,2007.

［48］谢辉.组织隐性知识整合及扩散机制研究［D］.长沙：中南大学,2005.

［49］徐章韬.师范生面向教学的数学知识之研究［D］.上海：华东师范大学,2009.

［50］许苏.基于默会认识论的体悟学习研究［D］.上海：华东师范大学,2006.

［51］杨鸿.专家引领型校本培训［D］.重庆：西南大学,2007.

［52］杨文娇.隐性知识的结构及其获得的有效途径研究［D］.武汉：华中科技大学,2008.

［53］杨豫晖.小学教师教学决策研究——基于小学高年级教师的个案研究［D］.重庆：西南大学,2009.

［54］尹少淳.理想与现实：基础美术教育的知识观及课程组织［D］.北京：首都师范大学,2003.

［55］余文森.个体知识与公共知识：课程变革的知识基础研究［D］.重庆：西南大学,2007.

［56］袁顶国.从两极取向到有机整合［D］.重庆：西南大学,2008.

［57］张守波.数学教师教育本科专业课程体系与教学模式统整研究［D］.长春：东北师范大学,2009.

［58］张家琼.教学网络组织系统研究［D］.重庆：西南大学,2009.

［59］张洁.对外汉语教师的知识结构与能力结构研究［D］.北京：北京语言大学,2007.

［60］赵荷花.学习的教学论研究［D］.长沙：湖南师范大学,2008.

［61］周成海.客观主义-主观主义连续统观点下的教师教育范式：理

论基础与结构特征[D].长春:东北师范大学,2007.

[62] 周福盛.教师个体知识的构成及发展研究[D].兰州:西北师范大学,2006.

(三) 中文期刊类

[63] 陈振华.论教师的理论性学习[J].教育科学,2004(1).

[64] 徐章韬,龚建荣.学科知识和学科教学知识在课堂教学中的有机融合[J].教育学报,2007(12).

[65] 白益民.学科教学知识初探[J].现代教育论丛,2000(4).

[66] 昌国良.新课程理念下数学教师专业知识的自主发展[J].湖南教育,2008(2).

[67] 陈凯泉,朱水成.提高本科教学质量:高校教师教学专业知识构成的视角[J].福建论坛,2008(4).

[68] 陈力,鲁若愚.企业知识整合研究[J].科研管理,2003(3).

[69] 程志,陈晓辉.教师个体专业知识共享的障碍及实现途径分析[J].现代教育科学,2008(2).

[70] F.迈克尔·康内利,D.琼·柯兰迪宁,等.专业知识场景中的教师个人实践知识[J].华东师范大学学报:教育科学版,1996(2).

[71] 方菲菲,卢正芝.教师专业发展研究的新焦点:学科教学知识及启示[J].当代教育科学,2008(5).

[72] 冯苗,曲铁华.从PCK到PCKg:教师专业发展的新转向[J].外国教育研究,2006(12).

[73] 高巍,倪文斌.学习型组织知识整合研究[J].哈尔滨工业大学学报:社会科学版,2005(3).

[74] 郭正武,郭红,董巧凤.构建基于教学的知识管理[J].宁德师专学报:哲学社会科学版,2006(3).

[75] 胡青,刘小强.分离还是融合:教师教育专业化中形式与实质的矛盾——兼谈学科教学知识(PCK)与当前我国的教师教育改

459

革[J].江西社会科学,2005(11).

[76] 洪文峰,赵嘉平.中小学教师的专业知识及养成[J].中小学教师培训,2005(10).

[77] 简红珠.教师知识的不同阐释与研究方法[J].课程与教学季刊,2002(3).

[78] 李美凤,李艺.TPCK:整合技术的教师专业知识新框架[J].黑龙江高教研究,2008(4).

[79] 李琼,倪玉菁,萧宁波.小学数学教师的学科教学知识:表现特点及其关系的研究[J].教育学报,2006(8).

[80] 廖元锡.PCK——使教学最有效的知识[J].教师教育研究,2005(11).

[81] 林崇德,申继亮.从教师的知识结构看师范教育的改革[J].高等师范教育研究,1996(6).

[82] 李琼,倪玉菁.西方不同路向的教师知识研究述评[J].比较教育研究,2006(5).

[83] 刘兰.美国伊利诺伊州地理教师专业知识标准简析[J].课程·教材·教法,2005(12).

[84] 刘清华.学科教学知识的结构观[J].河南大学学报:社会科学版,2005(1).

[85] 刘清华.学科教学知识的发展之源[J].天中学刊,2005(2).

[86] 刘宇.教师专业知识及其发展:图式观与组织文化条件[J].教育理论与实践,2007(9).

[87] 柳夕浪.教研组活动应聚焦于学科教学知识[J].中小学管理,2008(1).

[88] 舒尔曼.理论、实践与教育的专业化[J].王幼真,刘捷,译.比较教育研究,1999(3).

[89] 孙耀永.教师知识之概念辨析[J].教师之友,2001,39(4).

[90] 田宏根,杨军.从一节课管窥高中数学教师教学知识的发展[J].数学教育学报,2007(5).

[91] 王艳玲.教师应该具备哪些知识——近20年来美国教学"知识

基础"研究述评[J].外国中小学教育,2009(8).

[92] 吴卫东,彭文波,郑丹丹,等.小学教师教学知识现状及其影响因素的调查研究[J].教师教育研究,2005(7).

[93] 吴岩,樊平军.教育知识转化的现状研究[J].教育研究,2007(5).

[94] 谢洪明,吴隆增,王成.组织学习、知识整合与核心能力的关系研究[J].科学学研究,2007(4).

[95] 熊宜勤,宋凤宁.教师教学专业知识特征分析[J].广西师范大学学报:哲学社会科学版,2005(4).

[96] 杨斌,赵纯均.案例教学的知识管理研究[J].电子科技大学学报:社会科学版,2001(1).

[97] 杨彩霞.教师学科教学知识:本质、特征与结构[J].教育科学,2006(2).

[98] 杨鸿,朱德全.论教学知识的结构[J].高等教育研究,2008(11).

[99] 杨鸿,朱德全.论教学知识的统整[J].课程·教材·教法,2009(1).

[100] 叶澜.新世纪教师专业素养初探[J].教育研究与实验,1998(1).

[101] 应国良,袁维新.论教师的学科教学知识及其建构[J].教育发展研究,2006(19).

[102] 袁维新.学科教学知识:一个教师专业发展的新视角[J].外国教育研究,2005(3).

[103] 张民选.专业知识显性化与教师专业发展[J].教育研究,2002(1).

[104] 张倩,蔡清洁.课堂教学的复杂性思维解读[J].教学研究,2005(3).

[105] 张秋明,徐平国.对教师教学知识来源的调查[J].上海教育科研,2005(11).

[106] 衷克定.教师策略性知识的成分与结构特征研究[J].北京师范大学学报:人文社会科学版,2002(4).

461

[107] 钟启泉.知识隐喻与教学转型[J].教育研究,2007(5).

[108] 周志平.个人知识的生成与教育[J].教育理论与实践,2004 (11).

[109] 朱德全.知识经验获得的心理机制与反思性教学[J].高等教育研究,2005(5).

[110] 朱德全,杨鸿.论教学知识[J].教育研究,2009(11).

[111] 朱晓民,陶本一.学科教学知识:教师专业知识的新视角[J].上海教育科研,2006(5).

[112] 朱晓民,陶本一.西方学科教学知识研究的两种路径[J].外国中小学教育,2006(3).

[113] 朱晓艳.理解 PCK:背景、要素、模式——对学科教学知识 (PCK)近20年文献的综述[J].中国英语教学,2007(10).

(四)英文类

[114] Angel Gutierrez, Paolo Boero. Handbook of Research on the Psychology of Mathematics Education[M]. Sense Publishers,2006.

[115] Berliner D C. Expert knowledge in the pedagogical domain[C]. Paper presented at the meeting of the American educational Psychological association, New Orleans, LA,August 12,1989.

[116] Bokor H, Putnam R T. Learning to teach[M]. New York: Macmillan, 1996:673-709.

[117] Buchmann M. Teaching knowledge: the lights that teachers live by[J]. Oxford Review of Education,1987,(13).

[118] Calderhead J. Teachers: belief and knowledge[M]. New York, Macmillan, 1996:709-725.

[119] Cochran K F, DeRuiter J A, King R A. Pedagogical content knowledge: An integrative model for teacher preparation[J]. Journal of Teacher Education, 1993,44(4):263-272.

[120] Deng Z. Transforming the subject matter: Examining the

intellectual roots of pedagogical content knowledge [J]. Curriculum Inquiry, 2007,37(3): 279-295.

[121] Elbaz F. Teacher Thinking: A Study of Practical Knowledge[M]. London: Croom Helm,1983:216.

[122] Elbaz F. The teacher's "practical knowledge": Report of a case study[J].Curriculum Inquiry, 1981,11(1):43-71.

[123] Gilbert W, Hirst L, Clary E. The NCA Workshops taxonomy of professional knowledge [J]. In: Jones D W ed. Professional Knowledge Base: NCATE Approval. Fortieth Annual Report of the North Central Association Teacher Education Workshop. Flagstaff, AZ: University of North Arizona,1987:38-57.

[124] Grossman P L, Wilson S M, Shulman L S. Teachers of substance: Subject matter knowledge for teaching [M]. In: Reynolds M C ed. Knowledge base for the beginning teacher. Oxford: Pergamon Press,1989:23-36.

[125] Grossman P L. Teachers'knowledge[M]. New York: pergamon, 1994:6117-6122.

[126] Grossman P L. The Making of a Teacher: Teacher Knowledge and Teacher Education[M]. New York: Teachers College Press, 1991.

[127] Jones A, Moreland J. The importance of pedagogical content knowledge in assessment for learning practices: a case-study of a whole-school approach [J]. The Curriculum Journal, 2005, 16 (2):193-206.

[128] Leinhardt G. Situated Knowledge and Expertise in Teaching[M]. In Calderhead J(cd.). Teachings'Professional Learning. London: Falmer Press,1988:147.

[129] Loughran J, Berry A, Mulhall P. Understanding and developing science teachers'pedagogical content knowledge[M]. Rotterdam, The Netherlands: Sense Publishers,2006.

[130] Mustafa OZDEN. The effect of content knowledge on pedagogical

content knowledge: The case of teaching phases of matters[J]. Educational Sciences: Theory & Practice, 2008,8(2): 633-645.

[131] McCaughtry N. Elaborating pedagogical content knowledge: what it means to know students and think about teaching[J]. Teachers and Teaching: theory and practice, 2005,11(4): 379-395.

[132] Schon D A. The Reflective Practitioner[M]. New York:Basic Books,1983:23.

[133] Schuck An, Gerald Kulm, Zhonghe Wu.The Pedagogical Content Knowledge of Middle School, Mathematical Teachers in China and The U.S.[J]. Journal of Mathematics Teacher Education 7, 2004:145-172.

[134] Shulman L S. On Teaching probleming solving and solving the problem of teaching[M]. In E.A.Silver (Ed.).Teaching and Learning mathematieal Problem solving, Multiple research perspectives. Hillsdale,NJ: Laurenee Erlbaun,1985:47.

[135] Shulman L S. Those who understand: Knowledge growth in teaching[J]. Education Research, 1986a,15(2): 4-14.

[136] Shulman L S. Assessing for teaching: An initiative for the profession[J]. Phi Delta Kappan, 1987,69(1): 38-44.

[137] Shulman L S. Knowledge and teaching: Foundations of the new reform[J]. Harvard Educational Review, 1987(57):1-22.

[138] Shulman L S. Paradigms and research programs in the study of teaching[M]. A contemporary perspective. In: Mittrock M ed. Handbook of Research on Teaching. New York: 1986b, Macmillan:3-36.

[139] Thompson A G. The relationship of teachers' conceptions of mathematics and mathematics teaching to instructional practices [J]. Educational Studies in Mathematics,1954(2):105-127.

[140] Znaniedki F. The Social Role of the Man of Knowledge[M]. New York: Octagon Books, Inc.,1965:24.

464

后　记

　　又见栀子花开,再闻黄桷兰香,不觉间,我在这芳菲沁人、书香四溢的校园里度过了 10 个春秋。4 年的本科学习让我初识学习的乐趣,3 年的硕士学习让我初尝学术的快乐,3 年的博士生活让我初品学术的魅力。在学习生涯即将告一段落的时候,我想说,我是幸运的,我更是幸福的。

　　这种幸运与幸福源自知遇良师,而且是两位良师——张武升教授和朱德全教授,两位导师大气的学者风范、独特的人格魅力、严谨的学术品格,以及对学生那份亦师亦父的关爱,使我真切地感受到作为弟子的幸运与幸福。面对导师如此厚重的知遇之恩,我无法用任何溢美之词来言表心声,唯有那一幅幅场景、一幕幕画面却始终萦绕在心头。

　　不会忘记,导师对我学业的用心引领与悉心指导。从博士学习开始时为我量身定制学习计划,不断用赏识教育激励我向着多姿多彩的博士生活迈出前行的步伐,督促与指导我深入中小学一线课堂去听课、评课、研究,一步步地引领与搀扶我在学习道路上走得更坚实,到博士论文的选题、开题、框架确定、初稿、修改、成稿……毫不夸张地说,学业上的每一点进步无不蕴含了导师的精心设计、用心指导,点点滴滴都渗透着导师的心血。

难以忘怀,导师对我论文的用心点拨与引导。2007 年 9 月 14 日,在与同门一起去某区参加化学名师工作室教学研讨活动后与导师交流时,谈及"教师的知识与实践发生断裂,教师所拥有的知识无法转化为实践所需的知识"问题时,导师敏锐地捕捉到断裂问题的实质——缺乏统整,并由此而生发出我的博士论文选题;2008 年 3 月 4 日晚 8 点多,正在和同学聊天的我突然接到导师的电话,在电话中得知导师刚从一所重点中学参加完教学指导活动归来,尚未来得及休息的他便思如泉涌地与我谈起到他对教学知识的理解以及到底要统整哪些教学知识,在类似这样无数次的指导和交流中,催生了《论教学知识》《论教学知识的结构》《论教学知识的统整》等学术论文,使我对这个研究找到了真正的"感觉";2008 年 11 月 6 日,在与同门一起去上海参加"教学论专业委员会 2008 年学术研讨会"的飞机上,在万米高空中,导师忘却连日奔波的疲劳,兴致勃勃地与我们探讨着如何去统整教师教学知识,在一次又一次的点拨与交流中,我的研究视野得以逐渐拓展,研究思路得以逐渐明晰;2008 年 12 月 1 日,在与同门一起去铜梁参加课题研究的路上,导师一边驾车,一边与作为"乘客"的我们探讨着统整研究的重心与亮点;2009 年 1 月,导师多次打电话为我联系所抽样的几所调查学校,并嘱咐校长们明确调查对于学校、教师发展的重要意义;2009 年 3 月至 2010 年 1 月,导师曾多次深入实验老师中,指导老师们对自身的教学知识进行统整,对老师们所存的困惑与问题给予引领……2010 年 3 月,导师耐心、细致地读完了我那比较冗长的论文,精准地抓住了论文的欠缺与薄弱之处,指出了解决之道,虽然最终由于个人的原因尚未一一达成,但实话实说,研究的每一个阶段、每一个环节都得益于导师的指导和帮助。

这里,尽管我无法用有限的语言来表达对导师多年来如师如父般关爱的感恩之心,也无法用恰当的语言来表达对师母多年来如师如母般关心的感恩之情,但我仍然想说:师父、师母,谢谢你们,没有你们,就没有今天这样一个阳光、自信的我,能成为你们的弟子,是我一生的幸运,也是我一生的幸福。

这种幸运与幸福还因为我身处在一个和谐、充满关爱的学术团队里。感谢睿智风趣的靳玉乐教授,感谢严谨稳重的徐学福教授,感谢优雅可亲的范蔚教授,感谢雅致知性的兰英教授,无论在正式的课堂上,还是在非正式的交流中,你们对学术不懈的追求和挚爱,你们深厚的学术功底和独特的学术品质,令人敬仰,6年间无时无刻不在影响着我,给予我深深的震撼和深远的影响。我想说:谢谢你们,亲爱的老师们! 感谢你们多年来无私的关心和真诚的帮助! 正因为有你们多年的培育和提携,我才能顺利完成学业;正因为有你们多年的关照和帮助,我在这个和谐的大家庭里快乐、舒畅地学习生活了六载。

感谢多年来一直相互帮助、亲如一家的同门兄弟姐妹,感谢师兄师姐对我的指点和引导,感谢师弟师妹对我的支持和帮助。多少个日日夜夜,我们熬更守夜共克难关;多少次风风雨雨,我们心手相依、共同面对。6年里,我们情同手足、并肩战斗,分享了无数成功的喜悦,收获了无数克难攻坚的愉悦,这份情同手足的情谊一直鼓励并支撑着我,这份心手相依的情谊使原本单调枯燥的学业生活变得更加多姿多彩。我想说:亲爱的兄弟姐妹,感谢你们共同营造了一个相亲相爱的"家",让我感受到无比温馨的家的感觉,感谢你们在关键时候"两肋插刀",正因为有你们多年的帮助与支持,我才得以一路快乐前行。

感谢与我共同奋战的"战友"们,感谢房慧、李雪垠、谢俊、陈勇、戴宏才、皮军功、郑智辉、张九洲,认识你们,是我的幸运。3年里,多少次推心置腹的交流,多少次学术思想的碰撞,时常给予我启迪和灵感,时常给予我帮助和支持。

感谢重庆市教育考试院的领导和同事们,感谢你们给予我的极大支持与关照,正是在你们的支持与关照下,我才能够有更多的时间专注于学习,才能够顺利完成博士论文。

感谢调查学校的教师和实验教师,有了你们的大力支持与帮助,我的论文才得以顺利成稿。

感谢我的家人,感谢善良纯朴的父母,感谢心灵相通的妹妹,你们多年来默默无闻的支持和包容大度的理解,支撑我走过了 10 年无忧的求学生活。10 年来,无论我作出什么决定,你们总是无条件地鼓励我、支持我;无论我选择什么道路,你们总是一如既往地关心我帮助我。

滴水之恩,涌泉相报。唯有在今后的工作和生活中"认真做人,踏实做事"来回报众人给予我的那份深沉而厚重的关爱。

在这最美的季节写下这一段文字,预示学习生涯即将结束,生命中新的旅程就要开始。让我流连忘返的校园啊,我来时,桂花正浓;我走时,黄桷兰正香。

杨　鸿

2010 年 4 月于西南大学杏园